教育研究方法教程

汪基德　张新海　主　编
周凤瑾　汪　滢　副主编

科学出版社
北京

内 容 简 介

本书依据教育部颁布的《教师教育课程标准（试行）》和教育学类研究生入学考试大纲的要求并结合本专科生、研究生的教学与研究的实际需要编写。全书共分十二章，内容包括教育研究概述、教育研究的选题与设计、教育文献检索与综述、教育观察法、教育调查法、教育测量法、教育实验法、教育行动研究、教育叙事研究、教育研究资料的整理与分析、教育研究成果的表达与评价等。在"练习·思考"模块还附了往年研究生入学考试的部分真题，以帮助考研的同学了解考研的命题要求。

本书既可以作为高等学校教师教育专业和教育学类专业的教材，亦可以供研究生和广大中小学在职教师学习参考。

图书在版编目（CIP）数据

教育研究方法教程 / 汪基德，张新海主编. —北京：科学出版社，2022.1
ISBN 978-7-03-071136-6

Ⅰ.①教… Ⅱ.①汪… ②张… Ⅲ.①教育科学-研究方法-教材 Ⅳ.①G40-034

中国版本图书馆 CIP 数据核字（2021）第 265513 号

责任编辑：乔宇尚　贾雪玲 / 责任校对：严　娜
责任印制：赵　博 / 封面设计：蓝正设计

科 学 出 版 社 出版
北京东黄城根北街 16 号
邮政编码：100717
http://www.sciencep.com

保定市中画美凯印刷有限公司印刷
科学出版社发行　各地新华书店经销

*

2022 年 1 月第 一 版　开本：787×1092　1/16
2025 年 6 月第七次印刷　印张：22
字数：531 000
定价：69.00 元
（如有印装质量问题，我社负责调换）

前　言

"教育研究方法"是高等学校教育学类专业的必修课程，是教育部颁布的《教师教育课程标准（试行）》规定的幼儿园教师、小学教师和中学教师需要学习的重要课程模块，同时也是教育学类研究生入学考试全国统考卷的重要内容之一。为适应本专科教学、考研与考教师资格证的需要，我们组织编写了《教育研究方法教程》这本教材。本教材依据教育部颁布的《教师教育课程标准（试行）》和教育学类研究生入学考试大纲的要求，内容完全涵盖了教育学类研究生入学考试大纲《教育学专业基础综合》中"教育研究方法"部分，并有适当扩充；在"练习·思考"模块还附了往年研究生入学考试的部分真题，以帮助考研的同学了解考研的命题要求。

本教材具有如下特点：第一，学术观点的普遍接受性。作为教材，不纠结于学术观点的争鸣，重点阐述大多数学者接受的观点。第二，内容的基础性。作为供本科生和专科生使用的教育研究方法教材，需要让学生了解教育研究的历史、现状与发展趋势，理解教育研究方法的重要术语、基本概念，掌握教育研究方法的一般原理及主要研究方法，培养学生运用教育研究方法进行教育研究的初步能力，所以在内容上，注重基础性。第三，语言表达力求简明扼要，通俗易懂。使用通俗的语言来表达专业术语，以便学习者理解和掌握。第四，尽量兼顾不同专业的教学需要。教育学类有教育学、学前教育、小学教育、教育技术学等不同专业，师范类专业更是包括了数学、中文、外语、物理、化学等不同专业，各个专业有不同的特点，本教材在论证与举例上，尽量照顾不同专业。

为了提高编写质量，充分反映我国教育研究方法领域的研究水平和研究生入学考试的要求，我们组织了长期从事教育研究方法教学和研究的高校教师，合作编写了本教材。河南大学汪基德、张新海负责本书大纲的拟定与全书的统稿，担任本书的主编；南阳理工学院周凤瑾、福建师范大学汪滢协助主编进行统稿，担任本书的副主编。各章节执笔人员如下：第一章、第二章，中原科技学院李贻员；第三章、第五章第三节、第九章，南阳理工学院周凤瑾；第四章、第七章，周口师范学院毛春华；第五章第一节、第五章第二节、第六章、第十章，福建师范大学汪滢；第八章、第十一章，信阳学院梁顺意；第十二章，河南大学肖磊。河南大学教育学部研究生陈文峰、朱思雨、王宁，福建师范大学教育学部研究生蔡兹章，协助导师收集资料、处理文字和绘图等。感谢整个团队的付出！

  在本书策划与编写中，科学出版社的乔宇尚老师提供了许多宝贵意见与建议，在这里向她表示真诚的感谢！本书编写过程中参考和引用了大量文献资料与研究生入学考试真题，主要文献在文中已标注和列出，在此一方面向相关作者表示感谢；另一方面，如有遗漏，恳请原谅。由于水平有限，书中难免会有遗漏之处，恳请读者批评指正。

汪基德

2021 年 9 月

目　录

前言

第一章　教育研究概述 ………………………………………………………………… 1

　　第一节　教育研究的界说 ……………………………………………………………… 2
　　第二节　教育研究方法的内涵与层次 ………………………………………………… 5
　　第三节　教育研究的历史、现状和发展趋势 ………………………………………… 13
　　第四节　教育研究的对象及其特点 …………………………………………………… 18
　　第五节　教育研究的基本原则 ………………………………………………………… 19
　　第六节　教育研究的一般过程 ………………………………………………………… 21

第二章　教育研究的选题与设计 ……………………………………………………… 25

　　第一节　选题的主要来源 ……………………………………………………………… 26
　　第二节　选题的基本要求 ……………………………………………………………… 29
　　第三节　研究的设计 …………………………………………………………………… 31
　　第四节　研究方案的基本内容 ………………………………………………………… 40

第三章　教育文献检索与综述 ………………………………………………………… 50

　　第一节　教育文献概述 ………………………………………………………………… 51
　　第二节　教育文献的种类及主要分布 ………………………………………………… 52
　　第三节　教育文献检索的过程、方法与要求 ………………………………………… 58
　　第四节　教育文献的分析与综述 ……………………………………………………… 71

第四章　教育观察法 …………………………………………………………………… 86

　　第一节　教育观察法概述 ……………………………………………………………… 87
　　第二节　教育观察研究的基本类型 …………………………………………………… 89

第三节　教育观察研究的实施程序……………………………………………91
　　第四节　教育观察研究的记录方法……………………………………………98

第五章　教育调查法……………………………………………………………106
　　第一节　教育调查研究概述……………………………………………………107
　　第二节　问卷调查法……………………………………………………………110
　　第三节　访谈调查法……………………………………………………………138

第六章　教育测量法……………………………………………………………153
　　第一节　教育测量法概述………………………………………………………154
　　第二节　教育测量的类型………………………………………………………158
　　第三节　教育测量的评价指标…………………………………………………163
　　第四节　教育测量的实施与应用………………………………………………171

第七章　教育实验法……………………………………………………………176
　　第一节　教育实验法概述………………………………………………………177
　　第二节　教育实验研究的效度…………………………………………………188
　　第三节　教育实验的变量控制…………………………………………………192
　　第四节　教育实验设计的主要模式……………………………………………194

第八章　教育行动研究…………………………………………………………201
　　第一节　教育行动研究概述……………………………………………………202
　　第二节　教育行动研究的模式与基本步骤……………………………………210
　　第三节　教育设计研究…………………………………………………………216

第九章　教育叙事研究…………………………………………………………225
　　第一节　教育叙事研究概述……………………………………………………225
　　第二节　教育叙事研究的一般步骤……………………………………………234

第十章　教育研究资料的整理与分析…………………………………………241
　　第一节　教育研究资料的整理…………………………………………………241
　　第二节　教育研究资料的定量分析……………………………………………244
　　第三节　教育研究资料的定性分析……………………………………………273

第十一章　教育研究成果的表达………………………………………………280
　　第一节　教育研究报告的撰写…………………………………………………280
　　第二节　教育学术期刊论文的撰写……………………………………………290

  第三节　教育学位论文的撰写……………………………………297

第十二章　教育研究成果评价………………………………………311

  第一节　教育研究成果评价概述……………………………………312
  第二节　教育研究成果评价的主体…………………………………319
  第三节　教育研究成果评价的基本标准与原则……………………326
  第四节　教育研究成果评价的方法…………………………………332

参考文献……………………………………………………………………340

第一章

教育研究概述

学习目标

- 了解教育研究的历史、现状及发展趋势;
- 明确教育研究的概念及意义;
- 知晓教育研究的对象及其特点;
- 理解教育研究方法的内涵及层次;
- 掌握教育研究的类型;
- 掌握教育研究的基本原则和一般过程;
- 养成严谨治学的研究态度。

知识导图

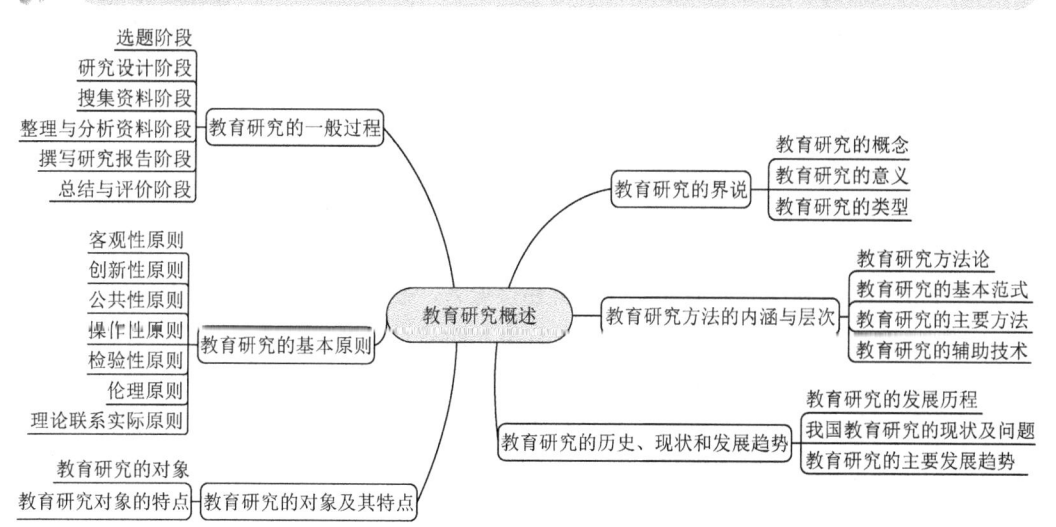

教育研究概述
- 教育研究的一般过程
  - 选题阶段
  - 研究设计阶段
  - 搜集资料阶段
  - 整理与分析资料阶段
  - 撰写研究报告阶段
  - 总结与评价阶段
- 教育研究的界说
  - 教育研究的概念
  - 教育研究的意义
  - 教育研究的类型
- 教育研究方法的内涵与层次
  - 教育研究方法论
  - 教育研究的基本范式
  - 教育研究的主要方法
  - 教育研究的辅助技术
- 教育研究的基本原则
  - 客观性原则
  - 创新性原则
  - 公共性原则
  - 操作性原则
  - 检验性原则
  - 伦理原则
  - 理论联系实际原则
- 教育研究的历史、现状和发展趋势
  - 教育研究的发展历程
  - 我国教育研究的现状及问题
  - 教育研究的主要发展趋势
- 教育研究的对象及其特点
  - 教育研究的对象
  - 教育研究对象的特点

要想科学高效地开展教育研究活动，就需要了解什么是教育研究及教育研究方法，明晰教育研究的历史发展脉络，掌握教育研究的基本原则、一般过程和方法论体系，本章将对这些基本问题进行简要介绍。

第一节　教育研究的界说

一、教育研究的概念

研究又被称为钻研、探究。一般来说，研究是一项系统的、有目的的探究活动，通过运用一定的方法或手段，以达到解决问题的目的。科学研究就是遵循一定的研究范式，运用科学的研究方法，在前人研究的基础上，有意识、系统地认识世界的本质和规律的活动。一项研究要想被称为科学研究，需要满足以下基本条件：①研究应建立在对客观事实描述、解释的基础之上；②需要有科学的理论做指导；③应选择并运用科学的方法和技术。

那什么是教育研究呢？简言之，教育研究就是对教育活动与问题进行的研究。教育作为一项有目的地培养人的活动，在其开展的过程中必然会产生诸多问题并引发人们的思考，而教育研究就是运用科学的教育研究方法，遵循一定的研究原则和研究程序，有目的、有计划、系统地探究教育活动的本质及发展规律的过程。教育研究同其他科学研究一样，也需要满足科学研究开展的基本条件，即客观事实、科学理论和方法技术[①]。

二、教育研究的意义

开展教育研究不仅对教育实践活动的开展意义重大，而且对教育学科的发展和教育研究者的个人发展都具有重要的价值。

（1）教育研究可以指导教育实践，促进教育改革，从而提高教育质量。通过教育研究不仅可以帮助人们转变观念，推动教育体制、教育教学方法的改革，促进教育实验活动的开展，还可以给教育工作者和教育行政部门提供一定的政策指导。

教育观念的转变是一个复杂又漫长的过程，在错误思想指导下的教育活动的开展路径必定是不科学且不可行的。当前通过教育研究，我们已经树立了科学的教育观，比如强调教育要为社会主义现代化建设服务，教育要面向现代化、面向世界、面向未来，培养德智体美劳全面发展的社会主义建设者和接班人，这些教育观念是符合时代发展趋势的，在科学教育观的引导之下也会促进教育事业的稳步发展。今后随着教育研究的不断深入，教育观念也会随之发生变化与革新。此外，通过开展教育研究还可以给教育工作者及教育行政部门提供一定的政策指导。比如，教育研究者通过对教育与经济社会协调发展的关系进行研究，明确教育在经济社会协调发展中的战略地位、教育结构与经济体

---

① 裴娣娜. 教育研究方法导论[M]. 合肥：安徽教育出版社，1995：4.

制改革之间的关系、教育结构与产业结构变化之间的关系，以及教育结构与劳动技术结构之间的关系等，可以帮助教育行政部门更加明确应该采取何种方式促使教育适应经济社会的发展。

（2）教育研究可以对已有的理论进行验证和补充，这有利于教育理论体系的完善，还有利于促进教育理论的创新与发展。教育理论的确立是一个复杂的过程，需要研究者通过反复观察、调查、实验来获取有关教育问题的事实资料，利用科学的数学方法对收集到的资料进行整理分析，总结概括出有关客观事实的结论，并进行提炼，从而探寻教育问题的本质，再经过反复的实践来对原有的结论进行验证和修正，最终形成有关教育研究的科学理论体系。此外，通过教育研究不仅可以促进教育科学中各学科的深入发展，还可以促进新学科的产生与发展。比如，教育学科通过与相关学科相互融合，进而产生了教育社会学、教育文化学、教育经济学等新学科。

（3）对教育研究者来说，开展教育研究有利于增强其研究意识，促进自身专业技能的提高。开展研究的过程就是研究者观察思考以及自我提升的过程，研究者尤其是一线教师如果能够在教育实践中细心观察，不断探索，发现问题，开展研究，找寻教育发展规律，形成科学理论与方法，就能够成长为研究型教育工作者。这不仅可以提升自身的教学水平和创新意识，还有利于促进教育教学的改革，对提升整个教师队伍的素质和教育科学研究的整体水平都有着积极作用。

三、教育研究的类型

根据不同的分类标准，可以将教育研究划分成不同的类型，目前在学术界比较常见的分类方式主要有以下几种。

（一）价值研究与事实研究

根据教育研究的内容和性质的不同，可以把教育研究分为价值研究与事实研究。

价值研究又被称为"应然"研究，主要研究"应该是什么""应该如何做"的问题，是通过对研究资料的整理分析，判断教育活动的价值的研究。

事实研究又被称为"实然"研究，主要是研究"是什么"或"怎么样"的问题，是对教育事实进行观察、描述、分析，以揭示或者总结教育发展规律的研究。教育事实研究以现实的教育现象与问题为研究对象，力求站在客观的角度看待问题，排除研究者个人主观因素的干扰。

事实研究与价值研究并非对立关系，价值研究应以客观事实为基准，在教育事实研究的前提下对教育价值问题进行探讨。

（二）基础研究与应用研究

根据研究目的和任务的不同，可以把教育研究分为基础研究与应用研究。

基础研究又称为基本理论研究，该研究从众多教育现象与问题中归纳提炼出具有普遍指导意义的教育规律，从而对已有的教育研究理论起到修正、补充或完善的作用。基础研究的主要目的在于认识未知的事物，发现和拓展已有的知识并探寻规律，以形成或发展理论，从而为教育研究提供具有普遍意义的指导。

应用研究是指运用理论知识来解决教育实践问题的研究，其主要目的在于分析教育实践活动存在的问题并提出解决的对策，以改进教育教学的方式方法，提升教育教学质量。

值得注意的是，基础研究与应用研究也不是对立的关系，在某种情况下，两者是相互联系、相互补充的。基础研究为应用研究提供理论上的指导，使应用研究的方向更明确、思路更清晰；应用研究为基础研究提供事实材料，并对基础研究起到验证或改进的作用。

此外，在有些情况下，同样一个研究主题，既可以从基础研究的角度出发开展研究，也可以从应用研究的角度出发开展研究。比如，在研究如何提高小学生语文阅读能力这个问题时，从基础研究的角度，教育研究者既可以以教育心理学为理论基础，研究小学生在阅读过程中的信息加工模式，也可以研究小学生在阅读过程中的心理结构；从应用研究的角度，教育研究者既可以着眼于如何利用现代化的教学手段提升小学生的阅读技巧，也可以着眼于如何改善教学方法以培养小学生合作阅读的学习方式。

（三）定量研究与定性研究

根据研究资料的性质以及分析方法的不同，可以把教育研究分为定量研究与定性研究。

定量研究是指研究者运用数学的研究工具，遵循规范的研究程序，对研究对象进行测量和分析，从而对研究假设进行论证并得出结论的研究。此类型的研究要确立对研究结果的假设，选择适当的研究方法，制订规范的研究设计，按照规定的研究步骤开展研究。定量研究在对结果进行分析时主要运用数学分析的方法，因此获得的结论客观性较强。

尤其是当实验研究法以及教育统计等方法得到推广之后，定量研究又进一步得到了发展。定量研究强调从研究对象的选取、研究设计的开展，到研究数据的收集，以及研究结果的处理分析都应遵循规范的程序。例如，在研究对象的选取上采用概率抽样的方式，以最大限度地保证研究对象选取的随机性；在研究方法的设计上采用测量法、实验法等，以避免研究数据的收集受到研究者主观因素的干扰；在研究结果的处理上采用数学分析的方法，运用科学的统计软件以保证研究结果在不同的情境中能够被反复验证。

关于什么是定性研究，不同的学者有不同的看法。我国传统意义上的定性研究是指关于事物性质的研究，是根据研究者的认识和经验对研究对象是否具备某种性质的判断。这种观点把所有非定量的研究都归入定性研究中去，定性研究包括哲学思辨、个人见解、政策解释，甚至包括关于量的研究中一些对研究问题的界定以及对数据的理论分析等。当作为一种与定量研究相对的研究类别时，定性研究指的就是我国传统意义上的关于事物性质的研究。另一些学者认为定性研究就是质性研究，只是将英语翻译为汉语时的译法不同而已。本书中，把定性研究与质性研究作为两个不同的概念来看待。

当作为一种与定量研究相对的研究类别时，定性研究与质性研究既有相似点，也有不同点。北京大学陈向明教授将质性研究定义为："以研究者本人作为研究工具，在自然情境下采用多种资料收集方法对社会现象进行整体性探究，使用归纳法分析资料和形成理论，通过与研究对象互动对其行为和意义建构获得解释性理解的一种活动。"[①]定性研究与质性研究的相似点在于：都是在自然情境下对研究对象进行深入探究，注重对研究对象本质的探索，并倾向于对结果进行叙述性描述。不同点在于：定性研究是一种思辨的研究，以哲学为理论基础，偏向结论性、抽象性和概括性；质性研究的理论基础更加丰富多样，其更强调研究的过程性、情境性和具体性[②]。

第二节　教育研究方法的内涵与层次

要进行教育研究，就需要运用教育研究方法，什么是教育研究方法呢？在探讨教育研究方法的内涵之前，需要明确什么是"方法"。在中国古代，方法一词的含义比较广泛，其中《墨子·天志中》提到："中吾矩者谓之方，不中吾矩者谓之不方。是以方与不方，皆可得而知之。此其故何？则方法明也。"[③]这里的"方法"是指测量方形的规则。现代汉语词典对于"方法"的解释是："关于解决思想、说话、行动等问题的门路、程序等。"[④]在西方，"方法"的英文为 method 或者 way，其中 method 来自拉丁语 methodus，原意为跟随、探询、找到，后引申为方法、措施。

方法在哲学、科学及生活等不同的领域有着不同的解释，根据中西方的解释并结合现代意义上对方法的理解，方法一般是指为获得某种东西或达到某种目的而采取的手段与行为方式。

根据古今中外关于方法的界定，可以把教育研究方法界定为：为了探索教育规律、构建教育理论、解决教育问题所采取的手段、方式和行为规则的总和。正确理解教育研究方法，既要看到它的目的性，又要看到它的工具性和规则性。它既是一套知识体系（思维方式），又是一套行为规则。运用教育研究方法的目的在于探索教育规律、构建教育理论、解决教育问题；运用研究方法进行教育研究时，要遵循科学的研究程序，进行科学的研究设计，准确记录、系统全面收集资料数据。对教育研究方法的正确理解和把握是研究者有效开展教育研究的重要前提。

教育研究方法有广义与狭义之分。狭义的教育研究方法指的是为了探索教育规律、构建教育理论、解决教育问题所采取的手段、方式和行为规则的总和。广义的教育研究

---

① 陈向明. 质的研究方法与社会科学研究[M]. 北京：教育科学出版社，2000：12.
② 侯双. 质性研究与定性研究、定量研究的比较分析[J]. 青年与社会，2015，(25)：244.
③ 方勇译注. 墨子[M]. 北京：中华书局，2011：234.
④ 中国社会科学院语言研究所词典编辑室. 现代汉语词典[M]. 7版. 北京：商务印书馆，2016：366.

方法包括教育研究方法论、教育研究范式、教育研究方法（狭义的）和教育研究的辅助技术四个层次，下面分别对其进行介绍。

一、教育研究方法论

在探讨教育研究方法论之前，我们要先了解方法与方法论的区别。方法就是指为了达到某种目的所采取的路径、方式、手段和工具，是可以具体操作的程序、规则、方式。方法论（methodology）则是有关方法的理论，"方法论探讨的不是方法自身的问题而是对方法运用的反思，它关注的是理论与实践相互作用的方式及主体与对象的适切性问题"[①]，方法论对方法的运用起着指导作用。

方法论大致可以划分成四个层次，如图 1-1 所示，其中第一层次是哲学方法论，是适用于一切具体科学的具有普遍意义的方法论，其普适性最强，适用的领域和范围最广泛。比如，唯物论和辩证法就是马克思主义哲学的主要内容，其中唯物论是与唯心论相对立的世界观和方法论，它帮助我们更好地思考和回答关于世界的本原问题；辩证法是与形而上学相对立的世界观和方法论，它帮助我们学会运用联系、发展、全面的观点来看待问题，这种方法论具有普遍的指导意义。第二层次是以系统科学方法论和数学方法论为代表的方法论，系统科学方法论包括信息论、控制论、系统论等，它们与数学方法论一道，对教育研究起着重要的指导作用。第三层次是根据研究对象的性质、类型的不同而划分的方法论层次，主要包括自然科学方法论、社会科学方法论和科学学方法论。第三层次的方法论属于认识某一类型事物（如自然界或人类社会等）或事物某一方面的规律和特征的方法论，这个层次的方法论为开展研究、认识事物提供了必要的思维工具、符号工具和技术指导，当然也要以哲学的方法论为指导。第四层次是各门具体学科方法论，是指关于某一具体学科的研究方法的理论，教育研究方法论就属于具体学科方法论，是关于教育学科研究的方法论，"解决的是教育学科发展的思维、理论和方法的问题"，"教育研究方法论需要对教育研究方法的哲学背景深入考察，对研究对象进行剖析，对方法的性质进行甄别，为教育研究方法的使用提供方法论指导"[②]。

第一层次	哲学方法论		
第二层次	系统科学方法论	数学方法论	
第三层次	自然科学方法论	社会科学方法论	科学学方法论
第四层次	各门具体学科方法论		

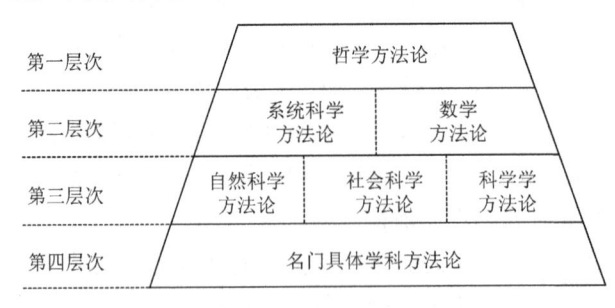

图 1-1　方法论知识体系结构图[③]

[①] 刘燕楠. 教育研究方法论变革：历史突破与理论创新[J]. 教育研究，2018，(5)：16-26.
[②] 刘燕楠. 教育研究方法论变革：历史突破与理论创新[J]. 教育研究，2018，(5)：16-26.
[③] 叶澜. 教育研究方法论初探[M]. 上海：上海教育出版社，2014：15.

上述四个层次的方法论对教育研究均有重要影响，限于篇幅，仅对哲学与教育研究、数学与教育研究、信息技术与教育研究作简要介绍。

（一）哲学与教育研究

哲学方法论是认识事物的共同规律和一般特性的方法论。哲学方法论属于教育研究中层次最高、指导意义最广泛的方法论，所有的教育研究方法都要以哲学方法论为指导。

哲学方法论包括马克思主义哲学方法论，古希腊亚里士多德的三段论演绎法，近代经验主义的归纳法，现代的实用主义方法论、建构主义方法论、后实证主义方法论等。

构建中国特色的教育学，就要坚持以马克思主义哲学方法论为指导。马克思主义哲学方法论的创立，开创了人类辩证思维的新时代，也使人类真正从整体上全面地认识世界和自我成为可能[1]。马克思主义哲学方法论对教育研究的指导作用体现在：①马克思主义唯物辩证法能够指导研究者客观、全面、发展地看待教育事物，明确研究的方向；②马克思主义教育思想、教育理论及方法论也能够帮助研究者从哲学认识论的高度考察作为特殊认识活动的教育活动，对教育活动的结构、方式、过程进行哲学思考；③马克思主义世界观与方法论在教育科学研究中的应用，还将开辟新的诸如教育主体论、教育价值论、教育活动论、教育认识论等研究领域，加强教育科学研究的理论基础[2]。

（二）数学与教育研究

数学是一门研究空间形式和数量关系的科学，自然科学的发展同时促进了数学方法论的形成，从历史发展的角度来看，数学从一开始就具有科学方法论的意义，尤其是随着现代科学的发展，数学方法已经成为自然科学、社会科学、思维科学等科学研究中不可或缺的方法。

数学方法通过对数据进行统计运算，能够帮助研究者从数量上对研究对象的发展规律进行探究，但是，数学方法主要考察的是研究对象的定量特征，因此仅仅依靠数学方法并不能全面地反映事物的全貌，教育研究水平的提升还需要定性研究与定量研究相结合，从而达到对事物完整全面的认识。

（三）信息技术与教育研究

随着信息技术的发展，人类社会进入信息时代，信息技术对人类社会的方方面面都产生了深刻影响，对教育研究的影响更是深刻与全面。以往的计算机、互联网等仅是为教育研究提供技术支持的手段和工具，而如今的大数据与人工智能，大大改变了人们开展教育实践和研究的方式，信息技术经过了知识重组一跃成为技术层面的方法论，对教育研究将产生革命性影响。

---

[1] 裴娣娜. 教育研究方法导论[M]. 合肥：安徽教育出版社，1995：56.
[2] 裴娣娜. 教育研究方法导论[M]. 合肥：安徽教育出版社，1995：57.

二、教育研究的基本范式

"范式"是由美国的科学哲学家库恩（T. S. Kuhn）提出的概念，教育研究范式指的是某一研究共同体围绕本学科或专业所具有的理论上和方法上的共同信念。这种共同信念规定了研究共同体成员有共同的基本理论、基本观点、基本方法，并且为其提供了共同的理论模型和解决问题的框架，从而形成一种共同的学科传统，规定了共同的研究发展方向，限制了共同的研究范围[①]。教育研究范式是基于对应的方法论而形成的学科研究的模式或者规范，教育研究范式受到相应方法论的指导，同时又指导着具体方法。

社会科学研究领域有几种典型的研究范式，分别是人文主义研究范式、科学主义研究范式、社会批判研究范式、复杂思想研究范式等。教育研究范式的分类框架有很多种，有学者将教育研究范式分为思辨研究与实证研究两种类型；有学者将教育研究范式分为思辨研究、定量研究、质性研究三种类型；有学者将教育研究范式分为传统研究与行动研究，其中传统研究包括了思辨研究和实证研究；还有学者将教育研究范式分为思辨研究、量化研究、质化研究和混合研究四种范式[②]。综合以上观点并结合我国教育研究的实际，下面简要介绍以下四种基本范式。

（一）量的研究

量的研究是一种科学主义的研究范式，它强调建立理论假设并通过实证检验或对数据资料的收集分析来探讨问题。这种研究范式最大的优点在于研究过程比较规范严谨，便于利用数学工具对结果进行分析观察，因此得出的结论也比较客观，比如教育实验、问卷调查等方法就属于量的研究。

（二）质的研究

质的研究是一种人文主义的研究范式，它强调研究者本人就是研究工具，关注研究者在研究过程中的体验和感悟，研究者通过观察、访谈等研究方法在教育情境中开展调查并收集资料，运用个人的逻辑思维对研究资料进行整理分析，从而解决问题，探寻教育规律。质的研究和量的研究虽然在具体操作程序上有所区别，但是这两种研究范式也具有共性的一面，即两者都强调通过实证的手段获取资料，并对资料进行处理、分析和解释。

（三）混合研究

混合研究又被称为整合研究，被学术界称作是继量的研究和质的研究之后的第三种教育研究范式，研究者在研究的过程中将与量的研究和质的研究相关的技术、手段、方法结合起来。混合研究的支持者认为，决定研究方法的是研究问题而不是哲学的和方法

---

① 周霖. 语境与诠释：论中国教育学的研究范式[J]. 东北师大学报（哲学社会科学版），2007，（3）：24-30.
② 汪基德，王开. 关于教育研究范式分类问题的探讨[J]. 教育研究与实验，2021，（3）：65-70.

的范式，因此，混合研究范式就是根据研究问题来选取研究方法，并在解决问题的过程中使多元方法合法化，而不是限制或约束研究者的选择，是包容的、多元的和交叉的研究，许多综合性研究问题都适合通过混合研究范式来解决[①]。

（四）行动研究

行动研究就是教育研究者在教育实践的过程中发现问题，同时在教育实践中开展研究，最终以改进教育实践为目的的一种研究范式。行动研究的主要特点就是为行动而研究、在行动中研究、由行动者进行研究，即行动研究的主体是教育实践工作者，目的就是解决教育实际问题，行动研究的场景就是教育实践环境，开展研究的过程同时就是解决问题的过程。行动研究强调将理论与实践相结合，将行动与研究相结合，不同于原有的"研究-开发-推广"的研究范式，成为一种独立的研究范式。关于教育行动研究的详细介绍，请参考本书第八章。

三、教育研究的主要方法

（一）理论研究

理论研究是指在已获得的教育实践经验的基础上，利用逻辑推理或其他方式对教育现象、教育活动的内在联系进行分析综合、抽象概括并得出研究结论的研究方法。理论研究需要经验的支撑，因此它是建立在社会实践和逻辑推理基础之上的。理论研究通过对已有的感性认识或观念材料进行加工整理，使之系统化，并在结果表述时力求通过符号化的语言使研究成果形成严密的理论体系。运用理论研究的方法通常包括以下几个步骤：①选择一个合适的教育现象或者问题作为研究对象，明确研究的主题；②针对研究对象进行资料的搜集；③利用分析综合、抽象概括、演绎推理等手段对已搜集到的感性和理性材料进行整理加工，最终构建一套系统的理论体系。通过这种方法不仅可以验证已有的逻辑体系，还可以对原有的教育理论体系进行丰富和完善，促进不同的理论观点的碰撞融合。同时，理论研究也存在着一些局限性：理论研究的结论主要是靠逻辑推理得出的，因此得出的结论不一定符合实际情况。

（二）历史研究

历史研究是指通过对教育现象发生、发展及演变的历史事实进行分析、整理，从而认识研究对象的实质，进而揭示教育发展规律的研究方法。通过历史研究不仅可以帮助研究者探寻教育活动的实质，还可以帮助研究者总结历史经验，指导教育活动的开展并预测教育发展的方向。

当研究者想要对历史上教育家们的教育思想、理论观点或者某一个时期的教育流派、教育思潮、教育制度及教育发展状况进行研究时，都可以采用历史研究。运用历史

---

① 田虎伟. 混和方法研究——美国教育研究方法的一种新范式[J]. 比较教育研究，2007，(1)：12-17.

研究的方法开展研究主要包括以下几个环节：①分析并确定研究的主题；②对相关的文字、实物或口传史料等进行广泛搜集，并通过科学的手段对史料的年代，作者，史料内容的合理性、真实性等项目进行甄别与评价；③运用逻辑分析等手段对史料进行综合分析，最终形成研究结论。

历史研究属于非介入性研究，且文献资料来源比较丰富，因此与实证研究相比，经济性更强，但是需要研究者做好长期"孤军奋战"的准备，且对研究者的知识水平和甄别史料的能力要求比较高，具有一定的挑战性。

（三）比较研究

比较研究是指根据一定的标准，对两个或两个以上有联系的事物或对象在不同时期、不同地点、不同情况下进行考察，寻找其相同点和不同点，从而探求教育发展的普遍规律和特殊规律的研究方法。运用比较研究的方法开展研究可以从多角度来进行，既可以进行单项比较，也可以进行综合比较；既可以进行求同比较，也可以进行求异比较；既可以进行横向比较，也可以进行纵向比较；既可以进行定性比较，也可以进行定量比较。

运用比较研究的方法开展研究通常包括以下几个步骤：①明确比较对象的性质，即确定比较对象的内容、范围；②设置具体、可操作的指标，确定比较的项目和标准；③对研究对象的相关资料进行收集、整理与分析；④按照比较的项目和标准进行比较，得出研究结论。

运用比较研究的方法可以帮助研究者更加全面地把握教育发展规律，使人们转变思想观念，取得新的收获。此外，通过国与国的横向比较或者对本国、本地区的教育状况进行纵向比较，研究者可以清晰透彻地了解教育的实质，吸收、借鉴有利于本国或本地区教育发展的理论及实践经验，促进本国或本地区的教育事业向前发展。

（四）观察研究

观察研究是指研究者根据一定的研究目的，在一定的时间和空间内，通过感官或者辅助仪器设备对处于自然状态的教育现象进行有计划的考察和探究，从而获取教育事实、探索教育规律的研究方法。关于教育观察法的详细介绍，请参考本书第四章。

（五）调查研究

调查研究是指在一定的教育理论指导下，针对特定的教育问题，通过访谈、问卷、调查表、测验等方法手段，在自然状态下有目的、有计划、系统地搜集资料，进而科学地了解和把握特定教育问题的现状和发展趋势，并提出具体工作建议的研究方法。关于教育调查法的详细介绍，请参考本书第五章。

（六）实验研究

实验研究是指研究者根据研究目的合理地控制或创设一定的条件，人为地变革研究对象，观察、记录和测定与之相伴随的现象变化，从而验证研究假设，探讨教育现象的因果关系，揭示教育规律的研究方法。关于教育实验法的详细介绍，请参考本书第七章。

（七）经验总结

经验总结是指研究者采用科学的研究程序，通过对教育实践活动中的教育事实进行归纳、分析，使之系统化、理论化，使感性认识上升为理性认识的研究方法。

运用经验总结的方法开展研究的一般步骤主要包括：①明确研究课题及研究对象；②制订研究的计划或提纲；③根据计划或提纲的思路对资料进行搜集并整理分析；④撰写经验总结报告。特别值得注意的是，对经验进行总结时并没有一个固定的模式，研究者可以根据实际情况进行灵活调整。

经验总结是中小学教师较常用的一种研究方法，不仅可以使优秀的教育经验得以保存和分享，促进教育事业的发展，还可以帮助教师提高研究和反思能力，促进教师自身的成长。在使用经验总结的方法时要做到实事求是、主题鲜明，经验介绍应具体详尽且具有一定的创造性。

（八）叙事研究

叙事研究是指教育研究者通过叙述教育故事的方式阐明自己对教育教学的理解与反思的一种研究方法。关于教育叙事研究的详细介绍，请参考本书第九章。

（九）民族志

民族志又被称为人种志或人种学，最早是人类学的一种研究方法。人种志从字面意思来理解就是"对人群的叙写"，是对一群人或者一个种族生活的描述与记录。学术界对民族志或人种志并没有一个完全统一的定义，通常认为民族志既指开展研究的过程，即开展田野工作的过程；也指研究的结果，即通过开展田野工作而总结得出的研究报告[1]。我国著名社会学家、人类学家费孝通所著的《江村经济》一书就是通过民族志的研究方法开展研究所取得的研究成果，该书被誉为"人类学实地调查和理论工作发展中的一个里程碑"。

运用民族志的研究方法开展研究通常包括以下几个环节：①明确研究问题及研究场所，进入研究现场；②初步进行观察和访谈并得出初步的结论；③带着初步的结论进一步进行观察和深度访谈，然后对原有的结论进行修订，直到研究者感到研究结论不需要再修订为止[2]。

民族志研究方法的主要特点在于强调研究情境的自然性，并主张研究者深入参与被研究者的生活中，在分析问题时提倡采用全面整体的研究角度，因此得出的结论不但真实生动，而且完整全面。

---

[1] 杨小微. 教育研究的原理与方法[M]. 2版. 上海：华东师范大学出版社，2010：289.
[2] 张红霞. 教育科学研究方法[M]. 北京：教育科学出版社，2009：370.

（十）扎根理论

扎根理论不是一种理论，而是一种质性研究方法，最早由美国学者格拉斯（B. Glaser）和斯特劳斯（A. Strauss）提出。这种研究方法与实证研究的"无根性"相对立，因为实证研究强调在研究开始之前就提出关于研究问题的假说，属于未"扎根"于实际的假说，而扎根理论是从实际的观察入手，获取原始资料，并进一步归纳总结，从而上升到系统理论。因此，扎根理论是研究者在研究开始之前一般没有理论假设，直接从实际观察入手获取原始资料，再从原始资料中归纳出核心概念，然后上升到系统理论的质性研究方法。

运用扎根理论的研究方法开展研究通常包括以下几个环节：①明确研究问题；②制订研究方案并进行目的抽样；③采用访谈、观察等方法搜集研究资料；④采取分类、对话分析或文本分析等方法对资料进行整理分析；⑤在取得一定的研究成果的基础上，结合相关文献资料进行结果的验证；⑥提出需要进一步研究的问题，可能是新的"工作假说"，也可能是足够清晰的研究假说[1]。

扎根理论的研究方法适用于人类学中的很多研究课题，甚至实证研究也试图吸收扎根理论的相关思想与理论。由于扎根理论在研究开始之前并没有形成明确的关于研究问题的假说，因此相对于实证研究而言，其形成结论的过程就带有较强的不确定性，即使在研究之初提出了"工作假说"，也需要在研究的过程中不断对研究假说进行修正。

四、教育研究的辅助技术

（一）文献研究

文献研究是指教育研究者对文献进行查阅、整理、分析，并从中探寻教育本质或教育发展规律的研究。文献研究不仅仅是一种研究的辅助技术，其本身还是一种独立的研究方法。文献研究通常包括文献搜集、文献整理、文献分析、文献综述等环节。文献资料对人类社会的发展和研究者的探究工作有着重要的指导价值，通过文献研究可以帮助研究者充分地掌握研究主题的研究现状及学术发展动态，帮助其理清研究方向、理顺研究思路。关于教育文献研究的详细介绍，请参考本书第三章。

（二）教育统计

统计法就是通过观察、调查和实验，对所搜集的数据资料进行整理、计算、分析解释和统计检验的原理和方法。教育统计则是统计的原理和方法在教育科学研究中的具体运用[2]。

教育统计主要通过对数据资料进行科学的处理和分析，从而得出量化的结论，运用这种方法进行辅助研究可以大幅度提高科学研究结果的精准性和客观性。运用教育统计

---

[1] 张红霞. 教育科学研究方法[M]. 北京：教育科学出版社，2009：372.
[2] 李秉德. 教育科学研究方法[M]. 2版. 北京：人民教育出版社，2001：145.

开展研究主要包括对统计资料的收集、整理、计算和分析几个环节，主要有数据描述和数据推断两种方法。数据描述就是通过一些描述数据分布特征的概括性量数来反映数据的总体特征，常用的概括性量数有集中量数、差异量数、地位量数和相关系数等。数据推断通常在无法直接估计总体特征的情况下使用，是指通过抽样的方式对样本进行研究分析，并根据样本的数据和特征来推断总体的情况和特征的方法，常用的数据推断方法有参数估计和统计检验。关于教育统计的详细介绍，请参考本书第十章。

（三）教育测量

教育测量是指根据一定的规则或尺度，采用科学的测量工具，对教育对象的属性进行数量化测定的过程。教育测量在教育科学研究领域的使用比较广泛，通常用于对学生智力水平、学业成就、能力倾向或者人格进行的测量，是开展教育调查研究、教育实验研究不可缺少的手段。教育测量使用的工具通常包括量表、问卷以及测试题等，在使用教育测量时应保证测量工具的信度、效度、难度和区分度都要达到基本要求。关于教育测量的详细介绍，请参考本书第六章。

第三节 教育研究的历史、现状和发展趋势

一、教育研究的发展历程

从整个教育研究的发展历史来看，教育研究从古代到近现代，经历了从朴素的经验总结、思辨分析到定性、定量分析，再到形成科学的教育研究方法等过程，大概可以总结为以下四个时期。

（一）直觉观察时期

在近代科学产生以前，即从古希腊至16世纪，教育研究主要停留在朴素的唯物论思想指引下的直觉观察层面。教育家们通过个人的直觉观察，运用思辨的分析方法，对教育现象和教育经验进行总结归纳，进而产生了朴素的方法论思想。

在中国古代，孔子、孟子、墨子、荀子、董仲舒、韩愈、朱熹、王夫之等教育思想家通过对实践进行总结，从而提出了自己对于教育的观点和看法。在西方，这一时期的主要代表人物为亚里士多德，他在其著作《工具论》中首次提出了科学认识的"归纳-演绎"程序，为科学方法论的建立奠定了基础。

总的来说，这个时期的哲学家们对教育现象的归纳总结还主要停留在直观描述阶段，不能对教育问题做更深层次的分析与研究，研究具有朴素性和自发性的特点，具体表现为以下几个方面：①研究教育问题的主要目的是维护统治阶级的根本利益以及符合社会发展的要求，在教育内容和教育方法上以伦理道德教育为主。②研究者对教育现象进行研究时主要采用的是观察法和归纳、演绎和类比等思维方式，对教育现象的记录和

表述主要以描述性记录为主，记录的内容比较分散，系统性不强。③已经有了辩证法的初步运用并形成了朴素的系统观。比如古代的思想家们在学、思、习、行、教与学等方面已经开始进行辩证思考与讨论。④不同的学派基于不同的哲学观、自然观、社会观和教育观，形成了不同的思想观点，不同的学派在观点和理论上相互碰撞、融合，对教育研究的发展起到了促进作用。

（二）以分析为主的方法论时期

17世纪至19世纪末、20世纪初，教育研究进入以分析为主的方法论时期。随着近代科学的发展，实验法、归纳法、演绎法以及数学方法得以广泛使用，尤其是实验法的确立，对科学方法的演进起到了推动作用。这个时期的哲学家们基于自己对世界的认识提出了不同的观点，主要分为经验论和唯理论两大派别。

1. 经验论

经验论的代表人物有英国的哲学家弗朗西斯·培根（F. Bacon）和捷克的教育家夸美纽斯（J. A. Comenius）。弗朗西斯·培根被誉为实验科学的始祖，他认为感觉是可靠的，是一切知识的来源，因此科学理论的发现就是通过对经验和事实的总结从而归纳出具有普遍意义的理论，由此他提出了经验论的归纳法。夸美纽斯以经验论为基础对教育现象和问题进行了研究，他的教育理论也是建立在直观感觉的基础之上的。

2. 唯理论

唯理论的代表人物是法国的哲学家笛卡儿（R. Descartes）。笛卡儿被称为西方理性主义的创始人，他认为感觉经验经常会出现错误，只有理性才是知识获得的唯一可靠来源，知识是通过那些简单自明的观念演绎而来的，由此他提出了理性的演绎法。笛卡儿认为数学是可以通过理性获得清晰理解的，因此他认为科学知识应该以理性和演绎法为基础，采用定量实验和数学演绎的方法。

在18世纪末，自然科学的发展对原有自然观产生了重要影响，德国哲学家康德（I. Kant）站在唯理论的立场上试图将经验论与唯理论结合起来，把世界统一在思维的基础之上。他的观点也给后来的教育家如裴斯泰洛齐（J. H. Pestalozzi）、赫尔巴特（J. F. Herbart）、福禄培尔（F. W. A. Froebel）等人带来了深刻的影响。

在这一时期，教育研究方法论的发展呈现出如下特点：①教育家们开始把教育作为一个发展过程来研究，从直观经验的描述发展为对理论进行概括，不仅对教育现象进行外部描述，还对教育发展的内部关系及发展过程进行研究。此外，教育家们也开始进行对教育研究对象、教育研究方法和教育研究理论等方面的探索，教育学开始逐步从哲学中分离出来，初步形成独立领域。②教育研究的方法与认识论相结合，形成了两种不同哲学理论指导的研究方式，即归纳法和演绎法。③心理学逐渐成为教育学的理论基础，这为教育研究方法论的科学化发展做出了积极的贡献。例如，裴斯泰洛齐在1800年发表的《方法》中就提出"教育心理学化"的主张；赫尔巴特最早将心理学与哲学、生理学分开，明确地强调教育学必须以心理学为基础并尝试依据心理学的知识来揭示教育和教学的规律。④实验方法应用到教育研究领域中，促进了教育研究方法论的发展。在这一时期有很多教育家通过教育实验的方式开展研究，比如裴斯泰洛齐曾在新庄、斯坦兹创办孤儿院，进行初等教育领域的实验研究，后来又在布格多夫、伊佛东创办学院，进行简化教学实验。德国的梅伊曼（E. Meuman）和拉伊（W. A. Lay）创立了实验教育学派，将心理学的实验方法引入教育研究中。当时的教育实验方法虽然还不够严谨，缺少科学的实施程序和严密的分析手段，但在当时已经具有了标志性的意义。

（三）形成独立学科时期

20世纪初至20世纪50年代，教育研究方法逐渐成为一门独立的学科。在这个时期，由于科学技术的快速发展以及数学方法的广泛使用，人们更加重视科学的方法论对学科研究的指导价值，因此对科学的方法论展开了专门的研究。

20世纪初，以美国教育家杜威（J. Dewey）为代表的以实用主义为哲学基础的进步教育运动全面展开，并进一步促进了20世纪20年代世界范围内的教育改革，带动了教育研究事业和教育研究方法的发展，为教育研究方法成为独立的学科打下了基础。此后，世界上很多国家的大学比如美国芝加哥大学已经开始开设教育研究方法课程，并涌现出一批有关教育研究方法的论著。

这个时期教育研究的发展主要呈现出如下特点：①教育学开始分化，教育学的分支学科逐渐增多，出现了教育原理、教育心理学、教育史、教学论、各科教学法、比较教育学、教育科学研究方法等分支学科，教育学的学科群逐步形成。与教育学学科群同时形成的还有教育学科内部各学科的研究方法，比如比较教育学科的设立就对比较研究方法的完善和改进起到了推动作用。②教育研究领域不同派别比如传统派与进步派之间仍然存在着争论，并促进了教育研究方法论的深入发展。③教育研究的实证化趋势逐步形成。统计学的方法在教育研究中得以使用，心理实验研究、教育实验研究、教育调查研究、教育测量和心理测量方法的使用使得这一时期教育研究表现出明显的实证主义倾向。④教育研究独特的方法体系还未形成，很多研究方法都是从其他学科借鉴移植过来的，教育研究的方法体系还未健全起来。⑤马克思主义辩证唯物论思想的产生和传播给教育研究提供了方法论指导，帮助教育研究者更加科学地研究教育问题，探寻教育发展规律。

（四）教育研究的变革时期

20世纪50年代以来，教育研究进入了变革时期，这个时期出现了一个新的发展趋势，主要表现为对自然科学研究范式的反思和人文主义研究范式的兴起。随着人类物质文明的迅速发展、人类在自然科学领域尤其是生命科学领域的不断进步与创新，教育所面临的问题也日益增多和复杂，教育实践活动和教育研究在世界范围内受到了前所未有的重视。

在这一时期，科学发展给教育研究发展带来的影响主要表现为以下几个方面：①随着教育研究的广度和深度逐渐增加，教育研究课题日益复杂多样，促使教育研究方法不断分化。在学科发展上，出现了诸如学前教育研究方法、教育技术研究方法等分支学科，不同学科中的教育研究日益独立。在研究课题资助上，除了全国教育规划项目外，又在国家自然科学基金中增设了教育研究课题。②随着研究范围的扩大，相邻或相近学科的融合度逐渐提升，促使教育研究方法综合化。当研究者将一门学科的研究方法运用到另一门学科时，其也在无形中将不同学科的研究方法和研究对象进行结合，促使与学科相关的新学科的发展及研究方法的综合化。研究者在对新学科进行研究时也会更加注重研究方法的综合性和系统性。③现代信息技术的广泛应用，促进了教育研究方法的信息化与现代化，对教育研究产生了革命性影响。科学技术的发展不仅改变了人们的生活方式与思维方式，而且对教育研究方法的发展也产生了重要影响。计算机、互联网、大数据和人工智能的使用，优化了教育研究方法，使得教育研究更加科学与高效，对教育研究和教育研究方法产生了革命性影响。

二、我国教育研究的现状及问题

（一）我国教育研究的现状

当前，我国的教育研究正在蓬勃发展，并取得了一些研究成果，总的来说，我国的教育研究呈现出以下特点。

（1）教育研究主体的多元化。目前，教育研究的主体已经不仅仅局限于专门的教育研究人员和高校的教师，更多的研究主体正在加入教育研究的队伍，尤其是受到"教师即研究者"思想的引导，中小学教师也由教育研究计划的执行者、实施者转变为教育研究者。此外，一些社会组织及个人也参与到教育研究中来，研究主体呈现多元化的特点。

（2）教育研究领域不断深化。目前，教育研究所关注的问题正在逐渐增多，教育研究领域也在不断深化拓展。教育研究不仅关注教育理论问题，还关注教育实践发展过程中产生的问题；既关注学校教育领域的问题，也关注家庭、社会教育问题。

（3）教育研究的价值实用化。我国原有的教育研究模式存在一定的弊端，很多研究只停留在理论阶段，研究与社会实践脱节比较严重。目前，教育研究者的问题意识正在增强，研究者在选题及开展研究时会更多地考虑教育研究的实用性价值，即是否能够为教育实践及教育政策的制订等提供借鉴。

（4）研究视角和方法综合化。由于学科间交叉融合的程度不断提高，研究者在开展研究时比较注重多学科的结合，注重研究视角的多元化，在研究方法的使用上也不再只局限于某一种方法，而是注重多种研究方法的综合使用。

（二）我国教育研究存在的问题

虽然我国在教育研究领域取得了一些进展，但是仍然存在着一些问题，主要表现为以下几点。

（1）重定性研究轻定量研究。定性研究和定量研究都是教育研究的重要类型，但是我国的学者更倾向于采用定性研究的方式，运用个人的逻辑思维对研究资料进行整理分析，而忽略了科学研究工具的使用，且在研究结果的处理上运用数学分析或统计学方法的研究数量总体较少。

（2）重思辨轻实践。我国大部分研究者侧重于采用思辨分析的模式对问题进行研究，实证研究尤其是实验研究开展得较少，且在做思辨分析时更多的是从已有的理论出发，通过思辨论证得出结论，对教育实践的研究不够深入。

（3）重国外轻本土。我国教育研究方法与成果大多是从国外移植过来的，有影响的本土化研究还比较缺乏。言必称西方，引多是国外。中国的问题需要中国人研究，需要构建中国的话语体系和中国教育学派。

三、教育研究的主要发展趋势

（一）教育研究方法的综合化

方法本身并无好坏优劣之分，每种研究方法都有各自的优点和缺陷，适合不同的研究问题。定量研究为研究结论的归纳提供重要的数据支持，定性研究为研究结论的推断提供重要的思维工具。定量研究与定性研究的结合既可以弥补定量研究中对数字进行机械性分析的缺点，又可以弥补定性研究不够精确的缺陷，两者相互取长补短。进入21世纪以来，混合研究受到人们的广泛重视，被称为是继量的研究和质的研究之后的第三种教育研究范式。研究者在研究的过程中将与量的研究和质的研究相关的技术、手段、方法结合起来，根据研究问题来选取研究方法，并在解决问题的过程中使多元方法合法化，而不是限制或约束研究者对方法的选择。

研究者在问题研究中，不能孤立地采用某一种方法，而是应该从研究目的和研究问题出发，综合考虑各种研究方法的特点及适用范围，合理地选择研究方法，促进研究方法的综合化。

（二）教育研究手段的信息化与现代化

从教育研究的技术手段来看，教育研究正在走向信息化与现代化。随着科学技术的快速发展，教育研究的工具和手段也在不断变化更新，比如，录音、录像设备以及互联网、计算机、大数据的使用，都为教育研究的信息化与现代化发展提供了支持。

（三）教育研究场景的自然化与生态化

从教育研究实施的场景来看，教育研究正在走向自然化与生态化。教育研究价值的一个重要体现就是其外在效度，即推广性。教育研究的发展趋势之一就是考虑教育研究的自然化与生态化，尤其是研究者在开展实验研究时应尽量使研究的情境与教育教学情境接近，或者将研究情境从实验室扩展到真实的教育环境中，以增强研究结果的推广性，实现教育研究的自然化和生态化。此外，相关的新的研究方法的产生，比如现象学方法、解释学方法、发生学方法等，也对教育研究方法的多样化、生态化发展起着促进作用。

（四）教育研究视野的跨文化

从教育研究的视野来看，教育研究的跨文化趋势日益显著。跨文化是指研究者对与本国或本地区的文化有差异或冲突的教育现象有充分的理解和认识，并在此基础上分析不同文化的差异及相同点，以包容的姿态接受这种差异。跨文化研究有利于拓宽教育研究的视野和范围，从而为把握教育现象中的普遍性规律提供依据。

第四节　教育研究的对象及其特点

一、教育研究的对象

关于教育研究的对象，学者们站在不同的角度提出了不同的观点。比如：有学者认为教育研究的对象就是与教育活动相关的主体，包括教育者、受教育者等；有学者认为教育研究的对象是教育现象及教育规律；有学者认为教育研究的对象是教育问题；还有学者认为教育研究的对象就是教育存在，这种教育存在既有理论形态的存在，又有实践形态的存在[1]。教育研究是一项有目的、有计划地发现问题、分析问题、解决问题和探寻规律的实践活动。从实践形态上看，凡是以促进人的身心发展为直接目的的人类实践活动都是教育研究的对象；从理论形态上看，人们在开展教育实践的过程中所形成的有关教育活动的理念、观点、思想、理论等也可以被称为教育研究的对象，从这个角度来看，教育研究的对象则可以概括为教育活动[2]。当然，针对某一具体的教育研究项目来说，其研究对象只能是教育活动中的某个问题或某类问题，从此种意义上来说，把教育研究的对象概括为"教育问题"，与此并不矛盾。

二、教育研究对象的特点

（一）境域性

境域性是指教育活动所处的场景和环境是不可以完全重复再现的，教育活动在一定的情境中所形成的研究成果不一定能够很好地推广到其他研究情境中。因此，教育研究者在开展研究时，应当注意研究对象所处的场景和环境，尽可能使研究场景接近真实的教育环境，这样可以使教育研究的结果更具有推广性。

（二）整合性

整合性是指教育活动所涉及的问题和情况是比较复杂的，往往需要考虑多个因素对其产生的影响。因此，研究者在分析研究对象和研究问题时，应从多个角度进行，

---

[1] 叶澜. 教育研究及其方法[M]. 北京：中国科学技术出版社，1990：3.
[2] 刘志军. 教育科学研究方法[M]. 北京：高等教育出版社，2016：27.

注意相关因素的整合性。例如，在研究应试教育模式的改革问题时，不仅需要考虑教育理念、教育目的等理论方面的问题，还需要考虑教育方法、教学内容等实践方面的问题；不仅需要从历史的角度进行研究，还需要考虑当前社会文化等因素对其产生的影响。此外，整合性还体现在开展研究的过程中需要多个主体的参与，比如在教育行动研究中往往需要教师、社区工作者、教育行政人员、学科专家等主体的共同参与。

（三）模糊性

模糊性是指教育活动涉及的一些变量还无法用数字进行精确的描述[①]。比如，人的品德、学习能力等变量是无法通过测量手段进行精确测量的。此外，由于教育研究者及教育的对象主要都是人，而人本身又是具有主观意识的复杂主体，因此在开展研究的过程中往往会带有个人主观感情色彩，由此导致的误差几乎无法避免，且研究者对研究对象进行研究时，研究资料的收集也受到研究者自己的生活状态、态度等因素的影响，这使得研究对象在某种程度上具有一定的模糊性。

第五节　教育研究的基本原则

作为一项科学的研究活动，教育研究在开展时就必须遵守一些原则与规范，这样有利于研究目的的顺利达成。当然，不同的研究范式和研究类型有各自特殊的要求和条件，为了保证学术界更好地沟通与交流，即使是不同的研究范式和研究类型，在开展研究时也应该遵循一些基本的原则和规范。具体来说，主要包括以下几个方面。

一、客观性原则

教育研究的客观性原则是指在研究过程中应当以教育事实为基础，以客观实际为准绳，一切研究都应坚持从客观实际出发，避免认知偏差，摒弃主观偏见。客观性原则应当贯彻于教育研究的各个环节，以确保研究结果的客观有效性。尤其是在实证研究中，需要对提出的研究假设进行验证，但是假设既可能被验证为成立，也可能被验证为不成立，在发现研究假设被推翻后，某些研究者就试图修改研究数据以得到他们想要的结果。这种做法是错误的，无论研究假设是被证实还是被证伪，研究者都应该客观真实地对整个研究过程和研究结果进行记录，不得随意进行主观裁剪。

在贯彻客观性原则的过程中应注意以下四个方面：①由于教育现象与问题具有复杂性，抽象的教育规律往往容易被事物表象所掩盖，因此，从选题到搜集资料，教育研究者始终要做到细致、全面，避免以主观认知代替客观事实；②对搜集到的资料进行整理分析的过程中，要坚持去粗取精、去伪存真，客观真实地整理并进行评价；③具体开展

---

① 刘志军. 教育科学研究方法[M]. 北京：高等教育出版社，2016：28.

研究时，要遵守规范的研究程序，采用科学的研究方法，以使研究结果得以重复验证；④对研究结果的推断要从客观事实出发，避免主观臆断，以免受到外界的干扰，导致研究结果无法客观真实地反映教育规律。

二、创新性原则

创新性原则也被称为创造性原则，是指教育研究要做到在理论或实践上有所改进或突破，但是需要注意的是，创新不等于全盘否定已有的研究结果，而是对其进行合理的继承与发展。研究课题的创新程度将直接决定该研究所具有的科学价值，因此，教育研究者应在课题研究过程中注重创新性，最大限度地体现研究成果的科学价值。在贯彻创新性原则的过程中应注意：①教育研究者应具有创新理念，善于发现新的教育现象与问题，选题角度要新颖；②在研究切入点和研究方法的选择上，要在已有研究的基础上有所创新；③要勇于探索，大胆尝试。

三、公共性原则

教育研究的公共性原则是指教育研究者在解释和阐明教育研究的程序、研究方法以及研究成果的过程中，应保证自己所使用的概念和符号符合学术界认可的规范。这样不仅有利于研究成果在同行间的交流，也有利于研究成果的拓展与应用。在贯彻这一原则时，教育研究者应该敏锐地把握学术发展的动态，关注相关研究领域的前沿，并在概念或定义的界定上与学术界同行达成共识。此外，对于一些存有歧义或语义模糊的概念，教育研究者在论述的过程中应界定清晰，以免产生不必要的争议。

四、操作性原则

教育研究的操作性原则是指在使用概念术语时，教育研究者应保证概念是清晰明确且具有可操作性的，以便于更好地进行定量或定性研究。从理论的角度来讲，为使研究可以顺利地展开，研究者需对教育研究对象进行操作性的定义，但是在实际研究时应该注意，由于研究对象的复杂性，我们无法对主观性较强的概念进行准确的表述，比如人的思想态度等概念，不仅主观性较强，且具有变化性和流动性，很难下一个操作性的定义，因此，研究者需要综合考虑与这些主观概念相联系的因素，并尽可能地用一些可观测的指标来对概念进行界定。

五、检验性原则

教育研究的检验性原则是指在相同的研究情境下，不同的研究人员按照相同的研究程序和方法重新开展研究，应能得到相同或相近的研究结果。当然，教育研究不可能同自然科学研究一样，完全精准地重复研究步骤并得到完全一致的结论，教育研究涉及的教育场景主要是教育教学的实际环境，因此，研究结果只能做到尽量接近，且研究者应该在开展研究时尽量全面地描述研究情境的特征，帮助其他研究人员能在类似的情境中开展研究，并得到相同或相近的结果。

六、伦理原则

教育研究的伦理原则（也称伦理性原则，见真题）是指教育研究者应遵循基本的伦理规范，在开展研究的过程中必须保证自己所采用的研究方法既符合教育研究的伦理规范，也符合当前社会的道德伦理规范，避免造成被研究者身心健康方面的伤害或相关权利被侵害。教育研究的主要对象是人，在很多情况下会选择学生群体作为研究对象，如果研究者违背了基本的伦理原则，不仅会阻碍教育研究的顺利进行，也会对学生的身心健康造成恶劣的影响。比如，某研究者想通过实验的方法验证"灌输会窒息学生的创造力"这一研究假设，那么在开展此项研究时，就必然会通过灌输这种教学方法来验证是否会导致窒息学生创造力的结果，而学生的创造力发展对学生的身心健康是非常重要的，如果实验成功，将对学生的身心健康造成不可逆的伤害，因此这项研究是违背伦理原则的，是不可行的。

在贯彻这一原则的过程中，教育研究者应该做到：①要尊重被研究者的个人意愿，比如在访谈调查的过程中遇到被研究者不愿意回答问题时，不应该强迫被研究者进行回答；②应保证被研究者的个人隐私受到保护，在研究时应尽量避免收集没有研究价值或者对研究结果及过程不产生影响的个人信息，对于收集到的个人隐私应严格保密；③整个研究过程应保证不会对被研究者造成身心上的伤害，如果在研究过程中可能会产生一定的风险或者对被研究者造成一定程度的伤害，应提前告知被研究者，并征求对方的同意；④在研究过程中如果对被研究者产生了不良的影响，研究人员应该立即采取措施进行解决，并尽快将不良影响降到最低，最大限度地保护被研究者；⑤应保证研究结果的应用也是合法且符合伦理道德规范的。

七、理论联系实际原则

教育研究的理论联系实际原则是指在开展研究时必须要保证理论与实际相结合，用理论指导实际，用实际验证理论，从而对复杂的教育现象和问题进行分析，总结规律，并在教育实践中不断地修正、完善已有的理论。在遵循这一原则时，教育研究者应该做到：①在选择研究主题时应考虑教育实践的要求，不能脱离实际；②应该采用科学的教育理论指导教育实践的顺利展开；③要学会具体问题具体分析，将理论与实践有机结合起来。

第六节 教育研究的一般过程

教育研究是一个复杂且完整的过程，需要研究者在每一个环节都进行精心的设计，每个阶段环环相扣，缺一不可，共同促进教育研究的顺利展开。总的来说，教育研究一般包括以下几个阶段。

一、选题阶段

选题阶段是开展教育研究的首要环节。研究者在选题时要学会观察教育现象，从个人实践经验或教育理论、教育实践的发展过程中发掘出具有研究价值的问题，并对问题进行清晰明确的阐述。接着，教育研究者需要明确研究的目的及意义。此外，教育研究者还需要针对研究问题提出相应的假设，明确假设所涉及的自变量和因变量。

二、研究设计阶段

研究设计阶段是对研究环节的总体规划，研究者要对研究内容和研究对象进行选定，根据研究目的和研究内容选择合适的研究方法，对研究时间的分配、经费的安排等环节进行部署，并运用科学的抽样方法对研究样本进行抽取。

三、搜集资料阶段

选题阶段和研究设计阶段属于开展研究的准备阶段，从搜集资料开始就正式进入具体研究的实施环节，研究者需根据事先选择的研究方法规范、科学地开展研究，并对研究资料进行搜集。假如研究者采用了教育观察的研究方法，就需要在观察的过程中按照规范的程序进行，并对观察到的教育事实进行客观真实的记录；假如研究者采用了访谈调查的研究方法，就需要按照访谈的程序与被访者进行沟通交流，并及时对访谈内容进行记录。

四、整理与分析资料阶段

整理与分析资料阶段包括整理资料和分析资料两个环节。整理资料阶段就是对已搜集的资料进行整理，去粗取精、去伪存真，由表及里地进行审核、分类与汇总。分析资料阶段就是研究者运用定性与定量分析的方法，对整理的资料进行统计分析或者进行归纳的逻辑分析。

五、撰写研究报告阶段

该阶段是对整个研究过程进行全方位的系统总结和整理，并在此基础之上通过规范的格式和严谨的语言撰写研究报告，得出研究结论，总结研究成果。不同研究方法对应的研究报告的撰写格式要求及表述方式不尽相同，研究者需要遵循学术界认可的统一的研究报告格式进行撰写。

六、总结与评价阶段

该阶段是教育研究的最终环节，是对教育研究成果的学术价值的评定，以及对研究活动科学性水平的评价。通过对教育研究成果的总结与评价，有利于学术界及整个社会及时地发现教育理论研究或实践研究的应用价值，更好地促进教育科学的兴旺发展。此外，通过对教育研究成果的总结与评价，还可以促进教育研究者不断地反省自己，找出不足，及时改进，并及时与学术界同行进行交流，避免重复劳动，实现信息的无障碍交流以及资源共享，促进研究者科研水平和学术声望的提升。

本章小结

本章首先对教育研究的概念进行了阐释，明确了教育研究的意义和类型划分，接着分析了教育研究方法的内涵及层次，并阐述了教育研究的历史、现状及发展趋势，最后对教育研究的对象及其特点以及教育研究的基本原则和一般过程进行了说明。本章内容是学习教育研究方法的基础，也是保证教育研究活动顺利有效开展的前提，因此，理解并掌握教育研究的基本原理和基本知识，能够帮助研究者更好、更准确地选择研究方法及辅助技术开展研究。

教学建议

指导学生以小组为单位，搜集有关教育研究方法发展的相关资料，分析总结教育研究方法的演进历程，并对各种研究方法的发展特点和规律进行概括总结，小组间进行分享交流。

练习·思考

1. 请举例说明定性研究与定量研究的区别与联系。
2. 请举例说明归纳逻辑和演绎逻辑的区别。

以下为教育学专业研究生入学考试 311 综合相关真题

3. 教育研究为什么要遵守针对研究对象的伦理原则？简述该原则的基本内容。
4. 单选题。

（1）在一项问卷调查中，有一个题目的选项 X 和选项 Y 的被选率都是 35%。研究者在分析研究结果时，把符合其意向的选项 X 表述为"高达 35%"，而把不符合其意向的选项 Y 表述为"仅占 35%"。这种做法违背了教育研究的（　　）。

　　A. 客观性原则　　　　　　　　B. 创新性原则
　　C. 公共性原则　　　　　　　　D. 伦理原则

（2）教育科学研究的目标是（　　）。

　　A. 指导教育实践　　　　　　　B. 规范教育行为

C. 揭示教育规律　　　　　　D. 制定教育方针

（3）教育测验运动和实验教育学在研究方法上主要体现了（　　）。

A. 人本主义取向　　　　　　B. 科学主义取向
C. 解释主义取向　　　　　　D. 历史主义取向

（4）定性研究区别于定量研究的基本特征是（　　）。

A. 研究成果更具客观性　　　B. 研究成果更具普适性
C. 研究更多地运用理性思维　D. 研究更多地关注事物的性质及意义

（5）以下关于教育科学定性研究特性的陈述中，不正确的是（　　）。

A. 倾向于采用演绎的思维方式
B. 把自然情境作为资料的直接来源
C. 更加关注研究过程，而不只关注研究结果
D. 资料搜集与呈现通常采用文字或图片的方式

（6）根据伦理原则，不能用以检验"体罚会导致儿童反社会行为"这一假设的研究方法是（　　）。

A. 经验总结法　　　　　　　B. 教育访谈法
C. 教育实验法　　　　　　　D. 教育问卷法

（7）有关大脑神经递质如何影响学生记忆的研究属于（　　）。

A. 比较研究　　　　　　　　B. 基础研究
C. 应用研究　　　　　　　　D. 预测研究

（8）为了研究教师的强化方式与学生学业成绩之间的关系，某研究者把被试学生分成受表扬组、受训斥组、静听组、无强化组等四种强化方式组开展为期一年的实验研究。这种研究设计违背了教育研究的（　　）。

A. 客观性原则　　　　　　　B. 创新性原则
C. 理论联系实际原则　　　　D. 伦理原则

（9）在研究方法上带有明显科学主义倾向的教育学流派是（　　）。

A. 新传统派教育学　　　　　B. 实验教育学
C. 存在主义教育学　　　　　D. 文化教育学

（10）下列有关定量研究和定性研究的描述，错误的是（　　）。

A. 定量研究一般有固定的计划，定性研究一般比较灵活
B. 定量研究主要检验理论，证明假设；定性研究主要寻求解释性的理解
C. 定量研究一般在可控制和操纵的条件下进行，定性研究一般在自然情境中进行
D. 定量研究主要运用归纳法，定性研究主要运用演绎法

（11）在某项研究中，研究者从学生对作业量、作业难度、教学进度的感知来了解学生的课业负担情况，这遵循了教育研究的（　　）。

A. 操作性原则　　　　　　　B. 检验性原则
C. 公共性原则　　　　　　　D. 伦理性原则

第二章

教育研究的选题与设计

学习目标

- 了解教育研究选题的主要来源；
- 了解假设的含义及作用；
- 理解假设涉及的主要变量及相关概念；
- 掌握教育研究选题的基本要求；
- 掌握抽样的主要方法；
- 掌握研究设计的过程和研究方案的基本内容。

知识导图

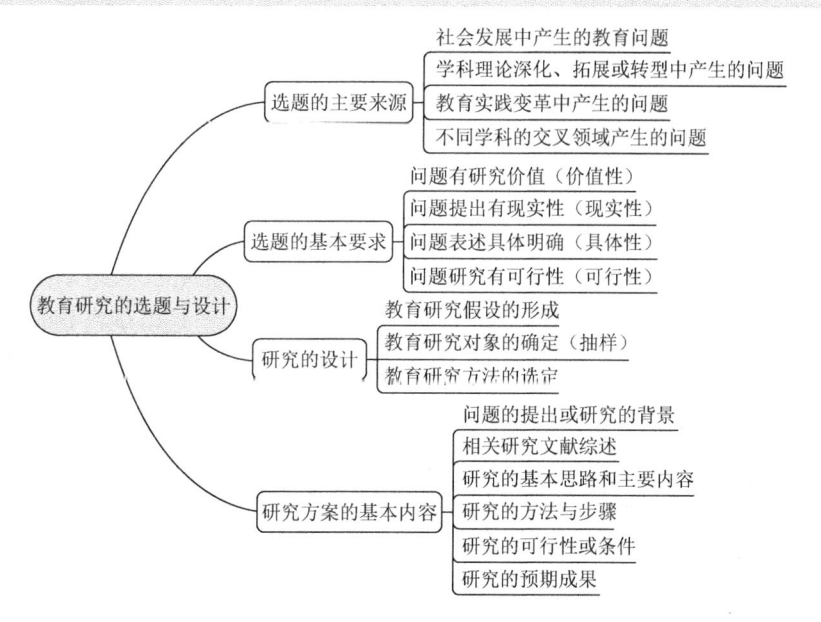

教育研究的选题与设计
- 选题的主要来源
  - 社会发展中产生的教育问题
  - 学科理论深化、拓展或转型中产生的问题
  - 教育实践变革中产生的问题
  - 不同学科的交叉领域产生的问题
- 选题的基本要求
  - 问题有研究价值（价值性）
  - 问题提出有现实性（现实性）
  - 问题表述具体明确（具体性）
  - 问题研究有可行性（可行性）
- 研究的设计
  - 教育研究假设的形成
  - 教育研究对象的确定（抽样）
  - 教育研究方法的选定
- 研究方案的基本内容
  - 问题的提出或研究的背景
  - 相关研究文献综述
  - 研究的基本思路和主要内容
  - 研究的方法与步骤
  - 研究的可行性或条件
  - 研究的预期成果

教育研究的选题与设计是研究准备环节需要考虑的两大问题。选题，就是指选择并确定所要研究的主题，选题不仅仅是指选择所要研究的课题，还包括明确课题的研究方向以及课题研究的目的和意义等内容。如果选题不当，则会浪费大量的人力、物力、财力以及时间，最终只能事倍功半。教育研究的设计主要是探讨如何开展研究，也是教育研究非常关键的环节，它将直接决定接下来的研究是否可行。因此，正确并科学地进行选题与开展研究设计是顺利开展研究的前提和基础，是需要所有研究者认真并谨慎对待的。

第一节 选题的主要来源

在日常生活中，有很多人都会对周围发生的事情进行观察思考和追问，这种对事物发展变化的探索和追求是人们强烈的好奇心和求知欲所带来的结果。但是，专业的研究人员开展研究不仅仅是为了满足好奇心和求知欲，他们需要通过进一步的探索，发现现象背后的问题并进一步分析和解决。需要强调的是，要想成为一名优秀的专业研究人员，必须具备提出问题的能力，这种能力表现为在日常的学习、生活和工作中善于观察、勤于思考，对于自己困惑不解的疑问能够刨根问底。

爱因斯坦曾经说过：提出一个问题往往比解决一个问题更重要、更困难，因为解决一个问题，也许仅仅是一个数学上的或实验上的技能而已，而提出新的问题、新的可能性，从新的角度去看旧的问题，却需要有创造性的想象力，而且标志着科学的真正进步。由此可见，提出问题相对于解决问题而言，对教育科学研究发展的意义是更重大的，因为解决问题固然重要，而能够提出问题，是开展研究和解决问题的开端，更需要研究者发挥创造力和想象力。科学研究始于问题，正确选定研究课题，不仅可以帮助研究者明确研究目的和研究方向，也成为判断研究者科研能力水平高低的重要标准。

在探讨选题这个问题之前，让我们先明确两个相关的概念：课题与项目。我们经常听到教育研究领域的同行提到申请课题或完成研究项目，那什么是课题和项目呢？在不太严格的情境中，这两个概念可以交换使用，没有什么区别，有人说申报课题，也有人说申报项目。但严格来说，这两个概念既有联系又有区别。所谓课题，就是指要研究、解决的问题。课题具有较为单一而又独立的特征，例如"两种不同教学方法对提高学生学习能力的效果比较研究""情感教育在小学教学中的作用研究""大班幼儿自理能力培养研究""教师素质与岗位培训相关研究"等。所谓项目，一是指事物分成的门类，比如全国教育科学规划领导小组专门为西部地区设立了专项课题，该课题又被称为西部项目；二是指研究内容或任务较多的、比较大的课题，或者说是由若干个彼此有联系的课题所组成的一个较为复杂的、带有综合性的科研问题。例如，"学校教育综合改革实验研究"可以被称为科研项目，它包含以下课题：综合改革实验的目标、评价研究，幼小、小中衔接研究，课程、教材、教法综合改革研究，德育、美育、体育综合管理研究等。从此种意义上讲，课题是科学研究的最基本单元，课题的有机组合形成项目，项目包含课题。但需要说明的是，课题与项目的划分标准也是相对而言的。对某一个研究者或研究群体来说，可以从某个课题入手，不断深入，形成系列的课题，从而组成项目，而这个项目也可能是更大一个项目的子项目（或子课题）。为了便于表述与理解，本章统一表述为课题。那么研究课题从何而来？教育研究者应从哪些领域获取研究的灵感或者问题呢？这就涉及课题的主要来源。教育研究课题的来源非常广泛，本节主要从以下几个方面探讨。

一、社会发展中产生的教育问题

社会发展的历程中一定会出现诸多亟待解决的影响教育事业发展的问题，比如在社会发展过程中被人们所关注的部分经济发达地区的小学学区房价格上涨，这背后涉及的教育问题实质是教育资源分配不均衡，需要研究者开展调查并研究解决。随着我国信息化的快速发展，某研究者针对这一发展趋势提出了"信息化发展对农村基础教育均衡发展的影响研究"，这一课题的来源就属于社会发展变革中产生的教育问题。此外，还有社会上比较关注的教育公平问题、教育经费筹措问题、教育结构调整问题、教育与区域经济协调发展问题等，都是伴随着我国经济体制改革以及社会环境变化而产生的。在《国家社科基金教育学 2021 年度重大招标和重点课题指南》中的"新格局下我国高等教育供需预测与结构调整研究""'三区三州'返贫防控教育措施实效的追踪研究（2021—2025 年）""乡村振兴和教育现代化背景下农村教育发展战略研究""以教育新基建支撑高质量教育体系建设研究"等都是典型的社会发展中产生的教育问题。

研究者在选题的过程中应认真了解和分析社会发展形势，总结社会发展规律，坚持解放思想、实事求是、与时俱进、求真务实的态度，确保选择的课题能够体现鲜明的时代特征、问题导向和创新意识，为构建具有中国特色的教育科学体系做出贡献。

二、学科理论深化、拓展或转型中产生的问题

教育学科在发展与建设的过程中也产生了很多较为深刻的问题，这些问题既包括学科体系构建过程中对原有理论进行批判和修正的研究，也包括学科研究中尚未解决的问题。教育理论并不是亘古不变的真理，随着时间的推移，如果某项理论与现实之间存在着冲突或者矛盾，那么我们就可以从这个冲突或者矛盾出发，对该项理论提出合理的疑问，并进一步开展研究。

在科学的发展历史上，很多理论的提出就是从研究者对已有的研究提出疑问开始的，比如在 16 世纪波兰天文学家哥白尼的日心说理论创立之前的 1000 多年中，亚里士多德的地心说一直占统治地位，虽然日心说理论后来也被证实存在着问题，但是当时这个理论的提出具有非凡的意义。哥白尼就是通过对天体系统的严密观测，得出大量精确的观测数据，对行星、太阳、地球之间的关系进行了科学、详尽的分析，与地心说相比，哥白尼的计算与实际观测资料能更好地吻合。因此，地心说才最终被日心说所取代。

研究者要多阅读文献资料，善于对比不同的研究者对于同一问题的争议，敢于提出

自己的观点和质疑。比如北京大学陈向明教授在《教师的作用是什么——对教师隐喻的分析》中，提到了一些中学骨干教师对传统的有关教师隐喻的学说和观点的理解，以探讨教师教育教学观念的更新和教师的职业发展问题。教师们分别对"蜡烛论""工程师论""园丁论""桶论"四个隐喻以及其他比喻进行了讨论，同时对一些现有的隐喻进行了引申，提出了新的观点。陈向明提到："有关教师的隐喻很多，内涵也十分丰富。我相信，如果集思广益，对这些隐喻进行更加细致、深入的分析，将会揭示出很多我们自己'日用而不知'的观念，进而对'教师到底是做什么的'这类问题产生更加深刻的质疑。而如果教师希望将自己从'教书匠'提升为'专家型'和'研究型'教师，这种反思和质疑是必不可少的。"[①]在《国家社科基金教育学 2021 年度重大招标和重点课题指南》中的"中国特色现代教育学体系发展与创新研究"等就属于学科理论深化发展产生的需要研究的问题。

三、教育实践变革中产生的问题

教育研究的一个重要作用就是解决教育实践中遇到的困难和问题。目前，我国教育事业正在进行改革与发展，在教育实践变革的过程中同时产生了诸多问题，这些问题需要教育研究者结合社会发展规律、教育发展规律以及教育实际加以分析和解决。

比如，科学技术的发展与进步给教育实践的变革带来了巨大的机遇与挑战，目前多媒体在中小学被广泛地使用，虽然从某种程度上可以有效提升课堂教学效率，激发学生的学习兴趣，但是同时也带来了一些负面影响。那么当前多媒体在中小学中的应用现状是怎样的？多媒体与不同学科的融合程度如何？中小学教师在使用多媒体时存在的问题有哪些？是什么原因导致的？如何更好地利用多媒体辅助教学？这些问题都可以作为教育研究者选择的课题。其中有些问题已经被教育研究者发现并研究且取得了一些成果，有些问题虽然被研究了，但是并未真正解决，还有待进一步挖掘。

此外，教育实践变革的过程中还会有新的问题不断涌现，比如如何为中小学生减负，如何完善家校合作，如何加强中小学生心理健康教育，如何对学困生进行转化等，这些问题直接影响着教育质量的提高和学生综合素质的提升，因此是需要解决且应该开展研究的课题。在《国家社科基金教育学 2021 年度重大招标和重点课题指南》中的"深化新时代教育评价改革的实施路径研究""学校家庭社会协同育人机制研究""我国义务教育学业负担综合治理研究""新时代研究生教育高质量发展研究"等都属于教育实践变革中产生的问题。

四、不同学科的交叉领域产生的问题

在当前的时代背景下，各个学科在交叉融合的过程中产生了很多值得教育研究者挖掘的新问题，比如教育学与法学、教育学与哲学、教育学与经济学、教育学与管理学等

---

① 陈向明. 教师的作用是什么——对教师隐喻的分析[J]. 教育研究与实验，2001，(1)：13-19.

学科经过交叉融合形成了教育法学、教育哲学、教育经济学、教育管理学等新的学科，在研究涉及交叉学科的教育问题时，研究者就可以综合运用多学科的理论和知识进行分析，比如目前社会上比较关注的校园欺凌事件，既需要运用教育学的学科知识，也需要结合法学的相关知识进行研究。在《国家社科基金教育学2021年度重大招标和重点课题指南》中的"教育法典化研究""职业教育混合所有制改革研究"等都属于不同学科的交叉领域需要研究的问题。

以上从研究领域或内容上来说，课题主要有四个来源，研究者在选题时，可以着重从上述四个方面寻找研究问题。但对不少研究者来说，可能不具备从上述四个方面直接发现研究问题的能力，这些研究者可以从国家、省（自治区、直辖市）教育行政部门，科研管理部门，学术团体，学术期刊等机构发布的课题指南中，根据自己的兴趣爱好和研究条件，选择合适的课题进行论证和申报。此外，研究者也可以在教育实践中通过自己的观察与思考，发现身边的问题进行校本研究。比如，某高二英语教师根据自己长期的教学观察和教学反思，将自己的研究课题确定为"创设情境调动高二学困生英语课堂学习兴趣的实践研究"，这一选题就来源于研究者个人在教育实践中通过观察与思考产生的问题。教育研究者尤其是一线教师应该善于观察、勤于思考，从自身的教育实践活动出发，不断探索、挖掘研究课题，这样不仅可以提高研究者的科研水平，还有利于教师将研究成果与教学实际相结合，不断提高自己的教学水平和教学效果。

第二节 选题的基本要求

虽然教育研究选题来源于教育问题，但不是所有的教育问题都可以成为教育研究的课题，那么哪些教育问题可以成为教育研究的课题，需要考查这些教育问题是否符合选题的基本要求。概括来说，选题的基本要求包括以下几个方面。

一、问题有研究价值

一个好的研究课题不仅要对本学科的发展有较好的内部价值，还应该对其他相关学科比如心理学、哲学等有较好的外部价值；不仅要对相关理论的发展和完善有促进作用，还要对教育实践的发展起推动作用。

一个有研究价值的课题主要表现为以下几个方面：①研究课题应该具有理论价值，即课题的选定能够对已有的理论进行检验、修正或者补充完善，对教育学科理论的建设起到促进作用；②研究课题应该具有应用价值，即课题的选定不仅能够促进学生的身心健康发展，提升教师的教学质量，还能够推动教育事业的改革和发展；③如果研究课题既具有理论价值也具有应用价值，既是教育理论研究中急需解决的问题，又是教育实践发展中的重要问题，这样的研究课题就具有更高的研究价值。

二、问题提出有现实性

问题提出有现实性是指选定的研究课题必须是从实践中来，又到实践中去的。从实践中来是指课题的选定是从教育实践中得来的，要以事实为依据，保证研究具有一定的实践基础；到实践中去是指研究的结果最终可以用来指导实践。此外，问题的提出还需要科学理论的指导，如果没有科学理论的引领，教育研究所耗费的时间和精力将会增加而收效可能甚微。

三、问题表述具体明确

研究课题在选定之后需要运用规范科学的语言进行表述，在对课题进行表述时应该具体明确，在遵循这一原则时应该做到以下几个方面。

（1）研究课题涉及的范围应该适度，课题名称最好能够囊括研究范围、对象、方法等，这样的研究课题清晰明了、易于理解。比如"河南省小学生阅读能力与语文学业成绩的相关研究""初中代数自学辅导程序教学的实验研究"，这样的课题名称清晰地表明了研究范围、研究对象以及所采用的研究方法，属于比较科学规范的表述。需要注意的是，研究者应根据自身研究能力选择适合自己的课题，选题范围宜小不宜大，以保证课题在自己的研究能力范围内顺利开展。

（2）问题在表述时不应使用疑问句的形式，且表述应符合基本的逻辑规范。比如"小组合作学习会促进小学生的个性发展吗？"，该课题采用了疑问句的句式，这样不利于在开展研究设计时提出有关问题的假设，而应改为"小组合作学习对小学生个性发展的影响研究"。

（3）应避免使用价值判断。教育研究者应时刻保持客观性，尤其是在研究的预备阶段，不应该仅凭个人主观猜想对结果进行价值判断，以免对研究对象产生误导，使研究对象朝着研究者价值判断的方向作答或表现，进而影响研究结果的客观性和准确度。比如某研究者将自己的研究课题表述为"小学教师敬业精神缺乏的原因调查"，该研究者在还未具体开展研究时就对研究结果进行了价值判断，认为小学教师缺乏敬业精神，因此在后续的研究中，尤其是设定调查问题时也必然会朝着这个方向进行。即使小学教师具有较强的敬业精神，在被调查时也可能会受到研究者的主观价值引导而做出与事实不符的回答，这样的研究结果是不具有参考价值的。如研究者将课题表述为"小学教师敬业度影响因素调查"则有利于较为客观地开展研究，以便更加科学地探究小学教师敬业度的影响因素及影响程度。

（4）课题使用的概念应该做到规范、通用、科学，避免使用未得到学术界普遍认可或者模棱两可的概念，以免产生歧义。比如某研究者想探讨"教师主导、学生主体"教学系统设计模式在小学数学教学中的应用，就可以将课题表述为"双主教学模式在小学数学教学中的应用研究"。该课题中"双主教学模式"是何克抗教授在奥苏贝尔"有意义学习理论""动机理论""先行组织者"教学策略及建构主义学习理论指导下提出的以教师为主导、以学生为主体的教学系统设计模式，为学术界所认可，因此属于规范、通用、科学的概念。

（5）应该明确表述可操作或测量的变量，以保证后续研究的可操作性。比如，在研究"探究性学习方式对小学生学习能力的影响研究"时，应考虑小学生学习能力这个变量的可操作性或可测量的程度。通常来说，小学生学习能力这个变量是无法进行操作和测量的，但是在实际研究中可结合教育实际，用小学生的学业成绩来表明小学生学习能力，尽量增强概念的可测量程度。

四、问题研究有可行性

问题研究有可行性是指研究者选定的研究课题应该是可以被研究的，在具体实施的过程中具有一定的可操作性。问题研究的可行性通常需要满足以下几个条件：①客观条件。客观条件就是指课题研究所需要的人员、仪器设备、科学技术、经费、文献资料、专家指导等方面的条件，且需要保证研究在理论上有实施的可能性，也就是说研究是符合客观实际的，没有违背基本的科学原理。②主观条件。主观条件就是指研究者本人对该研究课题是拥有兴趣和爱好的，且具有一定的理论和经验基础，能够驾驭合适的研究方法，在保证时间和精力的基础上，顺利地完成课题研究。③合适的时机。研究课题的提出需要结合当前研究的现状及发展趋势，确定课题提出的时机是否合适。假如研究课题提出过早，相关的研究理论、方法或工具尚未发展成熟，则研究的可行性会大幅度降低；相反地，假如研究课题提出过晚，有关的研究已经相当成熟，而继续进行就会使研究缺乏一定的创新性，同样也会降低研究的可行性。

比如，某本科生将自己的毕业论文题目确定为"全国中学生对校园生活的满意度调查研究"。这一选题就违背了问题研究要具有可行性的要求。因为本科阶段的学生无论是客观条件还是主观条件上都具有一定的局限性，将研究对象的范围设定为全国中学生，不仅从人力、物力、财力的角度来说无法完成，从研究者所拥有的研究时间的角度来说也是无法实现的。

第三节　研究的设计

一、教育研究假设的形成

（一）假设的含义与作用

1. 假设的含义

假设是指根据一定的科学知识和新的科学事实，对所研究问题的发展规律或研究涉及的变量之间的关系作出的一种推测性论断和假定性解释，是在开展具体研究之前设想出来的暂定的、有待验证的理论[①]。教育研究假设是指教育研究者根据自己所掌握的科学知识和科学事实，对所研究的教育问题的发展规律或研究涉及的变量之间的关系作出的一种推测性论断和假定性解释。假设的结果一般有两种——假设被证实或假设被证伪。

此外，假设与理论也有着区别与联系：假设是有待验证的理论，理论则是已经被证实的假设。很多科学的理论都是由研究假设经过反复证实而得来的，研究假设的拟定是建立在已有的客观事实和科学理论的基础之上的，任何脱离客观事实及科学理论的假设都是一种主观臆测，对这种研究假设进行验证既没有必要，也没有意义。既然称为假设，就代表着并未成为现实，具有不确定性，而已经成为现实理论的东西是不具备推测性的，也不能被称为假设。

2. 假设的作用

假设的作用主要表现为它是有待验证的理论，对后续的研究起着引领作用：①假设是对已有研究结果的集中呈现，研究者可以根据前人研究的结果对假设进行较为符合事实的合理预测，以保证接下来研究的顺利开展；②有了对研究结果的假设，就明确了整个研究的目的——验证假设；③假设还可以促进研究可预见性的提升，帮助研究者对研究涉及的变量进行观测或控制，降低研究的盲目性，提高研究效率。

（二）假设的主要类型

根据不同的分类依据，可以把假设划分成不同的类型，学术界常见的划分方式主要有以下几种。

1. 按假设的形成逻辑划分

按照假设的形成逻辑，可以把假设分为归纳假设和演绎假设。

归纳假设是指研究者通过对个别现象的多次观察，从而概括总结出的具有一般性指导意义的经验或结论的假设，是一个从个别到一般的过程。比如魏书生提出了"六步教学法"，即定向、自学、讨论、答疑、自测、自结。这种教学方法就是魏书生在长期的教学实践活动中不断改革创新，从多次个别观察和实践中总结出的具有一般性指导意义的经验和结论。

演绎假设是指从某一理论或具有一般性的结论出发，从而推断出的具有特殊性的假设，是一个由一般到个别的过程。

2. 按假设是否具有方向性划分

按照假设是否具有方向性，可以把假设分为方向性假设和非方向性假设。

方向性假设就是指在陈述假设时，不仅能够指明对研究结果的预期，而且能够明确地指明假设所涉及变量间的差异或相关的具体特点和方向。非方向性假设在进行假设陈

---

① 裴娣娜. 教育研究方法导论[M]. 合肥：安徽教育出版社，1995：105.

述时，只能够简单地说明假设所涉及的变量间存在着差异或相关关系，不能够明确指出差异或相关的具体方向。

比如，为了探讨家庭教养方式与儿童身心发展之间的关系，某研究者提出了"家庭教养方式与儿童身心发展相关"的研究假设，这种假设只表明了家庭教养方式与儿童身心发展之间存在着相关关系，具体相关的表现并没有提及，因此属于非方向性假设。假如该研究者提出了"民主型家庭教养方式对儿童的身心发展起促进作用"的研究假设，则这种假设就属于方向性假设，因为该假设不仅表明了家庭教养方式与儿童身心发展之间存在着相关关系，且明确指出了两者相关的具体表现和方向。

3. 按假设的性质和复杂程度划分

按照假设的性质和复杂程度，可以把假设分为描述性假设、解释性假设和预测性假设。

描述性假设是对有关研究对象的外部特征和大致数量关系的一种描述和推测，它处于科学研究的初级阶段，只能对研究对象的外部轮廓进行粗略的描述，无法解释其内部的关系[1]。

解释性假设是对教育活动中不同因素之间关系的推测，这种假设试图探寻教育活动中不同因素之间的因果关系，是比描述性假设复杂程度高一级的假设。

预测性假设是对教育活动的未来发展趋势进行的推断和预测，它同描述性假设和解释性假设一样，都需要基于客观事实进行科学推断，但是由于预测性假设是对事物发展前景的推测，未知性更强，就需要研究者对客观现实做更加深入、细致且复杂的研究，所以这种假设要比描述性假设和解释性假设的复杂程度更高、研究难度更大。

4. 按假设的形式划分

按照假设的形式，可以把假设分为研究假设和零假设。

研究假设就是陈述研究涉及的两个变量之间关系的假设，一般是研究者希望证明其正确的假设。通常情况下，研究涉及的两个变量，一个为自变量，一个为因变量。零假设是统计学中的术语，在统计学中也被称为虚无假设，零假设的内容一般是希望证明其错误的假设，通常在做统计检验的过程中会使用到。

比如，某研究者想开展一项题为"多媒体教学对初一学生英语阅读成绩的影响研究"的实验，则研究假设可以表述为"多媒体教学与初一学生英语阅读成绩呈正相关"，而零假设则为"多媒体教学与初一学生英语阅读成绩无关"。

（三）假设涉及的主要变量

变量又被称为变数，是指没有固定的值且可以改变的数。在教育研究中，变量是指某一群体，其组成成分在性质、数量上可以变化。要想开展教育研究，提出研究假设，就需要对研究涉及的多个变量及其相互关系进行分析和推测。教育研究中涉及的变量主要有自变量、因变量和无关变量。

---

[1] 裴娣娜. 教育研究方法导论[M]. 合肥：安徽教育出版社，1995：111.

自变量又被称为原因变量或输入变量,是由研究者主动进行操纵从而引起变化的变量,它能够独立地进行变化且能引起因变量发生变化[①]。在教育实验研究中,自变量是被研究者所操控的,通常有一个或一个以上的自变量。一般情况下,教育实验中教学方法、教材、教学模式等都可以作为教育实验的自变量。

因变量又被称为结果变量或输出变量,是由自变量的变化而引起的有关因素发生相应变化的变量[②]。在教育实验研究中,因变量是需要研究者进行观测的,通常情况下,学生的学习能力、教师的教学效果等都可以作为因变量。

无关变量又被称为干扰变量或控制变量,是指与研究目的无关,但如果不加控制又会对因变量产生影响的变量。在教育实验研究中,无关变量是需要研究者进行控制的,而且控制的程度越高,自变量与因变量之间因果关系表现得越密切。

比如,为了研究不同教学模式对学生代数成绩的影响,三位教师分别采用了三种不同的教学模式执教三个班的代数课。这项研究可以采用实验研究的方法,涉及的自变量是教学模式,因变量是学生的代数成绩,通过实验研究探寻自变量和因变量即不同教学模式与学生代数成绩之间的因果关系。但是在开展实验的过程中,如果不对无关变量加以控制,那么三个班学生的最终代数成绩发生变化或存在差异,既可能是教师采用了不同的教学模式所导致的,也可能是学生自身的努力、教师原有教学水平的差异、前后测试卷难易程度存在差异等因素所导致的。因此,为了验证不同教学模式与学生代数成绩之间存在因果关系,就可以通过一系列的手段对无关变量加以控制,比如三个班使用同样的教材,学生每天练习的内容和时长相同,保证三位教师原有的教学水平相当,测试题难易程度保持一致等。

(四)假设表述的规范性要求

一个好的研究设计首先要有一个好的研究假设,好的研究假设不仅要做到科学严谨、可检验,在表述时也应该注意一些规范性的要求:①一个好的研究假设应该是明确具体、简明扼要的。在阐明研究假设时应该使用学术界通用的概念,尽量避免使用复杂生疏的概念,以免引起歧义。②研究假设的表述应使用陈述句,避免使用疑问句或反问句。③研究假设在表述时应阐明两个或两个以上的变量之间的关系,但在每一个假设中只阐述两个变量之间的关系,多于两个变量的研究需要一组假设。④研究假设中涉及的变量应该是可操作、可测量的,且变量间的关系应该是可检验且有意义的,如果一个研究假设无法检验,则证明该假设是不科学的,缺乏研究价值。

比如,某研究者想研究教学方法的革新与学生学业成绩之间的关系,于是提出了"新的教学方法是否有利于学生学业成绩的提高"的研究假设。该研究假设存在的问题在于表述时使用了疑问句,并未明确阐明两个变量之间的关系,可以将其改为"新的教学方法有利于学生学业成绩的提高"或者"新的教学方法不利于学生学业成绩的提高"。

---

① 杨小微. 教育研究的原理与方法 [M]. 2 版. 上海:华东师范大学出版社,2010:82.
② 杨小微. 教育研究的原理与方法 [M]. 2 版. 上海:华东师范大学出版社,2010:82.

二、教育研究对象的确定（抽样）

教育研究对象的确定是教育研究开展的重要一环，为了保证研究结果的准确性和可靠性，就必须保证所选取的研究对象是具有代表性的群体，这就涉及抽样的问题，因此，掌握抽样的方法、明确抽样的基本要求是顺利选取研究对象的前提。

（一）抽样的概念

教育研究涉及的研究对象通常是一个群体，而符合研究条件的群体数量非常庞大，那是否有必要对整个群体中的每一个个体进行研究呢？其实是没有必要的，因为根据概率学的观点，当样本容量达到一定程度时，就可以较好地代表总体，并可以通过研究样本的特征来推断总体的特征。

抽样又被称为取样，是指按照一定的规则秩序从总体中抽取一部分有代表性的个体作为研究对象的过程。总体就是指研究对象的全体，样本就是指从总体中按照一定的规则抽取的、能够在很大程度上代表总体的部分个体的总和。样本容量就是指样本所包括个体的数量。

比如某研究者想调查全国大学生的就业情况，但是向全国大学生发放调查问卷数量过于庞大，既不可行也没有必要，因此从全国范围内抽取了 10 000 名大学生发放调查问卷进行调查研究。在这项研究中，全国大学生就是总体，从全国范围内抽取的 10 000 名大学生就是样本，样本容量为 10 000。

（二）抽样的基本要求

为了保证抽样的科学性和结果的有效性，在进行抽样时需要遵循一定的规则和要求，具体如下。

1. 明确界定总体

抽样的首要前提就是对总体进行明确界定，总体的界定既要考虑教育研究的目的，同时也要考虑研究结果的推广性。研究目的直接决定了研究总体的选择，比如课题"农村留守儿童义务教育问题研究"涉及的总体就是全国范围内所有的留守儿童，课题"农村小学数学学困生的转化策略研究"涉及的总体就是全国范围内所有的农村小学数学学困生。此外，研究目的还直接决定了总体的选择范围，为了保证研究结果的推广性，在开展研究时就要尽可能地做到样本的多元化选择，使研究结果可以在不同的情境下得以推广。比如在研究农村小学数学学困生时就要考虑到农村小学数学学困生的学段，应尽可能地从低、中、高不同年级进行样本选择，以保证研究具有一定的外在效度。

2. 取样的随机性

取样的随机性是指在选取样本时应保证每一个样本被抽取的概率是相等的，即每个样本个体之间是相对独立的，不存在选择上的联系，只有这样才能最大限度地保证样本能够很好地代表总体。

3. 取样的代表性

因为抽取的样本数量有限，所以必须最大限度地保证取样具有一定的代表性，只有这样才能通过样本的特征对总体的特征进行推测，这样的研究结果才具有外在效度。比如，某研究者欲对某县初中学生的课业负担现状进行调查研究。他计划在文献研究的基础上，自制调查问卷，在县教育局组织的一个规模大约80人的"初中科技夏令营"上对学生进行匿名问卷调查，通过对调查数据的统计分析得出结论，提出改进建议。该项研究在抽样的代表性上就存在较大的问题：该研究的总体为某县全体初中学生，但是选取的样本为初中科技夏令营的学生，这些学生属于特殊群体，不具有普遍意义，因此并不能很好地代表总体。

4. 确定合理的样本容量

在一般情况下，样本容量越大，样本的代表性就越强，研究结果的可信性程度也越高，推广性越强。但是，样本容量并不是越大越好，根据统计学的相关知识，当样本容量达到一定的程度，就可以较好地代表总体，即使继续扩大样本容量，也并不能显著增强样本的代表性，反而会出现一定的误差，并增加人力、物力和时间上的耗损。

通常情况下，在抽样时可以参考以下数值：在进行描述研究或调查研究时，应保证抽取样本的数量占总体的比例约为10%，且一般的调查研究样本容量不少于100；在进行相关研究或比较研究时，选取的小组样本容量每组不少于30；在进行实验研究时，如果是条件控制比较严密的研究，如心理学实验，应保证每组样本容量为15，对于条件控制没有那么严密的教育实验，应保证每组样本容量不少于30[①]。

（三）抽样的主要方法

1. 简单随机抽样

简单随机抽样又叫做纯随机抽样，就是遵循随机的原则，在抽样时不对研究总体进行分组，直接从总体当中抽取样本个体的方法。按照概率学的基本原理，每个样本被抽到的概率是均等的，这种抽样方法比较适合抽取样本较少且总体内部异质性不高的情况。

简单随机抽样最常用的方法有抽签法和随机数目表法。抽签法的具体操作程序是：①把总体中的每个个体按顺序编上序号并做成签；②把所有的签放入一个容器内，摇动混合均匀后，随机从中抽取一个签并记下号码；③将抽取的签放回容器内，再次摇动，混合均匀后随机抽取一个签，以此类推，如果遇到了重复的号码，可以舍弃并继续抽取，直到抽取到所需的样本数量为止。

---

① 裴娣娜. 教育研究方法导论[M]. 合肥：安徽教育出版社，1995：120.

随机数目表法是利用随机数目表进行抽样的方法，随机数目表又被称为乱数表，是由随机生成的从 0 到 9 十个数字所组成的数表，每个数字在表中出现的次数是大致相同的，但是出现在表上的顺序是随机的。如表 2-1，该随机数目表适合在总体和样本容量均小于 100 的情况下使用，若总体和样本容量大于 100，可采用相关软件随机生成与之相匹配的随机数目表。

表 2-1　随机数目表示例

03	47	43	73	86	36	96	47	36	61	46	99	69	81	62
97	74	24	67	62	42	81	14	57	20	42	53	32	37	32
16	76	02	27	66	56	50	26	71	07	32	90	79	78	53
12	56	85	99	26	96	96	68	27	31	05	03	72	93	15
55	59	56	35	64	38	54	82	46	22	31	62	43	09	90
16	22	77	94	39	49	54	43	54	82	17	37	93	23	78
84	42	17	53	31	57	24	55	06	88	77	04	74	47	67
63	01	63	78	59	16	95	55	67	19	98	10	50	71	75
33	21	12	34	29	78	64	56	07	82	52	42	07	44	28
57	60	86	32	44	09	47	27	96	54	49	17	46	09	62
18	18	07	92	46	44	17	16	58	09	79	83	86	19	62
26	62	38	97	75	84	16	07	44	99	83	11	46	32	24
23	42	40	54	74	82	97	77	77	81	07	45	32	14	08
62	36	28	19	95	50	92	26	11	97	00	56	76	31	38
37	85	94	35	12	83	39	50	08	30	42	34	07	96	88
70	29	17	12	13	40	33	20	38	26	13	89	51	03	74
56	62	18	37	35	96	83	50	87	75	97	12	25	93	47
99	49	57	22	77	88	42	95	45	72	16	64	36	16	00
16	08	15	04	72	33	27	14	34	09	45	59	34	68	49
31	16	93	32	43	50	27	89	87	19	20	15	37	00	49

运用随机数目表进行抽样的步骤是：①将总体中的每个个体按顺序编上序号；②由研究者随机从表上确定任意一个数作为起点，按照一定的顺序或者方向（如从左向右或从右向左，从上往下或从下往上）依次抽样；③凡是抽到了总体编号范围内的号码均为有效号码，如果遇到了大于总体编号的号码或者重复的号码，可以舍弃并继续抽取，直到抽到所需的样本数量为止。

简单随机抽样的优点是不用对样本总体进行分类处理，且抽样步骤比较简单，操作比较方便。但是，这种方法也存在着一些局限性：当样本数量过小时，抽取的样本代表性会不够强；当样本数量和总体数量都较大时，如果运用抽签法就需要对每个个体进行编号，整个过程耗时较长，比较繁杂，且当总体内部差异性较大时，可能会出现抽样误差。

2. 系统随机抽样

系统随机抽样又被称为等距随机抽样或者机械随机抽样，这种抽样方法是对简单随机抽样的一种改进，适合样本和总体数量都较大的情况。

系统随机抽样的步骤是：①将总体中的每个个体按照顺序依次编号；②计算出抽样间距，抽样间距的计算公式是：$k=\dfrac{N}{n}$（k 代表抽样间距；N 代表总体数；n 代表样本数）[1]；③运用简单随机抽样法从 0 到 9 这十个数字中随机抽取一个数字作为抽样的起点；④从这个抽样起点开始按照抽样间距抽取所需数量的个体。

例如，某研究者想从 2000 名学生中抽取 200 人作为样本，运用系统随机抽样法进行抽样的步骤是：①将这 2000 名学生按照顺序依次编号；②确定抽样间距，即 $k=\dfrac{2000}{200}=10$；③运用简单随机抽样从 0 到 9 这十个数字中随机抽取一个数字作为抽样的起点，假如抽到的数字是 3，则 3 为抽取的第一个样本的数字号码；④按照抽样间距 10 依次抽取样本，则第二个样本的数字号码为 3+10=13，第三个样本的数字号码为 13+10=23，第四个样本的数字号码为 23+10=33，以此类推，直至抽到第 200 个数字号码为止。

系统随机抽样与简单随机抽样相比，最大的优点是操作更加简单，且当样本同质性较强时，抽取的样本代表性更强，误差更小。但是当总体内部个体的排列和抽样间距正好存在对应的周期性规律时，可能会导致系统误差的出现。

3. 分层随机抽样

分层随机抽样又被称为分类随机抽样，是先根据总体内部个体的特征进行分类或分层，再根据样本容量及不同类别或层次在总体中所占的比例抽取样本个体的方法。

分层随机抽样的步骤是：①了解并分析总体内部个体的具体特征，按照特征上的差异进行分组或分层，并计算不同类别或层次占总体的比例；②根据不同类别或层次占总体的比例，确定每种类别或层次需要抽取的样本数量；③运用随机抽样的方式从每类或者每层中抽取对应数量的样本个体。

比如，某研究者欲以"外来务工人员子女家庭教育现状的调查研究"为题在某地区开展研究，旨在了解该地区外来务工人员子女家庭教育存在的问题，并进行成因分析，寻求相应的对策。该地区有三所外来务工人员教育定点学校，共有 960 名外来务工人员子女，其中 A 校 256 名、B 校 360 名、C 校 344 名，现拟从中抽取 120 名学生作为样本进行问卷调查。为了使样本与总体在结构上保持一致，以保证样本的代表性，就可以采用分层随机抽样的方法：①确定每所学校的人数在三所学校总人数中的比例，其中 A 校人数占总人数的比例为 $\dfrac{256}{960}$，B 校人数占总人数的比例为 $\dfrac{360}{960}$，C 校人数占总人数的比例为 $\dfrac{344}{960}$；②根据每所学校所占比例确定每所学校的样本数量，即 A 校的样本数量为

---

[1] 裴娣娜. 教育研究方法导论[M]. 合肥：安徽教育出版社，1995：123.

$120 \times \frac{256}{960} = 32$，B 校的样本数量为 $120 \times \frac{360}{960} = 45$，C 校的样本数量为 $120 \times \frac{344}{960} = 43$；③从每所学校中抽取所需要的样本数量。

分层随机抽样与其他几种抽样方法相比最大的优点在于，当总体内部存在显著性差异时，使用分层随机抽样能够考虑到样本内部的差异，最大限度地降低抽样误差，使抽取的样本能够更好地代表总体。其局限性在于，需要研究者事先对总体内部的特征有较为充分和深入的了解，才能够更为精准地对总体进行分层，如果分层出现了误差，就会导致后续抽取的样本不能反映总体的实际情况。

4. 整群随机取样

整群随机抽样又被称为整体随机抽样，是指在了解总体内部已有特征的情况下，将总体划分成不同的类型或群体，并采用随机抽样的方法从总体中直接抽取群体的方法。整群随机抽样与其他几种抽样方法的不同之处在于，其他几种抽样方法都是从总体中抽取个体作为样本的，而整群随机抽样是从总体中抽取子群体作为样本的。采用整群随机抽样方法进行抽样的步骤是：①将总体划分成若干个子群体；②对每个子群体按照顺序进行编号；③运用简单随机抽样的方法从各个子群体中抽取样本。

比如，某研究者想探明教学方式与学生思维品质形成的关系，准备采用整群随机抽样的方式从一所小学现有的学生中随机抽取学生组成两个组开展实验研究，则抽样的步骤如下：①将总体进行分群，在学校中学生们已经被分到了固定的班级，因此可以将已经分好的班级作为子群体，假设该小学共有 15 个班级，则子群体为 15 个；②将 15 个班级（子群体）按照顺序进行编号；③运用简单随机抽样的方法从 15 个班级（子群体）中抽取 2 个班级（子群体）作为样本。

整群随机抽样比较适合样本数量较大且总体数量较多的情况，尤其是在实验研究中，比较适合对实验效度要求不是特别高的教育实验进行抽样。整群随机抽样最大的优点在于操作方便，在真实的学校教育情境中，可以按照学校原有的班级划分子群体，在抽样时直接将一个班作为整体进行抽取，不会打乱原有班级的教学秩序，比较切实可行。但是相对于个体抽样来说，整体抽样的误差较大，因此样本的代表性不够高。

以上四种抽样的方法都属于概率抽样中的随机抽样，不同的抽样方法适用的抽样情境是不一样的。总的来说，整群随机抽样的误差要大于个体随机抽样，分层随机抽样的误差最小。根据使用情境的不同，如果样本内部特征差异不显著，同质性较高，样本容量较大且要求抽样方法简便易行时，可以选择使用系统随机抽样；如果已经证明样本内部差异大或有某一特征明显影响结果，就可以选择使用分层随机抽样；如果在研究中已知内部存在着差异，且不适合打乱正常的教学秩序，则可以考虑使用整群随机抽样。

三、教育研究方法的选定

研究方法的选择是开展研究设计的关键环节之一，研究方法选择的正确、科学与否将直接决定接下来的研究是否可以顺利展开。教育研究方法包括理论研究法、历史研究法、比较研究法、观察研究法、调查研究法、实验研究法、经验总结法等，在选择研究方法时，既要考虑研究目的及研究主题，又要考虑研究对象及研究的可行性。一般来说，研究者在选定研究方法时需要注意以下几个方面。

（1）教育研究者应该意识到每一种研究方法都有各自的特点和适用范围，因此，在开展研究的过程中，研究者不一定只能选用一种研究方法，而应学会将几种研究方法进行结合，以实现研究目的。在综合使用各种研究方法时，还应保持研究方法之间的独立性以及它们之间的联系，最终实现方法的优势互补。

比如，某研究者想对某学校大学生的创业意向进行调查，针对研究总体数量较大的情况，可以采用问卷调查法进行研究，这样比较方便、省时、经济，可以在短时间内搜集大量的样本信息，且易于进行统计分析，便于提高研究效率。但是，问卷调查法也存在着一些缺陷，比如调查的问题不够深入，无法了解被调查者内心深处的真实想法等。因此，研究者可以以问卷调查法为主，开展大规模的调查，当涉及一些态度方面的问题时，用访谈调查法做补充，以获得更直接、可靠、深入的信息和资料。通过这两种调查方法的结合就可以克服不同方法的缺点，取长补短，提高研究的效度。

（2）要学会根据研究对象的特点灵活地选择研究方法。比如研究者想对幼儿进行研究，考虑到幼儿身心发展水平的限制，以及幼儿语言表达能力和理解能力较弱、行为随意性强、自我控制水平低的情况，研究者就应采用观察法进行研究，而不是选择问卷调查法、访谈调查法或者实验研究法。当研究者想对小学生的学习状况进行调查时，如果研究对象是低年级的小学生，识字数量较少，则适用于观察法、访谈调查法；如果研究对象是高年级的小学生，则可以使用问卷调查法、访谈调查法。

第四节　研究方案的基本内容

并非所有的研究问题都可以被称为课题，从研究问题发展为一个课题需要经过专业且规范的论证程序，通过制定研究方案，帮助我们理清研究思路、明确研究方向。研究方案就是一种规划，是一种对研究什么、为什么而研究以及怎样开展研究的规划，是把研究主题、研究内容、研究思路以及研究的预期成果用文本的形式表达出来的计划。通常情况下，研究方案主要包括以下内容。

一、问题的提出或研究的背景

问题的提出或研究的背景通常是研究方案的第一部分，该部分应阐明当前研究问题提出的时代背景，以及该研究课题在当前理论研究和实践研究中的地位和价值，在阐明研究意义时应从理论意义和实践意义两个方面进行，通过对以上问题的阐述，明确该研究问题的重要性及紧迫性。

二、相关研究文献综述

相关研究文献综述是研究方案的重要组成部分，是指研究者在广泛搜集并阅读相关文献资料的基础上，对该领域的研究成果进行的总结评价。该部分需要阐述与该项研究相关的国内外学者的研究现状，通过文献综述对不同学者的观点进行总结归纳或分类，从而发现相关研究已经取得的成果以及存在的不足，从相关研究的不足之处出发，找到自己的研究突破口。因此通过文献综述不仅可以明确课题的研究价值，也可以明确课题的研究方向。

三、研究的基本思路和主要内容

在该部分，研究者可以按照提出问题、分析问题、解决问题的顺序对研究思路或框架进行梳理，在梳理思路的同时，明确研究涉及的主要内容。研究者应使用逻辑清晰的语言阐述研究思路，说明该研究基于何种研究背景，以哪些理论为指导提出了研究问题，准备采用何种研究方法从哪些角度开展研究，预计提出哪些对策。为了让研究思路表述得更加清晰，研究者还可以绘制研究思路或研究框架图。在阐述研究内容时，要做到内容全面、逻辑层次清晰、与研究目的和研究意义相互照应。

四、研究的方法与步骤

该部分需要对研究方法及实施步骤进行说明，阐明研究者准备采用哪些研究方法开展研究。在说明研究方法的同时，还需要阐述完成该课题所需要的时间、实施步骤以及进度安排。课题完成需要的时间受到课题的性质、研究规模以及难易程度等因素的影响，因此在制订进度计划时，既不能将时间安排得太紧张，以免影响研究的广度和深度，也不能太拖沓，影响研究结果的效益。

在制订研究的步骤时，我们通常将研究过程划分成三个阶段：第一阶段为前期研究，主要包括确定研究课题并制订研究计划；第二阶段为中期研究，主要包括开展研究、收集资料，并对研究资料进行整理分析；第三阶段为后期研究，主要包括对研究结果进行解释总结，形成研究报告。具体每个阶段每个步骤的时间安排需要根据实际情况进行统筹安排，以保证各个阶段各个步骤环环相扣、逐层推进，最终顺利完成研究。

五、研究的可行性或条件

该部分需要说明课题研究的理论依据、客观事实基础以及研究者已有的研究基础和完成课题的保障条件。具体包括以下条件：研究者在开展研究之前已经搜集整理了哪些研究资料，在研究之前已经完成过哪些相关研究，是否拥有研究的基础。课题研究组成员众多，不仅有负责人，还有各成员。其中起核心领导作用的就是课题组负责人，不仅要负责课题实施的计划，还要负责主持并协调各项研究程序，因此，课题研究能否顺利进行与课题组负责人的科研能力密切相关。此外，课题研究是否可行还需要考虑该项研究是否有研究经费、研究时间、研究的仪器设备等条件做支撑。

比如，全国教育科学"十三五"规划2020年度课题申报时就要求课题申请人必须具有独立开展研究和组织开展研究的能力，能够承担实质性研究工作，且需要具有一定的专业技术职称（职务）或相应的学位，能够担负起课题研究组织者和指导者的责任。课题申请单位必须在相关领域具有较雄厚的学术资源和研究实力，必须设有科研管理的职能部门，且能够提供开展研究工作的必要条件并承诺信誉保证等。全国教育科学规划项目还提供课题经费支持，其中国家社会科学基金教育学重大招标课题为50万~80万元，国家重点课题为35万~50万元，国家一般课题为20万元，国家青年基金课题为20万元；西部项目为20万元；教育部重点课题为5万~8万元，教育部青年专项为3万~5万元。在完成时限上，国家重大招标课题、国家重点课题原则上要求在2年内完成；其他类别课题基础理论研究一般为3~5年，应用对策研究一般为2~3年。

结合全国教育科学"十三五"规划2020年度课题申报的相关要求，我们可以看出，课题申请人在组织申报相关课题时，需要综合考虑并说明所具备的客观条件和主观条件，以论证该研究具有一定的可行性。

六、研究的预期成果

通过对研究的整体规划与分析，研究者应撰写出清晰、明确、详尽的课题论证报告，其中需要说明通过一系列研究之后，预计取得哪些形式的研究成果。这些研究成果既包括阶段性的研究成果，也包括最终的研究成果，成果的表现形式包括调查报告、实验报告、科研论文、教学设计、经验总结、调查量表等。

新课改背景下课堂教学有效性研究课题实施方案[①]

一、课题研究的背景

（一）课题的提出

在实施新课改的过程中存在一个突出的问题，那就是：教师很辛苦，学生很痛苦，学生自我发展的能力并没有得到提高；在教学方面，资源的贫乏和低效使用限制了教学收获的有效性，传统课堂教学理念、教学设计及教学评价机制的弊端严重制约着课堂教学效益的提高。教学设计严重束缚了教学中的灵活性和变通性，教学没有顾及学生在学习中知识和能力以及个性发展的实际需要。教师没能扮演好学生学习和探究的促进者、启发者、指导者和合作者。只重"认知目标"的完成，以"考试"为中心，"题海战术"、"封闭式"管理和

[①] 本案例的作者是昭通市第一中学课题组，原文发表在《昭通师范高等专科学校学报》2010年第32卷，S1期。为与前文的表述对应，本书对案例原文的内容进行了适当删减，对原文的表述顺序进行了适当调整。

频繁考试，使学生厌倦了学习，失去了对学习的兴趣，这种不利于学生成长和创新精神培养的教学方式也困扰着校长和教师。

针对以上新课改过程中存在的现实问题，需要有效教学理念的指导。为了克服"教师很辛苦，学生很痛苦"的被动局面，我们在新课改实施过程中应该研究、借鉴并发展前人的有效教学研究成果，积极实施有效课堂教学，不断深化新课程改革，全面提高教育教学质量与效益，全面贯彻落实新课改理念，让教学管理制度更加科学、规范和精细，以向课堂教学要效益为核心，完善教学管理机制，优化课堂教学行为，提高校本教研能力，强化科研课题引领，促进学生在知识与技能，过程与方法，情感、态度与价值观等方面全面和谐发展，让教学效果和效率实现最优化。

（二）课题研究的目的

本课题主要进行"推进有效教学，实施优质教育"的行动研究，主要目的如下。

1. 转变教师的教学理念，研究有效教学策略，建构有效教学课堂新模式，提高课堂教学的效率与效益。

2. 改变学生学习方式，以饱满的精神状态积极参与课堂教学活动，实行师生互动、生生互动的探究式改革，学会并自觉地在已有的经验基础上建构自己的知识框架和理论体系。

3. 注重有效教学环节的组织与落实。认真做好备课、上课、练习、作业批改与辅导和检测"五有效"的管理，突出有效性、互动性、全员性和差异性特征。明确有效课堂教学的各个环节，对所存在的问题提出改进方案，着力提高课堂教学质量。

4. 突出课堂教学过程的有效性研究，科学拟定教学计划，有效利用多媒体教学设备，合理采用教学手段。

5. 建构有效教学评价指标和评价体系，掌握有效教学的评价标准，而且能够灵活地根据具体的教学内容调整评价标准，科学地将定量与定性、过程与结果有机地结合起来，全面地评价学生的学习成绩和教师的工作实绩。

6. 提高教师的整体素质和业务水平，使教师自觉地由"奉献型""职业型""教书匠"转变为"效益型""事业型""教育家"，力求成长为特级教师和省市级学科带头人，促使教师成功、学生成才。

（三）课题研究的意义

1. 有效教学研究有助于提高我校教学质量；

2. 可以了解我校课堂教学有效性的现状，提高教师对有效课堂教学必要性的认识，转变教师的教学理念，进一步贯彻、落实新课改精神；

3. 为教师改进教学提供指导。本课题研究针对我校课堂教学有效性的现状，具体探讨教师应该掌握和运用的有效教学策略，探索有效性课堂教学的基本模式，为教师改进教学提供方法论指导。

二、国内外教学有效性研究现状与趋势

有效教学的理念源于20世纪上半叶西方实证研究主义，随着教育领域实证研究的深入，大家普遍认为：教学也是科学。也就是说，教学不仅有科学的基础，而且还可以用科学的方法来研究。于是，人们开始关注在课堂上如何用观察、实验等科学的方法来研究教学问题，有效教学就是在这一背景下提出来的。

有效教学研究是国内外课程与教学研究领域十分关注的重要课题，从杜威到布卢姆，从斯金纳到加涅都非常重视对有效性教学的理论研究和实证研究，并取得了各具特色的研究成果，如加涅撰写的《教学设计原理》成为教学研究领域的经典之作。20世纪80年代以后，又诞生了新的研究成果，如美国加里·鲍里奇著《有效教学方法》，美国梅里尔·哈明著《教学的革命》，佩尔·蒂埃著《成功教学的策略——有效的教学实习指南》等。国内除叶澜、裴娣娜等教授对有效教学进行研究以外，部分专家、学者对此也进行了深入研究，并取得了重要成果。如崔允漷教授写的《有效教学：理念与策略》，吕渭源教授著《有效教学草纲》，陈厚德教授著《有效教学》，张庆林、杨东老师著《高效率教学》等。也有部分有关有效教学研究的论文发表在学术期刊和教育杂志上，具体情况在此不作赘述。

从国内外文献研究来看，存在的最大问题有二：一是国外研究成果固然有其科学性、先进性，但由于文化、教育背景差异，国外的教学有效性研究成果难以直接有效地指导我们的课堂教学，如何吸收、借鉴、创新是我们应该着重研究的问题；二是国内研究成果大都是文献研究和建议性理论研究，缺乏扎实的实证研究，缺少实践基础，在指导性和普遍意义上看，缺乏推广价值。

如何让有效教学的理念"本土化""实践化"，将教师的教学行为合理分解、渗透到学科课程中去，在微观层面做群体性、持久性研究，从根本上变革学生的学习方式，是该研究领域的发展趋势。

三、研究内容与任务

（一）研究内容

1. 各科新旧教材、课程标准的对比研究；

2. 我校各科教学状况调查；通过调查研究，找出教学现状与新课程标准之间的差距，分析原因，从教学有效性的角度提出解决的措施；

3. "高中各科教学有效性的研究"，从教学目标与教学内容、教学过程、教学方法与教学组织形式、教学情境与活动、教学媒体与信息技术及教学评价等方面开展教学有效性的研究，形成个案、课件、课例评析、论文等。

（二）研究任务

为了完成本课题的研究，特以学校各科教研组作为科研小组，承担本学科的教学设计研究任务，各学科具体研究任务如下：

1. 设计问卷调查或通过访谈等形式，了解新课改背景下本学科教学状况；根据问卷调查及访谈结果，分析本学科在教学有效性方面存在的问题，找出原因，提出解决措施，并形成调研报告。

2. 在把握教学情况的基础上，组织本学科教师开展教学有效性研究，研究的内容可根据本学科的特点及存在的重大问题，选择关键性的内容进行分析研究，可以是本学科中某一重点、难点问题的教学有效性研究，也可以是教学过程中某一环节的研究，如导入、问题、情景及活动探究等方面的研究。在开展教学有效性研究的基础上组织听课、评课并形成3至5个优秀教学有效性案例及教学课例评析。当然，教学有效性研究应围绕新课改理念展开，且教学有效性及教学课例评析应有一定的理论支撑。

3. 通过从理论与实践的角度对教学有效性进行研究学习后，提炼本学科教学有效性策略。教学有效性研究主要研究影响课堂教学的各种因素，从而提出提高课堂教学有效性的相关策略。早期教学有效性研究主要偏重对教师特征的研究，进而扩展到课堂教学活动、教学环境及教学媒体等影响教学有效性因素的研究。在该部分的研究中，各学科研究小组主要研究影响教师教学有效性的各种因素，总结已有的教学经验，进而提出提高教学有效性的方法、措施，并结合新课程标准从教学有效性相关理论方面作出论证、解释。

四、研究的思路、方法及步骤

（一）课题研究的思路

在了解、熟悉新课程标准的基础上，采取实证方法调查、了解教师及学生在新课改过程中存在的问题，针对问题所在，课题组以各学科成立子课题小组，就本学科的教学从实践方面开展教学有效性研究，在教学有效性研究的过程中结合新课程标准及教学有效性原理，对教师的教学行为的有效性尝试做出理论评析，进而实现理论研究与实践探索相结合，进一步提高课堂教学的有效性。

（二）研究方法

本课题研究主要采用文献研究法、比较研究法、问卷调查法、行动研究法。

（三）研究步骤

1. 第一阶段（2010年7月1日至2010年7月20日），对本校各科教学的情况进行调查研究，并对新旧教材进行深入分析和对比研究。

2. 第二阶段（2010年7月21日至2010年9月4日），深入研究，收集材料，进行初步的教学有效性研究，在实施有效性课堂教学中及时反思、总结，不断提高教学有效性。

3. 第三阶段（2010年9月5日至2010年9月10日），学校聘请云南师范大学教育学专家对研究人员进行培训，让研究人员边学习、边反思，提高教学科研能力。

4. 第四阶段（2010年9月11日至2010年9月25日），总结和提炼相关研究成果，形成教学有效性的基本模式，推出新成果，完成课题研究结题报告。

五、可行性分析

（一）人员保障

各学科课题组负责人大多为我校教学骨干教师，均为专科及以上学历，具备一定的理论水平和实践能力，有突出的研究专长。另外，课题组主要成员是我校各学科的优秀教师，均有丰富的教学经验。

（二）经费保障

为了贯彻落实新课改精神、理念，提高学校的教育水平，学校高度重视此课题的研究，以学校自筹经费的形式支持该课题研究的各项组织活动、课题成果鉴定、奖励等课题开支，从经费上保障了本课题的正常开展。

六、预期研究成果

研究报告、调查报告、优秀论文集。

本章小结

本章首先阐述了教育研究选题的重要性、课题的含义以及教育研究选题的主要来源，并提出了教育研究选题的基本要求，接着分析了研究设计的基本过程及研究方案的基本内容。教育研究的选题与设计是研究过程的前两个阶段，是开展具体研究的前提与基础，只有完成了前期的准备工作，才能保证后续的研究顺利开展。

教学建议

指导学生分小组进行合作学习，阅读全国教育科学"十三五"规划2020年度国家重大招标和重点课题指南，了解我国教育科学的研究动向，成立课题研究小组，并选择其中一个课题或针对某个课题的一个角度尝试进行研究设计。

全国教育科学"十三五"规划2020年度国家重大招标和重点课题指南

重大招标课题

（1）中国特色社会主义教育制度优势及转化为治理效能的实现路径研究

（2）新时代爱国主义教育长效机制研究

（3）职业教育类型特征及其与普通教育"双轨制""双通制"体系构建研究

（4）新时代提升中国参与全球教育治理的能力及策略研究

（5）教育现代化背景下学生美育评价研究

重 点 课 题

（6）完善党对教育工作全面领导的制度研究

（7）我国教育现代化发展的战略布局与推进策略研究

（8）新时代提高教师地位的政策体系研究

（9）学生信息素养的内涵、标准与评价体系研究

（10）生均公用经费标准与经济社会发展关系研究

（11）新型高水平民办大学的制度创新与政策保障研究

（12）构建与教育治理现代化相匹配的教育法律制度体系研究

（13）把制度自信教育融入国民教育全过程的实践路径研究

（14）促进教育治理能力提升的教育评价制度改革研究

（15）我国学前教育可持续发展的路径与对策研究

（16）新时代"五育"融合实践路径与评价改革研究

（17）适应新课程改革和新高考改革的普通高中育人方式变革研究

（18）中西部地区推进高考综合改革研究

（19）"十四五"期间我国高等教育发展目标与推进策略研究

（20）高校服务国家重大战略的实现路径研究

（21）面向2035中国教育对外开放战略及推进策略研究

（22）粤港澳大湾区教育一体化发展的问题与制度创新研究

（23）新时代民办教育发展战略和治理创新研究

（24）民族地区国家通用语言文字普及攻坚研究

（25）学生身体素质提升的有效路径研究

练习·思考

1. 假如你是教育研究者，请对下列课题表述的规范性程度进行评价，并任选其中一个课题对其可行性进行论证。

（1）小学生良好学习习惯的养成策略研究

（2）家庭教养方式对青少年道德品质形成的影响研究

（3）小学语文课堂教学评价改革与创新研究

（4）师范生专业认同感对学习质量的影响研究

（5）农村小学心理健康教育问题研究

（6）小学语文教学中实施挫折教育的策略研究
（7）小班化教学对小学生个性发展的影响研究
（8）小学数学课堂中教师有效性提问策略研究
（9）小学生课堂深度学习的现状及对策研究
（10）小学全科教师的专业卓越发展策略研究
（11）初中生早恋问题及对策研究
（12）农村小学校园欺凌的成因与对策研究
（13）农村留守儿童积极情感教育的对策研究
（14）新课改背景下小学师生关系问题研究
（15）农村小学家校合作问题研究
（16）榜样教育在中学德育中的运用问题研究
（17）农村中学特色校园文化建设问题研究
（18）我国综合高中办学中存在的问题及对策研究
（19）激发小学生语文学习兴趣的对策研究
（20）中小学教师职业声望调查研究

以下为教育学专业研究生入学考试 311 综合相关真题

2. 辨析：在教育科研方法中，样本容量越大越好。
3. 列举教育研究假设的三种分类方式，并简述假设表述的基本要求。
4. 简述教育研究课题论证的基本内容。
5. 简述教育研究中抽样的基本要求。
6. 单选题。

（1）教育研究假设的表述应当避免使用（　　）。
  A. 陈述句   B. 疑问句
  C. 全称肯定判断   D. 全称否定判断

（2）某校有 2500 名学生，现要抽取 100 名进行课外阅读情况调查。调查者将学生总体按姓氏笔画排列，把总体划分为 $k = 2500 \div 100 = 25$ 个相等间隔，如随机抽取第 1 名为第 10 序列，那么依次抽取第 35、60、85、110……直到抽够 100 名学生为止。这种抽样方法是（　　）。
  A. 简单随机抽样   B. 系统随机抽样
  C. 分层随机抽样   D. 整群随机抽样

（3）某本科生将自己的毕业论文选题确定为"中国大学生就业观调查研究"。这一选题最容易受到质疑的地方是其（　　）。
  A. 创新性   B. 价值性
  C. 规范性   D. 可行性

（4）下列研究假设中，不符合研究假设表述规范的选项是（　　）。
  A. 灌输不利于学生创造力的发展
  B. 人均受教育年限越长，人口出生率越低
  C. 集中识字和分散识字的教学效果存在明显差异

D. 教师职业倦怠与教师工龄和工作压力呈正相关

（5）如果抽样总体中存在周期性的波动和变化，为了保证样本的代表性，研究者应避免采用的取样方法是（　　）。

A. 简单随机抽样　　　　　　　　B. 系统随机抽样
C. 分层随机抽样　　　　　　　　D. 整群随机抽样

（6）某本科生将自己的毕业论文选题确定为"中小学课堂奖励的负效应及其规避策略的行动研究"。这一选题最容易受到质疑的方面是（　　）。

A. 创新性　　　　　　　　　　　B. 价值性
C. 具体性　　　　　　　　　　　D. 可行性

（7）下列选项中，符合研究课题表述规范的是（　　）。

A. 如何指导小学生课外阅读
B. 学生数学能力培养的实验研究
C. 积极心理学视野下小学生问题行为转化研究
D. 基于网络平台的初中化学实验教学策略研究与探索

第三章

教育文献检索与综述

学习目标

● 理解教育文献的含义及其在教育研究中的作用;
● 了解教育文献的种类、分布及常见教育文献信息源;
● 了解教育文献检索的基本过程及现代信息技术在教育文献检索中的应用情况,理解文献检索的相关要求,掌握文献查阅与整理的途径与主要方法;
● 掌握文献综述的形式、格式与基本要求,能写出一篇完整的文献综述报告。

知识导图

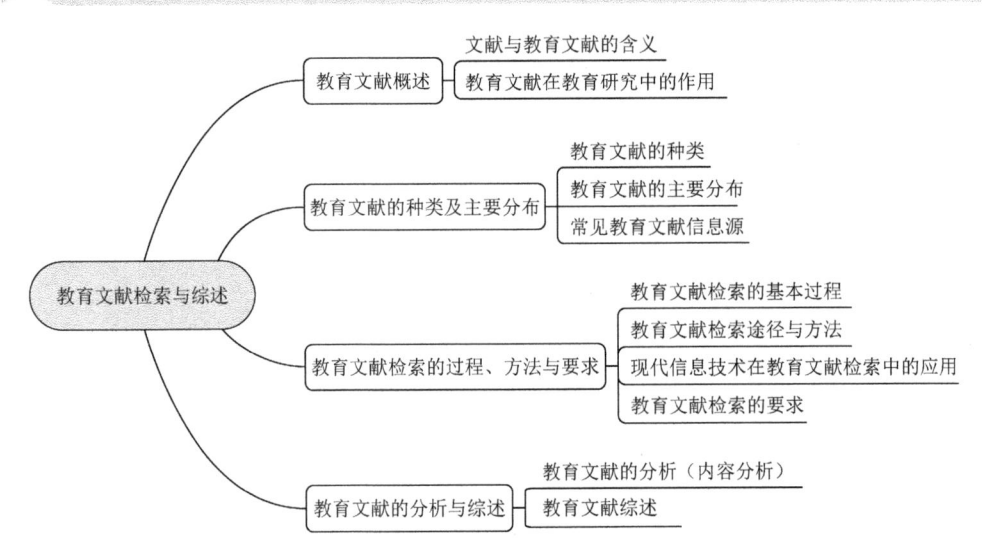

教育文献检索与综述
- 教育文献概述
  - 文献与教育文献的含义
  - 教育文献在教育研究中的作用
- 教育文献的种类及主要分布
  - 教育文献的种类
  - 教育文献的主要分布
  - 常见教育文献信息源
- 教育文献检索的过程、方法与要求
  - 教育文献检索的基本过程
  - 教育文献检索途径与方法
  - 现代信息技术在教育文献检索中的应用
  - 教育文献检索的要求
- 教育文献的分析与综述
  - 教育文献的分析（内容分析）
  - 教育文献综述

当研究者有了大致的选题意向之后,就需要通过文献检索（information retrieval）

与综述了解他人的研究成果及存在的问题,来进一步确认该选题是否值得研究,并为研究设计提供可以借鉴的方法与思路。本章就对文献检索与综述进行简要介绍。

第一节 教育文献概述

教育文献贯穿教育研究过程的始终,无论是研究的选题、分析、论证,还是分析研究的进展、避免重复的劳动等,都离不开对相关教育文献的检索和利用。

一、文献与教育文献的含义

文献原指有参考价值的图书资料,现指记录有关知识的一切载体,它包括已经发表的或虽未发表但已经被整理、报道的知识及其他信息的一切载体。文献的形态是多种多样的,常见的文献有:记录于纸质媒介的图书、期刊、报纸、学位论文、研究报告、档案,记录于传统磁性胶质媒介的各种音像资料、微缩胶片,以及当代电子媒介的磁盘、光盘和其他电子形态的数据资料等,此外,实物形态的历史文物也可以被认为是文献。

一般认为,文献有八种属性:①知识性。知识为文献的实质内容。②载体性。载体为文献的物质实体。离开载体,便不能构成文献。③积累性。不仅指载体本身,也包括知识内容的积累。④可传递性。可通过载体传递,实现知识内容的传播和利用。⑤社会性。文献一旦形成,即为人类社会的共同财富。⑥价值性。文献具有科学价值和信息价值。⑦老化性。随着新知识的文献出现,一部分原文献的信息价值减低。⑧对语言和载体的相对独立性。文献虽然离不开语言和物质实体作为载体,但作为一种知识存在,可以用不同的语言与载体来表达,因此,文献对语言与载体有相对独立性。知识性和载体性是文献最根本的两个属性,而其他属性均为派生。[1]

教育文献是指记载有关教育科学的情报信息和知识的载体。它具有一般文献所具有的属性,只是在内容上表现出教育性。教育文献的数量和质量,也是判断教育学科发展水平的重要标志。

二、教育文献在教育研究中的作用

教育文献贯穿于教育研究的全过程。从教育研究的选题、初步调查、课题实施、收集整理和分析研究资料到撰写研究报告,都离不开对所研究课题的相关文献的利用。教育文献是进行教育教学研究的重要资源,研究者所拥有或所能够利用的教育文献的多少,是进行研究的重要客观条件,它既决定着研究是否可行,也决定着研究的水平和质量的高低。因此,教育文献在教育研究中具有重要的作用。

---

[1] 侯怀银. 教育研究方法[M]. 北京:高等教育出版社,2018:69.

（一）帮助研究者全面正确地掌握所要研究问题的国内外研究状况，以确定研究课题和研究方向

通过查阅相关文献，收集别人在相关领域已经取得的成果和存在的问题，便于研究者对自己的选题做系统的评判性分析。只有了解有关研究的最新动态，才能选定有价值、有可行性的前沿课题，才能发现前人研究问题所涉及的范围，从而进一步明确研究课题的科学价值，找准自己的突破点和研究方向。在这方面需要了解的内容有这一领域发展的历史及现状，该领域前人或他人的主要成果、达到的研究水平，研究的重点、方法和经验，以及哪些问题已经基本解决、哪些问题存在分歧和哪些问题有待于进一步修正和补充。

（二）为教育研究提供科学的论证依据

查阅文献资料是跟踪、吸收相关领域国内外学术思想和最新成就，了解前沿动态，获取新情报信息的有效途径。查阅相关文献，不仅可以找到研究问题的线索，使研究范围内的概念、理论具体化，还可以从有关研究成果中受到启发，为科学地论证自己的观点提供有说服力的、丰富的事实和论证依据，完善研究设计。

（三）避免重复劳动，提高科学研究的效益

教育研究的目的是发现和认识我们尚不十分清楚的教育规律，提出新的设想，创造新的理论，产生新的成果，从而更加自觉地遵循教育规律，推动社会发展。查阅文献，可以使研究者明确在某个研究领域前人做了哪些工作，还留下哪些问题有待研究。这将有利于研究者确定研究选题以及提出假设。通过查阅文献，还可以借鉴和学习前人的研究思路和方法，继承或突破原有思路和方法，在此基础上避免重复研究，防止无效劳动。

第二节　教育文献的种类及主要分布

文献检索是教育研究工作中的一个重要步骤，在进行文献检索前首先要知道文献的种类，其次要了解文献的分布以及常见的信息源。

一、教育文献的种类

文献的分类方式是多种多样的，按不同的分类依据，可以分为不同的种类。如按文献固有的形式，可分为文字文献、数字文献、图像文献、有声文献等；按文献的社会属性，可分为政治文献、军事文献、经济文献、教育文献等；按文献记录的媒介形态，可分为传统的纸质印刷型，光盘、硬盘、光电材料存储机读型和网络型文献等，这些新型载体的出现使文献媒介向小型化、大容量、易传播的方向发展。

通常，我们按教育文献的性质与加工程度，将教育文献分为零次文献、一次文献、二次文献和三次文献，或称为零级文献、一级文献、二级文献、三级文献。

（一）零次文献

零次文献通常也叫做第一手文献，是指经历过特别事件或行为的人撰写的目击描述或使用其他方式的实况记录，是未经发表和修饰的最原始的文献资料，如未发表付印的书信、手稿、草稿、笔记、各种原始记录和档案材料等。零次文献存储的地方相对分散。历史上形成的零次文献大部分收藏在档案馆、博物馆，而现实的零次文献则分散在教育工作者和教育科研人员手中。

（二）一次文献

一次文献一般指首次公开发表的有关新知识、新技术的专著、论文、调查报告、专利说明书等文献。记录原始成果的一次文献包括图书、报刊、研究报告、政府出版物等。零次文献与一次文献的共同特点都是以作者本人的实践为依据而创作的原始文献，具有创造性，有很高的直接参考和借鉴使用价值。零次文献与一次文献的区别在于后者是公开发表的文献。

（三）二次文献

二次文献又被称为检索性文献，是指对一次文献进行加工整理，使之系统、条理化，并按照一定方法编排成系统的便于查找的检索性文献。二次文献的一般形式为题录、书目、索引、提要等，如上海图书馆编印的《全国报刊索引》等。二次文献具有报道性、检索性、汇编性和简明性的特点，是对一次文献的加工和梳理，是检索工具的重要组成部分。

（四）三次文献

三次文献也被称为参考性文献。三次文献是在利用二次文献检索的基础上，对某一次文献进行系统的整理，在广泛而又深入的分析研究之后，综合浓缩概括而成的参考性文献，包括教育研究动态综述、教学专题评述、教学进展报告、数据手册、年度百科全书以及专题研究报告等，此类文献不同于一次文献的原始性，也不同于二次文献的客观报道性，这类文献内容新颖、覆盖面广、信息量大，具有主观性、综合性、浓缩性和参考性等特点。

二、教育文献的主要分布

目前，教育文献主要分布在以下几种载体中。

（一）书籍

书籍主要包括教育名著要籍、教育专著与论文集、教科书、教育工具书和科普读物等。

教育名著要籍指某一时代、学科或流派最有影响的权威著作。它们不仅体现了某一时代学者的研究关注点，而且汇聚了这些学者研究的方法思路，能够给我们提供重要的借鉴和参考，如《论语》、杜威的《民主主义与教育》。古今中外著名教育家、哲学家的教育名著，是教育研究者治学和研究的基础。

教育专著与论文集则是研究者就教育领域某一学科或专门问题进行系统深入的研究论述，内容专深。教育专著一般就某个问题的发展历史和现状、研究方法和成果、不同学派的观点和争论，以及存在的问题和发展趋势加以系统论述，并附有大量的参考文献和书目。教育专著的特点是见解独到、材料新颖。论文集往往汇集了诸多学者的论文，问题集中，论点鲜明，信息容量大，学术价值高。

教科书是专业性书籍，主要是供教学与人才培养使用的，内容具有严格的系统性、逻辑性。教育类教科书的内容一般包括教育学科的基本理论、基本知识等。教科书一般具有学术内容稳定、名词术语规范、结构严谨、叙述概括、文字通俗、可读性强的特点。不足之处在于内容往往滞后于研究发展，时效性弱。对教育研究者来说，教科书的主要作用是入门引导，要进一步做研究则欠深度。

教育工具书是专供查找教育知识信息的文献。它是系统汇集教育资料，按特定方法加以编排，以供需要时查考用的教育文献。它包括教育辞典、百科全书、教育年鉴和手册等。好的工具书由众多学者专家撰稿，具有较强的权威性，是进行教育研究的重要参考文献。比如《中国大百科全书·教育》《中国教育大百科全书》等全面系统地阐述了有关教育和教育学科的各种知识。

教育科普读物是面向广大群众，以普及教育科学知识为宗旨的通俗读物，有初、中、高级层次之分，文字浅显、易懂、生动、活泼，贴近日常教育教学，但是最新信息量少。

（二）报刊

报刊包括报纸和期刊，均属于连续出版物。报纸是以刊登新闻和评论为主的定期连续出版物，特点是发行广、信息新而快，但材料不系统。我国目前出版发行的教育专业报纸有十几种，如《中国教育报》《教育时报》《中国教师报》等，还有《光明日报》《文汇报》《中国青年报》等大报的教育科学版。

期刊是定期或不定期的连续出版物，主要包括专业杂志、学报和文摘杂志。期刊依据出版周期可分为周刊、旬刊、半月刊、月刊、双月刊、季刊等，依据性质可分为学术理论期刊、情报性期刊、专业性期刊和普及性期刊等。教育学科期刊主要有三类：一是专业杂志，刊载有关学术论文、研究报告、文摘、综述、评述与动态，兼容性强。二是会报、集刊、丛刊、会刊及高校学报，学报一般刊登专业性、理论性和学术性强的文章。三是文摘及复印资料，它经过专业研究人员精选成册定期出版，有重要文章并附有一定时期内主要文章的篇目索引，可以帮助研究者及时掌握某一特定研究问题的文献概况，如中国人民大学《复印报刊资料》的教育系列。期刊拥有庞大的投稿群体，出版周期短，内容新颖，论述深入，常反映有关学科领域研究的最新进展，呈现的成果具有最高水平，是从事教育研究工作人员查阅文献最有效且最简便的主要来源。目前，我国重要的教育研究期刊见表 3-1 和表 3-2。

表 3-1　2020—2021 年版北大中文核心期刊目录
（教育综合、教育事业、师范教育）

序号	期刊名称	序号	期刊名称
1	教育研究	16	中国教育学刊
2	北京大学教育评论	17	教育学术月刊
3	华东师范大学学报（教育科学版）	18	河北师范大学学报（教育科学版）
4	清华大学教育研究	19	教育理论与实践
5	全球教育展望	20	苏州大学学报（教育科学版）
6	教育发展研究	21	当代教育论坛
7	教师教育研究	22	思想理论教育
8	比较教育研究	23	当代教育科学
9	教育与经济	24	学校党建与思想教育
10	教育学报	25	开放教育研究
11	外国教育研究	26	现代远程教育研究
12	现代教育管理	27	远程教育杂志
13	湖南师范大学教育科学学报	28	中国电化教育
14	国家教育行政学院学报	29	电化教育研究
15	教育科学		

表 3-2　2021—2022 年中文社会科学引文索引（CSSCI）来源期刊
（教育学 37 种）

序号	期刊名称	序号	期刊名称
1	北京大学教育评论	14	教育发展研究
2	比较教育研究	15	教育科学
3	大学教育科学	16	教育学报
4	电化教育研究	17	教育研究
5	复旦教育论坛	18	教育研究与实验
6	高等工程教育研究	19	教育与经济
7	高等教育研究	20	开放教育研究
8	高校教育管理	21	课程·教材·教法
9	国家教育行政学院学报	22	清华大学教育研究
10	湖南师范大学教育科学学报	23	全球教育展望
11	华东师范大学学报（教育科学版）	24	外国教育研究
12	江苏高教	25	现代大学教育
13	教师教育研究	26	现代教育技术

续表

序号	期刊名称	序号	期刊名称
27	现代远程教育研究	33	中国高等教育
28	学前教育研究	34	中国高教研究
29	学位与研究生教育	35	中国教育学刊
30	研究生教育研究	36	中国特殊教育
31	远程教育杂志	37	中国远程教育
32	中国电化教育		

（三）教育档案类

教育档案类主要包括教育年鉴、教育法令集、学术会议论文集、学位论文等。

教育年鉴是以全面、系统、准确地记述上年度教育发展状况为主要内容的重要教育发展情况档案，也属于资料性工具书。其主要作用是向教育研究者提供一年内全面、真实、系统的教育事实资料，便于了解教育现状和研究发展趋势。教育年鉴有较大的总结、统计意义和比较系统的连续参考作用。教育法令集是官方的有关教育政策法规的指令性文件汇集、归档。学术会议论文集则是汇聚某时期诸多学者的研究成果，问题集中、论点鲜明、信息量大，往往具有较高的学术价值。学位论文是指完成一定学位必须撰写的论文，格式等方面有严格要求。凡经答辩通过的学位论文，一般都具有独创性的研究成果且研究方法具有系统性，能显示出论文作者的专业研究能力，其中博士学位论文具有较高的学术价值。为充分发挥学位论文的参考作用，我国已建立的"中国优秀硕士学位论文全文数据库"（CMFD）和"中国博士学位论文全文数据库"（CDFD）提供论文检索下载服务。学位论文在教育研究中也是重要的参考文献。

（四）专家询问记录

专家询问是通过个人交往接触的非正式渠道收集资料，研究者与本专业或相近专业研究人员、学者进行交谈，交流讨论学术问题。专家询问具有高度选择性和针对性，从专家询问渠道获得的情报信息具有极大的价值。

（五）电子文献

电子文献包括储存在光盘中的文献、数据库等。数据库中的研究文献包括各种类型，以研究报告、综述的摘要为主。这类文献的特点是信息量大、检索极其方便。可供教育研究者使用的最常用的数据库主要有中文社会科学引文索引、社会科学引文索引（SSCI）和科学引文索引（SCI）等。如"中国知网数据库""万方数据库"等，目前已成为研究者查阅文献最有效、最简便的主要来源。

（六）非文字资料

非文字资料包括校舍、遗迹、绘画、出土文物、歌谣等，在教育研究资料分布中主要指以声音、图像等方式记录有知识的载体，通过视听觉传递知识，更直接、精练、形象。其中最具代表性的是网络传媒和电视传媒，比如，自 2008 年起教育部与中央电视台密切合作，于每年新学年开学之际推出《开学第一课》的大型公益节目，针对中小学生的特点而设计，通过他们喜欢的方式，使他们在潜移默化中受到陶冶，有利于增强教育的针对性；每年都是针对当年最重要的事情选定节目内容，有利于增进教育的实效性。另外，中央电视台的《百家讲坛》系列可以看作重要的教育历史研究文献，人种研究纪录片全方位生动再现了某一部落的社会教育发展历史。现代教育研究已经将传媒与教育的关系纳入研究视野中，可以预见未来教育研究成果的呈现形式将更加多样化、形象化、生动化。

实物形态的教育历史资料，比如孔庙、岳麓书院、南京江南贡院的建筑格局等，对了解中国古代教育历史的发展及变革，也有较高的文献价值。

（七）其他

除上述载体文献外，日记、回忆录、自传和信件等教育历史资料也有重要的文献意义。

日记、回忆录、自传都是当事人亲力亲为的第一手文献，而信件常常是描述事件或者描述人们对某种事物的个人感情的第一手资料。它们对研究人的教育思想、感情，理解人的性格、教育行为的发生等具有很高的研究价值。查阅隐私的日记和信件，研究者必须恪守教育研究的道德准则，但公开发表的回忆录、自传（包含信件）对研究过去发生的教育事件及教育变革来说有较高的文献价值。

三、常见教育文献信息源

在文献检索的过程中，信息源主要有机构源、人员源和物体源，它们是文献搜集的来源渠道。

（一）教育文献机构源

教育文献机构源是指教育文献的来源机构，这些机构一般是从事教育行业或与教育行业发生联系的社会组织和机构，也包括存储社会活动档案的组织与机构，如各级教育行政主管部门、各级各类学校、教育科研机构、学术团体、图书馆、资料室、档案馆、博物馆、纪念馆、文献信息中心、出版机构、网站（教育网站、教育博客、教育论坛）等。

我国从事教育文献的搜集、加工、整理、分析、研究、储存、交流、出版及提供文献服务的机构有很多，如中国国家图书馆、上海图书馆、中国人民大学书报资料中心及教育专业出版社等。

此外，中国教育和科研计算机网、中国知识资源总库、CNKI 中小学数字图书馆等，以便捷的现代传播方式向教育研究者提供文献服务。

（二）教育文献人员源

教育文献人员源是指教育文献的提供者，包括各级各类行政管理人员、教育工作者、受教育者、教育科研人员、图书资料管理员、网站管理员、教育博客的博主及回复者等。他们是动态的教育文献信息源。

（三）教育文献物体源

教育文献物体源主要指教育知识和信息的载体。从教育文献的分布来看，常见的教育文献物体源包括图书、报刊、研究报告、会议论文、学位论文、新闻简报、电视片、影片、录像、录音、幻灯、微缩胶卷、胶片、磁带、光盘及实物形态的教育文物等。

第三节　教育文献检索的过程、方法与要求

文献检索，是指将信息按一定的方式组织和存储起来并根据信息用户的需要找出有关信息的过程，所以它的全称叫"信息的存储与检索"（information storage and retrieval），这是广义的信息检索。狭义的信息检索则仅指该过程的后半部分，即从信息集合中找出所需要的信息的过程，相当于人们通常所说的信息查询（information search）。本书所指的教育文献检索，就是通过一定的方法从巨量的教育文献中查找对特定教育问题研究有价值的文献信息过程。要提高文献检索的效率，提升教育研究的效果，需要掌握一定的文献知识和文献检索方法。文献检索是教育研究者必备的基本功之一。

一、教育文献检索的基本过程

在教育研究中，文献检索一般包括三个基本阶段：分析准备阶段、搜索阶段、加工阶段。

（一）分析准备阶段

首先是分析研究课题，明确自己准备检索的课题要求与范围，确定课题检索标志，以确定所需文献的作者、文献类号、表达主题内容的词语和所属类目，进而选定检索工具、信息源以及文献检索方法。

（二）搜索阶段

搜索与所研究问题有关的文献，然后从中选择重要的和确实可用的资料，以文章摘录、资料卡片、读书笔记等方式记录搜集到的资料。

（三）加工阶段

从大量搜集到的文献中摄取有用的情报资料，过程包括：①剔除假材料，去掉重复、

过时的资料；②从研究任务的角度评价资料的适用性，保留那些全面、完整、深刻和正确地阐明所研究问题的一切有关资料，以及含有新观点、新材料的资料，对孤证材料要特别慎重；③对选定材料进行分类编排，并编制题目索引或目录索引；④对准备利用的文献资料，要鉴别和评价其可靠性。

通常在研究课题初步明确后，研究者可以按照以上三个阶段进行文献的查阅与整理，在实际操作的过程中，研究者可进一步拓展和综合为9个具体流程（图3-1）。

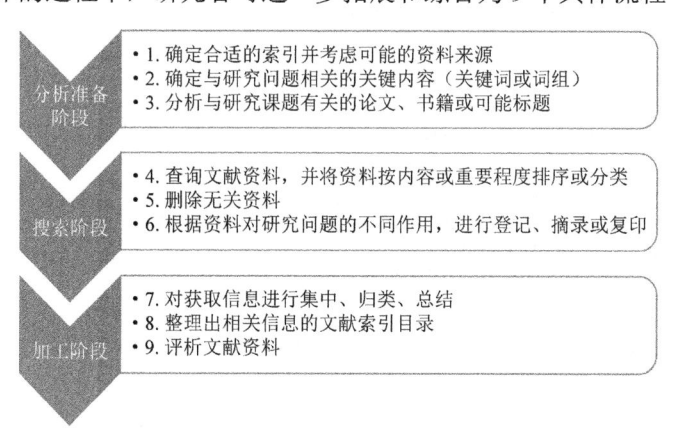

分析准备阶段
- 1. 确定合适的索引并考虑可能的资料来源
- 2. 确定与研究问题相关的关键内容（关键词或词组）
- 3. 分析与研究课题有关的论文、书籍或可能标题

搜索阶段
- 4. 查询文献资料，并将资料按内容或重要程度排序或分类
- 5. 删除无关资料
- 6. 根据资料对研究问题的不同作用，进行登记、摘录或复印

加工阶段
- 7. 对获取信息进行集中、归类、总结
- 8. 整理出相关信息的文献索引目录
- 9. 评析文献资料

图 3-1　文献检索的基本流程

研究者在文献检索加工过程中可以通过做卡片或笔记的方式进行书目登记、文献摘要。常用的卡片有：书目登记卡（图3-2）、内容提要卡（简略文摘卡，图3-3）、详细文摘卡（图3-4）三种形式。

书目登记卡
题目：教育研究方法
主编：侯怀银
来源：高等教育出版社，2009年12月第1版

图 3-2　书目登记卡示例

简略文摘卡
题目：叙事研究方法论与教育研究：特征、贡献及局限
作者：高皇伟
书刊名称：教育发展研究，2020年第4期，第24-31页
摘要：不同历史时期产生了教育研究不同的方法论取向。叙事研究方法论作为质性教育研究理论和方法，与教育研究关涉的依据理论主要来自多学科理论、哲学思想及其实践机理，其特征表现为背景因素与叙事意义的深层建构、边缘群体和草根话语的关注与倾听、研究视角和分析结构的拓展与革新。该方法论对教育的研究理念、价值选择及研究范式做出一定的贡献，但也存在不少局限，需要引起教育质性研究者的深思。
关键词：叙事研究；方法论；教育探究；质性研究者

图 3-3　简略文摘卡示例

在实际操作过程中，在允许的情况下我们应该提供更为详细的文献摘要。一般而言，一份完整的文献摘要应包括下述内容：①书目登记——要进行完整而准确的书目登记；②研究问题对研究课题的说明或假设；③研究对象——分析该文献中被研究的个体或群

体、事件和行为；④研究方法——描述该研究如何进行，包括研究使用的方法、测量和分析方法、研究实施措施等；⑤研究结果或结论——结果指发生了什么，而结论则是对结果的分析与解释。具体如图 3-4 所示。

详细文摘卡

题目：我国幼儿园课程质量现状探索与提升建议
作者：原晋霞
　书刊名称：学前教育发展，2021 年第 1 期，第 43-56 页
研究问题：
1. 揭示我国幼儿园课程质量的现状；
2. 探讨提升课程质量的重点是什么；
3. 为提升课程质量、推进幼儿园教育优质发展提供事实依据和着力方向。
研究方法：
采用《走向优质——中国幼儿园教育质量标准评价》中的"课程促进"子标准，通过分层随机抽样方法，在广西、陕西、吉林、江苏和浙江 5 省区，各随机抽取 20 所涵盖城区、郊县、农村不同办园性质的幼儿园，在每个幼儿园随机抽取大、中、小班各 1 个，共计 100 所幼儿园 300 个班级。
研究结果：
1. 我国幼儿园课程质量总体处于合格水平；
2. 从课程编制维度课程设计得分最高、课程评价得分最低，从幼儿学习与发展促进维度来说，健康、语言、社会和科学达到合格水平，艺术则处于不适宜水平；
3. 不同体制、不同地理位置的幼儿园在课程质量上存在显著差异。
研究结论：
1. 应在充分关照所处的文化和具体情境的前提下，重点关注阅读、书写准备、探究兴趣与态度、探究方法与能力、感受与欣赏、表达与表现等 6 个均值处于不适宜水平的子项目，以确保我国幼儿园课程的基本质量。
2. 应加强幼儿园课程的系统性、前瞻性、选择性与生成性，提高课程评价水平，以推动我国幼儿园课程走向优质。
3. 在此过程中，民办园和农村园应是重点扶持的对象，并要注意激发郊县园的教育活力。

图 3-4　详细文摘卡示例

从图 3-4 可以看出，做详细文摘卡是一种教育归纳的训练过程，有助于提高研究者的研究能力。需要注意的是，在一项研究中我们可能会积累大量的研究卡片记录，在文献积累过程中我们应及时进行必要的组织与整理工作，需要及时分类、去粗取精、理顺秩序和鉴别评价。写读书摘记与读书笔记既是积累文献的方法，在某种意义上又是制作文献的方法。因为写读书摘记和读书笔记中渗透了更多作者的思维活动，它有时是第二手文献的构成部分，有时又是新的第一手文献的创造过程，在研究过程中形成的"半成品"。一位严谨的研究者，一般会在文献搜集的过程中写下好的"读书笔记""读书心得"和做好"文献摘录卡片"。有用自己的语言写下阅读时得到的启示、体会和想法的基础，有文献精髓的摘录，不仅能够提供撰写综述时有用的资料，而且对训练自己的表达能力、阅读水平均有好处，特别是将文献整理成文献摘录卡片，对下一步撰写文献综述极为有利。

读书摘记以摘记文献资料的主要观点为任务。因不受篇幅限制，它比卡片式的内容提要详细得多。研究者在读到一些较有价值的文献，或者读到一些主要观点和总体结构很有启发的资料时，就可采用读书摘记的方式，把其主要观点和结构框架摘记下来。总的来说，摘记的重点在"摘记"，不在于"评价"。与摘记不同，读书笔记的重点在"评"。评论的方式有总评、分章节评和重点选评。写得好的读书笔记，即能提出新思想和新观点的读书笔记，本身也是一种研究成果。

在文献检索整理的最后一步，研究者往往需要编制一份文献索引目录，以方便研究过程中查找相关信息的线索。目录编制可以根据研究需要按照文献发表年份、研究问题类型等线索来编制，也可以依据自己的研究问题来编制自己研究所需要的文献索引目录。

二、教育文献检索途径与方法

（一）教育文献获取途径

从教育文献信息源获取教育文献，可以采用以下途径：①图书馆或资料中心查阅。这是最常用的方式。②书报采购。经常留意国内外书刊发行、销售信息，可定期到书店或在互联网（如当当网）查询，及时订阅需要的书籍，也可以与相关出版社联系采购。③现场资料搜集。通过参加各种专业会议、外出观摩学习、参观展览会等方式搜集各种散发的资料。④网络检索下载。通过专门数据库检索下载。⑤索取。对于无法直接获得的文献，如尚未发表的、不公开发表的或虽已公开发表但有些地方不够明确、详细的文献，应根据需要向有关单位和个人联系求助。

（二）教育文献检索途径

在教育文献检索中，经常用到的工具有手工检索工具和计算机检索工具两种。手工检索工具主要有书目、索引和文摘。主要检索源有图书索引、报刊索引，如图书有《中国国家书目：索引》《民国时期总书目》等，报刊有《全国新书目》《社科新书目》《全国报刊索引》《报刊资料索引》《中文报刊教育论文索引》《中国近代期刊篇目汇录》等。

目前，大多数图书馆都建立了自己的数据库，教育文献检索最便捷的方法是通过计算机网络进行文献数据库检索，但对于无网络或者未载入数据库的文献，仍需通过手工方式检索。

一般来说，在不同类型的教育文献检索中，如书籍、报刊等，均可以使用下述途径进行检索。

1. 分类途径

这一途径是以知识体系为中心分类罗列的，因此，比较能体现学科系统性，反映学科与事物的隶属、派生与平行的关系，便于我们从学科所属范围来查找文献资料，并且可以起到"触类旁通"的作用。从分类途径检索文献资料，主要是利用分类目录和分类索引。在我国广泛使用的"中图分类法"中教育类文献为"G类"，绝大多数图书馆均使用这一分类。教育类图书的重要检索途径就是采用分类途径。

2. 著者途径

许多检索系统备有著者索引、机构（机构著者或著者所在机构）索引，专利文献检索系统有专利权人索引，利用这些索引从著者、编者、译者、专利权人的姓名或机关团体名称字顺进行检索的途径统称为著者途径。

3. 题名（包括书名、刊名、篇名等）途径

一些检索系统中提供按题名字顺检索的途径，如书名目录和刊名目录。

4. 主题途径

通过反映文献资料内容的主题词来检索文献。由于主题法能集中反映一个主题各方面的文献资料，因而便于读者对某一问题、某一事物和对象作全面系统的专题性研究。我们通过主题目录或索引，即可查到同一主题各方面的文献资料。

5. 引文途径

文献所附参考文献或引用文献，是文献的外表特征之一。利用这种引文而编制的索引系统，称为引文索引系统，它提供从被引论文去检索引用论文的一种途径，该途径被称为引文途径。

6. 序号途径

有些文献有特定的序号，如专利号、报告号、合同号、标准号、国际标准书号和刊号等。文献序号对识别一定的文献，具有明确、简短、唯一性特点。依此编成的各种序号索引可以提供按序号自身顺序检索文献信息的途径。

7. 专门项目途径

从文献信息所包含的或有关的名词术语、地名、人名、机构名、年代等的特定顺序进行检索，可以解决某些特别的问题。

（三）教育文献检索方法

1. 顺查法

顺查法是指按时间范围，以所检索课题研究的发生时间为检索始点，按事件发生、发展时序，由远及近、由旧到新的顺序查找。

2. 逆查法

与顺查法相反，逆查法是按由近及远、由新到旧的顺序查找，多用于新文献的搜集、新课题的研究。

上述两种方法的特点是直接依据查询目标进行检索，是最常用的教育文献检索方法，所以又被统称为直接法或常用法，一般直接利用检索系统（工具）检索文献信息。

3. 引文查找法

引文查找法也被称为跟踪法或追溯法，是以已掌握的文献中所列的引用文献、附录的参考文献作为线索，查找有关主题的文献。特点在于文献涉及范围比较集中，获取文献资料方便迅速，并可不断扩大线索。具体操作中不利用一般的检索系统，而是利用文献后面所列的参考文献，逐一追查原文（被引用文献），然后再从这些原文后所列的参

考文献目录逐一扩大文献信息范围，一环扣一环地追查下去。它可以像滚雪球一样，依据文献间的引用关系，获得更好的检索结果。

4. 综合查找法

综合查找法又被称为分段法或循环法。它是分期交替使用直接法和追溯法，将各种方法结合加以使用，以期取长补短，相互配合，获得更好的检索结果。

检索资料应该达到以下四点要求：①准——高的查准率。②全——高的查全率。收集的资料不仅有正面的，也有反面的；既有纵向的，也有横向的；既有中文的，也有外文的；既全面又系统。③深——占有情报的多样性及内容的专深度。④快——要迅速。一个准确度高、有价值的情报资料，如果检索速度慢了，耽误了时机，就会失去它的应有价值。

三、现代信息技术在教育文献检索中的应用

随着现代记录媒介技术的发展，除传统的纸质印刷型，胶片感光材料微缩型、磁性材料视听型外，还出现了光电材料存储机读型和网络型文献，这些新型载体的出现使文献媒介向小型化、大容量、易传播的方向发展。现代信息技术主要包括缩微技术、视听技术、计算机技术、多媒体技术、网络通信技术及数据库技术等。这些现代教育技术通过计算机检索系统，为文献检索现代化提供了广阔的发展前景。

（一）电子资源数据库的选定

研究者在电子资源数据库的应用方面可从以下三个检索途径去选定。

1. 联机检索

联机检索是指用户利用终端设备，通过远程通信线路与信息检索系统进行直接的人机对话，从联机系统的数据库中查找出用户所需文献。联机检索有两种检索方式：一种是用户远离检索中心，用户的终端通过远程通信线路与检索中心连接，向中心提问并取得检索结果；另一种是在检索中心所在地，通过终端（不经远程通信线路）当场检索。

联机检索数据库多为专业数据库，学科覆盖面广，信息量大，所用数据均用规范化的检索语言进行严格的编辑、标引，信息资源具有专业性。借助联机检索，研究者可以寻求到科学、权威和全面的专业信息。

2. 光盘检索

光盘检索是利用计算机直接检索储存在光盘上的数据。光盘检索的优点是存储量大、价格低、保存方便、索引简便、快捷。但也存在使用范围有限、更新周期长、检索系统不兼容等缺点。

3. 网络检索

网络检索是将许多计算机检索系统用通信线路连接起来，形成巨大的计算机检索网络。在各个终端，可以按照检索者的提示，快速从文档中提取符合要求的文献，用显示、

下载保存或打印的方式,提供给检索者。目前,互联网已成为最大的网络信息资源系统,网络检索也逐渐成为一种更新快速、检索迅捷的检索方式。与联机检索不同的是,网络检索为用户提供了更好的信息查询界面,并且大部分网络信息检索是免费的;但网络检索的信息也存在着大量的垃圾信息,查准率较低,需要反复筛选。

网络信息检索服务工具有如下三种。

(1)搜索引擎。搜索引擎是互联网的导航工具,通过采集、标引众多的互联网资源来提供全局性网络资源控制与检索机制,目的是将互联网所有信息资源进行整合,方便用户查找所需的信息。使用较多的搜索引擎有百度、谷歌等。

(2)万维网。万维网即全球资讯网(world wide web),是一个基于超级文本方式的信息检索工具。万维网将互联网上各种类型的信息(静止图像、文本、声音和影像)集合起来,能够为研究者提供信息容量大、内容更新快、检索方便的服务。为了迅速地检索到所需的文献,研究者需要了解一些常用的教育类网址。

(3)网络数据库。目前国内比较著名的网络数据库主要有中国知网数据库、万方数据库等。

第一,中国知网数据库(http://www.cnki.net)。中国知网数据库由清华大学、清华同方等单位共同主办,始建于 1999 年,是我国第一个连续出版的大规模集成化、多功能的学术期刊全文文献检索系统,是目前世界上最大的中文期刊全文数据库之一。该数据库有导读、评价和咨询三大功能,遴选国内核心期刊和专业特色期刊 7000 多种,分为人文与社会科学文献、自然科学与技术文献。主要的数据库有:中国学术期刊网络出版总库、中国博士学位论文全文数据库、中国优秀硕士学位论文全文数据库、中国重要会议论文全文数据库、中国重要报纸全文数据库等。用户可以购买 CNKI 卡享受文献查阅服务,但现在中国很多高校已经购买了使用权限,购买高校的师生在校内网上便可以免费查阅。

第二,万方数据库(http://www.wanfangdata.com.cn/)。万方数据库是由北京万方数据股份有限公司在 2000 年创建的知识服务平台,是国内较早建设的信息数据库。万方数据库目前整合了数亿条全球优质知识资源,集成了期刊、学位、会议、科技报告、专利、标准、科技成果、法规、地方志、视频等十余种知识资源类型,覆盖自然科学、工程技术、医药卫生、农业科学、哲学政法、社会科学、科教文艺等全学科领域,实现海量学术文献统一发现及分析,支持多维度组合检索,适合不同用户群研究。

(二)检索词的设计

检索词的选择方法,可依以下四个步骤实施:首先将课题题目中的实义词选出;其次将最能反映限定课题主题的重点词挑选出来;再次将重点词的同义词、近义词析出(即将课题隐含的检索词析出);最后将使用布尔逻辑[①]关系组配查询最终重点词及它们的同义词、近义词。

---

① 布尔逻辑是一种逻辑的代数系统,在电子学、计算机硬件和软件中有很多应用。利用布尔逻辑算符进行检索词或代码的逻辑组配,是现代信息检索系统中最常用的一种方法。常用的布尔逻辑算符有三种,分别是逻辑或"OR"、逻辑与"AND"、逻辑非"NOT"。用这些逻辑算符将检索词组配构成检索提问式,计算机将根据提问式与系统中的记录进行匹配,当两者相符时则命中,并自动输出该文献记录。

另外，在选择检索词时需要注意以下几点：①检索词的选择要全面，注意一个课题包含几个并列概念或一个概念的不同表达方法。②选用的关键词必须涵盖主题概念，并清楚界定研究的主题。③注意不用一般的、共通性的词语。例如，"发展、探讨"这类词不做关键词。④选用有实质意义的概念词，不使用过长的词组或短语，复杂概念最好分为两个或两个以上检索词，中间用逻辑算符连接。例如选用"大学生&素质教育"，而不用"大学生的素质教育"。⑤选用各学科的专门用语来检索各学科的资料库，不用一般性的词或通俗用语作关键词，例如"小学教育"，而不是"小教"。

案例 3-1

中国知网数据库检索使用简要介绍

首先，进入中国知网数据库检索页面（http:/www.cnki.net，还可以通过各大学图书馆的相关链接输入账号、密码进入），然后，参照如下步骤利用该数据库检索、整理资料。

1. 确定检索的问题和范围

根据研究项目的具体需要，在每次利用数据库检索资料时，需要确定具体的检索问题。例如，在检索"中学生自我效能感与学业成绩关系研究"这一课题时，可以选择"自我效能感与学业成绩关系"作为一个检索问题，进行专门的搜索。在此基础上，可以通过以下步骤逐步确定搜索范围。

（1）打开最初的页面。

（2）清除所打开页面上左侧检索范围中的所有选项，然后选择"社会科学Ⅱ辑"一项。

（3）点击"社会科学Ⅱ辑"左侧"+"，展开新页面，会出现这一领域中的更多选项。此时，再清除所有选项，分别点击"初等教育""中等教育"左侧的方框。

2. 选择检索项目

在中间第一行，有"输入检索条件"字样。这里默认的是"主题"，下拉对话条目，可以自主选择，如篇关摘、关键词、篇名、摘要等，一般来说，我们首先使用它默认的"主题"作为检索项。

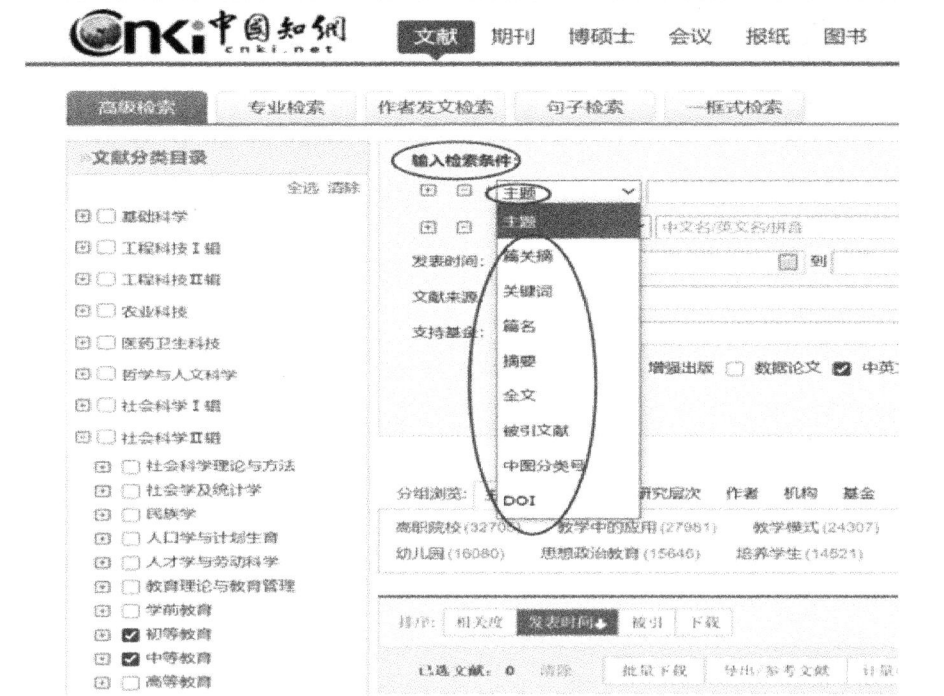

如果想同时通过多种检索项来检索资料，可以在"主题"左侧点击"+"，页面上就会增加一行检索项。然后，可参照上述方法作进一步选择。

3. 选择检索词及其组合方式

在作出上述选择后，我们可以同时选择三层"检索条件"。例如，在本例中，可以同时用三个检索词（中学生、自我效能感、学业成绩）来搜索"主题"。此时，需要将三个检索词之间的组合方式选为"并含"。当然，有时候研究者也许会将不同检索词之间的组合方式选择为"或含""不含"。这要根据实际情况来确定。

4. 选择检索时间段、文献来源、匹配方式等

紧接着，就可以选择时间段。例如，本例可以选择"2003"为起始时间，"2020"为截止时间，还可以进一步在"更新时间"条目后选择"最近一周""最近一月""最近三月""最近半年"等。

接下来，选择文献来源或支持基金等项目的"匹配"方式，可以是"模糊"匹配，也可以是"精确"匹配。在本例中，我们可以选择"模糊"匹配，以便适当扩大范围。此时，就可以点击"检索"按键，等待检索结果的出现。

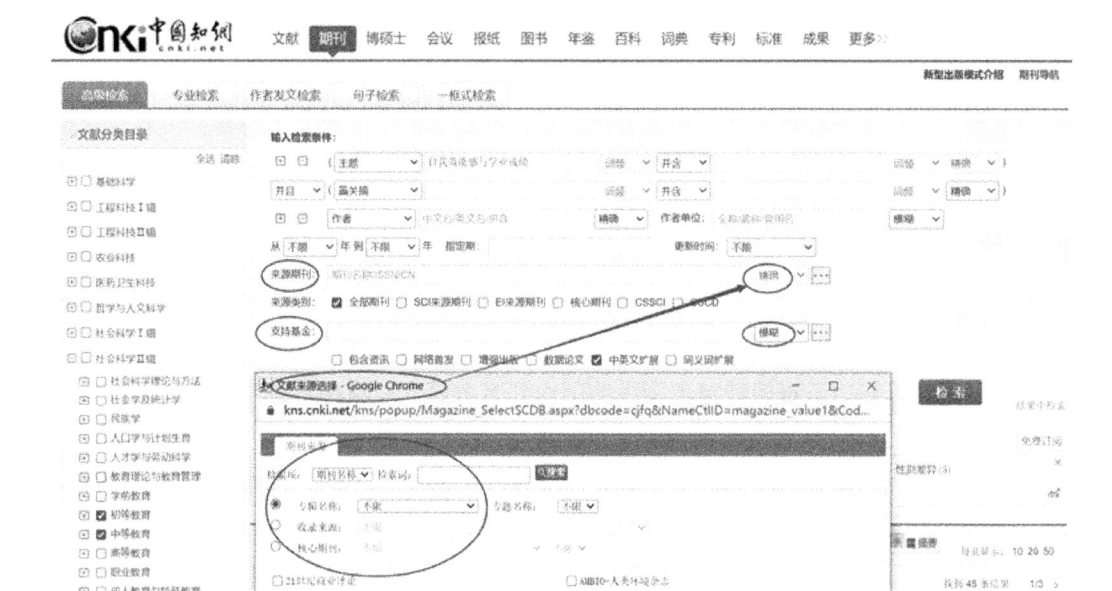

如果需要，可以再次扩大搜索范围，例如，在"文献分类目录"中选择更多项目，在"输入检索条件"中去掉"中学生"等限制，就会看到有更多文献了。当然，它们是否满足本课题的研究需要，需要进一步甄别、选择。

（三）文献计量分析和内容分析

文献计量分析是指以文献体系和文献计量特征为研究对象，用数学、统计学等计量方法，定量地分析、研究文献情报的分布结构、数量关系、变化规律和定量管理，进而探讨科学技术的某些结构、特征和规律的方法。

文献计量分析包括文献计量特征选择和统计以及文献计量特征数量分布与变化规律的描述或解释。文献计量分析的对象主要有出版物（如图书、期刊、报纸、专利等文献物理载体）、科学术语（如主题词、关键词等）、著者、引证文献和被引证文献（引文分析）、读者、文献利用情况（如文献的阅读数、借阅数）等。比如，你想研究 A 教学方法的使用情况，那么你就去广泛地收集有关文献，然后，计算出一共有多少篇文献，分别来自什么刊物等，这就叫计量分析。文献计量分析最本质的特征在于其输出是"量"。

内容分析就是对教育文献的内容、信息做客观而系统的量化分析，并加以描述，从而对相关的教育现象做出事实判断的研究方法。内容分析可以用于现状分析、趋势分析、比较分析以及意向分析等。它的特征表现在明显、客观、系统、量化等方面。"明显的内容"是指它可以用来研究被记录下来、可以保存、可以被公开传播和查阅的文献资料；"客观、系统"是指内容分析是一种规范的研究技术和手段，它要求研究者根据预先安排的计划，采取一定的规则，按照一定的步骤来分析；"量化的结果"体现内容分析的基本性质，意味着内容分析的结果需要通过数字表达。可以用内容分析进行研究的文献资料包括：①以文字记录的资料，即报纸、期刊、教材等；②以声音记录的资料，包括上课录音、学生谈话录音、竞选会现场录音等；③影像记录资料，包括教学录像、学生活动录像等。（内容分析在本章第四节有详细的叙述。）

总之，文献计量分析更关注的是量的水平，内容分析不仅有量的分析，也有一些定性的解释。

四、教育文献检索的要求

（一）全面、准确地检索教育文献

通过浏览，在广泛查阅特定范围内的国内外有关研究成果的基础上，不仅要搜集与自己观点一致的材料，也要搜集那些与自己观点不一致，或与自己构思相矛盾的资料；不仅要广泛查阅中文资料，同时也要查阅外文资料，以便及时掌握最新的研究资料和动向。特别是要着力搜集第一手资料，以保证研究的客观和全面。

1. 检索要全面

要放宽视野，着力搜集第一手资料，在广泛查阅所选课题的国内外相关成果的基础上，掌握最新的研究动向，以保证检索内容的客观全面。

2. 检索要认真细致

通过细读，掌握若干年来所研究领域内讨论的问题，存在的分歧，代表人物、主要观点、著作，以及发展趋势。要在搞清前人分歧和矛盾的基础上，发现问题，并做好记录。在实践中，检索常常会出现曲解引申、主观臆断、断章取义、脱离实际、追赶时尚等问题。

3. 勤于积累

要养成不断学习、善于积累的好习惯，并有意识地培养自己读书治学的能力，掌握查阅文献的方法，逐步积累自己所需要的资料目录。

4. 善于思索

由于文献是在一定的历史条件下产生的，带有时代和个人的局限性，因此，需要对文献作进一步的分析综合，做到在批判中继承，在扬弃中创新。要用创造性思维综合分析、检索文献资料。

（二）确认文献的真实性

教育文献极其丰富，不仅有文字资料，而且有实物史料和口传史料。在文献搜集过程中，要对搜集到的文献进行真假及质量的鉴别，即对搜集到的文献进行批评性评价。文献评价包括两个方面，一是外部评论即外审法，二是内部评论即内审法。

1. 外审法

外审法主要是指判定文献资料的形式和外表的真伪或完整性的方法，又被称为外部考证。版本真伪鉴别，一方面把该书的编排体例与同时代的同类出版物比较；另一方面，还可以查询书中的内容是否有反映成书年代以后的事实。作者真伪的鉴别，一般有三种方法：一是先通过分析该作者的其他作品确定作者的语言风格，核实文献的风格是否与之一致。二是分析全部文献的体例是否一贯。三是文献的思想观点与逻辑是否前后一致。

外审法还可以通过技术手段测定文献物质载体的物理性质来判断文献形成的年代，如纸质、手稿上墨水的褪色程度，或利用同位素的衰变程度来确定。

2. 内审法

内审法主要指的是对具体文献内容的意义和可信程度进行分析评价，又被称为内部考证。主要涉及的内容有著者的学识能力，著者的偏见和动机，文献的客观性、公正性、准确性与全面性，资料的一致性程度等。内审的方法有：①文字性文献互证，若不同文献中记载的同一事件的内容或分析有不一致，则需进一步核实。②用实物来证实文字性文献，看文字记述与可靠的实物证据是否相符。③把文献描述的内容与产生文献的历史背景对照，看它是否与当时的政治、文化背景相悖。④研究作者的生平、立场、基本思想和文献形成的具体环境，来判断作者记述的客观性和倾向性。

总之，内审法和外审法都是通过比较来鉴别文献真伪，提高搜集到的文献质量。在实际运用中，我们可以依据被评价文献的性质或复杂程度，采取内外评审交叉复核方法，通过外审法确定资料的真伪或真实性，即"辨伪"和"证实"；通过内审法确定资料的准确性和价值，即文献资料本身的含义、价值。通过审查和鉴别，尽可能使收集的教育文献准确、真实。

第四节　教育文献的分析与综述

完成了教育文献的检索，接下来研究者就可以着手对文献资料进行相关的分析和文献综述工作，这一阶段的工作是研究者能否顺利得到研究成果的关键步骤。本节重点对教育文献的内容分析以及撰写教育文献综述的要求进行论述。

一、教育文献的分析

文献的分析主要有定性分析方法和定量分析方法，它们从不同侧面对文献中所包含的信息进行加工和整理。

定性分析方法一般是对文献中所包含的信息进行分类，选取典型的例证加以重新组织，并在定性描述的基础上得出结论。定性分析方法具有明显的特点：第一，它注重对文献内容的性质作出分析研究，而不太注重文献资料的数量特征和完整程度，但不完全排除在研究的过程中进行一些简单必要的数量分析。所以，只要该文献中包含着所研究课题的重要思想和内容，便满足了研究的要求。对于作为课题研究一部分的文献综述，如作为学士、硕士学位论文的文献综述部分，一般用这种定性的文献分析法。第二，文献的定性分析方法比较适合个人教育思想的研究，包括对信件、日记的分析研究，注重的是文献的个案。第三，文献的定性分析方法类似于观察研究，因为许多文献具有叙述的自然性、亲切性等优点，所以在研究时比较灵活随意，研究过程的规范程度不太高。因此，定性分析方法难免具有主观性，而定量分析方法是一种必要的补充。

定量分析方法又叫内容分析，是对明显的文献内容作客观而又系统的量化并加以描述的一种研究方法。它已经成为教育研究领域内一种重要的文献分析方法。特别是随着现代信息技术的普及应用，文献的定量研究越来越广泛，本节重点对定量分析方法即内容分析进行描述。

（一）内容分析的含义

内容分析是社会科学借用自然科学的研究方法，对历史文献内容进行量化分析而发展起来的。在教育科学研究中，内容分析既是一种主要的文献资料分析方法，又是一种独立、完整的科学研究方法。它对教育文献的内容进行客观而系统的分析并进行量化描述。例如，读者要买一本书，先看一看目录；要读一篇论文，先看一看关键词。这些就是一种直觉意义上的内容分析。

（二）内容分析的用途

内容分析可用于多种研究目的，主要有以下几种。

1. 趋势分析

内容分析可以利用同一对象不同时期内容资料量化结果的比较，分析某种思想内容的发展过程、发展规律及发展趋势。例如，对十年间（2010—2020年）我国教育研究中采用的工具、方法和研究的重点问题变化情况的量化分析就属于此类。

2. 比较分析

内容分析可以通过对同一中心问题不同的对象或来源的样本的量化结果的对比，对不同地区、学校、团体、个人的教育思想、教学效果、工作方式进行比较，例如：比较不同国家或地区对各类教育问题观点上的异同；比较两个学术流派、学术刊物的学术观点的异同；比较不同学校、不同教师的教学方式和教学效果的差异；比较两种不同课程方案、课程标准、教材的差别；比较两个不同学校、不同班级学生的学习成绩、学习态度、思想品德表现等方面的差别等。

3. 意向分析

内容分析可以通过对某一对象在不同问题或不同场合中的分析结果进行比较，从而了解其对事物的意向、倾向和态度，意向分析也被称为特征分析。例如：分析某位教师的教案、教学经验总结、给学生布置的作业、发表的文章，研究该教师教学模式的特点，分析其教学的目的、意向、动机并检验是否达到预期效果；还可以分析某位教师在不同时期的研究成果，研究其在教育领域中的侧重点和研究风格。

4. 现状分析

内容分析可以通过对某一对象正在进行的某一活动的有关材料进行分析，了解该领域或某一方面的现状。例如，我们要研究某专业学生在基础知识方面的掌握情况，可以对一段时期内学生的作业情况、考试成绩，以及错误率高的典型题目等进行分析。

除上述几种用途外，内容分析还可以用于其他目标的研究。在设计研究过程中，研究目标的侧重不同，或者同时兼有上述几种类型的用途，需要研究者根据自己的具体情况或课题建立适当的研究目标。

（三）内容分析的步骤

内容分析一般包括以下步骤。

1. 提出研究问题

首先要提出研究问题与假设，明确研究目标，进而确定分析模式。内容分析的一项重要工作就是根据研究课题的需要，设计或选择进行系统化分析的模式，以便合理地选取内容资料样本，并把这些样本经量化处理后所得的结果进行比较，以便能有效地、定量地说明研究结果，达到研究目的。

2. 确定研究总体

对于内容分析而言，确定研究总体即确定分析资料的来源。研究总体的确定直接依赖于研究目标。例如，研究目标是描述近 10 年以来教育研究课题内容的构思结构、观点倾向等方面的变化趋势，研究总体则是最近 10 年内该方面发表的所有论文。

在确定总体时，必须注意总体的完整性和特殊性。完整性是指要包含所有有关的资料，特殊性是指要选择与研究假设有关的特定资料。

3. 确定分析单元

分析单元是指在判定分析时的最小单位。例如，比较两种学术刊物的质量时，刊物的具体栏目及其内容就是分析单元。通常，选择的分析单元可以是个人（如作者）、群体（如班级、学校）和各种材料（如书籍、期刊、文章）等，也可以是上述各类中的一部分（例如人的面部表情、行为动作，书籍中的章节，文章的段落与句子数，电视节目的镜头、场景），有时也可以是时间间隔。

选择分析单元与具体的研究目标、研究总体密切相关，并以它们作为确定和选择的基础。

4. 内容抽样

内容抽样就是选取进行内容分析的样本。如果总体太大，材料过多，可以采用随机抽样的方法，从总体中抽取样本进行内容分析。抽样时要注意确保样本的代表性。例如，要对 10 年来的小学语文教学研究的趋势进行总结，其总体是很大的，可以采用抽样方式从总体中抽取有代表性的内容进行分析。

内容分析常用的抽样方式有三种。

（1）来源抽样。是指对资料来源的取样，如选取哪些学术期刊、课本、学生作业、电视节目等。

（2）日期抽样。是指选择哪一段时间的资料进行分析，例如要研究某一种教育理论的思想发展规律，需要对几十年有关刊物论著进行内容分析，这就需要按日期抽样。但在按日期抽样时，必须注意某种资料的周期性的特征。如果以报纸为研究对象，间隔抽样就必须避开"7"或它的倍数，假如以 7 为倍数，则可能使全部样本都集中在每周的同一天，比如"星期二"。

（3）单元抽样即确定抽取资料的单元，可能是整份、一段、一篇、一页。

5. 分析类目

分析类目，又被称为分析的维度、类别，是根据研究需要而设计的将资料内容进行分类的项目和标准。分析类目有时是事物的分类，有时是事物属性的分类（如评价指标），例如按照广度、深度、进度三个指标来分析教材的难度。分析类目（维度）是一个层层隶属的体系，对比较大的维度需要进一步分解成若干子维度。例如，对高中物理教科书科学素养主题的分析，分析类目是：科学知识，科学的探究过程，科学家的发现及思维过程，科学、技术、社会的相互关系。科学知识维度又可进一步划分为：陈述事实、概念、原理和规律，陈述假设和模型，回忆知识或信息。

设计分析类目有两种基本方法，一是采用现成的分析类目系统（依据传统的理论或以往的经验，或对某个问题已有的研究成果发展而成），二是由研究者根据研究目标自行设计。采用第一种方法时，先让两人根据同一标准、独立编录同样用途的类目，然后计算这两人之间的信度，并据此共同讨论标准，再进行编录，直到对分析类目系统有基本一致的理解为止。最后，还需要让这两人用该系统编录几个新的材料，并计算评分者的信度，如果结果满意，则可用此编录其余的材料。采用第二种方法的工作程序是：首先熟悉、分析有关材料，并在此基础上制订初步的分析类目，然后对其进行试用，了解其可行性、适用性与合理性，之后再进行修订、试用，直至发展出客观性较强的分析类目为止。

采用上述任何一种方法设计出来的分析类目，特别是子类目，都必须有明确的操作性定义，以保证随后的评判记录工作有具体、统一的依据。

为了保证内容分析工作的客观性，在设计、确定分析类目时必须注意如下几点。

（1）分类要完全、彻底，能适合所有分析材料，使每一个分析单元都可归入相应的类别，不能出现无处可归的现象。对既不属于某一类别，又因数量太少而难以列为一类的特殊内容，可使用"其他"作为一个类别，以保证所有内容都有处可归。

（2）在分类中，应当使用同一个分类标准，即只能从众多属性中选取一个作为分类依据。各类目之间不能相互包含或重叠，每一类目的意义应该有明确、严格的限定范围，不能出现某分析单元既可归入这一类别、又可归入另一类别的现象。

（3）分类的层次必须明确，逐级展开，不能越级和出现层次混淆的现象。类目包含的范围要适中，分得过细和过于分散会产生分歧，而分得太粗则会降低分级程度，难以发现区别。

（4）类目必须是在进行内容分析判断之前预先制订的，不能一边分析，一边适应性地修改、补充。

（5）在设计分析类目时应考虑如何对内容分析结果进行定量分析，即要考虑使结果适合数据处理。

由于研究目标规定研究对象的总体和分析单元，内容分析中的分析类目可根据研究目标要求达到的细致程度，分层确定，由粗到细，直至满足研究课题的需要。分析类目的确定是否恰当、精细适度，对内容分析能否成功是至关重要的。这就要求研究者必须认识研究目标与分析类目之间的对应关系。如果研究人员缺乏确定分析类目的理论或经验，可以先取少数样本作典型分析，取得经验后再确定标准。例如，要分析学生作业错误类型，而研究者不清楚学生究竟有哪些错误，可先抽取好、中、差三个学生的作业本进行分析，摸清情况后再确定分类标准。

一般来讲，在没有太大把握的情况下，分析类目可以设计得细一些，而不宜"粗放"；因为如果在获得数据后发现分类过细，可合并；但若发现分类粗，不能说明问题，就无法把粗的分类分成细的，而需要重新统计。

例如，研究某校初中一年级代数作业的错误情况，该年级所有学生一年的作业就是该研究的对象总体，每本作业是它的分析单元，抽样应在总体范围内进行。学生作业的错误类型就是分析学生作业的分析类目。再如，研究者把研究目标定为"现行初中三年级的物理教材新知识点分布状况分析"，现行的初中三年级物理教材就是研究总体，书中的各章就是分析单元。研究人员从使用最广的现行教材中，选择二本或三本并以它们的各章节作为分析单元，以其中的新增内容作为总的分析类目，抽取教材中各章节的内容作为样本。将新增内容细分为概念、原理、计算公式等项目作为分析类目，登记每一章出现上述内容的数量、次数（频数）与所在页次，为对它们进行量化分析做准备。

在一项研究中，设计分析类目要遵循统一标准，而且一旦确定以后，不要随意改动或改变分类标准，也不要中途合并或删去任何类目内容。如果在研究过程中发现有被疏漏的类型，可在首次发现时进行增添，但是应该保持与原有分析类目的一致性。

6. 量化处理

量化处理包括评判记录、编码和信度分析。它是运用内容分析时工作量最大、操作最仔细的阶段。

（1）评判记录。内容分析的评判记录就是根据已确定的分析类目和分析单元对样本中的信息进行判断并分类记录，登记下每一个分析单元中各类目是否出现和出现的频数。为计数方便，分析类目和分析单元可排列成表格形式，编上序号。例如，研究全国报刊科普教育内容倾向性问题时，设计分析类目如表3-3所示，而其分析单元则可以篇为一个单元，记下每篇字数。

表 3-3　全国报刊科普教育内容倾向性问题分析类目表

报刊名称：_____　日期：_____

篇数	国外动态	自然之谜	智力测验	生活顾问	工业技术	环境科学	农业科学	医药卫生	动物世界	科技史话	科学家轶事
第1篇											
第2篇											
第3篇											
第4篇											
第5篇											
……											
第n篇											
合计											

要做好评判记录工作，需要注意以下几个方面：①事先设计好易于统计分析的评判记录表格；②依分析单元顺序，严格按照分析类目进行系统判断；③只能记录某类项目的有或无、长或短、大或小等明显的客观的事实，必须避免使用主观的、价值判断的词语，如好与坏、善与恶等来对内容作出判断；④对相同内容类目的评判，必须有两个以上的评判员分别进行评判记录，以便进行信度检验。正式的评判记录应当在进行信度检验，并证明评判记录取得可接受的信度之后才能进行。

（2）编码。为适应计算机处理数据的需要，应根据分析类目进行内容编码，将分析单元转化为数据内容进行内容编码时应做好如下几点：①训练编码员，改进编码计划。实施编码的人被称为编码员。在研究中，研究者需安排一定的时间训练编码员，这一方面有助于编码员准确了解类目界限；另一方面可以改进不合理的编码计划，直至编码计划合理，编码员能熟练掌握类目界限和编码程序。②进行试验性研究，检查编码员间的信度。试验性研究应在新进的编码员间进行，以确保他们准确掌握编码的技巧和方法，从而提高编码员间的信度。③使用标准化表格，简化编码工作。为了简化编码工作，一般需要使用标准化表格。编码员在进行编码工作中，可以将资料记录在标准化表格的空格中，既可简化编码工作，又便于以后统计。

编码是将分析单元分配到类目系统中的过程，可以借助计算机技术完成这项重复性工作，不仅速度快，而且保证了编码标准一致性。国外内容分析相关英文软件多达数十种，而且新品种、新版本不断被开发出来。

（3）信度分析。内容分析的信度分析是指两个或两个以上的研究者按照相同的分析类目，对同一材料进行评判（编码）所得结果的一致性程度。一致性愈高，内容分析的可信度也愈高；一致性愈低，则内容分析的可信度愈低。因此，信度是保证内容分析结果可靠性、客观性的重要指标。

内容分析的信度分析的基本过程是：①对评判者进行培训；②由两个或两个以上的评判者按照相同的分析类目，对同一材料独立进行评判；③使用信度公式对他们各自的评判结果进行信度计算；④根据评判与计算结果修订分析类目（即评判系统）或对评判者进行培训；⑤重复评判过程，直到取得可接受的信度为止。

计算内容分析信度的公式为

$$R = \frac{n \times \bar{K}}{1 + (n-1) \times \bar{K}}$$

R 为信度，n 为评判者数量，$\bar{K}$ 为平均相互同意度。

相互同意度是指两个评判者之间相互同意的程度，计算公式为

$$K_{12} = \frac{2M}{N_1 + N_2}$$

M 为两者都完全同意的栏目数，N_1 为第一评判员所分析的栏目数，N_2 为第二评判员所分析的栏目数。

例如，有一项研究中有 10 个类目，两位评判者之间评判一致的类目有 9 个，则其相互同意度与信度为

$$K_{12} = \frac{2 \times 9}{10 + 10} = 0.90$$

$$R = \frac{2 \times 0.90}{1 + (2-1) \times 0.90} = 0.95$$

通常，进行内容分析都是由研究者本人作为内容分析的主要评判员，同时安排另外一人以上作辅助评判员，相互同意度是把辅助评判员与主要评判员进行比较确定。

例如，一项研究中有 12 个类目，由 3 个评判员 A、B、C 进行评判，其中 A 是主要评判员，B、C 是辅助评判员。评判员 A、C 之间有 2 项不一致，评判员 A、B 之间有 2 项不一致，评判员 C、B 之间有 1 项不一致，其他都一致。则信度计算过程为

$$K_{AB} = \frac{2 \times 10}{12 + 12} = 0.83$$

$$K_{BC} = \frac{2 \times 11}{12 + 12} = 0.92$$

$$K_{AC} = \frac{2 \times 10}{12 + 12} = 0.83$$

$$\bar{K} = \frac{K_{AB} + K_{AC} + K_{BC}}{n} = \frac{0.83 + 0.92 + 0.83}{3} = 0.86$$

$$R = \frac{3 \times 0.86}{1 + (3-1) \times 0.86} = 0.95$$

根据经验，如果信度大于 0.90，则可以把主要评判员的评价结果作为内容分析的结果。在上例中，通过计算可知，3 个评判员 A、B、C 进行评判记录的信度大于 0.90，主要评判员的评判结果可以作为内容分析的结果。

7. 统计处理

把经过信度分析的评判结果（所获得的数据）进行统计处理，描述各分析类目的特

征并进行比较，得出关于研究对象的趋势、特征或异同点等方面的结论。使用的统计分析方法有次数分布、各种百分率或比例、相关系数、差异检验等。

对数据的统计工作可以交由相应的统计软件完成。

二、教育文献综述

文献综述即文献综合评述，它指在全面搜集有关文献资料的基础上，经过归纳整理、分析鉴别，对一定时期内某个学科或专题的研究成果和进展进行系统、全面的叙述和评论。

（一）文献综述的要素

文献综述包含三个基本要素：第一，文献综述反映原始文献有一定的时间和空间范围，它反映一定时期内或某一时期一定空间范围的原始文献的内容。第二，文献综述集中反映一批相关文献的内容，且将这批文献作为一个有机整体予以揭示，信息含量比二次文献多得多。第三，文献综述是信息分析的高级产物。书目、索引等是对原始文献的外表特征进行客观描述，不涉及文献内容，编写人员不需要了解原始文献的内容，也不需要具备相关学科的基础知识；提要、文摘是对原始文献的内容作简要介绍和评价，编写人员需要具有相关学科的一些基础知识，以识别和评价原始文献；文献综述则要求编写人员对综述的主题有深入的了解，全面、系统、准确、客观地概述某一主题的内容。运用分析、比较、整理、归纳等方法对一定范围的文献进行深度加工，对读者具有深度的引导功能，是创造性的研究活动。

文献综述的内容决定文献的形式和结构。由于课题、材料的占有和资料结构等方面的情况多种多样，很难完全统一或限定各类文献综述的形式和结构。文献综述的格式与一般研究性论文的格式有所不同，这是因为研究性论文注重研究的方法和结果，而文献综述介绍与主题有关的详细资料、动态、进展、展望以及对以上方面的评述。一般来说，文献综述的形式和结构一般可粗略分为五个部分：标题、前言、主体、总结和参考文献。

1. 标题

标题是综述内容的高度浓缩和概括，应鲜明地表述该综述的主要问题，重点一目了然。

2. 前言

前言的主要目的是勾画出要叙述的问题的初步轮廓。其撰写的主要关键点是研究的目的、综述的范围、扼要说明有关主题的研究现状或争论焦点等有关信息，当然并不需要列举出所有关键点，而要根据研究的需要有所强调。

案例 3-2

关于乡土教材若干问题的研究综述[①]

前言

中国是一个疆域辽阔、人口众多、历史悠久、地域文化发达的多民族国家，这一现实决定了各地教育水平发展的不平衡。为了改变这一现状，2001 年，教育部颁布了《基础教育课程改革纲要（试行）》，明确提出我国基础教育实行"国家、地方和学校三级课程管理模式"。在这样的背景下，地方和校本教材的开发和研究成为一个热点问题。一些中国学者从理解和解决中国教育的实际问题出发，围绕着乡土教材的内涵和价值、乡土教材的开发、乡土教材在学校教育中的应用等问题展开了探讨，本文将对这些研究状况做一个综述，以期为学者们继续研究有关问题提供参考。

这篇文献综述的前言虽然简短，但非常扼要地概括了乡土教材研究的背景、关于乡土教材的几个关键问题（乡土教材的内涵和价值、乡土教材的开发、乡土教材在学校教育中的应用等问题），指出了该综述的范围（对这些研究状况做一个综述）及意义（以期为学者们继续研究有关问题提供参考）。

3. 主体

主体部分是文献综述的核心，其撰写形式多样，没有固定的格式。一般认为可以按以下几种形式去撰写：按年代顺序综述、按发展阶段综述、按不同主题（问题）进行综述以及按不同的观点进行比较综述。

不管采用什么样的撰写格式，这一部分关键是要阐明有关研究的历史发展、现状评述和未来趋势预测三方面的内容，以及对这些研究的简单评述。这一部分的内容是文献综述的主干，如何把握这一部分的内容尤为重要，但这一部分出现的问题也比较多。比如在文献综述中，往往会出现观点的堆积现象，也就是介绍一个作者的观点，然后是另外一个作者，接着是下一个作者……要避免这类问题，就要学会使用简单的连接词。例如：串联观点相似的词语有"也是、另外、再者、同样地……"；串联不同观点的词语有"然而、相反地、从另一方面来说、虽然如此……"。主体部分还包括作者本人观点的表述。所谓本人观点其实就是要用自己的理解和语言对文献进行总结、评述，可以贯穿文献的主体部分，在叙述每个问题或观点之后，随时发表自己的看法。

4. 总结

总结部分既要肯定前人为该领域打下的研究基础，同时要阐明前人研究的不足，衬

[①] 温润芳. 关于乡土教材若干问题的研究综述[J]. 民族教育研究，2009，（2）：42-45.

托出作进一步研究的必要性和理论价值,最后还要提出自己的建议。建议一般为展望的形式,如果是开题报告前的文献综述,还需要把想做什么阐述清楚。

5. 参考文献

参考文献是文献综述不可缺少的一部分,不仅表示对引用文献作者的尊重以及提供引用文献的依据,而且为读者深入探讨有关问题提供文献查找线索。有的科研论文可以将参考文献省略,但文献综述绝对不能省略参考文献,而且应列出文中引用过的、能反映主题全貌的并且是作者直接阅读过的文献资料。

搜集文献应尽量全面,掌握全面、大量的文献资料是写好综述的前提。收集资料要瞄准主流文献,如该领域的核心期刊、经典著作、专职部门的研究报告、重要人物的观点等。参考文献发表的年限以近 5~10 年为宜,当然,文献向前延伸多久,主要以文献研究的主题而定。

(二)文献综述的类型

文献综述的类型可以从不同的角度进行划分,常见分类有:按照文献综述反映内容深度的不同即信息含量的不同划分、按照文献综述报道内容的时间范围不同划分、按照综述报道的时空范围不同划分、按照综述文献报道的对象不同划分、按照综述的服务对象不同划分等。

1. 按照文献综述信息含量的不同划分

最常见的是按照文献综述信息含量的不同,将文献综述分为叙述性综述、评论性综述和专题研究报告三类。

叙述性综述是围绕某一问题或专题,广泛搜集相关的文献资料,对其内容进行分析、整理和综合,并以精练、概括的语言对有关的理论、观点、数据、方法、发展概况等作综合、客观的描述和分析。其最主要的特点是客观,即必须客观地介绍和描述原始文献中的各种观点和方法。一般不提出撰写者的评论、褒贬,只是系统地罗列。叙述性综述的特点使得读者可以在短时间内,花费较少的精力了解到本学科、本专业或本课题中的各种观点、方法、理论、数据,把握全局,获取资料。

评论性综述是在对某一问题或专题进行综合描述的基础上,从纵向或横向上作对比、分析和评论,提出作者自己的观点和见解,明确取舍的一种信息分析报告。评论性综述的主要特点是分析和评价,因此也称分析性综述。评论性综述在综述各种观点、理论或方法的同时,还要对每种意见、每类数据、每种技术做出分析和评价,表明撰写者自己的看法,提出最终的评论结果。评论性综述可以启发思路,引导读者寻找新的研究方向。

专题研究报告就某一专题,一般是涉及国家经济、科研发展方向的重大课题,进行反映与评价,并提出发展对策、趋势预测。它是一种现实性、政策性和针对性很强的情报分析研究成果。其最显著的特点是预测性,它在对各类事实或数据、理论分别介绍描述后,进行论证预测的推演,最后提出对今后发展目标和方向的预测及规划。专题研究报告为科研部门确定研究重点和学科发展方向，领导部门制订各项决策、有效实施管理提供参考和依据。这一类综述主要表现为预测报告，可行性研究报告，专题调研报告，建议、对策与构想报告等。

2. 按照文献综述报道内容的时间范围不同划分

按照文献综述报道内容的时间范围，可分为动态性综述、回顾性综述和预测性综述。

动态性综述主要以描述近期各类现实动态为主，如高等教育动态、基础教育动态等。这类综述的时效性强，反映最新发展态势。

回顾性综述描述过去一定时期的成果和发展历程，总结性较强，以作为当前的借鉴参考。

预测性综述是在综述的基础上，对未来一定时期的发展方向和目标提出预测。

3. 按照综述报道的时空范围不同划分

按照综述报道的时空范围，可分为纵向综述和横向综述。

纵向综述按时间发展的顺序展开叙述，它主要围绕某一专题，对其历史演变、目前状况、趋向预测作纵向描述，从而勾画出某一专题的来龙去脉和发展轨迹。

横向综述以空间比较为主要维度，按照主题或地域、国家等展开叙述，如对某一专题的各派观点、各家之言、各种方法、各自成就等加以描述和比较。通过横向对比，既可以分辨出各种观点、见解、方法、成果的优劣利弊，又可以通过研究问题的成果水平比较找到差距。

4. 按照综述文献报道的对象不同划分

按照综述文献报道的对象，可分为学科综述、文献综述、会议综述和专题综述等。

学科综述，综述某一学科的发展态势；文献综述，综述一批文献的研究成果，分析这批文献的内在规律；会议综述，综合报道会议上提出的各种观点、理论，一般作者不加评价；专题综述，综述某一专题领域的历史、现状和发展趋势。

文献综述的分类并非绝对，在实际写作中，往往是各种类型综合在一起。

5. 按照综述的服务对象不同划分

按照综述的服务对象，可分为决策性综述、研究性综述和普及性综述。

决策性综述主要目的是对各级领导部门提供决策参考。在综述的基础上，重在提出建议即决策的依据。

研究性综述为科研人员的科学研究工作服务，专业性较强，不需要基本概念、原理的介绍。

普及性综述面向广大读者，目的是让一般读者了解某一主题、学科、事物的概况，使读者有一个基本认识，一般包括基本概念、状况、现状、趋势的简单、全面的介绍。

（三）撰写文献综述需要注意的问题

在撰写文献综述时，可考虑以下几个技巧和相关的原则，避免出现遗漏或错误。

1. 呈现一定的顺序、层次和结构

在顺序上，最好按照时间顺序呈现关键文献及其主要观点，使不同类型的文献及其观点呈现出某种递进关系，让读者看到已有研究逐步拓展、逐步深入的进程。

在层次上，既呈现代表正面的、主流观点的文献，也呈现反面的、批判性意见的文献。尽可能使不同的文献及其观点呈现为一种对立统一或否定之否定的关系。如果出现正反两种不同意见的关键文献，可打破时间顺序，先综述所有正方的观点，然后综述所有反方的观点，除了正方和反方之外，也可能有第三方的观点（中间、中立或综合的观点）。

文献综述虽然忌讳按照时间顺序罗列所有文献，但是，时间仍然是文献综述的一个重要维度，在分类时，可以适当考虑时间顺序，比如，一般先陈述本研究领域的开山人物［一般称之为"某某之父"，比如勒温（K. Lewin）被视为"行动研究之父"］的相关研究，并由这个"得风气之先"的人物以及他的研究牵引出第一种类型。然后再陈述其他类型的相关研究。

如果某份文献既没有推进前面的相关研究，也没有提出不同的观点，没有任何知识贡献，那么，研究者在文献综述中最好对该文献保持视而不见的态度。

如果国内学者和国外学者都对某个研究主题发表了相关的论述，同样按照时间顺序（兼顾正反不同观点）叙述国内学者和国外学者发表的文献及其主要观点。如果国内的相关研究和国外的相关研究完全呈现为不同的话语和不同的时间，可分别叙述"国外学者的相关研究"和"国内学者的相关研究"。

容易出现的问题是：研究者按照时间顺序罗列所有文献及其观点，没有层次感和秩序感；没有区分正反两个方面的观点；各种文献顺序混乱，既不按照时间先后顺序呈现各种观点，也没有呈现为倒叙；没有区分关键文献和次要文献，将所有重要和不重要的文献全部罗列出来。

2. 保持文献综述的结构完整

完整的文献综述至少包括三个部分：一是关键文献及其主要观点；二是对文献综述的小结；三是由文献综述的小结引出"有待进一步研究的问题"或"本研究重点关注的问题"。比较容易出现的问题在于：只提示了关键文献及其主要观点，却没有"文献综述的小结"或"研究的假设"。

3. 不遗漏关键文献

不遗漏的标准是：既考虑了该研究领域早期的关键文献，比如核心期刊文献或者有权威的出版文献，也触及了该研究领域最新的研究进展等。容易出现的问题是：只反映了最新的研究进展而遗漏了早期的研究，或者只陈述了早期研究而没有考虑最新的研究进展；只有国内学者的相关研究而没有国外学者的相关研究。一般而言，如果某份文献综述完全没有出现近10年的文献，也没有出现外文文献，或者只涉及某些专著而较少呈现相关的期刊论文、学位论文，那么，该文献综述可能遗漏了相关信息。

4. 只出现重要作者的姓名，不必呈现所有著者的姓名

判断某个文献及其作者是否属于重要文献和重要作者的标准是：该文献的作者是否较早地提出了自己的观点（开山人物）。这样的文献往往频繁地被后来的研究者引用（包括赞成或反对）。如果某份文献属于重复性研究，并没有提出新的结论，则不必纳入文献综述。但是，如果某一份重复性验证的实证研究报告采用了相同的研究方法却更换了研究对象，则可以纳入文献综述。容易出现的问题是：没有选择和鉴别，事无巨细，将所有检索到的文献并列呈现。

5. 如果研究涉及多个变量或多个假设，则需要分别为之提供文献综述

容易出现的问题是：研究涉及多个变量或多个假设，却只提供了其中某个变量的文献综述。研究者应将涉及的每一个变量或每一个假设的研究现状分别进行综合分析、归纳整理和评论，以此确保文献综述内容的完整性。

6. 呈现关键文献及其主要观点时，为每一个观点提供完整而规范的出处

为了保证出处的完整和准确，引用时需考察文献的版本，尽量采用公认的、可信的版本而不引用非权威的版本，如果引用非权威的版本，最好说明引用该版本的理由（比如该版本有哪些优点）。在引用和注释中，尽量采用一次文献及其主要观点，不到万不得已，不采用二次文献。若采用二次文献及其主要观点，必须注明二次文献的完整出处，而不是撇开二次文献直接注明一次文献（造成研究者已经亲自阅读了该一次文献的假象）。同时，最好说明经过了哪些努力之后仍然找不到相关的一次文献的理由。容易出现的问题是：暗中"转引"了某个二次文献，却标注为一次文献；或者某个外文文献已经有了比较权威的中译本，暗中采用了该中译本，却直接标引外文文献。当然，如果研究者认为该中译本的翻译质量有问题，可以说明不采用该中译本的理由，比如该中译本有哪些翻译的缺憾以致本人不得不放弃该译本而宁愿直接阅读外文。这样做的目的是尽量避免表面上直接引用外文文献，而暗中大量引用中译本的行为（这种行为其实属于抄袭）。

7. 审查文献综述与研究问题是否有关联

随时审查自己所做的文献综述与研究问题是否有实质性的关联，容易出现的问题是：所做的文献综述与研究问题没有实质性的关联。

8. 避免过于吹嘘和豪言壮语的出现

避免豪言壮语，不轻易使用类似"没有相关的研究"或称自己的研究"开了先河""填补了空白""有极其重要的意义"等说法，学术研究以知识创新为第一目标，但知识创新并不意味着研究者完全不理会他人已有的研究成果而追求标新立异、横空出世、与众不同。学术研究更多地显示为在他人已有的研究成果的基础上提出有待进一步研究的问题。类似"开了先河""填补了空白"的说法应完全避免，而类似"有极其重要的意

义"的说法也最好少说。是否填补空白、是否有重要重义，应该由读者去判断而不必由研究者本人自夸。如果在文献检索中的确没有找到相关研究，也应避免类似"没有相关的研究"的说法，因为"没有相关的研究"可能暗示没有找到准确的关键词（检索词），反映出文献检索存在的不足。

本章小结

本章介绍了教育文献的基本含义及其在教育研究中的作用，详细阐述了教育文献的种类、主要分布以及常见教育文献的信息源。重点阐述了教育文献检索的基本过程、主要方法和检索途径，以及教育文献的分析和文献综述的撰写。文献法是一种基本的教育研究方法，在开展各项研究之前都需要对项目的研究状况进行了解，只有充分了解最新研究成果，才能准确定位自己的研究方向，所以教育文献检索是一切教育研究的开始。

教学建议

以小组为单位，选择一个基础教育领域中存在的热点、难点或痛点，通过小组头脑风暴，最终列出 2~3 个问题清单，小组合作尝试进行文献检索和文献综述的撰写，并在全班分享、交流。

练习·思考

1. 在本专业的重要期刊中，查找到 1 篇质量较高的文献综述进行精读。
2. 按照已选定的研究课题，查找相关文献资料，撰写文献综述，字数在 3000 字左右。
3. 简述教育文献综述报告包含哪几个部分。

以下为教育学专业研究生入学考试 311 综合相关真题

4. 单选题。

（1）某一研究者需要收集近年来国家教育事业发展的有关数据，最可靠的信息来源是（　　）。

　　A. 教育论文集　　　　　　　　B. 教育专著
　　C. 教育辞书　　　　　　　　　D. 教育年鉴

（2）以所掌握资料中的参考文献为线索，查找有关主题的文献。这种检索文献的方法是（　　）。

　　A. 顺查法　　　　　　　　　　B. 逆查法
　　C. 引文查找法　　　　　　　　D. 综合查找法

（3）在教育文献检索中，题录、书目、索引、提要等属于文献等级中的（　　）。

　　A. 零级文献　　　　　　　　　B. 一级文献
　　C. 二级文献　　　　　　　　　D. 三级文献

（4）在文献检索时，研究者不仅要搜集那些与自己观点一致的资料，也要搜集与自己观点不一致甚至对立的资料，这体现了文献检索的（　　）。

A. 矛盾性原则　　　　　　　　B. 逆时性原则
C. 选择性原则　　　　　　　　D. 全面性原则

（5）在教育文献中，研究综述、专题评述、进展报告等属于（　　）。

A. 零次文献　　　　　　　　　B. 一次文献
C. 二次文献　　　　　　　　　D. 三次文献

（6）某古籍研究所最近发现了一批古代教育文献，专家对这些文献的版式进行了鉴别和评价。按照文献评价的分类，这属于（　　）。

A. 外部评价　　　　　　　　　B. 内部评价
C. 事实评价　　　　　　　　　D. 价值评价

（7）研究者想快速了解近年来国内义务教育均衡发展问题的研究动向，最便捷的办法是查阅（　　）。

A. 教育辞书　　　　　　　　　B. 教育年鉴
C. 原始性文献　　　　　　　　D. 综述性文献

（8）某研究者欲全面了解并研读近五年来国内核心期刊上发表的有关"教师教学自主权"的研究成果，应检索（　　）。

A. 人大报刊复印资料　　　　　B. 中文核心期刊要目总览
C. CNKI 中国期刊全文数据库　　D. CNKI 中国年鉴全文数据库

（9）某研究者需要近年来国家教育经费投入的具体数据，最可靠的来源是（　　）。

A. 教育专著　　　　　　　　　B. 教育年鉴
C. 教育百科全书　　　　　　　D. 教育志

第四章

教育观察法

学习目标

- 理解教育观察法的类型、优缺点和应用范围;
- 掌握教育观察研究的实施程序;
- 会应用教育观察法进行教育研究。

知识导图

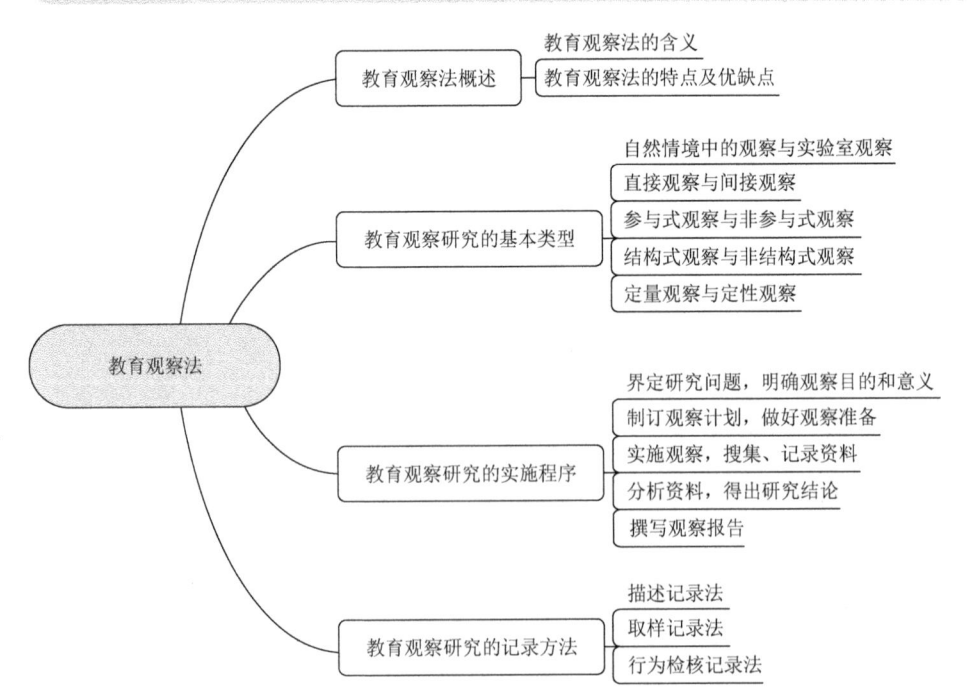

教育观察法
- 教育观察法概述
  - 教育观察法的含义
  - 教育观察法的特点及优缺点
- 教育观察研究的基本类型
  - 自然情境中的观察与实验室观察
  - 直接观察与间接观察
  - 参与式观察与非参与式观察
  - 结构式观察与非结构式观察
  - 定量观察与定性观察
- 教育观察研究的实施程序
  - 界定研究问题,明确观察目的和意义
  - 制订观察计划,做好观察准备
  - 实施观察,搜集、记录资料
  - 分析资料,得出研究结论
  - 撰写观察报告
- 教育观察研究的记录方法
  - 描述记录法
  - 取样记录法
  - 行为检核记录法

观察，顾名思义，"观"即看，"察"即审查、思考。在科学研究中，人们常常把作为研究手段的观察简称为"观察法"。观察是日常生活和工作中经常进行的一项活动，也是人们搜集信息的基本方法。教育观察法是教育科学研究中一种最基本、最直接的教育研究方法。

第一节　教育观察法概述

观察法可以分为日常观察和科学观察。科学观察具有明确的目的性，日常观察具有随意性，没有明确的目的，但是这并不意味着日常观察不重要。对教师来说，在不具备开展科学观察的条件下，可以通过日常观察来了解学生，考察一些简单的教育现象和问题。在本章介绍的教育观察法属于科学观察。

一、教育观察法的含义

教育观察法是指研究者根据一定的研究目的，在一定的时间和空间内，通过感官或者辅助仪器设备对处于自然状态的教育现象进行有计划的考察和探究，从而获取教育事实、探索教育规律的研究方法。

教育观察法包含四个要素：观察者、观察对象、观察对象的状态和观察的手段。

（一）观察者

观察者，即谁观察。观察者可以是研究者本人及研究团队成员，也可以是经过专业培训后观察研究对象的专业人员。观察者要受过专业训练，观察者的素质和水平关系到研究的成败。观察者要具备一定的理论知识、专业知识和较宽的视野，要对观察的内容有深入了解，能够识别观察对象的行为，并把观察到的行为和观察的具体项目建立起对应关系，能够从多角度看问题，并且借助各种现代的技术手段，提高观察的精确性、系统性和全面性。观察者要具备理论知识和专业知识，要具有一定分析问题的能力，能分析教育现象出现的可能原因。

（二）观察对象

观察对象，即观察谁。观察对象包括教育活动中的人、教育活动、环境。观察者可以在观察中获得环境信息、人的信息、相互关系信息和教学信息。环境信息包括物理环境及其结构，如学校的布局、室外场地、班级环境的设置、教室内各种设施的摆放等。人的信息包括人的组织结构、观察对象的特征（如性别、年龄等）。相互关系信息包括人与人之间、人与环境之间的各种相互作用关系，这些关系可以是正式的或非正式的、计划的或非计划的、言语的或非言语的等。教学信息包括教育的资源及其组织、教学风格和课程设置等。

(三) 观察对象的状态

观察是在自然发生的条件下进行的感知活动，即对发生的情境不加控制，不加干扰，观察者应在观察对象处在一种真实自然的状态下进行观察，以保证观察结果的真实性，观察对象应维持真实自然的状态。

(四) 观察的手段

随着科学技术的发展，观察的手段已经有了很大改进。观察不再只限于肉眼观看、耳听手记，人们还可以通过各种摄影或摄像器材、单向观察室等观察的手段或工具对那些偶然的或稍纵即逝的现象进行反复观察。教育研究者也可以利用智能化教学系统对学生课堂表现的人脸视频进行分析，提取相应的关键点特征，并根据这些特征变化来识别学生闭眼、打瞌睡和点头等课堂行为表现，统计相关行为的频率，并基于统计数据，进一步评估课程的教学质量。

二、教育观察法的特点及优缺点

科学观察不同于日常观察。日常观察往往是偶然发生的，是自发的和无目的的，不需要进行严格的记录。科学观察对观察准备、观察实施以及获得观察结果都有严格的规范。科学观察不是被动、消极的注视，而是大脑对观察到的事物进行积极思维的过程。科学观察是科学研究中最基本、最常见的一种获取经验事实的方法。

(一) 教育观察法的特点

在教育科学研究中，教育观察法具有非干预性、选择性和客观性等特征。对于具体的研究实践而言，这些特征既有优势也有不足。

1. 观察的非干预性

在自然状态条件下，不改变对象的自然条件和发展过程，直接观察某教育现象的发生、发展过程，综合运用各种途径和方式，对观察结果做明确、详细、周密的记录。研究人员不干预研究对象的活动，从而能较客观、真实地搜集第一手资料。

2. 观察的选择性

教育观察是根据观察目的有选择地进行观察。作为研究手段的教育观察是按事先制订的计划和程序进行的，同时明确规定了观察时间和内容，是从大量教育现象中选择与研究问题相关的典型对象、典型条件，力求全面地把握研究对象的各种属性并用科学理论去分析、判断和解释观察结果。

3. 观察的客观性

科学观察要求有规范的记录，观察者在记录中要严格地区分对行为的客观描述和对这些行为的主观解释与评价，以保证观察结果客观、真实。实施观察前，观察者要预先制订系统的记录表格、详细的行为分类规则及其符号系统，并对观察行为进行操作性定义，以便在观察中能迅速、准确地记录所要研究的行为，当多个观察者同时观察时，也便于统一记录方式，保证观察过程和观察结果的客观性。另外，训练观察者的观察能力、增加观察的次数也可以提高观察结果的客观性。

（二）教育观察法的优缺点

1. 教育观察法的优点

教育观察法的优点是简便易行，资料较为客观可靠。教育观察法最突出的优点在于研究者能够从事物的现场获得鲜活的第一手资料，了解现实情境中事物的发展进程。研究者通过观察，能够了解事物发生的背景，发现日常容易忽略的事物和观察对象在访谈中不愿意谈论的事情等，根据观察到的现象进行一定的推理。

2. 教育观察法的缺点

（1）取样范围小。研究者运用感官和仪器进行观察的范围不大，观察取样少，使得观察研究只适用于小样本研究，研究结果的代表性和推广性会受到影响。

（2）受观察者主观因素的限制。人的感觉器官本身具有不精确性。人的感官都有一定的生理限度，超出这个限度就很难直接观察，所以观察往往难以精确化。由于观察者容易受到主观因素的影响，观察者的个人意识、价值观念、感情色彩甚至表情姿势等都可能影响观察对象的态度和行为，也会影响观察者对观察结果的判断。因此，对同一事物的观察，观察者难以做到绝对客观化，这都会影响观察结果的客观性。

（3）受观察情境的限制。观察受到时间和空间的约束和限制，研究者不能随时随地进行观察。在自然状态下进行观察会受到教学活动开展的时间安排的限制，使观察收集数据的时间延长，很难在短期内收集大量数据。

（4）受无关变量的干扰，难以确定因果关系。教育观察法收集的是研究对象处于自然状态下的教育研究资料，对观察对象不进行干预和控制，研究者就不易把握影响观察对象变化的内在因素和外部条件，很难排除无关变量的影响，较难确定事物间的因果关系。

如果研究对象是学前阶段的儿童，运用教育观察法进行研究，可以弥补研究对象语言理解和表达的局限。在教育研究中，应将教育观察法与其他方法结合使用，扬长补短，相辅相成，充分发挥教育观察法的优势。

第二节　教育观察研究的基本类型

根据不同的分类标准，教育观察研究可以划分为不同的类型，如表4-1所示。

表 4-1　教育观察研究的分类标准与类型

划分标准	观察类型	
按观察的情境	自然情境中的观察	实验室观察
按观察的方式	直接观察	间接观察
按观察者是否参与观察对象的活动	参与式观察	非参与式观察
按观察内容、项目的结构化程度	结构式观察	非结构式观察
按对观察记录的处理方式	定量观察	定性观察

一、自然情境中的观察与实验室观察

根据教育观察情境是自然状态还是人工控制状态，教育观察研究可分为自然情境中的观察与实验室观察。自然情境中的观察要求的环境一般是在自然状态下，即事件自然发生、在对观察环境不加改变和控制的状态下进行的观察，包括自然行为的偶然现象观察和系统的现象观察，能搜集到客观、真实的材料，但材料往往限于观察对象的外部行为表现。实验室观察是在人工控制的环境中进行的系统观察，这种观察有严密的计划，有利于探讨事物的内在因果关系。

二、直接观察与间接观察

根据观察的方式，即是否借助有关仪器设备等技术手段，教育观察研究可分为直接观察和间接观察。直接观察是通过感官直接对观察对象进行感知和描述，因此直观具体。间接观察是利用一定的仪器或技术手段对观察对象进行观察，这类观察可以对观察对象的行为进行反复观察，扩展了观察的深度和广度。

三、参与式观察与非参与式观察

根据观察者是否直接参与观察对象所从事的活动，教育观察研究可分为参与式观察与非参与式观察。参与式观察是研究者直接参与到观察对象的群体和活动中去，不暴露研究者的身份，在参与活动中进行隐蔽性的研究观察。非参与式观察不要求研究人员参与到观察对象的活动中，不干预其变化发展，以局外人和旁观者的身份对观察对象进行观察。

参与式观察的优点是：研究者观察时可以不暴露自己的研究者身份，使观察处于秘密的状态；由于研究者进入研究现场，参与观察对象的活动，研究者对观察对象的活动有比较深入的体验和理解，有助于理解观察对象背后的心理活动和动机，使观察比较深入。但如果参与式观察中研究者表明身份和研究目的，有可能会对观察对象产生影响，而产生某种有意隐瞒或有意夸张的情况，使观察的客观性受到影响。非参与式观察相比之下就比较客观，但不易进行深入研究。如幼儿园教师观察幼儿在游戏中的表现，根据观察目的的不同，教师既可以采用参与式观察，也可以采用非参与式观察。

四、结构式观察与非结构式观察

根据观察内容、项目的结构化程度，教育观察可分为结构式观察与非结构式观察。结构式观察有明确的目标、问题和范围，有详细的观察计划、步骤，对观察内容、项目进行严格的设计，有具体翔实的观察记录表。结构式观察常用于对研究对象有较充分了解的情况下，观察记录的结果可进行量化处理。非结构式观察则对研究问题的范围、目标采取弹性态度，不对观察内容、项目与观察步骤预先进行严格的设计，也没有具体的观察记录要求，比较灵活、机动，能够抓住观察过程中的偶发现象而不必受设计框架的限制，多用于探索性研究，但难以对观察记录的结果进行量化处理。

五、定量观察与定性观察

根据对观察记录的处理方式，教育观察可分为定量观察和定性观察。定量观察是指为获得可靠的数据而将所有观察程序标准化。[1]它通常将观察谁、观察什么、什么时间观察、在哪里观察、如何观察等进行标准化，会产生定量数据，例如频数或频率、百分比。定性观察即未提前确定具体要观察什么，所以要观察所有潜在相关的现象并做大量的田野笔记。[2]定量观察往往应用于验证性的目的，检验假设；而定性观察多应用于探索性的目的，并且一般在自然环境中进行。

在应用教育观察法时，需要根据研究对象的特点和研究选题，选择适宜的观察方式。

第三节 教育观察研究的实施程序

教育观察研究一般包括四个步骤：①界定研究问题，明确观察的目的和意义；②制订观察计划，做好观察准备，如准备观察工具，设计、打印观察记录表等；③进入观察场所，获得被观察对象的信任，实施观察，搜集、记录资料；④分析资料，得出研究结论并撰写观察报告。

一、界定研究问题，明确观察目的和意义

这是教育观察研究的第一个环节，即对所要解决的问题、所要获取的资料有预先明确的界定，并对所要观察的问题或变量做出明确的操作性定义。研究问题和观察目的回答了教育观察"观察什么"和"为什么观察"两个问题。只有明确界定研究问题和观察目的，才能对整个观察进行设计。

---

[1] 伯克·约翰逊，拉里·克里斯滕森. 教育研究——定量、定性和混合方法[M]. 4版. 马健生，等译. 重庆：重庆大学出版社，2015：191.

[2] 伯克·约翰逊，拉里·克里斯滕森. 教育研究——定量、定性和混合方法[M]. 4版. 马健生，等译. 重庆：重庆大学出版社，2015：192.

为了明确观察目的，应进行大致的调查和试探性观察。了解观察对象的特点，掌握一些基本情况，以便确定通过观察需要获得什么资料、理清哪些问题，然后确定观察范围，选定观察重点，具体设计观察的步骤，以利于正式观察时进行系统的资料收集。在这一阶段，研究者应广泛搜集有关文献资料，并对文献进行阅读分析，还可以向相关领域的专家进行咨询。

二、制订观察计划，做好观察准备

界定了研究问题和观察目的，收集了有关观察对象的材料，并进行试探性观察后，研究者还必须制订一份详尽的、可操作的观察计划，才能使观察有计划、有步骤、全面、系统地进行。观察计划一般包括如下内容。

（一）观察题目

观察题目即确定观察研究的课题名称，通过题目阐明想要探索和解决的问题。

（二）观察对象、观察时间和观察地点

观察对象包括观察对象的总体和研究者确定的总体范围内重点观察对象的数量，应根据研究任务、观察目的以及研究条件来综合考虑，确定具体的观察对象，以保证观察对象的代表性。确定观察对象的同时，还应明确观察的时间和地点。

一般而言，在观察预备期内，观察者最好在正式观察前和观察对象相互熟悉，对其情况有大致了解，等观察对象对观察者的陌生感消失后，才开始进行正式的观察。预备期的时间长短根据实际观察情况而定，一般半天或十几分钟不等。安排观察预备期除了可以消除观察对象的陌生感，还可以了解观察对象的情况，选择典型的观察对象，这样研究结论才具有普适性，更有研究价值和推广意义。

（三）观察提纲

编制观察提纲指观察者拟定观察的具体项目，分解观察的具体项目，理清观察思路。观察提纲能够增强观察的针对性，提高观察研究的科学性和有效性。一般来说，观察提纲至少应该回答如下六个方面的问题：①Who——有谁在场？多少人在场？在场人的角色、身份、地位是什么？②What——发生了什么事情？在场的人有什么行为表现？其语言、语调和形体动作如何？③When——有关的行为或事件何时发生？持续多长时间？发生的频率如何？④Where——有关行为或事件在哪里发生的？地点有什么特点？地点与行为或事件的关联是什么？⑤How——事件是如何发生的？事件各方面的相互关系是什么？事件的特殊性体现在哪里？⑥Why——事件或行为为什么会发生？行为的目的、动机和态度是什么？

为了观察记录和材料整理的方便，有的研究者在观察提纲之外还设计一份观察表格，在观察现场按照项目进行填写，观察表格的项目不宜过多，以十个以下为宜，尽量

按照某种逻辑顺序合理排列，表格项目的答案确定且没有歧义。比如，教师在记录儿童课堂行为表现时可以设计一个观察记录表，见表 4-2。

表 4-2　儿童课堂行为活动记录表

儿童编码	活动行为						
	心不在焉	摆弄物品	低头	交头接耳	随意走动	睡觉	其他
1							
2							
3							
……							

（四）观察记录方法

记录在观察中占有十分重要的位置，直接关系到观察结果的准确性和研究的有效性，一般来说，记录观察材料有四种方法。

1. 连续记录法

观察者用笔在观察现场做连续记录，也可以用录音机、摄像机将观察到的情况摄录下来，再转记到笔记本上。

2. 行为核对记录法

观察者将所要观察的研究项目预先制成表格（行为检核记录法），一旦观察对象出现某一行为，就在表格的相应框格内打上记号，记录行为出现的次数。

3. 符号记录法

在对某种活动或事件进行连续观察、记录时，因涉及的对象多，用言语记录比较困难，可用预先规定好的符号系统进行记录，提高记录的效率，如速记法。

4. 等级评定法

观察者对观察对象的特质和行为评定等级，在预先打印好的表格上画圈或用其他方式统一标记。比如，上课时研究对象回答问题的情况，可以分为从不、很少、有时、经常、总是五个等级，根据其实际表现选择其中一个等级。但是，等级评定法需要明确说明不同等级的划分标准，以便于不同观察者记录的观察结果具有一致性，不会因各人对等级标准的理解差异带来记录的差异。

（五）观察次数

观察者根据研究目的、精确度要求和观察对象本身的复杂程度确定观察的次数，选择一次性观察或重复性观察。根据研究需要，还可以由多名观察者对某一观察对象各做一次观察，以相互验证，增强观察材料的可信度。

(六)观察类型

根据研究目的,选择适宜的观察类型。如某观察者欲考察教师对学生期望值的高低与师生关系之间的相关性,观察者可采用非参与式、非结构式观察,每天用一个小时的时间去教室随机观察师生互动行为,并根据实际情况灵活记录观察结果。

(七)观察的组织、分工

对比较复杂的观察任务应该进行人员分工,以小组的形式分别进行观察。应明确小组内每个成员的具体任务。小组内宜采用统一的记录方式或使用同一观察记录表,以利于观察材料的后期整理与分析。

编制好观察计划后,还应根据观察计划做好相关准备,如对观察者进行培训、印制观察记录表格、检查和安装观察仪器等。

三、实施观察,搜集、记录资料

准备工作就绪以后,就可以开始实施观察。观察者获准进入教育现场以后,应选择最佳的观察角度,使观察对象处于自然状态下。根据观察目的,把注意力集中到能获得有价值材料的重要因素上,提高观察效率。要保证观察顺利进行,提高观察研究的准确性,观察者在观察时应注意以下事项。

(一)合理放置观察工具,选择最佳观察位置

在观察前应填好记录表格的常规部分,并对观察对象进行编码,同时应熟悉编码对应的观察对象,以便准确记录,这样有利于对观察对象进行个别性分析。同时将记录的纸笔、表格和器材放在方便取放的位置,以提高观察的效率。

在观察时,观察者选择最佳观察位置,保证最佳视野,同时不要影响被观察者的常态,保证观察的效果。在选择位置时,要注意两个因素:方位和距离。合适的方位是指观察者要面对观察对象,如果背对或侧对,就难以观察到被观察者的行为和表情。在观察的过程中,观察者要适当调整观察位置,保持合适的观察距离。

(二)与观察对象建立良好的关系

观察者如果突然闯入观察对象的视线,会使观察对象紧张或激发其表现欲,使其表现出不自然的行为。观察者可如实向观察对象说明观察目的,并保证不做出任何对观察对象不利的事情。安排观察预备期,以消除观察对象对观察者的陌生感;遵从观察对象的生活习惯和生活方式,热情帮助观察对象。良好的关系有利于保持观察对象的正常状态,为研究提供真实的材料。

(三)抓住引起各种现象的原因

每一种现象的出现,都要尽可能找到引起该现象出现的原因,使获得的观察材料具

有科研价值。因此，在观察过程中，观察要与分析研究相结合，通俗地说，即一边观察一边思考。在作记录时，观察者可以把自己头脑中闪现的意见、推论等记录下来，但是要用一些符号将它们同严格的观察记录区分开。因为这样的意见对于观察资料的分析可能会有一些帮助。对特殊情况的出现要做充分的思想准备，对于一些突发状况，观察者应忠实地进行记录。

（四）坚持观察的目的性和计划性

观察应尽量按计划进行，不要轻易更换观察的重点或超出原定的观察范围，致使收集的资料偏离原定的观察目的。如果原定计划确实不妥，或观察现象有所变更，则应按计划中的应变措施或实际的变化情况随机应变，力求妥善地完成原定任务，尽可能取得最好的研究成果。

（五）适当记录观察思考

如果观察的现象引发了自己的思考，或对观察结果有看法，观察者可以言简意赅地在观察记录的旁边注明，这种记录在对资料进行分析时可以提供有意义的分析角度和观点。

正式观察时，观察者应尽可能避免与观察对象直接交流意见或参与活动。对观察对象的表现不做赞同或否定的评价，不影响观察对象的自然行为表现，保持观察对象的日常状态，只有这样才有可能观察到观察对象真实的行为表现。观察时，全面观察与重点观察相结合，在观察中要辨别重要的和次要的因素。同时，如实记录观察对象的行为表现和反应，不要掺杂个人的任何成见或偏见，更不要把个人主观的推测和客观的事实相混淆，这样观察所得到的材料才是真实可靠的。

为了增加观察的客观性，可以利用仪器进行观察，或者采取几个人同时观察一个研究对象并同时记录，观察结束后互相核对的方法来提高客观性。为了便于衡量和评价观察对象，使观察结果核对、比较、统计和综合时有所依据，必须全面考虑观察时可能涉及的各种因素，对每一个因素制订统一的标准和记录方法。如果是多人同时进行观察记录，还需要对观察项目的操作性定义进行统一培训。观察者对观察项目的操作性定义要有一致的认知，才能保证观察记录客观、准确。

四、分析资料，得出研究结论

观察结束后，观察者及时整理资料，利用统计技术对大量分散的资料进行汇总、加工，删除错误资料，对典型资料进行分析。整理、分析资料要符合以下基本要求：①正确。详细检查记录的所有资料，看分类是否恰当；如有遗漏，及时纠正，对反映特殊情况的资料另行处理。②完整。整理观察记录后，若发现所需资料没有搜集齐全，可以延长观察时间继续观察或增加观察次数，直到资料齐全为止。③有序。如果观察记录的资料数量少，按观察记录的时间顺序存放即可；如果观察记录的项目多、资料数量多，最好分类存放以便查阅。④明晰。记录的资料整理后，需要加以说明的事项应该及时说明，以免时间久了忘记或产生疑问。

案例 4-1

"学生应答分析"课堂观察[①]

做好课堂观察，各个观察点都根据其内容设计了不同的观察工具。以"学生应答分析"为例。学生应答不仅能够反映学生的学习主动性等方面的学习习惯，而且能体现学生对知识的掌握和理解程度，进而反映教师的教学效果。学生的应答情况可以从学生的回答方式、回答类型和回答的主动性上进行观察。由此，采用定量和定性相结合的方式，根据整个课堂教学的四个阶段设计观察表。

"学生应答分析"观察表

教学环节		学生回答方式			学生回答类型					学生回答主动性		
		个别回答	集体回答	讨论后汇报	无回答	机械判断	认知记忆性回答	推理性回答	创造评价性回答	举手回答	未举手回答	倾听后主动补充式回答
复习引入	频次											
	要点记录											
实验设计	频次											
	要点记录											
实验实施	频次											
	要点记录											
归纳总结	频次											
	要点记录											
统计	频次											
	百分比											

进入课堂现场后，各教师根据自己的观察点进行有侧重的观察。以 C 教师负责的"学生应答分析"这一观察点为例，教师利用录音和笔录相结合的方式，对课堂状况进行观察，观察结果为：从回答方式来看，个别回答 4 次，集体回答 15 次，讨论后汇报 5 次；从回答类型来看，认知记忆性

[①] 费伦猛. 课堂观察渐进分析模型：内涵、特征与实施策略[J]. 教育理论与实践, 2021, (2): 51-54.

回答 13 次，推理性回答 5 次，创造评价性回答 6 次；从回答主动性来看，9 人教师点名回答问题，没有学生在认真倾听同学应答问题后主动进行补充式回答。

上课观察完毕后，紧接着是评课环节。评课分为三部分：一是上课教师自评；二是课堂观察共同体进行观察汇报与交流；三是针对观察和讨论，提出相应的建议。C 教师在自我评价的时候，反思自己在教学中有些问题问得比较模糊，导致无人主动举手应答。如提问"推断非金属性的强弱我们又从哪些方面推断呢"时，学生无主动应答，其原因是不清楚教师指的"哪些方面"，是从结构方面来推断呢？还是从实验的结果方面？经教师进一步引导后，学生才做出合适应答。

经过讨论分析得出：C 教师能够运用多种形式的提问方式，促使学生积极主动地参与问题的回答；大部分问题的难易程度适合学生的认知水平，且做到了提问由浅入深；学生回答问题的积极性较高，能够独立思考、主动发言。存在的问题主要有：教师的提问方式有时候过于笼统不够明确，使学生难以理解和作答；教师给学生留的问题思考的时间有些短，尤其是对于创造性评价问题的回答，学生给出的答案不够全面；学生更乐于回答认知记忆性的问题，对创造评价性问题的回答欠踊跃；学生在倾听同学应答问题过程中积极主动反思方面有待加强。总之，学生积极思考问题的能力还有待提升。

需要注意的是，课堂观察需对整个观察流程的资料进行整理，最终形成课堂观察报告。报告包括两部分：一部分是实录，即各次会议的记录及录音、录像等。另一部分是研究报告，即对收集到的材料加以系统的整理，形成书面汇报材料。翔实、系统的整理便于发现教师的成长变化，得出更让人信服的结论。

科学观察不仅仅是被动地搜集事实，更重要的是对事实进行分析研究，找出各种教育现象间的相互联系，得出观察研究的结论并解释结论。按照观察对象的本来面目提出问题，高质量地进行分析，在不断的分析研究中把观察引向更深的层次，如此循环往复，才能得到高质量的观察结论或者从中引出新的研究课题。如果研究者在研究中运用的是定量观察，则对材料进行量化分析；如果研究者在研究中运用的是定性观察，则对材料进行质性分析。

五、撰写观察报告

研究者在分析观察材料的基础上提出自己的认识，把观察材料与其他研究方法获得的资料相结合，写出具有一定理论水平的观察研究报告。

在进行教育观察时，研究者需要做好预案，以应对观察过程中可能出现的突发状况，顺利进行教育观察研究。

第四节　教育观察研究的记录方法

根据观察记录方式的不同，教育观察的记录方法可以分为三类：描述记录法、取样记录法和行为检核记录法。

一、描述记录法

描述记录法是对观察对象的整体进行全面的观察记录或仅针对某一方面进行观察记录的方法。特点是随着行为事件的发生，观察者要作详细的观察记录。描述记录法包括日记描述记录法、轶事描述记录法和连续记录法。

（一）日记描述记录法

日记描述记录法（也称日记描述法，见真题）是一种研究儿童行为的古老方法，研究者要在较长的时间里，对同一个或同一组儿童的行为进行追踪观察，持续地记录变化，记录其新的发展和新的行为。这种纵向的观察描述主要用于研究儿童的成长和发展，所以日记描述记录法又被称为"儿童传记法"。

最早使用日记描述记录法研究儿童成长和发展的教育家是裴斯泰洛齐。他跟踪观察他的儿子三年，根据观察记录儿子的各方面发展，于1774年出版了《一个父亲的日记》。达尔文也通过观察儿子，记叙了他的行为和发展，于1876年出版了《一个婴儿的传略》。1882年，德国心理学家普莱尔（W. T. Preyer）所著的世界上第一本儿童心理学教科书《儿童心理》，就是在他对儿子所做的科学而又详细的日记的基础上写成的。

1920年，我国著名的教育家陈鹤琴以其长子为研究对象，从他出生时起，就对他的动作、能力、情绪、语言、游戏、学习等方面的身心发展变化和各种刺激反应进行了观察和实验，共808天，并以日记的方式做了详细的文字记录。

陈鹤琴还采用了摄影记录的方法，这与美国儿童心理学家格塞尔（A. Gesell）当时采用电影摄影法进行纵向追踪研究的方法类似。最后陈鹤琴将记录结果对照西方儿童心理学家的研究成果写进了《儿童心理之研究》。

日记描述记录法一般有两种类型，一种是综合性日记，记录儿童各方面发展过程中具有里程碑意义的动作或行为；另一种是主题日记，主要记录儿童语言、认知、社会情绪等某个特定方面的新进展。

日记描述记录法方便易行，通过长期的详细记录，了解儿童发展的确切次序和行为的连续性，记录的材料相对真实可靠，常用于长期跟踪观察和个案研究，有利于对行为进行定性分析。但也具有一定的局限性，日记描述记录法往往是对个别和少数对象的日常观察，大多是以自己的孩子为观察对象，观察对象的代表性容易受到质疑，观察者难以做出有意义的概括，研究结果很难推广，而且它要求观察者与观察对象之间具有较为密切的关系，能与观察对象经常性接触，一般是其父母或家庭成员。正因为这层情感上的特殊联系，观察者在记录时往往带有比较浓厚的感情色彩或主观偏向。此外，日记记录需要观察者花费大量的精力和时间，持之以恒，很多人可能很难做到这一点。

（二）轶事描述记录法

轶事描述记录法是教师常用的一种观察记录方法，是着重记录某种有价值的可表现儿童个性或某方面发展的行为事件或独特事件的一种观察记录方法。轶事描述记录法是一种非正式观察，教师常用此方法进行教学研究和研究资料的积累，在教学中发生的有价值的事件，教师可在教学活动结束后进行记录。轶事描述记录法简单方便，没有特殊的技术要求，只需要在发现值得记录的行为和轶事时及时记录下来。记录时要求准确，如实反映情况，不加入主观解释或者把主观判断和解释与客观事实区分开来。

轶事描述记录法以记事为主，记录某种有价值的行为，可以有主题，也可以无主题。随时记录感兴趣的问题，所获得的资料真实可靠且典型，有长期保留和反复研究的价值，不受任何时间和条件的限制，事先也不需要作特别的编码分类。局限性在于不是现场记录，而是根据事后回忆进行记录，因此，回忆记录的内容有时不一定完全准确。

教师用轶事描述记录法观察，可以提升教师的观察能力，帮助教师考查学生的行为特点，了解学生的个性特征，了解学生是如何与周围事物发生作用的，更深入地站在学生的角度了解他们是如何认识世界的，以便日后归纳分析，探索和揭示学生发展和教育的规律，从而有针对性地采取教育措施，促进学生发展。

（三）连续记录法

连续记录法又称"实况详录法"，就是观察者不加选择地把观察对象的所有行为细节都记录下来，对这些行为进行客观的描述，而观察者的主观推测、解释和评价则悬置一旁。这种观察记录法由于对记录要求比较高，观察者运用纸笔的手写记录可能不够理想，所以可以利用摄像手段进行辅助观察。连续记录法虽然在质的研究中用得较多，但也可以在量的研究中使用，其区别在于对所收集的资料是进行质性分析还是量化分析。

连续记录法的资料可以长久保存，具有多种用途，经济而有效。研究者可以根据研究的需要，分析观察过程中各个角度的问题，并研究与这些具体行为和问题有关的背景。如苏联巴甫雷什中学校长瓦·亚·苏霍姆林斯基（В. А. Сухомлинский），在30余年的工作中善于观察，不断进行研究和积累，写了40多本教育专著、600多篇论文和1000多篇供学生阅读的文艺作品。他追踪研究了1000多名学生，著作中大量生动活泼的事例均来自观察，其论著被誉为"活的教育学""学校生活的百科全书"。

连续记录法能提供详尽的事件经过及其发生的背景资料，记录的资料系统、完整，并可长久保留，供研究者反复观察、研究使用，运用较为灵活机动。局限性在于对观察者的要求非常高，人工记录难度较大，用现代化的工具记录代价较大，且记录和整理资料费时较多。

二、取样记录法

取样记录法是指对观察现象的场景、时间、人、活动等因素进行取样，对样本进行观察的方法。取样记录法更多地运用于对儿童的观察记录进行量化研究。教育研究中经常使用的取样记录法有时间取样记录法和事件取样记录法。

（一）时间取样记录法

1. 含义

时间取样记录法是指以一定的时间间隔为取样标准来观察和记录预先确定的行为是否出现以及出现次数的观察记录法。它是在对行为进行编码的基础上，记录行为是否出现以及出现频率和持续时间。观察者在规定的时间内，按照特定的时间段观察预先确定好的行为，或者按照预先规定好的行为分类系统将行为和事件进行分类，通过分类将行为和事件转化为可以数量化的材料。

观察对象的行为必须具备两个条件才能运用时间取样记录法：一是所观察的行为必须经常出现，频度较高；二是所观察的行为必须是外显的容易被观察到的行为。因此，时间取样记录法比较适合观察出现频率比较高的、外显的行为和事件，只有出现频率高的事件才能保证在取样时间内能观察到相关的行为和事件，观察记录结果才具有一定的客观性，并能反映一个行为在某一段时间内的发展状况。

2. 时间取样记录法的优点和局限

时间取样记录法的优点主要体现在：①控制性，研究者对所观察的行为或事件有较强的控制，能较明确地确定观察的内容和时间；②定量性，能够收集到关于行为频率的资料，所获得的资料容易进行量化分析；③省时省力，观察过程和资料分析过程较为简单，能够在较短的时间内收集到具有代表性的资料；④准确客观，由于观察具有一定的控制性，一定程度上可以摆脱观察者的主观选择性和主观判断，观察到的行为具有一定的准确性和客观性。

时间取样记录法也存在一定的局限，具体表现在两个方面：①该方法要预先确定行为的操作性定义或给行为进行分类，因而观察记录无法涉及行为的具体情境，割裂了行为与其背景的关系，忽略行为的起因、性质等线索，无法获取有关行为因果关系的资料；②该方法通常把大的行为分解为小的成分，使观察集中于特定的行为，不能确定行为之间的联系，看不到观察对象的行为的整体表现。

3. 运用和实施

运用时间取样记录法，首先要确定观察时间的单位，要求在选定的时间段内按一定的时间间隔进行观察。例如上午 10~11 点 1 个小时内，每隔 6 分钟观察儿童的行为或者对他们的行为进行分类。其次，要预先规定所要观察行为的详细的操作性定义或对行为进行分类。所谓操作性定义就是对必须观察和测定的行为或活动给予详细的说明、规定，操作性定义是确定一个行为或现象的观察和测量记录的客观标准。观察者在开始观察前，必须熟记操作性定义和行为分类标准以及各种行为的编码（用英文字母、拼音字母或数字进行编码），以便迅速有效地对观察到的行为进行判断和记录。

经典的时间取样记录法的运用是美国研究者帕顿（M. B. Parten）于1926—1927年进行的有关学前儿童在游戏中的社会参与性行为研究。她首先把儿童参与社会性群体活动的行为分为无所事事、旁观、单独游戏、平行游戏、联合游戏、合作游戏六类，并明确了每一类行为的操作性定义。

无所事事：幼儿未参加任何游戏活动或社会交往，只是随意观望引起其兴趣的活动。例如，没有可观望的，就玩弄自己的身体，走来走去，跟随老师，或站在一边四处张望。

旁观：幼儿基本上是观看别的孩子游戏，可能和那些孩子说几句话、问几个问题，或提某种建议，但不参与游戏。始终站在离那些孩子较近的地方，所以可听见他们说话，了解他们玩的情况。与无所事事的幼儿的区别是，旁观的幼儿对某一组（或几组）同伴的活动有固定的兴趣，不像前者对所有组均无特别兴趣，一直处于游离状态。

单独游戏：幼儿单独游戏，在近处有其他幼儿在用不同玩具游戏，但幼儿不作任何努力来设法接近他人或与别人说话，只专注于自己的活动，不受别人影响。

平行游戏：尽管有别的幼儿在旁边用同样的玩具玩游戏，幼儿却单独玩游戏。不影响别人，也不受别人影响。因而，他们只是各自玩而不是一起玩。

联合游戏：幼儿与其他孩子一起玩，分享玩具和设备，相互追随，有控制别人的企图，但并不强烈。幼儿们从事相似的活动，但无组织和分工，每人做自己想做的事，而不把兴趣放在小组活动上。

合作游戏：幼儿在为某种目的而组织起来的小组里游戏，如用某种材料编织东西、竞赛、玩游戏等。具有"我们"的概念，知道谁属于哪一组。有一两个领头者左右着小组活动的方向，所以要求角色分工，并相互帮助，支持这种分工角色的执行。

其后，帕顿选择幼儿的自由游戏时间来观察幼儿的社会性参与行为，对每个幼儿每次观察1分钟，根据操作性定义检验或判断幼儿从事的是哪一类社会性参与行为，然后记录到如表4-3所示的记录表中。

表4-3　儿童社会性参与活动观察记录表

儿童代码	活动类型					
	无所事事	旁观	单独游戏	平行游戏	联合游戏	合作游戏
1						
2						
3						
4						
……						

综上所述，时间取样记录法适宜对出现频率比较高的行为进行观察记录，记录步骤如下：①确定观察目的、观察内容及观察对象的数量和范围。②确定观察时间、时间间

隔、观察次数等。③确定观察对象的行为类型并对其分类，做详细的操作性定义、编码。④确定一个行为或现象的观测指标，设计观察记录表。⑤制订观察实施的详细计划并按计划进行观察记录。⑥整理收集的观察记录材料并进行分析，得出研究结论。

在进行观察记录时根据情况选择记录形式（例如打"√"、写正字、记数字等），同时注意取样设计的三个指标：①规定时间内某种行为是否出现以及出现的种类；②规定时间内行为发生的频率；③规定时间内行为的持续时间。

（二）事件取样记录法

1. 含义

事件取样记录法是指以选取行为或事件作为观察样本的观察取样法。与时间取样记录法不同，事件取样记录法的测量单位是行为事件本身，而不需要受时间间隔或时段的限制，只要行为或事件一出现就开始记录，并且可以随着事件的发展持续记录。事件取样记录法注重的是行为事件的特点、性质，能完整记录事件发生的过程，并记录背景因素，用来分析事件发生的原因。

2. 事件取样记录法的优缺点

和时间取样记录法相比，事件取样记录法具有如下优点：①关注到行为或事件发生的背景和环境，不再限定于孤立的单一行为，可以了解行为的连续性和完整性，有助于分析可能存在的因果关系。②观察更集中，资料更压缩。因为观察者要预先选择所要观察的行为易发生的场合进行观察，观察记录很有针对性。③由于没有特别限制的条件，因而适用范围更广泛。

事件取样记录法不可避免地有一定的局限性，比如收集的资料不容易直接进行量化分析，并且缺乏测量的稳定性。因为不论何时何地，只要行为事件发生就记录，有可能观察到的现象在不同情境下具有异质性，所以观察者要注意分析事件发生的情境或背景。

3. 运用和实施

运用事件取样记录法，也需要预先确定观察的目标行为，并对目标行为进行操作性定义或分类。然后了解这类行为或事件的一般状况，预先考虑观察要记录的内容，选择有利的和恰当的场合和时间进行观察。例如，研究者要对儿童的攻击性行为进行研究，就可以在自然情境下运用事件取样记录法进行观察记录。首先研究者要对"攻击性行为"下操作性定义，然后要根据研究目的，预先考虑观察记录所需的内容，如攻击性行为发生时的情境、各种攻击性行为的类型、攻击性行为持续的时间、行为结果及攻击性行为出现后教师的处理方式等，要求尽可能记录幼儿之间真实的谈话。观察者在观察现场等待攻击性行为事件的发生。事件取样记录法从事件发生开始记录，持续到事件结束。

美国研究者道（H. C. Dawe）为我们提供了在量的研究中运用事件取样记录法的著名实例。他选择保育学校中幼儿的争执事件为观察目标，观察对象为 25～60 个月的幼儿（女生 19 人、男生 21 人），在儿童自由活动的时间内，观察自发的争执事件，并进行描述与记录。研究者事先制订好观察记录表（表 4-4），以便迅速完整地记录事件情况。然后等待争执事件发生，一旦发生便开始用秒表计时，并观察与记录事件的进行情况。研究者经过 58 个小时的观察，共记录了 200 例争执事件，平均每小时 3.4 次，其中 68 件发生于室外，132 件在室内，13 件持续 1 分钟以上。通过对观察数据进行分析，发现男孩之间的争执多于女孩；年龄相差大的孩子之间比年龄相仿者多争执；随着年龄的增长，争执事件减少，但侵犯性增强。导致争执发生的原因在于对占有物品的不同意见。大多数争执自行平息，恢复较快，无表现愤恨的情绪。

表 4-4　儿童争执事件记录表

儿童代码	年龄	性别	争执持续时间	发生背景	行为性质	做什么说什么	结果	影响
1								
2								
3								
……								

相比之下，事件取样记录法的记录方法比较灵活，既可以按照时间取样记录法的行为分类系统，采用叙述性的记录方法，也可以把这两种方法结合起来。因此，在质的研究中也可以采用事件取样记录法来收集数据，只是在收集和分析观察数据时不再使用量化统计的方式。

三、行为检核记录法

行为检核记录法（也称行为核查记录法、行为检查记录法，见真题）被称为查核清单法，是指研究者将要观察的行为项目排列成清单式的表格，并在每一行为项目旁边提供是否出现的选项，然后在现场观察时，检查核对这些行为是否出现的一种观察记录方法。

行为检核记录法只判断行为是否出现，不提供行为性质的材料。行为检核记录法中的项目可以是有关观察对象自身各方面情况或环境情况的项目，如年龄、性别、种族、父母工作单位、父母受教育情况、学校环境特点、时间等；也可以是关于某些方面的动作行为的类别，如友好行为、依赖行为、合作行为、分享行为、独占行为。制订观察表格之前需要明确行为的具体类型，把这些具体行为分类列在表格里。使用前要先制订行为检核记录表，再进行观察记录。观察者可以在规定的一段时间内观察观察对象的有关行为。在该时间段内，只要行为检核记录表中的某些行为出现就做记录。

行为检核记录法可以与多种方法，如调查、测试、时间取样记录法等联合使用。由于行为检核记录法需要事先考虑或准备，所以观察时目的明确，便于收集研究者希望得到的信息，方便易行，节省时间。但是，行为检核记录法不保留原始的观察实况，缺乏对观察对象行为的具体过程和背景资料的详细考察，研究者要根据自己的观察目的适当选用。

教育研究中无论采用何种观察记录方法，都要根据研究问题的性质、研究目的、研究内容、地点、时间以及使用工具等加以灵活选择。要根据研究的特点选择观察方法，观察方法是为研究服务的。

本章小结

教育观察法是教育研究中最基本、最常用的研究方法。教育观察法是属于科学的观察，具有明确的观察目的。教育观察研究的记录方法包括描述记录法、取样记录法和行为检核记录法。在教育观察法应用过程中，要根据观察目的进行有针对性的观察，时刻反思自己的观察过程，保证观察的客观性。

教学建议

根据不同观察目的，选择观察记录法，分小组制订观察计划。各小组在课堂中进行汇报，重点汇报自己制订观察计划的详细思考过程。

练习·思考

1. 简述教育观察法的优缺点。
2. 自选一个研究主题，选择适宜的观察记录法进行观察记录。

以下为教育学专业研究生入学考试 311 综合相关真题

3. 简述参与式观察的优缺点。
4. 教育观察研究实施的程序包括哪几个方面？
5. 单选题。

（1）在非结构参与式观察研究中，最适宜采用的记录方法是（　　）。

  A. 事件取样记录法   B. 日记描述记录法
  C. 时间取样记录法   D. 行为检核记录法

（2）某研究者欲考察教师对学生期望值的高低与师生关系之间的相关性，他每天用一小时的时间去教室随机观察师生互动行为，并根据实际情况灵活记录观察结果。这种观察是（　　）。

  A. 参与式、结构式观察   B. 参与式、非结构式观察
  C. 非参与式、结构式观察   D. 非参与式、非结构式观察

（3）便于进行定量分析和比较研究的观察类型是（　　）。

  A. 全结构式观察   B. 准结构式观察
  C. 半结构式观察   D. 非结构式观察

（4）某研究者为了研究课堂教学过程中的师生交往活动，到某小学开展了分时段分项目课程教学的系统观察。这种观察属于（　　）。

  A. 参与性、结构式观察   B. 参与性、非结构式观察

C. 非参与性、结构式观察　　　　　D. 非参与性、非结构式观察

（5）受身心发展水平的制约，幼儿的语言表达能力和理解能力较弱，行为随意性强，自我控制水平低。在对其进行研究时，较适宜采用（　　）。

A. 实验法　　　　B. 访谈法　　　　C. 观察法　　　　D. 问卷法

（6）下列教育家中最早使用日记描述法研究儿童成长和发展的是（　　）。

A. 夸美纽斯　　　B. 裴斯泰洛齐　　C. 赫尔巴特　　　D. 拉伊

（7）某校"小学生自主学习策略"研究小组成员依据"小学生自主学习课堂观察记录表"，互相观摩课堂教学，开展课堂观察研究。这属于（　　）。

A. 半参与性、结构式观察　　　　　B. 半参与性、非结构式观察
C. 非参与性、结构式观察　　　　　D. 非参与式、非结构式观察

（8）某幼儿园教师欲对班上每个孩子的"幼儿园一日活动"参与情况（如滑滑梯、玩积木、做手工、看图书等）进行观察研究。他最适宜采用的记录方法是（　　）。

A. 事件取样记录法　　　　　　　　B. 行为检查记录法
C. 时间取样记录法　　　　　　　　D. 轶事描述记录法

（9）为全面研究课堂小组讨论状况，某研究者拟进行课堂观察。该研究者最适宜采用的观察记录方法是（　　）。

A. 时间取样记录法　　　　　　　　B. 行为核查记录法
C. 事件取样记录法　　　　　　　　D. 轶事描述记录法

（10）观察法作为一种常用的研究方法，也存在一些局限，其中直接观察法的局限在于（　　）。

A. 不易收集非语言行为　　　　　　B. 不便于在自然情境下进行
C. 不利于纵向分析　　　　　　　　D. 不适合大规模的研究

第五章

教育调查法

学习目标

- 掌握教育调查法的含义及其特点；
- 了解教育调查的类型；
- 掌握教育调查法的步骤；
- 了解问卷的结构，掌握问卷设计的方法；
- 会用网络问卷（在线问卷）进行调查；
- 理解问卷调查与访谈调查的优缺点；
- 掌握访谈调查法的基本程序。

知识导图

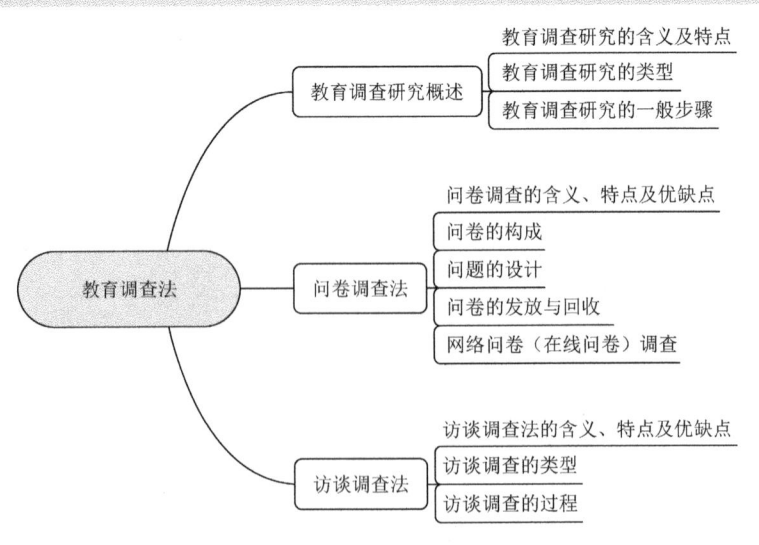

教育调查法
- 教育调查研究概述
  - 教育调查研究的含义及特点
  - 教育调查研究的类型
  - 教育调查研究的一般步骤
- 问卷调查法
  - 问卷调查的含义、特点及优缺点
  - 问卷的构成
  - 问题的设计
  - 问卷的发放与回收
  - 网络问卷（在线问卷）调查
- 访谈调查法
  - 访谈调查法的含义、特点及优缺点
  - 访谈调查的类型
  - 访谈调查的过程

在教育研究中，要全面地了解研究对象的现状、感受与看法，可以采用调查法来搜集信息。本章从教育调查法的内涵出发，重点讨论了问卷调查和访谈调查这两种方式，这两种方式各自独立又相互补充，在实际研究中经常被结合起来综合运用。

第一节　教育调查研究概述

教育调查研究是教育研究中使用较为广泛的一种基本研究方法，多用于搜集那些无法直接通过观察获得的信息和资料。要想高效地开展教育调查研究，就必须明确什么是教育调查研究、教育调查研究有哪些类型以及如何运用教育调查研究。

一、教育调查研究的含义及特点

（一）教育调查研究的含义

教育调查研究是指在一定的教育理论指导下，针对特定的教育问题，通过访谈、问卷、测验等方法手段，在自然状态下有目的、有计划、系统地搜集教育问题的资料，进而科学地分析、认识教育的现状，并提出具体工作建议的一整套研究活动。

（二）教育调查研究的特点

教育调查研究同其他研究方法相比，具有以下几个显著特点。

（1）间接性。与借助感官或仪器直接感知研究对象行为本身的观察法不同，教育调查研究是通过向调查对象开展问卷或进行访谈来间接地搜集资料。因此，对于那些不能完全通过直接观察得到的资料，采用教育调查研究更容易获得，如研究大学生的价值观等。

（2）广泛性。教育调查研究不受时空等条件的限制，适用于教育教学领域中不同类型的教育问题的研究，涉及范围广，具有广泛性，如学生学习情况、教师教学情况、家长对学校教育的满意度等都可以运用教育调查研究。

（3）多样性。在研究方式上，可以通过访谈、问卷、测量、调查表等方式获得关于研究对象的科学事实，具有多样性。

（4）自然性。不同于实验研究需要严格地控制实验的对象，教育调查研究能在自然状态下主动获取研究资料，比较简便易行，不受实验控制条件的限制，如通过访谈来研究大学生在英语课堂中的学习方法。

二、教育调查研究的类型

根据不同的分类标准，可以将教育调查研究划分为不同的类型，以下是几种比较常见的划分方式。

（一）按调查对象的选择范围划分

1. 普遍调查

普遍调查又称全面调查，是指对所有研究对象的调查。其优点是调查的范围广，对象多，搜集的资料较全面、准确，具有普遍性。但开展调查的工作量也较大，所需成本较高，耗时较长，而且所得资料通常是基本情况，有些问题无法深入了解。

2. 抽样调查

抽样调查是指从被调查的总体中抽取部分个体作为样本，以样本状况推断总体状况的调查。抽样调查的范围小，比较节省人力、财力和时间，且能够获得更加深入细致的材料，因此它在教育研究中被广泛运用。

3. 个案调查

个案调查是指对从被调查的总体中有意识地选择某个调查对象进行具体深入的调查与描述。它不要求调查对象具有典型意义，调查对象可以是单一个体，也可以是一个集体。

4. 典型调查

典型调查是指从被调查的总体中选择个别具有代表性的对象进行全面细致的调查。它要求调查对象具有典型意义，往往作为抽样调查的补充。

（二）按调查的目的划分

1. 现状调查

现状调查是指对某一教育现象或教育对象的现实情况的调查，如少年儿童心理健康状况的调查、大学生学习负担状况的调查、中学生社会成熟水平的调查等。此类调查的时间特征是"现在"或"当前"。此类调查主要用于把握现状，发现当前存在的问题并提出决策方案，通常由各级教育行政部门及教育研究单位承担，为制订政策和检查政策执行的结果而开展。

2. 相关调查

相关调查是指调查两种或两种以上教育现象是否相关及其相关程度、是否互为变量。目的是寻找某一教育现象的相关因素，以探索解决问题的办法。

3. 发展调查

发展调查是指对教育现象在一个较长时间内的特征变化进行调查，以找出其前后的变化与差异。

4. 预测调查

预测调查是指揭示某一教育现象随时间变化而表现出的特征和规律，从而推断未来某一时期教育发展的趋势与动向。致力于对某一时期教育发展的趋势和动向进行预测研究。比如，根据当前人口出生政策和教育政策，对未来十年办学结构与规模的预测与分析。

（三）按调查采用的手段划分

1. 调查表法

调查表法是指研究者通过向相关调查对象发放事先编好的各种调查表格来获取有关事实或数据资料的一种研究方法。

调查表法具有如下特点：①调查范围较广。调查对象多是某一教育群体或某一地区的教育现状。②偏重事实资料的搜集。包括某教育群体概况、发展现状等基本数据资料。③调查结果相对可靠。调查对象通常与研究者具有某种紧密的联系，有些甚至是上下级的关系，调查对象一般会依据实际情况填写，调查结果相对可靠。④调查表简明、便于统计。

2. 问卷法

问卷法是将研究者所关注的问题编制成问卷，根据调查对象对问题的回答，来搜集数据资料的调查方法。

3. 访谈法

访谈法是指研究者通过与调查对象面对面地以口头问答的形式来直接搜集客观资料的调查方法。

4. 测量法

测量法是指依据某种法则给事物属性赋予符号或数字，以获取研究数据并进行统计分析的方法。

三、教育调查研究的一般步骤

如上所述，调查研究包括表格、问卷、访谈、测量等多种具体的方式，各种方式的实施过程虽然各有侧重，但一般都包括以下步骤。

（一）确定调查课题

明确所要解决的问题，根据研究课题的性质和目的，确定调查对象和调查地点，选择相应的调查方法和手段。

（二）拟订调查计划

调查计划是对调查工作程序的系统安排，一般包括调查目的，调查内容，调查范围、对象和规模，调查手段和方法，调查的实施步骤，调查报告的撰写和完成时间。制订的计划要尽量科学合理、切实可行。

（三）做好物资和组织准备

包括编制调查问卷或编写访谈提纲、培训调查人员、准备资料及相关调查工具等。

（四）进行预调查

通过预调查获得对调查对象的一般认识，修改并完善调查提纲及工作方案，包括对问卷、测验题目等的修订。

（五）实施调查

运用多种手段或途径开展调查，了解情况，占有材料。

（六）整理材料

对所得数据材料进行科学的整理分析，使其系统化、条理化，进而形成研究结论。

（七）撰写调查报告

以文字形式对所研究的问题做出解释，并将研究过程和结论等进行系统的总结，提出解决问题的合理建议。

第二节　问卷调查法

问卷调查法是教育调查研究中最常用的一种研究方法。要想有效地运用问卷调查，必须在掌握其特点的基础上，明确其构成要素、设计和实施步骤。

一、问卷调查的含义、特点及优缺点

（一）问卷调查的含义

问卷调查是指以书面形式提出问题来搜集资料的调查方法。研究者将所关注的问题编制成问卷，请调查对象填答，然后收回问卷并进行整理分析，从而了解调查对象对某种现象或问题的态度和看法。

（二）问卷调查的特点

1. 标准性

问卷调查强调以统一的方式向调查对象发放相同的问卷，提问和回答的方式也相同，问卷的内容、结构以及实施过程往往具有标准性，这有利于研究者对所得资料进行整理和分析。

2. 匿名性

问卷调查以匿名的形式进行，一般不要求调查对象署名，减少调查对象的顾虑，所得资料相对真实、可靠。

3. 间接性

在实际调查过程中，一般来说，研究者与调查对象不会直接见面。这样可以使调查省时省力，避免研究者对调查对象的一些干扰等。但同时，研究者对问卷调查的情景难以控制，不能当面解释其研究的目的、意义，也无法回答调查对象在填写问卷过程中的疑问，更无法对某些问题进行现场的跟踪追问。

（三）优点和缺点

1. 优点

（1）方便实用，省时省力。采用问卷调查法可以在较短的时间内开展大规模的调查，从而大大节省时间、经费和人力。

（2）匿名答卷，客观性强。在面对面的访问调查中，人们很难同陌生人谈论有关个人隐私、社会禁忌或其他敏感性问题。在问卷调查中，由于无其他人在场，问卷又不要求调查对象填写姓名，所以可以减轻其心理上的压力，便于得到真实客观的回答。

（3）能搜集到大量样本资料，效率高。问卷调查不受时空等条件的限制，可以通过线上或邮寄的方式进行，能够收集大量样本数据，因而其效率就更高。

（4）便于归类整理和量化分析。问卷调查中所使用的问卷通常由封闭式问题组成，使得问卷所得到的数据资料高度结构化。因此，问卷调查所得到的资料特别适合用计算机进行定量处理和统计分析。

2. 缺点

（1）结论的代表性。如果问题不明确、题量过大或调查对象不配合，会影响回收率和结论的代表性。

（2）结论的表面性。搜集的资料难以使研究者深入了解调查对象内心世界的真实情况。

（3）问卷的效度。若调查对象不作回答，无法深究其原因，且影响问卷效度。

（4）问卷的设计与分析难度。科学地编制问卷和分析结果对普通教师来说有一定的难度。

二 问卷的构成

问卷一般包括标题、指导语（前言）、问题及答案选项、结束语几个部分。

（一）标题

问卷的标题，是对问卷的目的和内容最简洁的反映。标题让调查对象明白该问卷要调查什么、收集哪方面的数据，如"小学生课业负担调查""中学生'追星'现状调查""中小学教师工作量调查""大学生学校生活调查"。从这些标题中很容易就能了解调查的目的与内容。

（二）指导语（前言）

指导语或前言通常包括四个部分：研究者身份说明、调查目的说明、保密申明和作答方法说明。指导语通常置于问卷问题的前面。

身份说明：应说明进行该调查的组织或个人的身份，以取得调查对象的信任。有时候，也可以将研究者身份放在指导语的后面，作为指导语的落款。

目的说明：在说明进行该调查的组织或个人的身份之后，简要、明确地说明调查的目的，争取调查对象的合作。通常会说明两个方面的目的——学术方面的目的和实践方面的目的，有些问卷也可能只说明其中一个目的。

保密申明：主要涉及两部分，一方面说明调查所收集的数据只用于上述两个目的，不会做其他的用途；另一方面要强调数据分析不会引用某一个案的数据，只会把个案数据汇集为群体数据进行应用，因此不会泄露个人隐私。

作答方法说明：对填写问卷的方法、要求、时间、注意事项等要做一个总的说明，使问卷填写工作能按研究者的要求顺利进行。包括限定回答的范围，比如限定单选或最多可选三项等；指导回答方法，比如"请在适合您情况的答案序号上打钩"等；指导回答过程，比如"若回答为'不是'，则请从第12题答起"等；解释概念和问题的含义，比如"计算房间数时，要包括厨房，但不包括洗手间"等。总之，问卷中一切有可能使调查对象不明白、有疑问、难理解的地方，可能阻碍调查对象正确顺利地填写问卷的地方，都需要提供某种指导。有些问卷的作答方法很简单，一看就明白，也可以省略此项。

下面是一则关于教师科学素养的调查问卷的指导语实例。[①]

尊敬的各位老师：

您好！首先感谢您在百忙之中填写"小学科学教师科学素养调查问卷"。本调查的目的绝不是要对老师们个人素养进行评价，而是以统计的方式找出群体的特点，为我们今后编写有关科学素养培训教材提供可靠的依据。教师个人即使存在许多问题，也不是教师自己的责任。让我们共同努力，找出问题，正是本调查的目的。因此，问卷以匿名形式填写，我们保证对每位教师的答案保密。如果因我们的失误而导致问卷中任何信息的泄露而使您的名誉受损，我们将承担相应的法律责任。

为了使调查能够获得真实、有效的数据，请您务必注意如下几点：

1. 需要30分钟左右可以完成。请不要查资料、不要讨论、当堂交卷。
2. 我们希望您能回答所有的问题。但是，如果您发现有些问题实在是不知

[①] 转引自：张红霞. 教育科学研究方法[M]. 北京：教育科学出版社，2009：189.

道，就选"不知道"项；对于没有"不知道"选择项的题目，请给出您猜测的答案，不要不答。

3. 除极少数注明"可多选"之外，大部分题目只能选一个答案。

4. 填写过程中如有疑问，可以写在问卷旁边。

谢谢您的合作和支持。

×××研究所，教育实验研究中心
×××课题组（公章）
×年×月×日

下面再举一个例子[①]：

问卷编号：_____　　　　　　　　城市编号：_____

青年发展状况调查问卷

亲爱的青年朋友：

你好！

为了了解新世纪青年的工作和生活情况，探索青年成长和发展的有效途径，我们在全国12个城市开展了这项调查。本调查不用填写单位和姓名，大约只会耽误你15分钟的时间。请根据自己的实际情况填写。你的回答将代表众多与你一样的青年朋友，相信你会认真完成。

送给你一件小小的礼物，以感谢你的支持与合作！

全国12城市"青年发展状况"调查组
2004年3月30日

在有些调查问卷中，需要对问题和选项中的问题、术语、界限等进行界定性说明，通常位于问题或选项的后面。如果是计算机辅助访问，则通常位于帮助文本中。例如：

请判断下列陈述的正误（请尽量填写，但如果实在是从来没有考虑过该问题，选择"不知道"）。[②]

（三）问题及答案选项

不少问卷问题的前面部分是调查对象的人口学特征资料，包括性别、年龄、学历、职业、工作年限等。实际测量调查对象行为和态度的工具主要是问题及答案选项。因此，问题及答案选项是问卷的主体，也是问卷设计的核心内容，包括问题、答案选项和空白填写部分。问卷的其他部分如指导语等都服务于问题和答案选项。

问题必须具体、清晰、客观、可操作、通俗易懂。

---

① 转引自：风笑天. 社会研究方法[M]. 5版. 北京：中国人民大学出版社，2018：181.
② 张红霞. 教育科学研究方法[M]. 北京：教育科学出版社，2009：191.

从形式上看，问题可分为开放式问题、封闭式问题和半开放式问题三类；从内容上看，问题可分为有关行为的问题、有关态度的问题和有关个人背景资料的问题等。关于问题设计的具体要求见后文"问题的设计"部分。

（四）结束语

结束语是问卷的最后一部分。结束语主要有以下方式：①答谢词，以及关于不要漏填与复核的提示。②对问卷回收方法的说明，即调查对象完成作答后，如何将问卷返还给研究者。③提出本次调查中 1~2 个重要问题，以开放式问题的形式置于问卷末。④征询调查对象对本次调查的形式与内容方面的感受和意见。

（五）编码

对于大规模调查，研究者常常采用结构型问卷，为了方便对调查对象的回答进行统计处理和定量分析，往往需要对数据进行编码。因此，一份问卷除了上述内容外，还有一些辅助性的内容，如编码、问卷编号、调查日期、研究者编号、调查对象住址、审核编号等。

所谓编码，就是赋予每一个问题及其答案一个数字作为代码，将资料标准化。编码分为预编码和后编码，前者指在设计问卷的同时就设计好编码；后者指在问卷回收后再设计编码。如表 5-1 所示，为问卷预编码的示例。

表 5-1　问卷预编码示例

问卷预编码示例	问题及答案选项	栏码
实例一	1. 您的性别 （1）□男　（2）□女	1□
实例二	2. 您的年龄（2021 减出生年份）＿＿＿＿岁	2~3□□
实例三	3. 您的民族 （1）□汉族　（2）□少数民族（请填写）＿＿＿	4□
实例四	4. 您的婚姻状况 （1）□未婚　（2）□已婚　（3）□离异　（4）□丧偶	5□

预编码的工作分为以下三个步骤。

首先，给问题分配栏码。为了保证计算机录入和统计分析阶段不出现混淆和差错，需要将不同的问题区分开来，因而要给问题分配栏码。栏码的分配可根据问题的前后顺序来进行，同时还要考虑答案码值的大小。如表 5-1 中，问题 1、3、4 只有一个答案，且答案数目小于 10，所以各问题只分配 1 栏；问题 2 是年龄，其通常需要两位数表示，所以分配 2 栏。

其次，给答案分配码值。一个封闭式问题通常有两个以上的答案类别，每个调查对象都必须适合其中之一且仅适合其中之一。一般情况下，码值的分配可以根据答案的序号分别编为 1、2、3……，或者按其填答的数值信息进行编码。如表 5-1 中，若调查对象第一题填答了"女",则可按其答案的序号编码为"2";第二题的"年龄"若填答了"23岁",则可按其填答的数值编码为"23"。

最后,设计栏码的形式。常见的栏码形式有短横线、方框,也可以设计成表格的形式。此外,研究者可根据常用形式和个人喜好来设计栏码的形式。

三、问题的设计

(一)问题设计的基本要求

1. 问题的基本构成要素

一般来说,一道问题包含题号、题干、指导语(是对个别特殊题目的回答说明,在问卷前的指导语中已经清楚说明的题目,这里通常省略)、编码、选项/输入空间、继续方式和特殊编码等基本要素。

例:C7 上个月,您家与亲友家是否有以下交往?【可多选】
  1. 一起娱乐/聚餐 2. 赠送食物或礼物 3. 提供帮助
  4. 看望 5. 聊天 77. 其他【请注明】_____
  78. 以上都没有【跳至 D1】

如上例所示,这是一道多选题,这道题包括以下要素:①题号,"C7"是指 C 部分的第 7 道题;②题干,即问题,该题的题干为"上个月,您家与亲友家是否有以下交往?";③指导语,"可多选"是指导语,告诉调查对象回答范围;④选项编码,其中"77""78"是赋予了特殊含义的编码,研究者只要看到这一编码就能明白其含义;⑤输入空间,若问题答案不在选项之列,且需要专门说明,则让调查对象将答案填写在输入空间里,这就是典型的半封闭式问题,如答案选项"77";⑥继续方式,告诉调查对象该如何继续作答,如答案选项"78"让调查对象"跳至 D1"。

2. 问题表述的基本要求

问题是问卷的主体,要想科学地设计调查问卷,必须设计好问题。要设计好问题,就必须明确设计问题应遵循的原则,或者说应具备哪些表述要求。

①正面肯定提问。不用假设句,更不要用反问句、否定句或双重否定句。②问题的内容符合研究目的和假设的需要,答案能较全面地反映所要研究问题的主要方面,且不交叉、重叠。③问题的数量要适度。一份问卷的题目以 30~40 个为宜,时间控制在 20 分钟左右。④问题的文字表达要简明扼要,通俗易懂,容易回答。每题只能包括一个清晰而明确的问题,切忌一题多问和模糊不清。⑤问题的排列顺序要分类清楚、层次分明、合乎逻辑。⑥客观严谨。提问时不应该用倾向性或引导性的口气,避免询问有关社会禁忌和个人隐私的问题。也不宜询问敏感性问题。⑦问题措辞要有礼貌。

表 5-2 是关于问题表述要求的举例说明。

表 5-2 问题的提问原则

问题表述要求	错误示例	注意事项
问题要清楚	(1)"您如何看待被提议的方案"（调查对象可能会反问："哪一个提案？"）；(2)"您在工作日都……"（研究者认为工作日是周一到周六，调查对象可能误解为周一到周五）	避免使调查对象感到含糊、不清楚、误解（与研究者想法不一致；避免使用"经常""偶尔""很少"这类语义模糊的词语）。解决方法：研究者要深入了解主题；措辞规范且具体明确
避免双重问题/一个好问题只在一个维度上得到一个回答	(1)"我喜欢看政治类、经济类电视节目"（调查对象无法简单回答同意与否）；(2)"您的父母退休了吗？"（父母包括父亲和母亲，调查对象无法准确回答）	每个问题应只与一个主题相关。避免在问卷中出现那些要求单一答案，但实际上给出两个回答更合适的问题。解决方法：例如，应将"您认为吸烟和饮酒会有损健康吗？"此类问题拆成两个独立的问题
一个好问题能够涵盖所有可能的回答	"您拥有什么类型电脑？"□IBM 的 PC □苹果机（假如调查对象没有电脑怎么办？假如他们拥有的电脑与已有选项不符怎么办？）	解决方法：①请专家罗列所有答案；②增加"其他＿＿"选项；③将"两者都没有"或"两者都有"作为备选答案
好问题的回答选项是互斥的	"您目前就读于哪个学段？"□小学□初中□中学□大学（中学包含初中，初中生无法选择）	备选答案必须包含所有可能的有意义的回答
好问题产生的答案是有变化的	"您是否反对在城市内枪支的非法流转？"（此题回答无大差异，不应提问）	备选答案必须能灵敏地反映调查对象之间的差异
好问题应与前面的问题连接自然	"教师准备充分吗？""教师在课后容易接触吗？""教师课堂讲解清楚吗？"（三个问题按课前、课后、课中的顺序排列，不合逻辑）	问题间的转换要自然，前后连贯且彼此衔接，易于调查对象回答；解决方法：将问题归组，内容相近的问题编在一起
调查对象必须胜任回答	"您几岁的时候学会和父母对话？"（大部分调查对象不能记住确切的时间）	在要求调查对象提供信息时，要不断思考：他们能否提供可靠的信息？
调查对象必须愿意回答/避免直接询问敏感性问题	"您家有多少存款？"（此类问题对调查对象来说比较敏感，调查对象会产生本能的自我保护心理）	解决方法：(1)转移法：运用第三者技术，让调查对象对他人回答做出评价（"有人认为……您怎么看？"）；(2)虚拟法：假定情景，再询问（"假如……您觉得……？"）；(3)释疑法：在问题前面写一段关于引用权威或普遍性事实的文字等的功能性文字，以消除调查对象疑虑（"宪法规定……"）；(4)模糊法：适当牺牲信息的精确性以保证信息的真实性（"您的月收入是？□1000 元以下……"）
问题尽量简短	"我的记忆力不错，记住专业概念，对我来说不是什么困难的事情。"	减少调查对象的理解障碍；避免长难句，能够迅速阅读、理解，毫不困难地选择答案
避免否定性问题	(1)"您是否赞成物价不进行改革？"(2)"以下教学策略你不用哪一种？"	问卷的否定性问题容易导致误解，慎重使用否定词和双重否定（可用"同意"或"禁止"代替否定词）
避免带有倾向性①的问题和词语	(1)"难道你不支持美国总统……"（鼓励回答赞同）(2)"你是否同意最高法院最近的决定……"(3)"您是否支持性别平等？"（调查对象一般会以"好"的形象来过滤回答）(4)"蒋壮壮认为被动抽烟会导致肺癌，您同意吗？"	导致倾向性的原因：①提问中带有倾向性很强的词语；②涉及权威人士的态度、立场；③不同形式的措辞；④问题中的具体姓名。解决方法：测试研究者自己对答案的感觉，感觉到困窘、残忍、不正当、不负责任、愚蠢或回答会遭遇社会排斥时，需要重新考虑问题设计

---

① 倾向性：倾向于将受访者引向某种特定方向的问题的特性。

（二）问题的形式与内容

1. 问题的主要形式

问卷中问题的表述可以采用陈述的语气，也可以采用提问的语气。若采用陈述的语气，一般借助利克特量表来设计态度问题。利克特量表有5级和7级之分，5级利克特量表用"1"表示"完全不同意"，用"5"表示"完全同意"，分数越高表示赞成程度越高；7级量表与此类似。若采用提问的语气，问题又分为开放式问题、封闭式问题和半封闭式问题三种形式。

1）开放式问题

所谓开放式问题是指只向调查对象提出问题，而不提供答案选项，由调查对象自由陈述的问题。

开放式问题可以用于探讨那些只能进行描述性分析的较复杂的问题，也可以由此获得有关人士对某些问题的看法。开放式问题可以是填空式的也可以是问答式的。这种形式的问题收集到的材料丰富、具体，往往能够得到很有价值的资料。但由于答案不集中，材料分散，难以对答案进行比较，不易进行统计处理。

2）封闭式问题

封闭式问题是指把问题的答案事先加以限制，只允许在问卷所限制的范围内进行挑选。

封闭式问题主要以是否式、多项单选式、多项多选式等形式出现。①是否式：只有"是""否"两种选择。②多项单选式：问题的备选答案在两个以上，回答者只能选择其中的一个，这是问卷最常见的形式。③多项多选式：问题的备选答案在两个以上，要求回答者根据自己的情况从中选择若干个。

3）半封闭式问题

半封闭式问题又称半开放式问题，或综合型问题。半封闭式问题往往是在封闭式问题的基础上进行适当的改进或说明，给调查对象一定的回答自由。例如，在"A.×× B.×× C.×× D.××"4个备选答案后面增加"E.其他_____（请填写说明）"。

封闭式和半封闭式问题的答案设计要遵循三原则：匹配性、穷尽性和互斥性。

表5-3列举了封闭式问题与开放式问题的优缺点。

表5-3 不同形式问题的优缺点

问题形式	作答要求	优点	缺点	备注
封闭式问题	调查对象需要在研究者所提供的答案中选择与自己相符的答案	保证回答具有高度的一致性；更易进行量化和统计分析	这种结构式回答缺乏自主性，可能会忽略一些重要回答	适用于调查研究： (1) 备选答案应穷尽所有可能性； (2) 答案选项之间必须互斥，以减少分析的工作量； (3) 让调查对象合理选择答案，强调"请选择一个最准确的答案"

续表

问题形式	作答要求	优点	缺点	备注
开放式问题	调查对象被要求做出自己的回答的问题，提问方法包括以下四种： 1.自由回答法； 2.词语联想法； 3.句子完成法； 4.文章完成法	能最自然地反映出调查对象的特征、行为和态度，充分获取各种可能的信息	要求调查对象具有较高的知识水平和文字表达能力；花费研究者过多的分析精力	适用于深度访谈、定性研究

2. 问题的主要内容

问卷中问题的主要内容包括四种类型：调查对象的个人背景、调查对象的知识、调查对象的行为、调查对象的态度观念（表 5-4）。

表 5-4 问题的类型

问题的类型	适用题型	说明
个人背景问题	填空题、是非题、选择题	涉及个人的基本情况（人口学信息），大多是客观内容、事实
知识问题	判断题	往往是客观内容
行为问题	选择题、直接询问	多选题提高效率，节约版面
态度观念问题	量表	比如运用 7 级利克特量表，可以把态度问题数量化。所以，主观题的数据质量并非不如客观题

（三）问题答案的格式

通常来说，答案的设计需要满足以下几点要求：①明确变量的测量层次。在实际设计选项时，首先要看所测变量属于什么层次，即对数据的精确度要求，然后根据这一层次的特征来决定答案的形式。②选项按单项顺序排列。选项出现的前后顺序会影响调查对象的答题，调查对象倾向于选择非极端的答案，特别是对于收入、消费额等数量答案，他们往往选择偏少或居中的选项，研究者可以通过增加分组数量的方法避免此类情况出现。③选项等级要明确。避免使用"经常""偶尔"等模糊词类，明确化选项，给出具体的答案。④遵守答案的穷尽性和互斥性原则。对于"其他类"选项比例过高的问题，要广泛了解问题的可能回答情况，认真地进行问卷试测。

答案的格式还要参照具体的题型。问题的题型不同，答案的格式也有所不同。前文提到的问题主要有开放式、封闭式和半封闭式三种形式，开放式问题不需要列出答案，受访者可自由填写。封闭式问题的题型有填空式（这里的空格是有确定唯一答案的；否则，属于开放式问题）、选择式（二项选择式、多项单选式、多项多选式、多项排序式）、矩阵式、表格式、编号式。下面将从各题型的具体形式、适用场景、测量层次、编码方法等展开说明。

1. 填空式

即在问题后画上一短横线，由调查对象在空白处填写。填空式通常用于调查对象既容易回答又方便填写的问题，一般只需填写数字。该题型主要用于收集个人基本信息，如年龄。

> 您的年龄多大？_____岁
> 您有几个孩子？_____个

测量层次：测量层次较高，适合于连续变量。
编码方法[①]：将问卷中填写的具体数字直接输入计算机中。

2. 选择式

1）二项选择式

即问题的答案只有肯定和否定两种。适用于答案选项能明确分为两类或者有严格的正误之分的客观性问题。

（1）问题所能列举的答案只有两种可能的类别。

> 您是共产党员吗？□是　□不是

（2）在询问态度或看法时所进行的两级区分。

> 您同意增加城市居民最低生活保障金的发放金额吗？
> □同意　□不同意

测量层次：测量层次最低，对不连续的名义变量进行标度。
编码方法：通常答案"是"记1，"否"记2。

2）多项单选式

即给出的答案至少有三个，调查对象根据自己的情况选择其中之一作为答案。答案的设置要注意穷尽性、互斥性、等距性、峰值（人数集中选项）。适用于将概念清晰的事物或调查对象的自然属性、行为或态度进行分类或分级的问题[②]，不同于利克特量表对同一行为或态度程度上的划分。

> 您的职业：□干部　□工人　□农民　□商人　□其他_____

峰值问题需要着重注意，峰值要放在中间，两边尽量对称，设置分界点时要避开峰值。例如：

> 近期您的月消费水平大约为：
> □≤200元　□201～400元　□401～600元　□601～800元　□≥800元

[①] 所指的编码方法针对 SPSS 软件而言。
[②] 张红霞. 教育科学研究方法[M]. 北京：教育科学出版社，2009：209.

分析：如果大部分学生的消费水平为400元，则400元为峰值，不能将"401～600元"选项放在中间，应将400元设置为某选项的中间，如301～500元。

测量层次：分为分类标度（如职业分类，精度低）和等级标度（如月消费水平，精度中等）两种。

编码方法：变量取值和选项前面的序号一样，最终统计的各选项百分比总和等于100%。

3）多项多选式

包括多项限选式和多项任选式两类。多项限选式要求调查对象根据自己的情况在备选答案中选择规定数量的若干个答案，而多题任选式是指调查对象可以任意选择各种不同数目答案的一种问题形式。

测量层次：分为分类标度和等级标度两种。

编码方法：有几个备选答案就转化为几个对应的"是非题"，然后对每个是非题进行百分比统计，一般各选项人数统计结果的总和超过100%。例如：

> 您平常上网的地点是（可多选）：
> □家里　□宿舍　□网吧　□学校计算机房　□咖啡店　□其他_____

分析：首先有几个选项就设几个变量，例子中实际上有5个选项（"其他"选项根据回答的内容和数量可以归到前面某一项、忽略不计、增加一项这三种选择），就转化为5个"是非题"。

您平常在家里上网吗？　　□是　□否
您平常在宿舍上网吗？　　□是　□否
您平常在网吧上网吗？　　□是　□否
……

然后将被选择的地点赋值1（即"是"），未被选择者赋值2（即"否"），分别统计每个选项中选"是"的百分比，所得结果即为选择该地点的人的百分比。

4）多项排序式

多项排序式通常是在多项限选的基础上进行排序，且是有限的级别排序，选项并不需要全部参与排序，最多5项，超过5项的排序往往使用德尔菲法。

编码方法：可以进行编码分析，一是按照不同级别分别统计；二是通过计算加权平均百分比得出每个选项相较于其他选项的重要性如何。例如：

> 您认为最理想的工作应当是：（选择三项并排序）
> 第一重要：_____　第二重要：_____　第三重要：_____
> 1. 经济收入高　　　2. 社会声望高　　　3. 符合兴趣
> 4. 能发挥才能　　　5. 工作条件好　　　6. 工作轻松

7. 能继续深造　　　　8. 人际关系好　　　　9. 其他_____

（分析1）按照不同级别分别统计重要性因素

首先与多项多选题一样转化为三个多项单选的问题，然后分别按照3级重要性进行统计：

您认为，最理想的工作的第一位要素是：　<u>经济收入高　　10%</u>
您认为，最理想的工作的第二位要素是：　<u>经济收入高　　5%</u>
您认为，最理想的工作的第三位要素是：　<u>经济收入高　　15%</u>
……
您认为，最理想的工作的第一位要素是：　<u>社会声望高　　4%</u>
您认为，最理想的工作的第二位要素是：　<u>社会声望高　　7%</u>
您认为，最理想的工作的第三位要素是：　<u>社会声望高　　3%</u>
……

则可以表述为"对于经济收入高这一条件，认为是最理想工作的第一位要素的百分比、认为是最理想工作的第二位要素的百分比、认为是最理想工作的第三位要素的百分比分别是10%、5%、15%"。

（分析2）计算每个选项相较于其他选项的重要性如何

简单来说，用1个百分数、而不是3个百分数来比较"经济收入高"与其他选项的重要性。计算方法往往是给"第一位要素"结果加权3，"第二位要素"结果加权2，"第三位要素"结果加权1。因为总的加权数为1+2+3=6，所以将各选项加权结果求和后除以6，所得各选项的加权百分比，即为相对百分比。

则"经济收入高"选项的加权百分比为（10%×3+5%×2+15%×1）÷6=9.2%。

3. 矩阵式

当若干问题内容相近具有相同答案时，可以将其汇总在一起构成一个大的问题，并排列成一个矩阵。例如：

➢ 您觉得下列现象在你们学校是否严重：

（请在每一行适当的方框内打√）

	很严重	比较严重	不太严重	不严重	不知道
①迟到	□	□	□	□	□
②早退	□	□	□	□	□
③旷课	□	□	□	□	□
④请假	□	□	□	□	□
⑤考试作弊	□	□	□	□	□

4. 表格式

表格式是矩阵式的一种变体，是指把问题及答案设计成表格的形式，让调查对象填答。例如：

➤ 你觉得下列现象在你们学校是否严重：

（请在每一行适当的格中打√）

现象	严重程度				
	很严重	比较严重	不太严重	不严重	不知道
①迟到					
②早退					
③旷课					
④请假					
⑤考试作弊					

5. 编号式

此类题型要求回答者将某一问题的备选答案按重要性、优先或强弱程度用数字编号，又称排序式、评判式。例如：

➤ 您认为我国当前不正之风的突出表现是什么？

（请按严重程度给下列问题编号，程度最高的为1，最低的为10）

__行贿受贿　　__乱发奖金
__公款旅游　　__裙带关系
__乱发文凭　　__乱盖私房
__乱买小车　　__公款送礼
__官倒私倒　　__大吃大喝

（四）问题的顺序

问题之间的相互关系会影响调查对象的回答，因此必须将问题按一定的顺序排列。在设计好各项单独问题之后，首先应汇总同一维度的问题，然后按照问题的类型、难易程度安排问题的顺序。其中，引导性问题的设置要能引起调查对象的兴趣，而且有关调查对象分类数据（如个人情况）的问题、回答有难度的问题或敏感性问题应放在问卷的最后，以避免调查对象处于守势。问题的排列要层次分明、符合逻辑，使调查对象在回答问题时有循序渐进的感觉，同时能引起调查对象回答问题的兴趣。一般来说，问题的排序应遵循以下原则。

1. 先易后难

易于回答的问题放在前面，较难的问题放在靠后的位置。

"易"指公开事实类、现状类、调查对象熟悉的、题目简洁易于理解的问题。

"难"包括需要记忆力配合（如出生时的体重）、智力配合（如认知测试）、心理配合（如价值观测量）、不符合调查对象认知的问题。

2. 先一般，后敏感

通常先安排事实性的问题，或是先问行为类的客观问题，再问态度、意见和看法等方面的主观问题。敏感性问题往往放在靠后的位置，包括个人隐私、态度和行为的敏感性，如社会禁忌和隐私性的行为、对宗教与政治的态度等。

3. 先封闭，后开放

一般来讲，封闭式问题比较容易回答，开放式问题费时费力，按先易后难的原则，先安排封闭式问题，将开放式问题放在最后。

4. 先总括，后特定

先了解总体一般情况，后了解特殊问题。总括性问题应置于特定性问题之前，否则特定性问题会影响总括性问题的回答。

表 5-5 是调查过程中常出现的几个关于问题顺序的情况及其应对策略。

表 5-5 应对问题顺序的策略

出现的情况	策略
（1）先前的问题会影响后续问题的回答； （2）关注问题顺序的影响并不相同（受教育程度较低的调查对象更容易受到问题顺序的影响[①]）	用不同版本（问题顺序不同的问卷）的问卷进行预调查，判断并比较各个版本的效果
随机排列问题的顺序（随机顺序使得问题不好回答，调查对象会因此经常转换注意力）	自填式问卷开头的问题需要吸引人且让人愿意回答，人口学资料问题放在末尾
敏感性问题的设置	解决方法在表 5-2"问题的表述要求"中已作说明

（五）相倚问题

相倚问题是指在调查问卷中使用的一种设问形式，有些问题只适用于样本中的一部分调查对象，而且某一调查对象是否需要回答该问题，往往取决于前面某个问题的回答结果，这样的问题被称为相倚问题，而前面的问题被称为过滤问题或者筛选问题。[②]例如：

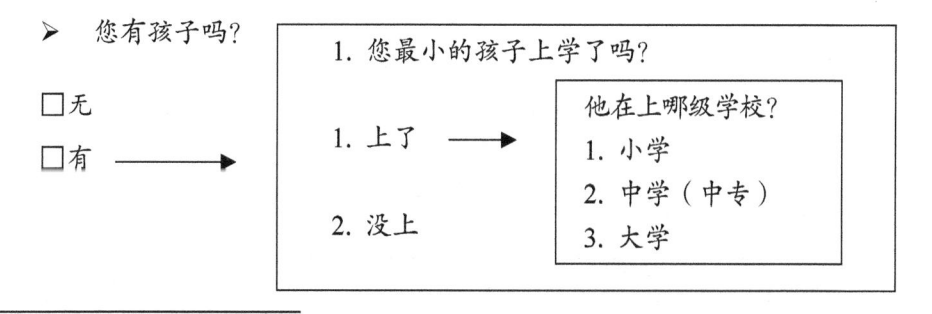

➢ 您有孩子吗？
☐ 无
☐ 有 ⟶

1. 您最小的孩子上学了吗？
1. 上了 ⟶ 他在上哪级学校？
   1. 小学
   2. 中学（中专）
   3. 大学
2. 没上

[①] 巴比（Earl R. Babbie）. 社会研究方法[M]. 11 版. 邱泽奇, 译. 北京：华夏出版社, 2009：255.
[②] 杨小微. 教育研究的原理与方法[M]. 2 版. 上海：华东师范大学出版社, 2010：126.

在设置相倚问题时要注意以下几点。

（1）要用方框把相倚问题与过滤问题隔开。

（2）要用箭头将相倚问题的方框与过滤问题中对应的答案连在一起，以表明选择这一答案的调查对象才需要继续回答方框中的问题，选择其他答案的人则不必回答方框中的问题，只需继续往下填答。

（3）当后续问题超过两个时，研究者往往采用跳答指示的方法，如"请问您的婚姻状况是？"，选择"未婚"时提示"请跳过问题12~18，直接从问题19开始回答"。

在实际调查研究中，如果相倚问题太多，一方面会使问卷显得复杂，导致调查对象产生畏难情绪和厌烦情绪；另一方面，也会增加调查对象填写问卷的难度和时间。若必须设置相倚问题时，最好采用跳答指示的方式，尽可能把适合同一类调查对象的问题集中在一起，以减少一些复杂、呆板的框图。

四、问卷的发放与回收

（一）问卷的发放方式

1. 邮寄填答法

邮寄简便易行，但由于调查对象对所研究的问题或不关心、不感兴趣，或问卷中问题的设计不太合理等各种主观或客观因素影响调查对象作答，问卷的回收率难以保证。除了寄送问卷外，通常还要随邮件附上一封说明信和贴上邮票的回邮信封，方便调查对象寄回。

2. 集中填答法

指将调查对象召集到同一地点进行现场填写并统一收回的方法，如向在教室上课的学生统一发放问卷。

3. 网络问卷法

指利用互联网发放问卷、填写并收回的方法。这是网络时代最便捷的方法。

4. 个别发放法

研究人员将问卷逐一送至调查对象手中，让其填写后取回。

5. 电话调查法

是指研究人员按照事先编制的问卷，通过电话访问调查对象，并将答案输入计算机中的方法。

表 5-6 是常见问卷分发方式的特点。

表 5-6 常见问卷分发方式的比较

比较项目	分发方式		
	邮寄填答法	集中填答法	网络问卷法
调查对象	有控制选择，比较集中	可控制选择，比较集中	无控制选择，分散
调查范围	较窄	较窄	很宽

续表

比较项目	分发方式		
	邮寄填答法	集中填答法	网络问卷法
影响回答因素	调查对象有可能互相询问	易受研究者影响	难以控制和判断
回收率	90%	100%	不确定
有效率	较高	很高	一般
回收时间	较短	很短	较短
费用	较低	高	很低

（二）问卷的回收

1. 问卷回收率的计算

问卷的回收率是指回收的问卷数量占发放的问卷数量的百分比，即

问卷的回收率(R) = 回收的问卷数量/发放的问卷数量×100%

问卷的有效回收率则是剔除误填、漏填等各种无效问卷后的有效问卷数量占发放的问卷数量的百分比，即

问卷的有效回收率(K) = 有效问卷数量/发放的问卷数量×100%

问卷的回收率能够反映该问卷是否适合调查对象，但并不是回收率越高就说明样本的代表性越好。表面上获得了较高的回收率，但实际上可能是研究者在调查时进行了若干改变，导致调查资料真实性降低，因此过高的回收率并不一定有利。

通常问卷的回收率和有效率都达不到 100%，因此选择调查对象时，其数量应大于抽样要求的研究对象的数量，即

$$n = n_0/(R \times K)$$

其中，n_0 为通过抽样确定的研究对象数，R 为预测问卷回收率，K 为预测问卷有效回收率。例如，通过抽样确定研究对象有 $n_0 = 150$ 人，邮寄问卷的回收率一般在 30%~60%，取 $R = 50%$，预计问卷有效回收率 K 可达 80%，则应发出问卷数：$n = 150/(50\% \times 80\%) = 375$（人）。

一般来说，问卷的有效回收率如果仅在 30%左右，所得资料只能作为参考；达到 50%以上可以采纳建议；达到 70%~75%以上才能作为研究结论的依据。

2. 对问卷回答偏斜估计

答案中的偏斜是指调查对象没有真实地反映事实的客观情况，因此对回收的问卷应做出偏斜估计[①]，包括以下五个方面。

（1）对事实的回答错误。例如按照记忆答题而导致事实有误。

（2）装假倾向。通常有以下两种情况：一是社会性期望，当问题与社会不容忍的态

---

① 裴娣娜. 教育研究方法导论[M]. 合肥：安徽教育出版社，1995：176.

度或行为有关时，调查对象故意以社会所认可的方式做出符合社会倾向的回答；二是问题涉及个人隐私等，使调查对象难以作答而给予不真实的反映。

（3）默认倾向。指问卷中某些备选答案给调查对象预设了框架，无论提问的内容是什么，只能选择"是"或"否"。如"加强环境保护是有必要的，是吗？"

（4）道义与事实相悖。如有关大学生道德素质的调查中，问到大学生对浪费粮食的看法，所有的调查对象都认为，"通常情况下最好不要浪费粮食"和"不应该浪费粮食"，但实际上大部分人都有过浪费粮食行为。

（5）无回答。分为整个答卷不答和部分问题不答两种情况，可能是由于问题过多、内容过于复杂、问题难以理解或调查对象判断力不足等，因此需要进一步分析具体原因。若不回答者甚多，则要修改问卷。

3. 空白问卷的处理

若大量的问题没有回答（如占总题项的 25%以上），则该问卷只能作为无效问卷处理；若只有少部分未回答（如 10%以内），研究者可自行决定如何处理；处理空白问卷的最佳方法是剔除该份问卷，这样能够增加问卷的效度，尤其是样本规模较大时。

4. 关于问卷的质量监控

问卷的质量指调查所得结果与实际情况的相符程度。为了保证问卷完成的质量，必须建立完善的控制体系，使问卷调查前、中、后三个阶段都有所保障。调查前，需要召开调查人员会议，培训调查所需的基本知识，明确研究的目的、意义、调查方法、注意事项等；调查中，定期召集调查人员汇报任务完成情况和遇到的问题；调查后，及时审核每天回收的问卷，将其编号并随机抽查以保证问卷的完成质量。若有效样本数量不够，需要在调查结束之前及时进行补充调查。

五、网络问卷（在线问卷）调查

在信息技术时代背景下，网络问卷调查作为一种新的调查形式，所有环节都是借助信息化网络完成的，包括从问卷编制到问卷的试测、正式使用，再到问卷回收及系统分析等。这种无纸化调查不仅拓展了调查的时间和空间，节省了整个问卷调查的周期，还能避免人为误差的产生，给研究者提供了极大的便利，目前被应用于各个研究领域。本书以问卷星为例，介绍网络问卷的设计与使用的操作流程，主要分为创建问卷、设计问卷、发布问卷、分析与下载四个步骤。

（一）创建问卷

首先进入问卷星官网（https://www.wjx.cn/），根据右上角的注册登录提示，进入用户个人的问卷管理后台。然后点击图 5-1 中的【创建问卷】按钮，跳转至问卷类型选择界面，单击【调查】按钮创建新问卷。接着在弹出的窗口中输入问卷标题"学生数字教育资源使用情况调查问卷"（图 5-2），点击【立即创建】即可进入设计问卷阶段。除了上述创建方式外，研究者不仅可以借鉴其他用户公开的问卷、从模板创建问卷，还能通过文本导入等方式生成问卷。

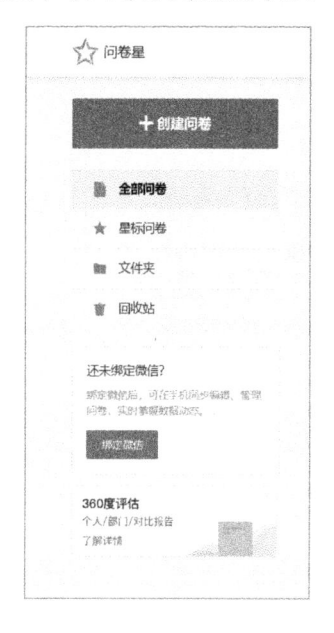

图 5-1　问卷星后台首页　　　　　　图 5-2　创建调查问卷界面

（二）设计问卷

点击【立即创建】后便进入问卷调查的核心环节——设计问卷，图 5-3 是问卷设计编辑的主界面，该界面包括对指导语、问题与答案选项、结束语的设计。通常按照自上而下的顺序输入问卷内容，主要操作过程如下。

图 5-3　问卷设计编辑界面

1. 添加问卷说明

将事先编写好的指导语复制粘贴到新弹窗中即可，指导语的字体、字号、文字背景等都可以依据研究者个人爱好或者问卷需要而设置（图 5-4）。

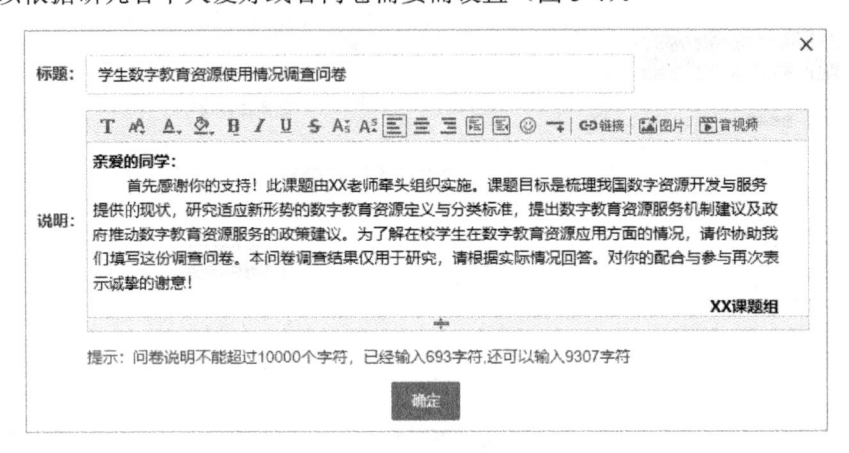

图 5-4　添加问卷说明界面

2. 编辑题目

可以点击图 5-3 中的【批量添加题目】，按要求在如图 5-5 所示的新弹窗中导入题目。还有一种比较常用的题目添加方式，利用图 5-3 左侧界面提供的题型选择快捷键即可实现。所有类型的问题都是先输入标题再输入选项，且默认是必答题目，支持在标题后添加填写提示作为副标题。下面详细介绍一下填空题、选择题和矩阵题的设置方式。

图 5-5　批量添加题目界面

（1）填空题的设置。问卷星中的填空题分为单项填空题、多项填空题、矩阵填空题以及表格填空题四种形式，图 5-6 以单项填空题为例。首先在标题栏输入"你所在的学校名称"，然后根据需要设置文本框的高度、宽度，还可以勾选【限制范围】来设置限填的字数等。针对"姓名""年龄"等个人信息类的填空题，问卷星有相应的模板预设题型可以直接使用，见图 5-7。

图 5-6　填空题编辑界面　　　　　　　　图 5-7　问卷编辑部分界面

（2）选择题的设置。问卷星中的选择题包括单选题、多选题、下拉框、文件上传四种题型。图 5-8 以单选题为例，点击【单选】快捷键插入单选题，手动输入标题和选项即完成单选题编辑。对于难以理解或易产生误解的选项，可以点击【说明】添加选项说明加以解释。答案选项也可以是图片，点击图 5-8 中【图片】按钮插入所需图片即可。

图 5-8　单选题编辑界面

多选题与单选题的设置方式基本一致，见图 5-9。唯一不同的是在多选题的设计中，可以设置【至少选几项】【最多选几项】，若要求调查对象至少选择两项，最多选择四项，点击对应功能的下拉框即可。若正式答卷时调查对象未按要求作答，在线问卷会给予相应提示，直至调查对象作答格式正确，否则无法结束问卷填写。另外，问卷星可以预定义选项，该功能适用于除了填空题之外的其他题型，能够【批量增加】一些常见问题的答案选项，如"学历""满意度"等。

图 5-9 多选题编辑界面

（3）矩阵题的设置。矩阵题包括矩阵单选、矩阵多选、矩阵量表、矩阵滑动条、表格数值、表格填空等多种类型，最常用的是矩阵单选，如图 5-10 所示，依次输入标题、行标题和选项文字，然后根据具体情况设置题目总宽度和行标题宽度，增加问卷的美观度。需要注意的是，矩阵单选和矩阵量表可以设置题目总宽度和行标题宽度，而矩阵多选只能设置行标题宽度。

图 5-10　矩阵单选题编辑界面

3. 逻辑设置

逻辑设置包括题目关联和跳题逻辑，通常在题目输入完成后进行设置。题目关联是指后面的题目关联到前面题目的指定选项，只有选择前面题目的指定选项，后面的题目才会出现。如图 5-11 所示，问卷打开时是不显示第 9 题的，只有选择其关联题目第 6 题的"喜欢""还好"中的任意一个选项时，第 9 题才会出现。跳题逻辑分为按选项跳题和无条件跳题，其中按选项跳题只适用于单选题，多选题不能用。通过【跳题逻辑】可以实现题目间的跳转，使调查对象直接跳过某些问题或直接跳转到结尾结束答题。如图 5-12 所示，研究者可以根据需要设置不同选项应该要跳转到的题目，当调查对象选择"帮助很大""一般""不清楚"选项时不会发生跳转，而选择"没有帮助"选项时会跳转至所设置的跳转位置。【无条件跳题】功能不受调查对象答题结果的影响，使调查对象在答题后跳到特定题目，研究者想要实现此效果时，使用关联逻辑更加简单直接。

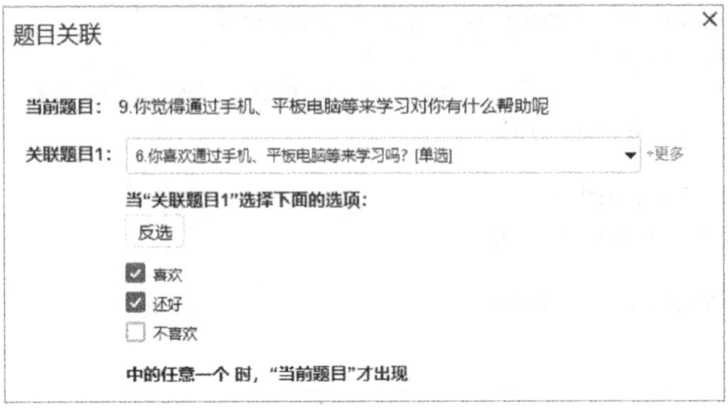

图 5-11 题目关联设置界面

图 5-12 跳题逻辑设置界面

4. 问卷设置

如图 5-13 所示，问卷设置包括基本设置、提交后显示、作答次数限制、提交答卷控制、分享与查询以及其他设置六个模块。通过【基本设置】可以实现时间控制，事先设定问卷的开始时间和结束时间；也可以设置答题密码，调查对象通过验证后才能答题；还能进一步编辑标题及说明。通过【提交后显示】可以设置提交答卷后的处理方式，可以显示自定义文案，如"您的答卷已经提交，感谢您的参与！"，也可以跳转到指定页面，还可以按条件显示不同文案或跳转到不同地址。作答次数、问卷外观等都能在该界面设置，不再一一举例。

（三）发布问卷

问卷编辑完成后可以先进行预览，一旦发现问题需要重新回到编辑界面加以修改，

图 5-13　问卷设置界面

无误后才能发布问卷。问卷通常以链接、二维码的方式进行发布（图 5-14），也有研究者根据需要通过邮件或短信发送问卷。

图 5-14　问卷发布界面

（四）分析与下载

发布并回收问卷后，便进入问卷调查的关键环节——数据分析。问卷星本身具备一定的分析功能，下面是比较常用的几种数据处理功能。

1. 频率分析的原理与操作

一般在查看问卷分析报告时，能够直接得到的信息是各题目中每个选项被选择的次数及其占比情况，这个占比就是该选项的频率，选项的频率等于该选项被选择的次数除以填写该题的人数。其中，单选题和利克特量表题各选项的频率之和等于 1，而多选题的各选项的频率之和通常大于 1，极少数情况下会等于 1。从频率分析中，我们可以获取被试群体对不同选项的观点、看法以及态度等各个方面的信息，频率分析是问卷分析中最基础的一种分析方法。

1) 单选题的频率分析

如图 5-15 所示，"你最希望老师在课后通过网络给你提供怎么样的学习帮助"这道题总共被填写 10 456 次，其中"发送学习资料（如上课的课件）"这个选项被选择 4525 次，占比 43.28%；"及时反馈作业的完成情况"被选择 1806 次，占比 17.27%；"通过 QQ 或者微信的问题答疑"被选择 2022 次，占比 19.34%；"推荐新颖的学习材料或学习 APP"被选择 1973 次，占比 18.87%；而"其他"这个选项被选择 130 次，占比 1.24%。

第16题：你最希望老师在课后通过网络给你提供怎么样的学习帮助？	[单选题]	
选项	小计	比例
发送学习资料（如上课的课件）	4525	43.28%
及时反馈作业的完成情况	1806	17.27%
通过QQ或者微信的问题答疑	2022	19.34%
推荐新颖的学习材料或学习APP	1973	18.87%
其他 [详细]	130	1.24%
本题有效填写人次	10456	

图 5-15 单选题的频率分析

通过对这些数据进行分析，我们可以得出以下结论。首先，所有选项中占比最高的是"发送学习资料（如上课的课件）"这个选项，这说明学生在课后十分希望得到老师上课的课件或是老师推荐的学习资源，这也可以看出学生更加倾向于使用教师推荐的数字教育资源。而"及时反馈作业的完成情况"、"通过 QQ 或者微信的问题答疑"以及"推荐新颖的学习材料或者学习 APP"这三个选项的频率非常接近，占比都在 18%左右，这表明学生在这三个方面都有一定的学习需求，也说明教师可以使用社交软件进行答疑、反馈作业情况和推荐学习材料。此外，我们也不能忽视"其他"选项的内容，该选项通常包含我们在设计过程中未考虑到的问题，点击【详细】对这些内容进行查看。通过这道题的数据分析，我们能够为一线教师的课后辅导提供更加宽阔的工作思路。

2) 多选题的频率分析

如图 5-16 所示，"你觉得通过手机、平板电脑等来学习对你有什么帮助呢？"这道题总共被填写 9402 次，"可以了解到很多课外知识"被选择 6854 次，占比 72.9%；"帮助理解知识"被选择 6315 次，占比 67.17%；"学习更加便捷"被选择 5074 次，占比 53.97%；"更加容易记住知识"被选择 3444 次，占比 36.63%；而"其他"被选择 224 次，占比 2.38%。

图 5-16 多选题的频率分析

这项数据表明，电子移动终端虽然确实能在很大程度上帮助学生理解知识点，在一定程度上帮助学生记忆知识点，同时也能提高学习的便捷性，但"可以了解到很多课外知识"这个选项的占比最大，反映了当前电子移动终端的作用仍然以开拓学生视野为主。因此，也提醒教师及学生对移动终端的使用要注意适度适量。

3）利克特量表的频率分析

如图 5-17 所示，"您在教学中信息技术的应用情况"这道利克特量表题总共被填写 476 次。题目涉及信息技术应用的七个方面，从中可以看出每道题的每个选项被选择的次数及其占比情况，点击【查看详细数据】，可以看到总的填写次数。

图 5-17 利克特量表的频率分析

在办公软件的应用方面，有 70.17% 的教师表示会用办公软件，22.48% 的教师精通办公软件，只有极少部分教师不会使用办公软件，这表明教师应用办公软件的能力较强。点击查看总体数据，将这项数据与第二小题的数据进行对比，可以发现选择精通的人次占比从 22.48% 降到了 4.2%，选择会用的人次占比从 70.17% 降到了 42.23%；而选择了解、入门以及不会的人次均有所上升。这表明教师应用办公软件的情况要好于应用管理系统的情况，并且教师管理系统的应用能力有所欠缺，因此学校可以加强相应的教师信息技术应用能力的培训。

2. 排序题的计算与分析

排序题的选项平均综合得分是由问卷星系统根据所有填写者对选项的排序情况自动计算得出的，它反映了选项的综合排名情况，得分越高表示综合排序越靠前，计算方法为：选项平均综合得分 =（Σ 频数×权值）/本题填写人次。

图 5-18 是“在教学工作中，您缺少以下哪方面的资源？”这道题的综合排序结果。可以看出，“帮助学生自主学习或探究性学习”的资源是教师最需要的，得分为 3.48，其后依次为“辅助知识演示/展示”的资源，“支持课前导学”的资源，“支持课堂小组讨论/小组活动”的资源，“支持知识巩固、拓展与测评”的资源以及“促进教师个人专业发展”的资源。

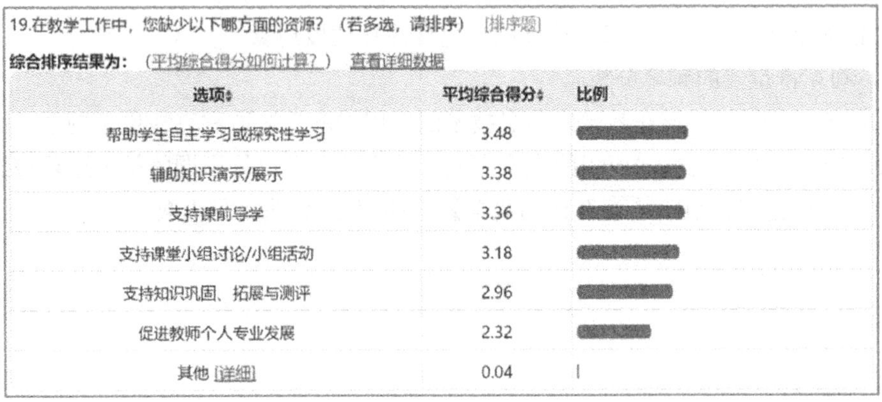
19.在教学工作中，您缺少以下哪方面的资源？（若多选，请排序） [排序题]

综合排序结果为：（平均综合得分如何计算？） 查看详细数据

选项	平均综合得分	比例
帮助学生自主学习或探究性学习	3.48	
辅助知识演示/展示	3.38	
支持课前导学	3.36	
支持课堂小组讨论/小组活动	3.18	
支持知识巩固、拓展与测评	2.96	
促进教师个人专业发展	2.32	
其他 [详细]	0.04	

图 5-18　排序题的计算与分析

点击【查看详细数据】可以查看每个选项的具体情况，其中“支持课前导学”这个选项总填写人次 2674，被排在第一位置 903 次、第二位置 180 次、第三位置 148 次、第四位置 94 次、第五位置 88 次、第六位置 98 次、第七位置 2 次。以该选项为例计算其平均综合得分，分析如下：在问卷星的排序题计算中，被排在越靠前位置的选项权值越大，这道题共有七个选项，那么排在第一位置的权值就是 7，排在第二位置的权值为 6，以此类推，排在第七位置的权值为 1。因此，根据计算公式可得该选项的平均综合得分为（903×7 + 180×6 + 148×5 + 94×4 + 88×3 + 98×2 + 2×1）/2674 = 3.3578908，保留两位小数即 3.36，与问卷星的综合排序得分一致。这项数据表明教师所需资源都是紧紧围绕教学的，因此有关部门要加大该方面资源的建设与完善力度。

3. 分类统计的操作与分析

分类统计也是问卷星中比较常用、便利的一个功能。当需要筛选出选择了某题的某个选项的问卷时，可以直接打开统计分析页面，点开顶部的【分类筛选】按钮，如图 5-19 所示。

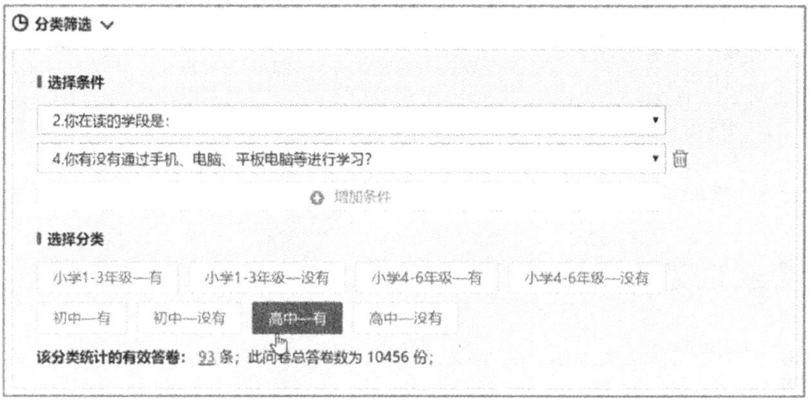

图 5-19　分类统计的操作与分析

若我们想要了解高中生填写该问卷的情况，点击第二题选项中的"高中"即可查看，结果显示 10 456 份问卷中有 93 份问卷是高中生填写的，接下来我们不仅可以逐题查看高中生各个选项的选择频率，还能增加分类条件，进一步查看使用手机、电脑或平板电脑进行学习的高中生的问卷统计情况，以第 4 题为第二条件，在两道题选项的排列组合中，点击选择"高中—有"即可，接下来便可直接进行频率分析。但要注意该功能最多能添加两个筛选条件，若有更多的分类需求，可以点击【自定义查询】按钮开展进一步的筛选工作。

4. 交叉分析

交叉分析又称立体分析法，是在横向分析和纵向分析的基础上，从交叉、立体的角度出发，由浅入深、由低级到高级的分析方法。交叉分析一般分为三个步骤：①确定自变量和因变量的问卷题目。②点击【交叉分析】按钮查看分析结果。③根据分析结果进行解读，即查看每个自变量中因变量所占百分比。其中多选题与多选题之间的交叉分析比较复杂，每个自变量中因变量选项所占百分比之和不等于 100%，如图 5-20 所示。

自变量 X 选择"获取与使用数字教育资源过程中有什么困扰"这道题，因变量 Y 选择"您最需要的三种数字教育资源"，两道题都是多选题，按照上述步骤进行操作，可以得到表格和柱状图两种结果样式。通过表格数据对"缺少相关设备的支持"这个选项进行分析，选项的意思是在选择缺少相关设备支持的教师中，选择最需要的三种数字教育资源的人次分别是多少，可以发现选择三种数字教育资源的最高选项包括教学素材（78.36%）、知识点教学课件（72.39%）以及教学案例（64.45%），且这一行中的选项百分比之和远远大于 100%。这便是交叉分析的神奇之处，能将原本不太相关的两道题联系起来得到原本问卷表面得不到的结果。

5. 数据下载

问卷星只支持一些比较简单的数据处理功能，如果想对数据进行深度处理，需要将

X/Y	教学素材（可根据自己的需要进行组合，生成自己的教学资源）	知识点教学课件（一节或一段完整的教学内容）	教学设计方案	教学案例（如优课、视频课例，可用于学习优秀的教学经验）	试题	继续教育网络课程	学科工具（如几何画板）	其他	小计
缺少相关设备的支持	1155 (78.36%)	1067 (72.39%)	708 (48.03%)	950(64.45%)	317 (21.51%)	85 (5.77%)	139 (9.43%)	1 (0.07%)	1474
难以获取所需资源	1266 (76.36%)	1245 (75.09%)	759 (45.78%)	1097 (66.16%)	378 (22.80%)	88 (5.31%)	139 (8.38%)	1 (0.12%)	1658
不懂得如何在教学中应用数字化资源	458(70.03%)	479 (73.24%)	338 (59.33%)	406 (62.08%)	142 (21.71%)	40 (6.12%)	48(7.34%)	1 (0.15%)	654
缺少技术支持	889(72.99%)	874 (71.76%)	541 (44.42%)	841(69.05%)	296 (24.30%)	72 (5.91%)	140 (11.49%)	1 (0.08%)	1218
自身信息技术水平有限（如公开课课件制作难度大）	704(74.73%)	685 (72.72%)	399 (42.36%)	662(70.28%)	224 (23.78%)	49 (5.20%)	99 (10.51%)	4 (0.42%)	942
其他	16(76.19%)	14(66.67%)	9 (42.86%)	11(52.38%)	5 (23.81%)	0 (0.00%)	6(28.57%)	2 (9.52%)	21

图 5-20 多选题与多选题的交叉分析

问卷星收集的数据导入 SPSS 中。导入分为以下三步：①筛选出要分析的问卷；②以"下载到 SPSS（.sav）"的方式下载问卷数据；③使用 SPSS 软件打开下载的数据文件即可。

第三节 访谈调查法

访谈调查法是一种最古老、最常用的收集资料的方法。访谈调查法广泛适用于教育调查和社会调查等领域，既有事实的调查，也有意见的征询。对于大范围的调查，使用问卷调查法较为合适，但是如果希望获得更深层次的具体信息，运用访谈调查法更加合适。

一、访谈调查法的含义、特点及优缺点

（一）访谈调查法的含义

访谈调查法又称访谈法、谈话法或访问法，不同学者对其定义也有所不同。例如，有学者将访谈法定义为："访谈是一种研究性交谈，是研究者通过口头谈话的方式从被研究者那里收集（或者说'建构'）第一手资料的一种研究方法。"[①]也有学者认为，访谈法是以谈话为主要方式来了解某人、某事、某种行为或态度的一种调查方法。虽然不

---

① 陈向明. 质的研究方法与社会科学研究[M]. 北京：教育科学出版社，2000：165.

同学者对访谈法的表述不一致，但是各类表述中都包含访谈法的核心要素：首先，访谈法是通过口头交谈的方式进行；其次，访谈过程基本上是以访谈员提问、被访者对问题进行回答的方式来收集资料；最后，访谈法收集到的资料是被访者的个人观点，对访谈结果的处理和分析相对比较复杂。

综合以上几种要素，我们将访谈调查法定义为：研究者通过口头谈话的形式，与调查对象有目的地进行交谈，并从被访者的回答中收集研究资料的一种方法。研究性的访谈和一般性的谈话有较大的区别。首先，一般性的谈话轻松随意，谈话的双方根据自己的观点对某一事件进行阐述；而研究性的访谈作为一种研究方法，研究者需要在进行正式访谈之前设计访谈提纲，考虑研究的目的以及实施过程，还需要考虑访谈的场合、记录方式等。其次，一般性的谈话是双方互问互答，彼此交流信息；而研究性的访谈基本上是访谈员提问，被访者针对问题进行回答，一般不会进行反问。最后，在一般性的谈话过程中，双方谈话终止也就意味着此次交流结束了；但是研究性的访谈结束之后，研究者需要对访谈过程中的资料进行收集整理，然后通过质性或量化分析得出最终的研究结论。

（二）访谈调查法的特点

1. 交互性

访谈调查是一种研究性交谈，是两个人或更多人之间进行的交互谈话。

2. 深刻性

访谈调查是一种有目的、有计划、有准备的谈话。谈话过程紧紧围绕着研究主题展开，访谈员通过询问引导被访者做出回答，以此了解调查对象的行为态度。

（三）访谈调查法的优缺点

1. 优点

（1）较强的灵活性。①访谈调查是访谈员根据研究的需要，以口头的形式，向被访者提出相关问题，通过被访者的答复来收集客观事实材料。这种调查方式灵活多样，方便易行，可以根据研究的需要向不同领域的人了解不同类型的材料。②访谈调查是访谈员与被访者双方交流、双向沟通的过程。这种方式具有较大的弹性，研究者在设计调查问题时，是根据一般情况和主观想法制订的，有些情况不一定考虑十分周全，在实际访谈中，可以根据被访者的反应，对调查问题进行适当的调整。如果被访者不理解问题，可以提出询问，要求解释；如果访谈员发现被访者误解问题可以及时加以解说或引导。

（2）所获信息和资料的直接性和可靠性。①访谈员可以事先设计访谈的环境，灵活安排访谈的时间和内容，控制提问的次序和谈话节奏，使被访者消除顾虑、放松心情、周密思考后再回答问题，这样就提高了调查资料的真实性和可靠性。②由于访谈流程速度较快，被访者在回答问题时常常无法进行长时间的思考，因此获得的回答往往是被访者自发的反应，这种回答较真实、可靠，很少掩饰或作假。③在访谈过程中，访谈员可以随时评估访谈资料的真实性，如果评估的结果是资料不真实，可以进一步访谈或者通过调换被访者的方式重新搜集资料。

（3）较强的理解性。访谈调查是研究者和调查对象之间的口语交流，不同性别、不同年龄、不同职业、不同文化水平的人，只要具备一定的语言表达能力，就可以用访谈的方法进行调查，因此不受书面语言的影响，彼此之间更容易理解和沟通。

（4）访谈的深入性。访谈员可以通过追问的方式对某一问题展开深入调查，让被访者对自己的回答进行解释、补充或者澄清，从而获得深层次的资料。另外，访谈员还能观察被访者的动作、表情等非语言行为，以此鉴别回答内容的真伪和被访者的心理状态。

（5）复杂问题的全面性。访谈员可以通过编制复杂的访谈提纲与被访者展开面对面的深入交谈，了解比较复杂的问题。

2. 缺点

（1）样本量小，费时费力，效率低，不经济。访谈调查法常采用面对面的个别访谈方式，面对面的交流必须寻找被访者，路上往返的时间往往超过访谈时间，调查中还会出现被访者不遇或拒访的情况，因此耗费的时间和精力较多；另外，较大规模的访谈常常需要训练一批访谈员，这就使费用支出大大地增加。与问卷相比，访谈要付出更多的时间、人力和物力。由于访谈调查费用大、耗时多，这就限制了它的规模，所以一般访谈调查的样本量较小。

（2）标准化程度低，不易量化，难以统计。访谈调查有灵活的一面，但同时也增加了这种调查过程的随意性。不同被访者的回答信息是多种多样的，没有统一的答案，因此，对访谈结果的处理和分析相对复杂，标准化程度低，难以作定量分析。

（3）无法控制主试和被试的种种影响。由于访谈调查是研究者单独的调查方式，不同访谈员的个人特征可能引起的被访者的心理反应不一样，从而影响回答内容；而且访谈双方往往是陌生人，也容易使被访者产生不信任感，以致影响访谈结果；另外，访谈员的价值观、态度、谈话的水平都会影响被访者，造成访谈结果的偏差。

（4）访谈过程缺乏隐秘性。由于访谈调查要求被访者当面作答，这会使被访者感觉到缺乏隐秘性而产生顾虑，尤其是对一些敏感、尖锐的问题，被访者往往会回避或不作真实的回答。

（5）记录困难。访谈调查是访谈双方进行的语言交流，如果被访者不同意现场录音，则要求访谈员有较高的笔录水平，而没有进行过专门的速记训练的访谈员往往无法完整地将谈话内容记录下来，追记和补记时也会遗漏很多信息。

二、访谈调查的类型

因研究的目的、性质或对象不同，访谈员可以采用不同的访谈方式进行调查。以下是几种比较常见的关于访谈调查的划分方式。

（一）按访谈提纲的标准化程度划分

1. 结构性访谈

结构性访谈又称标准式访谈，它是一种对访谈过程高度控制的访谈，由访谈员按事先设计好的访谈提纲依次向被访者提问，并要求被访者按规定标准进行回答。这种访谈严格按照预先拟订的计划进行，最显著的特点是访谈提纲的标准化，能够最大限度地降低来自被访者的误差，比较完整地搜集到研究所需要的资料。这类访谈有统一设计的调查表或访谈问卷，访谈内容已在计划中做了周密的安排。访谈计划通常包括访谈的具体程序、分类方式、问题、提问方式、记录表格等。由于结构性访谈采用共同的标准程序，信息指向明确，谈话误差小，因此访谈结果易于量化，能够以样本来推断总体，便于对不同对象的回答进行比较分析。这种访谈常用于正式的、较大范围的调查，相当于面对面提问的问卷调查。一般来说，量的研究通常采用结构性访谈，以便收集统一的数据。

2. 非结构性访谈

非结构性访谈又称深度访谈或自由式访谈。非结构性访谈事先并没有完整的调查问卷和详细的访谈提纲，也没有规定标准的访谈程序，而是由访谈员根据一个粗线条的问题大纲或几个要点，与被访者进行比较自由的交谈。这种访谈的最大特点是弹性大，访谈员能够根据需要灵活地转换话题、变换提问方式和顺序、追问重要线索等，通过深入细致的访谈搜集到丰富全面的定性资料。质的研究、心理咨询和治疗往往采用这种非结构化的"深层访谈"，以了解被访者关心的问题和思考问题的方式。

3. 半结构性访谈

在教育调查中采用的访谈形式，还有一种是介于结构性访谈和非结构性访谈之间的半结构性访谈。在半结构性访谈中有调查表或访谈问卷，它有结构性访谈的严谨、标准化的题目，访谈员虽然对访谈结构有一定的控制，但也给被访者留有较大的表达自己观点和意见的空间。访谈员通常事先备有一个粗线条的访谈提纲，能够根据访谈的具体情况及时对访谈的程序和内容进行调整。半结构性访谈兼有结构性访谈和非结构性访谈的优点，既能避免结构性访谈缺乏灵活性、难以对问题进行深入探讨等局限，也能避免非结构性访谈的费时费力、难以进行定量分析等缺陷。

（二）按访谈次数划分

1. 一次性访谈

一次性访谈又称横向访谈，是指在同一时段对某一研究问题进行的搜集资料的一次性访谈。[1]这种研究需要抽取一定的样本，拥有一定数量的被访者，访谈内容以搜集事实性信息为主，研究一次性完成。横向访谈搜集的内容比较单一，访谈时间短，需要被访者花费的时间较少。横向访谈常用于定量研究。

---

[1] 绍光华，张振新. 教育研究方法[M]. 北京：高等教育出版社，2012：120.

2. 重复性访谈

重复性访谈又称多次性访谈或纵向访谈，是指多次搜集固定调查对象有关资料的跟踪访谈，即对同一样本进行两次或两次以上的访谈以搜集资料。纵向访谈是一种深度访谈，可以对问题展开由浅入深、由表层到深层的调查，通过调查对象自身的前后比较来了解事物发展的变化趋势。纵向访谈常用于个案研究、验证性研究和质的研究。按照美国学者塞德曼（I. Seidman）的观点，访谈应进行三次以上[①]。不管进行多少次访谈，所得资料要尽可能达到饱和状态。

（三）按调查对象数量划分

1. 个别访谈

个别访谈是指访谈员对每一个被访者逐一进行的单独访谈。其优点是访谈员和被访者直接接触，可以得到真实可靠的材料。这种访谈有利于被访者详细、真实地表达其看法，访谈员与被访者有更多的交流机会，被访者更易受到重视，安全感更强，访谈内容更易深入。[②]个别访谈是访谈调查中最常见的形式。

2. 集体访谈

集体访谈又称小组访谈或座谈，是由一名或多名访谈员亲自召集一些被访者，根据访谈员需要调查的内容征求意见的调查方式。通过集体访谈的方式进行调查，可以集思广益、互相启发、互相补充，而且能在较短的时间里获取对某一问题比较全面、准确的看法。参加集体访谈的被访者要有代表性且相互之间有共同语言，通常以 5~7 人为宜，最多不超过 10 人。主持人一般不参加争论，以免堵塞与会者的思路。另外研究者还要做好详细的座谈记录。

集体访谈也有其不足，因为影响访谈效果的不仅有访谈员与被访者之间的互动，还有被访者间的互动。如果组织不好，很容易发生权威人士或主持人垄断会场的情况，使其他人没有发言机会，或者难以发表不同意见。所以一次集体访谈的参加人数取决于研究内容的客观需要和主持人驾驭会议的能力。不同于个别访谈中的访谈员不受身份和地位的限制，主持人必须有相当的地位与身份，还要注意访谈对象的选择，比如以了解情况为主的访谈，要选择与访谈内容直接相关的当事人、主管人和知情人；以研究问题为主的访谈，要选择对访谈内容有实践经验的、有理论修养的、有独到见解的、有不同观点的人。

三、访谈调查的过程

访谈是一种互动的社会交往过程，在这种互动过程中，研究者只有与被访者建立起

---

① 陈向明. 质的研究方法与社会科学研究[M]. 北京：教育科学出版社，2000：173.
② 陈向明. 质的研究方法与社会科学研究[M]. 北京：教育科学出版社，2000：173.

基本的信任与一定的感情，并根据对方的具体情况进行访谈，才能使被访者积极提供资料。这就要求访谈员必须具备良好的访谈技能，并能掌握和灵活运用访谈的各种技巧。一般来说，访谈调查包括选择访谈对象、准备访谈提纲和访谈计划、正式访谈、访谈资料的整理与分析、完成访谈调查报告等几个阶段的工作。

（一）选择访谈对象

在访谈调查中，访谈对象的选择是重要的一环，因为访谈调查的信息资料是由被访者提供的，因此，它直接影响着访谈最终的结果。选择访谈对象首先应该根据研究的目的，确定访谈调查的总体范围，然后采用随机抽样的方法，从总体中选取调查研究所需的、有代表性的样本。访谈调查所需样本的大小，取决于研究的目的和性质，但也不能忽视调查研究的人员、时间及经费等条件。

从各种访谈方式的优势和局限来看，不同的访谈方式有不同的样本量需求。一般来说，探索性研究采用较小的样本，验证性研究则需要较大的样本；一次性访谈样本应尽量多一些，重复性访谈样本则相对少一些；结构性访谈样本可以多一些，非结构性访谈样本相对少一些。选择访谈对象还要尽可能充分了解被访者的基本信息，如性别、年龄、婚姻、职业、文化水平、兴趣爱好、个人经历等。尤其是在个别访谈、非结构性访谈或重复性访谈中，对被访者的基本信息了解越详细，访谈对象的选择也就越有针对性。同时，了解被访者的基本情况对于编制访谈提纲、选择适当的访谈方式、顺利开展访谈调查任务等，都具有重要意义。

（二）准备访谈提纲或访谈计划

编制科学的访谈提纲或访谈计划是实施访谈调查至关重要的环节。访谈提纲或计划主要包括访谈目的，访谈主题，访谈的具体问题，访谈的时间、地点，访谈员和访谈对象，访谈资料的记录和分类方法，准备访谈有关的资料、证件和记录设备等。访谈的具体问题必须根据研究目的和研究变量来编制，还要考虑问题的设计形式、具体访谈句式的编写、访谈问题的方式等，做到有的放矢。访谈的时间、地点、场合等因素应从被访者的角度考虑，要利于形成良好的访谈气氛，利于访谈的顺利进行。

访谈提纲和访谈计划的编制要遵循以下原则：①访谈提纲或计划简明扼要，列出需要了解的主要问题以及应覆盖的内容范围；②访谈问题应简单易懂，并具有可操作性；③访谈问题应尽量开放，使被访者有足够的余地选择访谈的方向及内容；④保持开放的心态，准备接受被访者的不同反应，并沿着对方的思路深入下去；⑤访谈提纲要随时修改，前一次的访谈结构可以作为下一次访谈的依据。

（三）正式访谈

确定访谈对象并完成访谈提纲和访谈计划后，就进入正式访谈阶段。在访谈之前有必要与被访者取得联系，征求对方的同意方可着手调查。进入访谈现场，应包含以下环节和注意事项。

1. 尽快接近被访者

在初次访谈时，进入访谈现场，面对素不相识的被访者，访谈员需要尽快地接近被访者，可以通过自我介绍简要说明访谈的目的等，必要的话，访谈员可以出示自己的有关证件，如盖有公章的介绍信，递上自己的名片，携带具有研究单位标志的公文包、文件夹，佩戴代表身份的标志等，以消除被访者的疑虑，这是访谈顺利进行的第一步。对于初次接触的被访者，访谈员可以请一位与被访者熟悉的人引见，增加被访者对访谈员的信任感。另外，访谈员要恰当地称呼被访者，称呼要入乡随俗、自然亲切，既不可对人不恭，也不可过于奉承，访谈员应根据实际情况灵活使用。在自我介绍之后，访谈员应表达进入访谈的愿望，进一步阐述访谈的目的和意义，以引起被访者的兴趣。若被访者推辞受访，访谈员要想办法与被访者约定下次登门拜访的时间，不要轻易放弃任何一名被访者。

2. 建立融洽的访谈气氛

良好的气氛是保证访谈调查顺利进行的重要条件。在双方有了初步的接触和被访者表示愿意接受访谈后，可以从被访者熟悉的事情、关心的社会问题、时下的新闻热点谈起，以消除被访者紧张戒备的心理，激发进一步长谈的兴趣；也可以从关心被访者入手，拉近双方的距离，建立信任，在建立起融洽的关系后，再进入正题。访谈员要建立和保持访谈过程中融洽的气氛。访谈员应该尽量保持亲切、尊重和平静的态度，使被访者能在轻松的环境中，自然地敞开思想。访谈员要掌握发问的技术，注意提问的方式，要选择恰当的用词与被访者交流，争取被访者对回答问题的配合。访谈员不能受被访者情绪的影响，不管被访者是否合作、怎样合作，也不论被访者回答的问题是否在访谈员意料之中，访谈员都不能表示不满，更不能批评或指责被访者，以保持轻松和谐的访谈气氛。

3. 按计划进行访谈

在访谈双方初步认识和融洽的访谈气氛下，访谈员可以按照事先拟订的访谈计划自然地进行正式访谈。在访谈过程中，访谈员要按照访谈计划中确定的访谈内容、访谈方式、问题顺序进入访谈，以保证访谈获得成效。

在访谈过程中遇到被访者跑题时，需要访谈员引导被访者回到原来主题。切忌粗鲁地打断被访者，或者说"您跑题了""您没有按要求回答"之类的话，这样会使被访者产生抵触情绪。访谈员应该不露痕迹地进行话题转换，可以归纳被访者所谈的情况，如当从工作方面转向家庭方面时，可以说"您的工作真忙，回到家里可以轻松一些吧？"以此把话题引过来；也可从被访者所谈的不着边际的材料中，选取一两句与正题有关的话进行提问，"您刚才谈的某问题，是怎么一回事？"；还有一种方式是以动作转换话题，可以通过给被访者递水来中断谈话，当访谈重新开始时，可提出新的问题请其回答，在不知不觉中改变话题。

有时也会遇到被访者的回答含糊不清、前后矛盾不能自圆其说、残缺不全，或者访谈员不能肯定自己理解了对方的回答等情况，需要访谈员进行重述和追问，以引导被访者进行更准确、更充分的回答，或至少给出最低限度可接受的回答。追问时，若正面指出被访者的回答不真实、不具体、不准确，请其补充回答，很容易会引起对方反感。因此，可换一个角度或通过提问的方式追问相同的问题，如"刚才您说的我还不太明白，能给我再讲一遍吗？"当访谈员表示已听到回答，或对这一回答感兴趣，可通过表情、动作表现出理解和关心，激发被访者继续谈下去。

4. 认真做好访谈记录

记录的方式分为笔录和录音两种。在访谈过程中要客观准确地记录谈话的内容，尽可能完整、全面地按被访者的回答记录，不能加入访谈员的个人观点和看法，记录时可对某些不太明确的回答作记号，以便在追问中提出，避免曲解被访者的原意。若无法即时记录，事后要进行追记，访谈后要尽快整理、分析访谈记录。

5. 结束访谈

结束访谈是访谈的最后一环，有时比开始访谈还困难，需要注意以下几点。

（1）掌握时间。一般情况下，被访者保持注意力的时间为：电话访谈 20 分钟左右；结构性访谈 45 分钟左右；集体访谈和非结构性访谈不超过 2 小时。这些数据可供访谈员实施访谈调查时参考。至于一次访谈究竟用多少时间为宜，应根据访谈调查的实际情况灵活控制，具体情况具体对待。由于整个访谈过程需要被访者的积极配合，所以访谈的时长应该以不妨碍被访者的正常工作和生活秩序为原则。

（2）掌握行为。访谈员在访谈进入尾声阶段后，除了要注重被访者的回答内容外，还要时刻观察访谈过程中被访者的表现。如果这时被访者兴致勃勃地对某个问题发表意见，只要与调查内容相关，访谈员就应该继续认真倾听；如果访谈的任务已经完成，被访者所谈内容与调查关系不大，访谈员可以用委婉的方式暗示访谈结束，如"我今天想了解的就是这些问题"。如果被访者说话的音调降低和节奏变慢，或者被访者不停地看时间，或者访谈已超过事先约定的时间，或者访谈员感到交谈难以进行、话不投机，应该考虑尽快结束访谈。访谈员打算结束访谈时，如果不用语言表示，可以做出准备结束访谈的姿态，如开始收拾录音笔、合上记录本等。

（3）结束语。访谈结束时，要向被访者表示感谢，如"您今天的谈话对我们的调查帮助很大""谢谢您对我们访谈调查的支持"。如果访谈的任务尚未完成，需要进一步调查的话，应与被访者约定下一次访谈的时间和地点，最好能够简要说明再次访谈的主要内容，让被访者有个思想准备。如有必要，可以留下对方的联系方式。

（四）访谈资料的整理分析

1. 访谈资料的整理

在访谈结束后，对访谈资料进行整理就成为重要的工作。访谈资料的整理与分析应该随时进行，而不应该等到所有的访谈全部结束后才开始，最好是当天整理，如果当天来不及，也要在近期完成。访谈资料中如果有录音，应该先把录音转换成文字，形成文字稿。在此基础上，一是对访谈资料中的简化内容进行还原补充，二是对资料进行编号。之后，应该对这些资料进行复印，以便在分析时进行剪贴和分类。

2. 访谈资料的分析

访谈资料的分析，即根据研究的目的和相关的标准将原始资料进行浓缩，从而形成一个有结构、有条理和内在联系的意义系统。一般有以下四个步骤。

（1）对原始资料的阅读。要求研究者不能带任何价值判断和假设，而是让资料本身说话。在阅读过程中，研究者会融入本人的阅历，这是正常的，也是对资料理解的过程。还要注意寻找意义，即通过原始资料的阅读寻找事件及事件之间的联系、概念及概念之间的联系。

（2）资料的录入。也就是将原始资料打乱，赋予意义后以新的方式组合在一起。这一过程要求研究者具有敏锐的判断力和洞察力，要从资料中找到一些焦点性的内容，并将之串联起来。

（3）寻找"本土概念"。为了使资料保持原汁原味，研究者要从资料中理出个"本土概念"，它可能是词语，也可能是句子。

（4）编码和归档。即根据研究主题理清访谈资料中的意义分布及相互关系，从而组成一个相关联的意义系统。

（五）完成访谈调查报告

对访谈资料进行整理与分析之后，要完成访谈报告的撰写。具体格式包括报告标题、摘要、访谈背景、报告的主体（包括访谈目的、访谈对象、资料分析、访谈结果）、讨论或建议、参考文献、附录（附访谈提纲）。

案例 5-1 调查问卷案例

学生学习现状调查问卷[①]

亲爱的同学：

你好！我们是广西师范大学"学生学习现状及问题对策研究"课题组，下面是一份关于学生学习现状的调查问卷，希望通过你的合作使我们能更为清楚地了解学生的学习情况，以便提供更好的学习支持。问卷采用不记名方式，请你如实填写答案，谢谢你的支持！

（一）以下问题是为了了解你的基本情况，请你在问题后面如实填写答案。希望你尽量回答全部问题，不要留空。

1. 你的性别：
2. 你的年龄：

---

① 陈时见. 教育研究方法[M]. 2版. 北京：高等教育出版社，2016：123.

3. 你所在的学校：

4. 你所在的年级：

5. 你所在的班级：

6. 你的所在地（市、县、乡）：

（二）以下问题是关于新课程实施的基本情况的调查，每个问题设有五个备选答案，请你根据实际情况如实选择一个答案，将答案的代号（A、B、C、D、E）填写在问题后面，或者在所选答案的代号上画"√"。希望你尽量回答全部问题，不要留空。

1. 你觉得现在的学习是否有压力？

A. 压力很大　　　B. 压力较大　　　C. 压力适中

D. 压力较小　　　E. 压力很小

2. 你觉得现在老师布置的作业量是否合适？

A. 作业量很大　　B. 作业量较大　　C. 作业量适中

D. 作业量较小　　E. 作业量很小

3. 现在你的课后学习时间大约为：

A. 一个小时　　　B. 两个小时　　　C. 三个小时

D. 四个小时　　　E. 四个小时以上

4. 本学期你们是否开设综合实践活动课？如果是，请问你是否喜欢综合实践活动课？

A. 是，非常喜欢　B. 是，比较喜欢　C. 是，有些喜欢

D. 是，不喜欢　　E. 否

5. 学校是否提供机会让你们参加兴趣小组或者学生社团等学生组织的活动？如果是，请问你对这些活动是否感兴趣？

A. 是，很感兴趣　B. 是，比较感兴趣　C. 是，有一些兴趣

D. 是，没有兴趣　E. 否

6. 你对现在使用的大多数教材是否适应？

A. 非常适应　　　B. 比较适应　　　C. 基本适应

D. 在某些方面不适应　E. 完全不适应

7. 目前，你对大多数科目的学习是否感兴趣？

A. 很感兴趣　　　B. 比较感兴趣　　C. 有一些兴趣

D. 没有兴趣　　　E. 厌烦

8. 你对自己的学习是否充满信心？

A. 非常有信心　　B. 比较有信心　　C. 有一些信心

D. 没有信心　　　E. 不知道

9. 你觉得制订一定的学习目标是否重要？

A. 非常重要　　　B. 比较重要　　　C. 一般重要

D. 不重要　　　　E. 不知道

10. 你是否经常将书本上的知识与实际的生活结合起来理解？
　　A. 经常　　　　　　B. 有时　　　　　　C. 很少
　　D. 从来没有　　　　E. 不清楚

11. 平时你是否对自己比较感兴趣的问题作进一步的思考或探索？
　　A. 经常　　　　　　B. 有时　　　　　　C. 很少
　　D. 从来没有　　　　E. 不清楚

12. 老师是否引导或帮助你制订学习目标？
　　A. 经常　　　　　　B. 有时　　　　　　C. 很少
　　D. 从来没有　　　　E. 不清楚

13. 你对大多数老师的授课是否满意？
　　A. 非常满意　　　　B. 比较满意　　　　C. 基本满意
　　D. 不满意　　　　　E. 无所谓

14. 你认为大多数老师的教学态度是否认真？
　　A. 非常认真　　　　B. 比较认真　　　　C. 一般认真
　　D. 不认真　　　　　E. 无所谓

15. 在课堂上老师是否经常提供机会让你与其他同学进行学习方面的交流？
　　A. 经常　　　　　　B. 有时　　　　　　C. 很少
　　D. 从来没有　　　　E. 不清楚

16. 在课堂上，你觉得老师保持良好的情绪是否重要？
　　A. 非常重要　　　　B. 比较重要　　　　C. 一般重要
　　D. 不重要　　　　　E. 无所谓

17. 你是否向老师提出过有关教学方面的建议或意见？
　　A. 经常　　　　　　B. 有时　　　　　　C. 很少
　　D. 从来没有　　　　E. 不清楚

18. 你觉得老师经常关注你吗？
　　A. 经常　　　　　　B. 有时　　　　　　C. 很少
　　D. 从来没有　　　　E. 不清楚

19. 你是否赞成老师公开你的测验或者考试成绩？
　　A. 非常赞成　　　　B. 比较赞成　　　　C. 基本赞成
　　D. 不赞成　　　　　E. 无所谓

20. 你认为老师使用的测验或考试方式是否能够真实地反映出你的学习情况？
　　A. 基本上能　　　　B. 大多数方面能　　C. 少数方面能
　　D. 根本不能　　　　E. 不清楚

（三）以下问题是对学习中出现的一些问题的了解，每个问题设有若干个备选答案，如果你在学习中遇到这样的问题，请你如实选择其中你认为最主要或最重要的 1~3 个答案，将答案的代号填写在问题后面，或者在所选答案的代号上画"√"。如果你的答案不在备选项中，请在"其他"项中填写上你的答案。

如果你在学习中没有遇到这样的问题，则不必回答。

1. 如果你感到学习有压力，请问压力主要来自于：
   A. 升学　　　　　　　B. 家长的期望　　　　C. 老师的期望
   D. 自身的期望　　　　E. 自身学习能力的不足
   F. 同学间的竞争　　　G. 其他_____

2. 如果你对所学的科目有兴趣，感兴趣的原因：
   A. 科目本身有趣味性　B. 科目本身实用　　　C. 科目容易学
   D. 不是考试科目　　　E. 老师上课有趣　　　F. 其他_____

3. 如果你在老师的指导下开展过研究性学习，请问你从中：
   A. 掌握了知识　　　　　　　　　B. 提高了学习成绩
   C. 激发了探究问题的兴趣　　　　D. 养成了合作的精神
   E. 与他人一起分享学习成果　　　F. 提高了独立思考问题的能力
   G. 提高了与老师交流的能力　　　H. 培养了尊重事实的科学态度
   I. 其他_____

4. 如果愿意，你会在课堂上选择用哪些方式与老师交流？
   A. 主动回答老师的提问　　　　　B. 向老师提出问题
   C. 与老师一起讨论问题　　　　　D. 听老师讲授
   E. 其他_____

5. 如果你在学习中遇到困难，你一般会采取什么方式解决？
   A. 自己解决　　　　　B. 向老师请教　　　　C. 向同学请教
   D. 向家长请教　　　　E. 不知道怎么办　　　F. 无所谓
   G. 其他_____

6. 如果你追求学业上的进步，请问你最关心自己哪些方面的进步？
   A. 学习成绩的提高　　B. 掌握知识的情况　　C. 学习能力的提高
   D. 学习方式的改进　　E. 思维水平的提高　　F. 学习态度的改变
   G. 学习兴趣的培养　　H. 合作能力的提高　　I. 问题解决能力的提高
   J. 其他_____

7. 如果有机会，你希望老师用什么方式上课？
   A. 老师讲解　　　　　　　　　　B. 多媒体教学
   C. 提供机会让同学合作学习　　　D. 通过参加社会实践活动来学习
   E. 老师提供问题让自己通过查找资料或做实验解决
   F. 其他_____

8. 如果有机会，你会选择什么方式学习？
   A. 听课　　　　　　　B. 自学　　　　　　　C. 家教

D. 上网　　　　　　　E. 其他_____

9. 如果老师在学习上经常关心你，请问他（或她）主要关心你的哪些方面？

　　A. 学习成绩的提高　　B. 掌握知识的情况　　C. 学习能力的提高
　　D. 学习方式的改进　　E. 思维水平的提高　　F. 学习兴趣的培养
　　G. 合作能力的提高　　H. 问题解决能力的提高
　　I. 社会实践能力的提高
　　J. 情绪和情感体验
　　K. 道德和人格的养成
　　L. 其他_____

10. 如果你喜欢一个老师，请问你喜欢他（或她）的哪些方面？

　　A. 热爱、尊重学生　　B. 公正、公平　　　　C. 责任心强
　　D. 无私奉献　　　　　E. 有威信　　　　　　F. 教学水平高
　　G. 具有良好形象　　　H. 知识面广　　　　　I. 兴趣广泛
　　J. 风趣、幽默　　　　K. 其他_____

11. 如果有机会，你希望用哪种方式检验自己的学习效果？（请选择其中最重要的1~2项）

　　A. 考试　　　　　　　B. 单元测验　　　　　C. 作业
　　D. 档案袋评价　　　　E. 自我评价　　　　　F. 教师评价
　　G. 其他_____

12. 请问你的父母都关心你学习方面的哪些进步？

　　A. 学习成绩的提高　　B. 掌握知识的情况　　C. 学习能力的提高
　　D. 学习方式的改进　　E. 思维水平的提高　　F. 学习兴趣的培养
　　G. 合作能力的提高　　H. 问题解决能力的提高
　　I. 社会实践能力的提高
　　J. 情绪和情感体验　　K. 道德和人格的养成　L. 身体素质的提高
　　M. 心理素质的提高　　N. 其他_____

问卷到此结束，感谢您的支持！

案例 5-2 访谈提纲案例

基于问题的初中科学学习效果的调查[①]

一、访谈目的

　　通过访谈，了解基于问题的学习对初中生科学学习的习惯、兴趣、主动性等方面的影响，以便获得实验研究的原始资料，准确判定基于问题的学习对初中生学习的影响效果。

---

① 邵光华，张振新. 教育研究方法[M]. 北京：高等教育出版社，2012：125.

二、访谈对象

1. 实验班的初中科学教师

2. 实验班其他学科任课教师（考虑到年级、学科、年龄、职称、学历等客观因素，在每个实验班主要选取两名访谈对象即可）

三、访谈内容

（一）对实验班其他学科任课教师的访谈内容

1. 你是哪个学科的教师？
2. 你知道 PBL 教学吗？你在教学中经常提问题让学生回答吗？
3. 实验之前，你对这个班学生的总体印象如何？实验后的整体印象又如何？
4. 实验期间，学生的学习习惯发生了怎样的改变？
5. 实验期间，学生的学习兴趣和以前相比发生了什么样的变化？
6. 实验期间，学生的学习主动性提高了还是降低了？
7. 若学生发生了上述某些变化，请简要归纳这些变化对你的学科教学的影响。

（二）对实验班科学教师的访谈内容

1. 经过一个学年的实验之后，你最大的感受是什么？
2. 学生的学习习惯变化大吗？具体表现在哪些方面？
3. 学生的学习兴趣有变化吗？请举例说明。
4. 学生的学习主动性较之以前有所变化吗？
5. 学生的学科素养有所提高吗？
6. 经过实验，你觉得学生本身最大的变化是什么？
7. 请详细描述实验中学生变化的某个典型案例。

四、注意事项

1. 本访谈属于半开放型访谈，可以以上述问题为主线，根据访谈的具体情况提出更加深入的问题，以收集本课题需要的深度信息。

2. 为了确保访谈获得比较真实的信息，在访谈提问中，要避免使用暗示性语言和指导性语言。

本章小结

本章首先介绍了教育调查研究的含义、特点及类型划分，并对教育调查研究的一般步骤进行了详细说明，然后较为全面地阐述了问卷调查法和访谈调查法的具体内容。其中，介绍了问卷调查的优缺点、问卷的基本构成、设计问卷的具体要求以及问卷的发放与回收，还阐述了访谈调查的优缺点、类型以及基本操作流程，试图为研究者在实践中运用问卷调查法和访谈调查法提供理论指导。

教学建议

1. 问卷调查是教育调查研究中最常用的一种研究方法。因此，教师在组织教学时可以挑选一些具有代表性的调查问卷实例，组织学生分析已有问卷的结构，讨论问卷设计的要求，这不仅使学生更加清楚地了解调查问卷的结构，还有利于培养学生综合分析问题的能力。

2. 设计学生活动时，教师可以事先选择一个教育研究问题，将学生进行合理分组，引导学生合作探究，编制相应的调查问卷或访谈提纲，对所要研究的问题进行调查，并要求学生对调查过程和结果进行展示、汇报。这不仅使学生真实生动地了解教育调查研究的基本过程，而且有利于培养学生的动手能力和合作探究能力。

练习·思考

1. 编写问卷内容时应注意哪些技巧？
2. 试比较问卷调查法与访谈调查法的优点与局限性。

以下为教育学专业研究生入学考试 311 综合相关真题

3. 简答题。
（1）简述问卷调查中封闭式题目答案设计的基本要求。
（2）某研究者拟采用问卷调查和访谈调查两种方法对大学生的创业意向进行调查。①试述两种方法的优缺点。②调查中应如何综合使用这两种方法？

4. 单选题。
（1）与问卷调查相比，访谈调查的优点是（　　）。
　A. 更具客观性　　　　　　　　B. 更有利于做大样本研究
　C. 更有利于研究深层次的复杂问题　　D. 更易对数据进行编码处理

（2）"你曾经在考试中作过弊吗？"这是某研究者在"关于大学生学习现状的调查问卷"中的一个题目。这一题目存在的主要问题是（　　）。
　A. 过于书面化　　　　　　　　B. 词义含糊
　C. 带有暗示性　　　　　　　　D. 涉及敏感性问题

（3）在问卷调查中，相对于封闭式题目而言，开放式题目的优点是（　　）。
　A. 问卷回收率较高　　　　　　B. 对调查对象文化水平要求较低
　C. 利于数据处理　　　　　　　D. 利于研究复杂问题

（4）某一关于教学质量满意程度的调查问题，只给出了"非常满意""满意"两个答案选项。这违背了问题答案设计要求的（　　）。
　A. 完整性　　　　　　　　　　B. 互斥性
　C. 相关性　　　　　　　　　　D. 同层性

第六章

教育测量法

学习目标

- 了解教育测量的含义及特点;
- 理解教育测量的四种水平及主要类型;
- 明确教育测量在教育研究中的应用;
- 掌握测量工具的评价指标及其计算方法,即信度、效度、难度、区分度,并能进行评估;
- 能够掌握标准化测验的编制及实施应用步骤。

知识导图

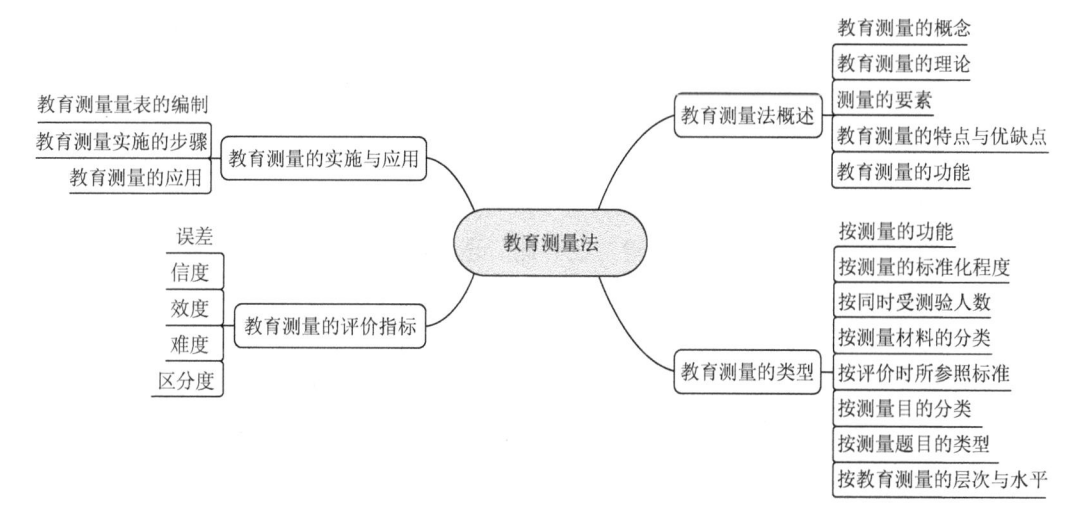

教育测量法
- 教育测量法概述
  - 教育测量的概念
  - 教育测量的理论
  - 测量的要素
  - 教育测量的特点与优缺点
  - 教育测量的功能
- 教育测量的类型
  - 按测量的功能
  - 按测量的标准化程度
  - 按同时受测验人数
  - 按测量材料的分类
  - 按评价时所参照标准
  - 按测量目的分类
  - 按测量题目的类型
  - 按教育测量的层次与水平
- 教育测量的评价指标
  - 误差
  - 信度
  - 效度
  - 难度
  - 区分度
- 教育测量的实施与应用
  - 教育测量量表的编制
  - 教育测量实施的步骤
  - 教育测量的应用

测量是科学研究的基础,从研究方法的角度来讲,现代意义上的科学发展是建立在实验方法的引入与测量技术发展的基础上的。教育测量已经成为教育研究和教育实践中必不可少的工具。

教育测量法是根据测量学的原理和方法对教育现象及其属性进行数量化研究的方法，通常用于测量教育过程中学生的学习成绩、学习能力和个性特征等。本章将介绍教育测量法的发展、概念、类型和实施流程，以及测量在教育中的应用。

第一节 教育测量法概述

一、教育测量的概念

教育测量（educational measurement）是以测验量表（一组测试题）为工具，对教育事物或现象进行数量描述与分析的方法。教育测量是教育调查研究、评价研究、实验研究中不可或缺的方法。

教育测量广泛应用于教育教学与管理的各个方面，其主要作用有甄别选拔学生、检查教育教学目标贯彻的情况、诊断学生的身心发展状况、给教师的教和学生的学提供反馈信息，还应用在学生升级、编班、分组、指导就业，预测学生某方面成就在未来发展的可能性等。

二、教育测量的理论

1993 年麦斯雷弗（R. J. Mislevy）将测验理论的发展分为标准测验理论阶段和新一代测验理论阶段。新一代测验理论和标准测验理论的根本区别在于，标准测验理论只关注被试宏观能力的测量及评估，而新一代测验理论不仅关注被试宏观能力的测量及评估，更关注个体内部微观心理加工过程的测量及评估。经典测验理论、项目反应理论及概化理论都属于标准测验理论，而认知诊断理论和高阶认知诊断模型则被称为新一代测验理论。

（一）经典测验理论

经典测验理论（classical test theory，CTT）是最早发展起来的测验理论，自 19 世纪末提出，到 20 世纪 50 年代趋于完善，经典测验理论起源于斯皮尔曼（C. E. Spearman）有关智力和智力测验的著名研究，并由诺维克（M. R. Novick）给出了最终的公理化形式。经典测验理论是基础的测验理论，它是以真分数模型为基础建立起来的，由于操作简单、体系完整、适应面广，在实践中应用较多。现代测验理论大多是在经典测验理论的研究基础上，针对它在某方面存在的问题而发展起来的。

（二）项目反应理论

项目反应理论（item response theory，IRT），或称潜在特质理论（latent trait theory，

LTT），在20世纪50年代初创立，20世纪60年代后期随着计算机技术的发展而兴起。它是以美国测量专家洛德（F. M. Lord）为代表的测量学者们，为克服经典测验理论的局限性而提出的现代测验理论。这种理论以潜在特质为假设，从项目特征曲线开始，有效解决了经典测验理论中无法建立考生得分与项目参数之间函数关系的问题。项目反应理论数理逻辑严密，测量精度高，且项目参数估计独立于被试样本，在实际应用中有较多优点，尤其适用于计算机自适应测验。但是，项目反应理论对使用者的要求较高，其应用受到一定的限制。[①]项目反应理论应用在测验设计、能力估计、测验等同化、适应性测验方面。在实际应用中，项目反应理论在编制自适应测验、测验成绩等值处理、题库建设等方面有很大的价值。

（三）概化理论

概化理论（generalizability theory，GT），或称概括力理论，在20世纪60年代兴起，并于20世纪80年代发展起来。它用全域分数代替真分数，用概括化系数、G系数代替信度。概化理论认为任何测量都处在一定的情境关系中，应从测量的情境关系去具体地考察测量工作，要结合测量的情境关系对经典测验理论笼统的误差进行探查和分解，分析误差的不同来源，考察误差的相对变化，从而对误差进行控制，提高测验的信度。但是，概化理论与经典测验理论未能从根本上建立经典测验理论的项目参数系统，计算过程较为复杂，因此在应用中受到一定限制。概化理论主要应用在检测测量工具的效度、评分误差、优化评测工具等方面。不足之处是在心理特质多维性测量研究上，对误差来源的估计还不够精确，测验可靠性过于依赖实测数据的完备性。

（四）认知诊断理论

认知诊断理论（cognitive diagnosis theory，CDT）是当今教育测量学研究中一个受人关注的研究方向。广义的认知诊断指建立起观察分数和被试的内部认知特征之间的关系。狭义的认知诊断指在教育教学领域中，依据被试是否掌握测验所测的技能或特质来对被试加以分类。目前，人们已经不满足于学生的测验分数，而是测验能支撑的诊断信息能够报告学生的认知结构和掌握知识的情况，这就是认知诊断。它把认知与测量结合起来，不仅能够对学生的整体水平作出评估，还能将学生的认知结构模式化，利用合适的计量模型进行诊断，定量地考查学生的认知结构和个体差异，这种对认知结构有诊断功能的计量模型被称为认知诊断模型。认知诊断理论有利于促进测验的发展功能、深入阐释学科能力、提高测验的内容效度。不足之处是缺乏操作性，且过于复杂。

（五）高阶认知诊断模型

高阶认知诊断模型（higher-order cognitive diagnosis model，HO-CDM）在一定程度上融合了项目反应和认知诊断两种测量理论，其模型参数的设定能同时提供标准参照测

---

① 朱德全. 教育测量学[M]. 北京：中国人民大学出版社，2016：43-45.

试和常模参照测试的信息。因此，引入高阶认知诊断模型不但有助于试题试卷的设计，而且有助于考后评价。其中高阶部分能提供常模参照信息，低阶部分能提供标准参照信息，有助于探索解决标准参照与常模参照并存的试题试卷评价。①

三、测量的要素

测量的要素有以下三个方面。

（一）参照点

参照点是计算与测量事物量的起点，即零点。参照点有两种：一种是绝对零点，如测量事物的轻重是绝对零点；另一种是相对零点的参照点，如以海平面为起点测量陆地的高度。

（二）单位

单位是测量的基本要求，没有单位就无法测量。单位有两个方面的要求：①大家共识确定的意义，即不出现不同的解释。②相等的价值，即各个单位间存在相同的距离。

（三）量表

量表一般是指测量的工具，它是具有一定单位和参照点的连续体，如尺子是度量长度的工具，天平是权衡重量的工具。教育测量中所使用的量表多以文字试题的形式出现，也有以图形、符号、操作要求的形式出现。由于量表的单位和参照点不同，量表的种类也不同，不同量表的精确度是不一样的。②

四、教育测量的特点与优缺点

（一）教育测量的特点

（1）间接性。人的心理无法直接测量，只能通过测量个体对测验项目的行为反应来进行推测，间接了解个体的心理特质。

（2）相对性。比较教育研究对象的行为，没有绝对的标准或零点，都是与所在团体中大多数人的行为或者某种人为确定的标准相比较而言的。比如，通过智力测量所得智力的高低等都是与其所在总体的人的行为或某种人为确定的参照点相比较而言的。

（3）客观性。测验受主观支配，其测量方法是可以重复的，被试外部的行为，测验的实施、记分和解释都是客观的，这就是测验的标准化问题。

（二）教育测量的优点

（1）科学性较强。测验量表的编制过程客观、严谨，测量结果以更直观的形式显现。

---

① 张敏强，梁正妍，李嘉. 加强教育测量学理论方法深度研究 提升高考科学化水平[J]. 中国考试，2021，（1）：19-22.
② 胡中锋. 教育科学研究方法[M]. 北京：清华大学出版社，2011：76-77.

（2）标准化程度较高。测验的编制、施测、评分、计分、对分数的解释等均有统一标准，便于控制和操作。

（3）定量化水平较高。测量所获得的均为客观的数据资料，便于记录和分析，可用计算机进行数据处理。

（4）能直接进行对比研究。标准化测验结果可同常模进行对比分析。

（5）便捷高效。根据研究需要直接选择合适的测验量表施测即可。

（三）教育测量的缺点

（1）测验编制难度较大。标准化测验的编制需要专业化知识，要由专业组织或人员编制，难度与工作量较大。同时，测验对研究者要求较高，研究者要具有一定的专业知识，了解测验的有关情况，熟悉测验的技能等。

（2）教育测验通常是间接测验。测量涉及的智力、能力、知识、技能、性格等因素难以直接测量，只能依据被试行为、活动或自评等来推测其水平。

（3）难以进行整体性的分析。无论是能力测验还是人格测验，结果多在静止的表面水平上描述和解释。

（4）测验研究灵活性较差。测验量表的题目与内容都是固定设计的，须按照流程执行，不能随机进行更改。[1]

五、教育测量的功能

教育测量是为实现教育目的服务的，不仅是改进教学的工具、教育管理的手段、教育研究的重要方法，[2]还具有因材施教、选拔人才、诊断补救、评价教学、就业指导等功能。但是，从系统分析的角度对教育测量的功能进行阐释，教育活动是社会、心理和控制三个向度的统一，即目标系统、行为系统和控制系统构成教育系统的三个最基本的子系统。因此，教育测量的功能可以表征为目标导向、行为改进和控制管理三大类。

（一）目标导向功能

教育目标是教育者和受教育者开展教育活动的基本依据，它是教育活动应当达到的教育质量标准。教育目标系统包括方向、任务和内容三个方面，这决定了教师的教和学生的学。通过教育测量判断教师教学成效的高低，看教师能否帮助学生达成教育目标；通过教育测量判断学生学习成绩的好坏，也是看学生能否达成教育目标。这样就以教育目标为指向，保证教育过程向着教育目标的方向发展。

（二）行为改进功能

教育测量应用在教育教学的过程中，通过测量结果对师生的教与学形成反馈，使其

---

[1] 金哲华，俞爱宗. 教育科学研究方法[M]. 北京：科学出版社，2011：60.
[2] 王汉澜. 教育测量学[M]. 开封：河南大学出版社，1987：21.

掌握情况，调整策略，进行定向和改进，具有行为改进的功能。教师和学生为实现教育目标而进行的相互作用就是通过这一系统而实现的。在行为系统中，教育测量主要发挥行为改进的功能，因为教育的根本目的不是对学生作出鉴定，而是帮助他们全面发展。适时对学生进行学业成就测验能激励学生的学习，并能作为下一步学生学习的目标参考，帮助学生激发学习动机和优化学习计划。教育测量可以让教师掌握与诊断学生的认知结构，为有效开展教学补救提供依据；还可以让教师产生教学动力，激发教师的教学工作热情。

（三）控制管理功能

控制系统是指控制教育过程为实现教育目标发展所必需的各种教育手段和方法的最佳组合。①教育管理需要科学，科学在于客观精确化，教育测量作为科学分析的基础，在教育控制系统中的功能是：预测个体间的差异和个体内的差异，推测个体未来在某个领域成功的可能性；评价学生在学习与能力方面的差异，检验教学方法和教育实验的成效；通过分析学生的兴趣、性格服务于升学和就业指导，体现咨询的效果；有效监控教学效果，通过标准的测量结果，为指导教学、教育决策提供依据；可作为选拔人才的工具。

第二节　教育测量的类型

为满足教育测量工作的需要，测量学者编制了很多测验，这些测验涉及教育领域的各方面。依据不同的分类标准，教育测量有不同的分类。

一、按测量的功能

根据测量的功能，教育测量可分为学业成就测验、智力测验、能力倾向测验和人格测验。

（一）学业成就测验

学业成就测验是测量学生经过学习或训练后所获得的某一方面的知识和技能所达到的水平。它可以是学科测验，也可以是综合测验，如识字测验、各科成绩测验等。常用的学业成就测验有基本技能综合测验、斯坦福成就测验。

（二）智力测验

智力测验是测量学生的观察、识记、分析、判断、推理等思维活动的能力，其结果常以智商（IQ）表示，如填图测验、类推测验。常用的智力测验有斯坦福-比奈量表、韦氏智力量表。

---

① 朱德全. 教育测量学[M]. 北京：中国人民大学出版社，2016：27-29.

(三)能力倾向测验

能力倾向测验意在测量被试潜在的某种能力，了解被试个人能力发展倾向。能力倾向测验有两种：①一般能力的测量，旨在探究个人多方面的潜能；②特殊能力倾向的测量，旨在探测个人某方面的特殊潜在能力。常见的能力倾向测验有学术能力倾向测验（SAT）、分辨能力倾向测验（DAT）、一般能力倾向成套测验（GATB）、特殊能力测验。

(四)人格测验

人格测验是对人的行为中起稳定调节作用的心理特质和行为倾向进行的定量分析，以便预测个人未来的行为。它用于测量性格、气质、兴趣、情绪、动机等方面的个性心理特征和个性倾向。人格测验有自陈量表、评定量表、投射测验。常用的人格测验有明尼苏达多相人格量表（MMPI）、卡特尔16种人格因素量表。

二、按测量的标准化程度

(一)标准化测验

标准化测验是指遵循测量理论，由专业的人员或机构按照标准化的科学程序设计和编制，实施过程和评分及解释等一系列程序按一样的标准操作。这种测验对所有被试开展相同的或等值的测题，实施测验的流程有详细的要求，如测验指导语要一致，测验时间要相同，以保证每个被试接受相同的测验条件。

(二)非标准化测验

非标准化测验是指不符合标准化流程的测验，比如，教师根据课本内容自编的随堂测验就是非标准化测验。

三、按同时受测验人数

(一)个别测验

个别测验是指研究者在同一时间只测量一个被试的测验，如斯坦福-比奈量表、韦克斯勒智力量表等。个别测验的优点有：①研究者能够对被试的行为仔细观察与记录，获得较多的信息。②研究者与被试面对面交流的机会多，有助于建立良好关系。③适用于特殊被试。不足之处是时间长，测验流程复杂，短时间内不易收集较多的信息。

(二)团体测验

团体测验是指同一研究者在同一时间测量多个被试的测验，如瑞文推理测验以及绝大多数自陈人格问卷。优点是节省时间，短时间可以获取大量数据。不足之处是不易有效地控制被试的行为，产生测量误差，从而影响信度、效度。

四、按测量材料的分类

（1）文字（纸笔）测验。测验的内容通过文字的形式表现并且被试也用文字作答。优点是方便实施测验，不足之处是容易受被试文化背景的影响，降低测验的效度。

（2）非文字（操作）测验。测验的内容通过图形、工具、模型等形式表现，被试通过指认、手工操作等向主试提供答案的测验。优点是不易受被试文化背景的影响，不足之处是局限于个别测量的方式，耗时长。

五、按测量结果评价所参照标准

（1）常模参照测验。常模参照测验将被试水平与常模比较，以评价被试在团体中的相对地位，而不考虑被试是否达到目标的要求。常模参照测验具有甄选性强的特点，因而可以作为选拔人才、分类排队的依据。它的缺点是不能明确表示被试的真正水平，不能表明被试是否达到了特定的标准，对于个人的努力状况和进步的程度也不够重视。

（2）目标参照测验。目标参照测验将被试水平与绝对标准相比较，以评价被试有无达到该标准。[1]该测验可以衡量被试的实际水平，了解被试对知识、技能的掌握情况，它关注的是学生掌握了什么、能做什么，适用于毕业考试和合格考试。它的缺点是不适用于甄选人才。

六、按测量目的分类

（一）诊断性测验

诊断性测验又称准备性测验，一般是在教育教学或学习计划的前期阶段开展测评，重在对学生已有的知识、能力、情感等做出合理的评价，了解学生对未来教学活动的准备状态，为计划的有效实施提供可靠的信息资源，以获取更好的效果。

（二）形成性测验

形成性测验是指在教学过程中对进行的教育活动实施相应的价值判断。根据测量反馈获得的信息，了解学生达成目标的程度，发现问题，及时改进。形成性测验测评的内容为正在进行的教学过程，如一个单元、一个章节等，它以教学目标作为评价的参照系，包括教师所进行的非正式的观察、课堂问题的回答、课堂及家庭作业、小型测验等。

（三）总结性测验

总结性测验是在教育教学活动结束后进行的测评，它是对最终学习结果的测量，往往以成绩报告单的形式对学生的学习做出较全面的总结。总结性测验是对整个教育活动

---

[1] 戴海崎，张锋. 心理与教育测量[M]. 4版. 广州：暨南大学出版社，2018：333-337.

所取得的结果进行更为全面的评价，考察教学目标达到何种程度，修订教学目标，进行补救教学。[①]一般以期中、期末考试来对学生学习的总体效果进行评判。

七、按测量题目的类型

在测验中，可以使用多种类型的题目，依题目特性可分为两大类，即客观性测验与主观性测验。

（一）客观性测验

由被试从可供选择的正确（最佳）或错误答案中做出选择的测验，这类试题包括是非题、多项选择题、配对题等。这类试题答案唯一，评分不受主观因素影响，在条件许可的情况下，还可以用机器评分，故称之为客观性测验。其优点是可以获得较高的可靠性，一般检测个体对知识与技能的记忆、理解和应用等能力，同样也能考查个体对知识的分析、综合和评价等较高层次的能力。不足之处是难以考察分析和综合的复杂能力。

（二）主观性测验

主观性测验是由被试以自己的答案来回答所提出的问题。被试在"处理问题的方式""选用哪些材料""组织材料的方式""回答问题的重点"等方面均有一定自由。这类试题包括论述题、证明题、作文题等。主观性测验的优点是可以检验学生思维的发展及解决问题的能力，题目编制容易，不受猜测的影响。不足之处是试题量较小，用时长。

八、按教育测量的层次与水平

斯蒂文斯（S. S. Stevens）最早提出四级分类法，根据测量的尺度，测量包括四个测量水平或"量表"，有定名测量、定序（等级）测量、定距测量、比率测量。每一种水平的量表都表达着不同种类的信息。为了方便记忆这四个水平的顺序，我们把这四个量表的首字母合起来正好是法语"黑色的"（noir）的拼写。

（一）定名测量

定名测量（nominal measurement），又称类别测量、定类测量，它是对事物的性质或类别的鉴别。在定名测量中，测量仅对变量按照完备性和排他性特征进行分类，类别之间没有高低，次序在其中不具有任何意义，不具备数量的大小。例如区分性别的符号，男性用"1"表示，女性用"2"表示。这些数字仅是代表或表示事物的，仅具有符号的区分性质。定名测量既无绝对零点，又无相等单位，不能进行量化分析与比较大小，也

[①] 陈向明. 教育研究方法[M]. 北京：教育科学出版社，2013：105-111.

不能进行加减乘除的运算。因此，它所适用的统计属于次数的统计，如次数、众数、百分比、离散相关、χ^2 检验等。性别、出生地、学生的学号等属于定名变量。

（二）定序测量

定序测量（ordinal measurement），又称等级测量或顺序测量，它是对测量对象的等级或顺序的鉴别。量表中的数字代表等级或顺序位置，能够进行大小比较，但定序测量既无绝对零点，又无相等单位，因此不能进行加减乘除的运算。例如，把一个人的工作能力分为"优""中""差"三个等级，同时用相应的数字"3""2""1"来表示，在这种情况下，数值3、2、1之间的距离（或单位）不相等，不能做加减乘除运算。它适用的统计方法有中位数、百分位数、等级相关系数、肯德尔和谐系数（W）以及秩次的方差分析等。在测量智力、能力倾向、人格成绩时，测量分数常使用等级量尺。体育比赛中的名次、能力等级等属于定序变量。[①]

（三）定距测量

定距测量（interval measurement）是对测量对象之间的数量差别或间隔距离的测量。与前两者相比，定距测量不仅能够将社会现象或事物分类别，还可以确定它们之间不同等级的间隔距离和数量差别。在定距测量中，数字不但可以按大小排序，而且一定数量的差异在整个量表的所有部分都是相等的，即有相等单位，但没有绝对零点，只有人为定的相对零点，一般以公认的标准为基础。例如，在温度测量中，60℃的水比20℃的水高出40℃，但并不能说前者是后者的3倍，因为自然零点不在0℃，平常以百分计分的考试类似此变量。它适用的统计方法有平均数标准差、标准分数、相关系数、Z 检验、t 检验和 F 检验等。

（四）比率测量

比率测量（ratio measurement）是对测量对象之间的比例和比率关系的测量，它是测量的最高水平。除了含有类别、等级和等距测量的特征之外，它还有绝对零点，即量尺上的单位是相等的，可以进行加减乘除四则运算。例如，A 校学生2000人，B 校学生1000人，我们认为 A 校学生是 B 校学生的2倍。

在以上四种测量中，定名测量是定性测量，其余三种都是定量测量，定距测量和比率测量比定名测量和定序测量层次高，因为前两者包含后两者的特点和功能，比率测量又包含定距测量的特点和功能，比率测量是四种测量中层次最高的。在应用以上方法测量时，都存在一定的不足之处，要依据研究的具体需要，确定测量工具。在教育研究资料的整理和统计分析中，要明确不同的测量层次所具有的不同数学性质，根据不同测量层次所具有的数学特性采用不同的统计方法（表6-1）。

[①] 汪基德. 教育实验中统计方法的正确选择与运用[J]. 教育研究与实验，1993，（2）：69-72.

表 6-1 四种量表的特性

量表特性	定名测量	定序测量	定距测量	比率测量
类别区分（=、≠）	有	有	有	有
次序区分（>、<）	/	有	有	有
距离区分（+、−）	/	/	有	有
比例区分（×、÷）	/	/	/	有

第三节　教育测量的评价指标

衡量教育测量质量高低的评价指标有四个：信度、效度、难度和区分度。信度与效度两个指标主要是针对整个测量或测量量表的，难度和区分度主要是针对测量的项目或题目的。在介绍这四个指标之前，先介绍与这四个指标密切相关的概念——误差。

一、误差

（一）误差的含义

误差（error）是指因为与施测目的无关的因素所产生的导致测量结果不准确的测量效应。现实中，测量误差总是存在的，这就使得测量数值和实际水平不一样，偏离其真实值，为了便于研究，真分数理论测量误差的公式为

$$X = T + E$$

其中，X 是实测分数，T 是真分数，E 是误差分数。真分数是指测量中完全反映某种心理特质真正水平的数值，它是一个理论上构想出来的抽象概念，无法直接得到，只能借助一些方法进行估计。

（二）误差的类型

测量误差包括随机误差和系统误差。

（1）随机误差是由与测量目的无关的、偶然因素引起的，而又不易控制的误差。随机误差既影响测量结果的稳定性，又影响测量结果的准确性。

（2）系统误差是由与测量目的无关的因素引起的一种恒定、有规律的效应。这种误差稳定地存在于每一次测量之中，虽然多次测量的结果非常接近，但实测结果仍与真实数据有所差异。系统误差不会导致测验结果的不一致性，只影响测量的准确性。随机误差与系统误差的区别见表 6-2。

表 6-2 随机误差与系统误差的区别

误差类型	产生原因	特点	效能
随机误差	不易控制的、偶然因素	方向与大小完全随机	影响准确性和一致性
系统误差	恒定、有规律的因素	稳定地存在于每次测量中	影响准确性

（三）测量误差的来源及控制

测量误差的来源及控制有以下三个方面。

（1）测量工具。它一般是一套基于问卷的量表。当使用量表测量人的心理特质时，若所测的东西与我们将测的目的之间出现偏差，则测量会出现误差。在应用时注意提高测验量表编制的科学性，尽量减少测量工具带来的测量误差。

（2）测量对象。受测者真实的水平是否得到正常发挥也是测量误差产生的原因。受测者的心理特质水平一般情况下是相对稳定的，测量项目有时会影响受测者的生理和心理状态，进而影响正常的表现。还有受测者的动机、时间、内容形式等都会产生测量误差。被试应当保持身心稳定平和，配合主试施测。

（3）施测过程。施测过程当中的偶然因素也是产生测量误差的原因，包括施测物理环境、主试的某些属性、评分计分环节出现的疏漏，以及意外干扰等。被试受测情况应保持统一，评分计分客观，解释结果应标准化。

二、信度

（一）信度的含义

信度（reliability）是测验工具所得到的结果的一致性或稳定性，是反映测验结果可靠性的指标。[①]一般情况下，多次测验的结果越是一致，其信度越高。当代信度理论的主要内容是由英国心理学家斯皮尔曼研究得出的。

在经典测量理论中，由真分数模型而得到对信度的定义，信度即为真分数方差与观测分方差之比值。公式为

$$r_{xx} = \frac{s_T^2}{s_x^2}$$

其中，r_{xx}为测验的信度，s_T^2为真分数方差，s_x^2为观测分方差，即测验结果的总方差。通过公式可以看出，测验结果是否可靠，关键在于测验结果的总方差中有多少是由个体真分数方差所引起的。如果这一比值偏低，则表明测验结果总方差中大多是由误差而引起的，因而测验没有测出个体的真实水平，其结果不够可靠；相反，则表明测验结果较为可靠。由真分数模型已知，真分数是一个理论上的不可直接测量的值，因此它的方差也是无法直接得到的。那么，信度只是一个理论上的构想。[②]

用信度系数来表示信度的大小，信度系数越大，表明测量的可靠性程度越高。学者DeVellis认为，0.65以下的信度值不适合做测验，信度值介于0.65～0.70为最小可接受值，信度值介于0.70～0.80为相当好，信度值介于0.80～0.90为非常好。所以，一份信度系数好的量表或问卷，信度系数最好高于0.80，0.70～0.80还算是可以接受的范围；若量表的信度系数较低，应考虑重新修订量表。

[①] 汪基德. 对教育实验统计检验若干问题的探讨[J]. 教育研究与实验，1997，（1）：64-68.
[②] 张敏强. 教育测量学[M]. 北京：人民教育出版社，2014：104-105.

（二）信度的分类

信度分为内在信度和外在信度。内在信度是指对一组问题是否测量同一个概念，同组题项的内在一致性程度如何，常用的检测方法是克龙巴赫 α 系数。外在信度是指对相同的测试者在不同时间测得的结果是否一致，重测信度法是外在信度最常用的检验法。

（三）信度的度量方法

1. 重测信度法

在不同的时间段使用同一份试卷，对同一组的被试进行重复测验，所得到的两次考试分数之间的相关系数，就是重测信度系数。这种方法是测验两次结果有无差异，反映测验分数的稳定程度。重测信度的优点在于能提供有关测验结果是否随时间而变化的资料，还可以作为预测被试将来行为表现的依据。不足之处是易受练习和记忆，以及两次间隔时间中其他偶发因素的影响。

2. 复本信度法

复本信度法是让被试在一次测验中，填写两份问卷复本，计算两个复本的相关系数。若两个复本是同时连续测量，我们称其为等值性系数；若两个复本是隔一段时间分别施测，我们称其为稳定性与等值性系数。两个复本除表达方式不同外，在内容、格式、难度和对应题项的提问方式等方面都要完全一致。如一些学生参加学科考试，或许运气好，考试的内容为复习过的，但有时考试的内容是没有复习过的，这说明内容取样造成了误差变异。

3. 分半信度法

分半信度法是将测量项目按奇偶项分成两半，分别计分，测算出两半分数之间的相关系数，再由此确定整个测量的信度系数，可说明被试对两半内容反应的一致性程度。此种方法不适合测量事实性问卷，常用于态度、意见式问卷的信度分析。在问卷调查中，态度测量最常见的形式是 5 级利克特量表。

4. 评分者信度法

评分者信度法是多个评分者给同一批人的答卷进行评分的一致性程度。随机抽取一定份数的试卷，让两位评分人员依据一定的标准评分，将得到的两组分数求其皮尔逊积差相关系数，这个系数就是评分者信度。当评分者（K）是 3~20 人，被评对象（N）是 3~20 人的小样本，利用肯德尔和谐系数考查 W 系数是否达到显著。当被评对象数 N 大于 7 时，使用卡方检验的方法。

（四）影响信度的因素

（1）被试方面。对单个被试而言，其身心健康状况、应试动机、注意力、耐力、求胜心、作答态度等会影响测量误差，因为这些因素往往会影响心理特征水平的稳定性。

（2）主试方面。如存在以下情况，测量流程不按要求施测，指导语不明确，被试获得的信息不准确，主试的情绪、态度、期望等状态等都会影响测验信度。对评分者来说，评分标准不一则会降低测验信度。

（3）施测情境。施测时声音、光线、温度、设备、空间大小等各种现场环境因素都会对测验信度产生影响。

（4）测量工具。测验长度是指测验所包含的题目数量，测验越长，信度越高。在测验难度上，过难或过易都会使个体间得分差异减小，降低信度。在测验内容上，试题取样不当，考查的方面不全面，内部一致性低，题意模糊，信度则低。

（5）两次施测的间隔时间。两次测验间隔时间越短，信度越高；间隔时间越长，信度越低。

（五）提高信度的方法

（1）增加测验长度。一个教育测量题目越少，测验长度越短，测验结果越易受到取样的影响。可以增加测验长度，以避免因为取样造成的偶然因素导致信度降低。

（2）测验难度适中。每个题目的难度在 0.4~0.7、测验量表的总体难度保持在 0.5 左右的测验，信度较高。

（3）提高测验的区分度。较好的区分度能够使测验结果稳定可靠，保持有效的测验信度。

（4）提高检测内容的同质性。同质的检测内容可以使测验信度偏高，因为性质相同的测验内容使项目之间的内部一致性高，所以检测的信度也就高。

（5）主试严格执行施测规程。评分者严格按照标准给分，施测场地按测验要求安排，减少无关因素的干扰。

三、效度

（一）效度的含义

效度（validity）是测量的准确性和有效性，也就是测量的结果与测量所要达到的目标两者之间相符合的有效程度，测量的效度与测量的目标有密切关系。对某一目标准确而有效的测验，对其他目标就不一定准确有效。测验所测得的结果必须符合该测验的目标，才能成为正确而有效的工具。测验所要测量的是被试的某种比较稳定的水平，而不是其他方面的水平。

当用尺子测量物体的长度，则测验结果会很准确，我们就认为这把尺子的效度很好；但是，用尺子去测量物体的质量，那么测量的结果和测量的目的就没有关系，就是无效的测量。测量的效度是相对而言的，依据不同的目的，选择不同的测量工具。效度的公式为

$$r_{xy}^2 = \frac{s_V^2}{s_x^2}$$

其中，s_v^2 指被试的真正特质水平上的方差，它和信度定义中的真分数方差并不等价，s_v^2 代表效变异数，s_x^2 代表总变异数，r_{xy}^2 代表测量的效度系数。

（二）评价效度的方法

（1）内容效度。测验题目在多大程度上概括了所要测量的整个内容，即内容的代表性。一般用测验内容与预定要测得的内容之间的一致性程度表示。

（2）实证效度。实证效度是测验对于特定情境中的个体的行为进行估计的有效性。它以实践的效果作为检验标准，比如研究生入学考试选拔得分较高的人才，科研能力比较强，表明实证效度高。实证效度分为同时效度和预测效度，同时效度应用于诊断现状，预测效度用于预测个体将来的行为。

（3）结构效度。结构效度是指测验实际测到所要测量的理论结构和特质的程度。也就是说测验分数能够依据某种理论加以解释。结构效度主要用于智力测验和人格测验，例如现代智力理论假设：智力随年龄而增长；智力与学业成就有密切的关系。

（三）提高测验效度的方法

为了提高测量的准确性和有效性，可从以下几个方面着手。

（1）测验本身因素。测题词汇、句型难易程度应符合被测者文化水平；测题语言表述应简单、清晰；测题编制与选择应由易至难，并且整体难度适中；测题各个正确答案间应无规律；适当增加测题数目，精心编制测验量表，避免出现较大的系统误差。

（2）施测与计分过程。施测情境、施测过程均应遵循标准化要求；计分、评分应客观。

（3）被试方面。被试的动机、兴趣、情绪、生理状况等应保持适宜施测的水平。

（4）选择正确的效标。信度指标是效度指标改进的必要非充分条件，保证测验的信度，选好正确的效标。定好恰当的效标测量，正确地使用有关公式。

（5）样组。样本有代表性，样本规模尽量大，样本异质性尽量大。

（四）信度与效度的关系

信度仅仅考虑随机误差对测验的影响，效度则涉及随机误差和系统误差对测验的影响，这决定了信度和效度的关系。信度是效度的必要非充分条件，即一个测验或量表效度高，其信度必然高；但信度高，其效度不一定高。一个测验或量表的效度受信度制约，信度系数的平方根是效度系数的最高限度。

艾尔·巴比（E. Babble）对信度与效度之间的关系有一个非常形象的描述。图 6-1 表示了这种关系。测量好比射击比赛，枪击点离靶心越近效度就越高，而击中靶心的稳定性越高或次数越多，则信度越高。四个图为射击的结果：A 是高信度、低效度，中靶的情况比较集中，但结果都远离靶心，说明一致性较好，但准确性较差；B 是高效度、低信度，准确性较好，一致性较差；C 是低信度、低效度，中靶结果十分分散，既无准确性，又无一致性；D 是高效度、高信度，中靶的情况比较好，大多集中在靶心，说明一致性和准确性都较好。我们评价一致性和准确性的程度是要依靠所要求的精度，精度在给定的误差范围内则是可接受的。

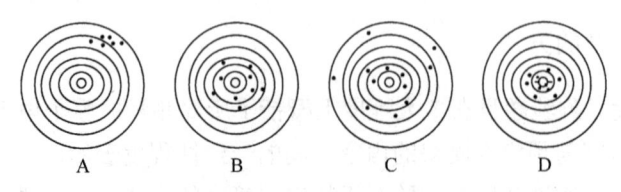

图 6-1　信度与效度的比喻

四、难度

（一）难度的含义

难度（P）是题目的难易程度，通常以试卷的得分率或答对率来表示。客观题的难度指标是指答对试题的人数与总人数之比，主观题的难度指标是用被测者所得分数的平均值与该题的满分之比来衡量。难度值越小，题目越难。一般认为，难度在 0.4~0.7 较为适宜。

（二）难度的计算方法

1. 通过率

对于是非题或选择题的二分法记分测验，其原始回答数据由答题者对问题的正确作答、错误作答及未作答的试题数构成。根据这一信息可以算出正确作答题数的比例或百分比。当题目分数是二分变量（即答对为 1，答错为 0，如选择题）时，即以答对或通过该题的人数比例来表示。公式为

$$P = \frac{R}{N}$$

其中，P 为题目难度值，R 为答对或通过该题的人数，N 为全体人数。

例如，某一测试中，100 名学生中，在第 2 道选择题答对的人数是 55 人，所以 R 为 55，N 为 100，难度为 0.55。

2. 极端分组法

当被试人数比较多时，将被试的得分从低到高排列分为三组，总分最高的 27% 为高分组，最低的 27% 作为低分组，分别计算高分组与低分组的通过率，得出难度。公式为

$$P = \frac{P_H + P_L}{2}$$

其中，P_H、P_L 为高分组、低分组的通过率。

3. 非二分法记分项目的难度

对于主观题的论述题，得分为零至满分中的一个结果，通常以下面公式表示

$$P = \frac{\overline{x}}{x_{max}}$$

其中，$\overline{x}$ 是这一题平均得分，x_{max} 为这一题的满分。

五、区分度

(一) 区分度的含义

区分度（discrimination，D）是指试题对不同水平考生的知识、能力水平加以区分的能力。区分度高的试题，对被试就有较高的鉴别力，好学生得分高，差生得分低；区分度低的试题，好学生与差生的得分无规律或差不多。区分度的取值在 $-1\sim1$ 之间，值越大，区分度越好。当 D 为负值时，表示负区分，表明高水平被试反而得分低，低水平被试得分不低。研究表明，试题的区分度在 0.40 以上，表明此题的区分度很好；区分度在 0.30~0.39，表明此题的区分度较好；区分度在 0.20~0.29，表明此题的区分度不太好，需修改；区分度在 0.19 以下，表明此题的区分度不好，应淘汰。区分度的大小与试题质量的关系如表 6-3 所示。

表 6-3 区分度与试题质量的关系

区分度	题目评价
0.40 以上	很好
0.30~0.39	良好，修改后会更好
0.20~0.29	尚可，仍需修改
0.19 以下	差，必须淘汰

(二) 区分度的计算方法

区分度的计算方法有很多，根据测验总分与测验题目的记分方式不同，主要介绍以下两种。

1. 项目鉴定法

当测验总分是连续变量，题目是客观题时，以 27% 作为分组标准，计算出高分组和低分组各自在测验题目上的通过率，两者之差就是该题目的区分度，公式为

$$D = P_H - P_L$$

其中，P_H 与 P_L 分别为高分组与低分组在该题目上的通过率。

例如，某一测验题目的高分组通过率为 0.8，低分组的通过率为 0.3，该测验题目的区分度为 $D = P_H - P_L = 0.8 - 0.3 = 0.5$，区分度为 0.5。

2. 得分求差法

得分求差法主要用于主观题，将受测群体按题目得分的高低进行排列，得分最高的

27%的人数为一组，得分最低的 27%的人数为另一组，D 表示区分度，H 表示高分组得分总和，L 表示低分组得分总和，n 表示高分组（低分组）人数，X_H 表示该题的最高得分，X_L 表示该题的最低得分，公式为

$$D = \frac{H - L}{n(X_H - X_L)}$$

在实际测量工作中需要注意：①使用不同的计算方法，得出的区分度值也不相同。同一个测验中，对项目的区分度的分析要使用同一种指标，否则不便于分析比较。②分组标准影响区分度，分组越极端，区分度值越大。③被试样本的同质性程度影响区分度值的大小，被试团体越同质，个体间的水平越接近，测验题的区分度值就越小。

区分样本比率不宜太小，否则所选出来的两组过于极端，二者之间的差异非常明显，人为夸大了题目的区分程度。

（三）区分度与难度的关系

当项目难度过大，大部分被试得分都很低；难度过小，大部分被试得分都很高。所以测量的题项难度过大和过小都不能很好地区分不同水平的个体。当项目的难度在 0.5 左右时，区分度最大。不同难度的题目对不同水平的人来说区分度是不同的。由于全体被试的能力往往是呈正态分布的，所以测验中项目难度的分布也基本为正态分布，为了使整个测验具有较高的鉴别能力，项目难度分布要广一些为好，难度为 0.5 的题应占多数，同时，也要有一些偏简单和偏难的题。项目难度与区分度的关系如表 6-4 所示。

表 6-4 项目难度与区分度的关系

项目难度	D 的最大值
1.00	0.00
0.90	0.20
0.70	0.60
0.60	0.80
0.50	1.00
0.40	0.80
0.30	0.60
0.10	0.20
0.00	0.00

区分度的相对性和难度一样，项目的区分度也是相对的，具体的区分度数值受到以下方面的影响：①不同计算方法区分度值不同。在同一个测验中，对项目区分度的分析要采用同种指标。②样本容量大小影响相关法的区分度值的大小。一般而言，样本容量越小，其统计值越不可靠。③分组标准影响区分度。分组越极端，区分度值越大。④被试样本的同质性程度影响区分度值的大小。被试团体越同质，即个体间的水平越接近，其测验题的区分度值就越小。

第四节 教育测量的实施与应用

在教育测量中,量表是测量的工具,编制科学的量表是实施有效测量的前提。因此,本节在介绍教育测量的实施与应用之前,首先介绍教育测量量表的编制。需要说明的是,由于在教育测量中,测量量表通常就是一组测验题目,所以编制测量量表实际上就是编制一组测验题目,或简称为编制测验,实施教育测量,也被称为实施教育测验。测量与测验,测量量表与教育测验、测验通常作为同义词互换使用。

一、教育测量量表的编制

（一）编制原则

（1）科学性原则。坚持科学性的要求,才能最大限度地减少测量误差,准确、有效、客观地测量拟测量事物的真实属性。编制的量表必须具有较高的效度和信度,才能有效地测量对象拟测属性,测验结果才能真实地反映被试的实际水平。

（2）标准性原则。在编制测验时,一般要尽可能地选用国际或国内通用的标准化测量手段。如果要运用新的测量方法,必须按照测量的理论和相关规定来编制规范化的测验,并对测验的内容和实施细节做出明确说明。

（3）适用性原则。编制的测验必须符合被试的特点和实施测验的环境条件,从主客观的实际情况出发,考虑各种因素与条件,编制科学实用的测验量表。

（4）鉴别性原则。在编制测验的过程中,必须全面地考虑影响测验区分度的各种因素。测验的项目和类型设置合理,表述与答案清晰明确,编制的测验能区别出不同能力和水平的被试。

（5）相关性与独立性原则。在成套的测验中,各个测验或指标要与总体属性存在一定相关,每个测验又能测量总体的一部分。

（二）编制程序

根据测验的内容、性质的不同,一般测验分为七个步骤。

（1）确定测验目标。分析测验目标,将测验目标转化成可操作的语言,明确测试对象和内容,确定测验的功能和用途,将功能与评价目标结合在一起。

（2）制订编题计划。通过分析测验目标,设计测试的项目、采用的方法、各项内容所占的比重等。

（3）编制测验题目。根据测验的目的和材料的性质、接受测验群体的特点等因素选择测验的形式,确定时间安排,题目的数量、类型、计分方法和分数分配等因素,编写并修订测验题目。为增加实际的效用,一项测验至少要有等值的两份,两份测验的题目数量相等，题目的范围要与测验计划所列的双向细目表一致，并且有相同的难度和区分度，两份测验的分数分布（平均分和差异度）大致相等。

（4）试测和项目分析。试测的样本要基于以后测试的总体中的样本，才具有代表性。要按正式测验的方式进行试测，试测的过程、情境、时间接近正式的测试，做好测试过程中有关被试的反应记录。试测的过程时间可以宽一些。为减少误差，可在总体样本中另外选择一部分再测。对项目进行质的分析和量的分析，质的分析是判断在内容方面的选样适当性、目的与内容，题目的思想性和表达是否清晰等。量的分析是指项目的难度、区分度等的分析。

（5）修订、筛选测验题目并标准化。根据试测和项目分析的结果，对测验题目进行修订和筛选，筛选反映测定所需要的特征题项，并配有不同难度的、合适的题目，题目的难度符合测验的目的。测验的标准化包括内容的标准化、施测的标准化与评分的标准化。内容标准化是指被试接受相同或等值的题目；施测的标准化是指测验实施过程要有相同的指导语、时限和客观的情境；评分的标准化是指评分有统一的标准。

（6）组成正式测验，建立常模。作为测验使用者解释测验分数的依据，测验分数只有与常模进行比较才能显示出它所代表的意义。编制测验手册，说明测验的目的和功用、编制测验的理论背景以及选择题目的依据、测验的实施方法、时限及注意事项、测验的标准答案和评分方法、常模资料（包括常模表、常模适用的群体以及对分数的解释）。

（7）分析测验的信度、效度。评估测验的可靠性或一致性，测验所测量的是否为欲测量的内容。

二、教育测量实施的步骤

（一）测量前的准备

（1）测量前告知被试。在测量前告知被试测量的确切时间、地点、目的、内容范围以及试题的类型等信息。被试提前对测量做好相关准备，提升测验的有效性。但有时不可提前告知被试测验的目的，防止被试做防御的心理准备。

（2）主试的自身准备。主试提前准备好测验材料，熟练掌握施测手续，了解测验的内容，掌握步骤，掌握计分方法，掌握解释分数的技术。熟练使用测验指导语，并能够流利地表达。

（二）按照标准化的要求

由于标准化测验的编制具有高要求的特点，所以在施测前，要仔细阅读测验手册，熟悉测验手册中的内容要求，并按要求准备好测验所需的材料，熟练掌握测验的操作程序，做到预告测验，选择适宜的测验环境，避免各种偶然因素可能带来的误差。要与被试建立良好的信任关系，解除被试的过度紧张和不适感等，确保测验的正确、顺利实施。在施测过程中，要严格按照测验手册上规定的标准化程序执行，指导语的解说要统一，不应以测验手册以外的词语去解释被试的疑问，避免给被试以任何暗示，同时要严格控制测验时间。

（三）客观记录被试的反映

在测验过程中，研究人员要公平地对待每一个被试，评分标准要统一、客观准确、前后一致。通常，标准化测验都有标准答案或评分标准供测试人员对照使用，测试人员应熟记于心，严格执行。必要时还需对评分人员进行培训，以统一评分标准，确保记录结果的客观性。测验结果的整理分析也应按照测验手册的方法执行。只有按照标准化的程序实施测验，测验结果才可靠，获得的资料才有意义。

（四）合理解释结果

标准化测验是一项严肃的、学术性很强的工作，尤其是对测验结果的解释，一般要由经过专业培训的人员来主持。要选用恰当的常模，多数对标准化测验结果的解释都是参照常模的解释，选取或制订的常模不同，对测验分数的解释会有很大不同。例如，用学优生常模来解释学困生问题解决能力的测验结果是不行的，所以选取适当的常模非常重要。考虑测验本身的信度和效度，如果测验本身存在问题，即使测验结果的解释非常客观科学，也会有误差出现。另外，在解释测验结果时，要做到有依据、有分寸，不作绝对性的结论，也不作无根据的推论。同时做好测验结果的保密。

（五）与被试建立良好的协调关系

主试和被试实施测验的过程，就是一个人际交往的过程，所以影响人际的因素也会出现在测验情境中。因此在实施测验时，主试要对自己的言行举止保持敏感和谨慎。

三、教育测量的应用

（一）测量在实际工作中的应用

（1）了解个别差异。这是测验最基本的功能，人的个别差异可归纳为三个方面：认知方面、人格方面、社会背景方面。前两者都属于心理特质的方面，了解一个人的个别差异，就能给予其最适当的教育和辅导，也有助于教师做出合适的教学决策。

（2）甄选、分类、安置。教师在教学过程中有两种方式了解自己的学生：①基于经验之上的主观直觉。②借助于测验的客观测量。为有效了解学生，可以采用比如编班、分组、开特殊课、个别辅导等方法。

（3）诊断、预测、评价。通过测验，发现哪些方面引起了学生的学习问题，以便采取适当的补救措施，这是测验的诊断功能在教育工作中的体现。测验还有预测的功能。测验可对人们在智力水平、学业成就、人格特点等方面的优势和劣势做出描述和评价，进而了解自我。作为评价手段，测验既可用于个人，也可用于团体（如一个班级或学校）。

（二）测验在理论研究中的应用

教育研究不仅能发现教育现状的问题，还能发展各个理论，解释各类教育现象。教育测量从定量分析的角度完善了这一过程，测验的正确运用有助于：①搜集资料。根据搜集的有关资料，测验所获得的实证资料，得出科学的结论。②建立和检验假说。教育中的许多理论假设是在分析测验资料的基础上提出的，然后通过测验进一步检验。③实验分组。测验还可以和实验法结合起来运用于研究工作中，即实验前可通过测验对被试进行实验分组，以达到等组化的要求。①

本章小结

本章讲述了教育测量的含义、要素、优缺点、功能，教育测量的主要类型。从误差、信度、效度、难度、区分度方面分析了教育测量的评价指数。针对教育测量法的实施过程，提出教育测量编制的原则、编制测验的一般步骤及测验的应用。

教学建议

选择一个教育研究问题，针对所要研究的问题，查找或编制问卷，对研究的问题进行测量。

练习·思考

1. 教育测量的优缺点与特点是什么？
2. 教育测量按层次与水平分几类？
3. 教育测量按内容分几类？
4. 信度和效度的联系与区别是什么？
5. 难度与区分度的关系是怎样的？

以下为教育学专业研究生入学考试 311 综合相关真题

6. 单选题。

（1）在测量调查中，用"1"代表男性，用"2"代表女性。这一测量属于（　　）。
　　A. 定名测量　　　　　　　　B. 定序测量
　　C. 定距测量　　　　　　　　D. 比率测量

（2）李老师将儿童阅读能力划分为优、中、差三个等级进行测量调查，这种测量属于（　　）。
　　A. 定名测量　　　　　　　　B. 定序测量

---

① 侯怀银. 教育研究方法[M]. 北京：高等教育出版社，2018：156-163.

C. 定距测量　　　　　　　　　D. 比率测量

（3）在教育测量统计中，适用于次数、百分比统计而不适用于中位数、等级相关系统统计的测量类型是（　　）。

A. 定名测量　　　　　　　　　B. 定序测量
C. 定距测量　　　　　　　　　D. 比率测量

（4）某考试将考生考试的最终结果分为及格与不及格，这种测量属于（　　）。

A. 定名测量　　　　　　　　　B. 定序测量
C. 定距测量　　　　　　　　　D. 比率测量

（5）从理论上讲，具有最佳区分度的试题难度是（　　）。

A. 1　　　　　　　　　　　　B. 0.75
C. 0.50　　　　　　　　　　　D. 0.25

（6）在选拔性考试中，某试题得分的标准差极小，表明该题存在的问题是（　　）。

A. 难度低　　　　　　　　　　B. 效度低
C. 信度低　　　　　　　　　　D. 区分度低

（7）为了提高主观题的评分质量，管理部门常常抽取一些试题，让阅卷教师和专家同时评阅，并对二者的评阅结果做信度分析，这种信度为（　　）。

A. 重测信度　　　　　　　　　B. 复本信度
C. 分类信度　　　　　　　　　D. 评分者信度

第七章

教育实验法

学习目标

- 理解教育实验法的含义；
- 了解教育实验法的基本类型和特点；
- 掌握教育实验研究的基本步骤；
- 掌握教育实验的设计模式，并能提出教育实验研究的选题，写出实验研究方案。

知识导图

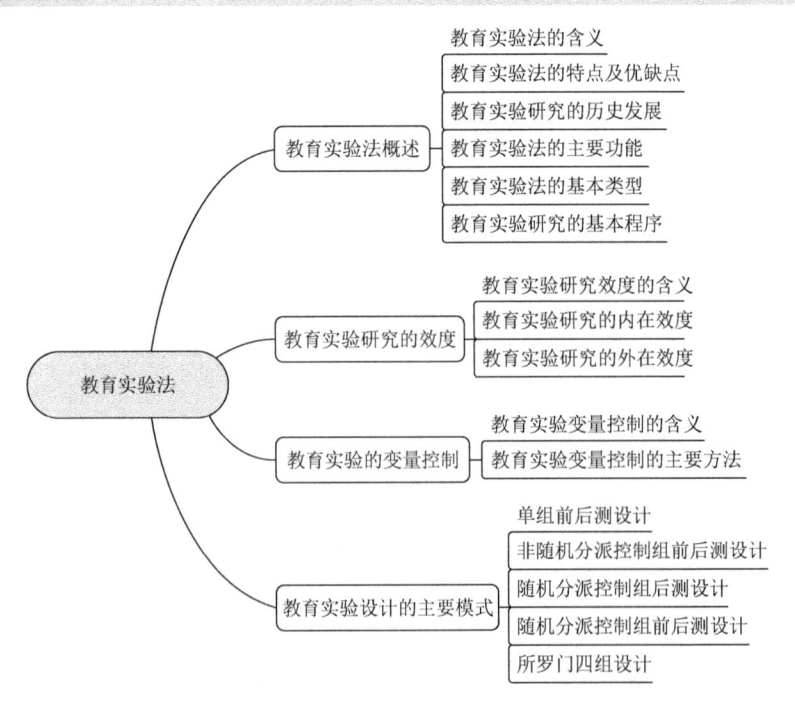

教育实验法
- 教育实验法概述
  - 教育实验法的含义
  - 教育实验法的特点及优缺点
  - 教育实验研究的历史发展
  - 教育实验法的主要功能
  - 教育实验法的基本类型
  - 教育实验研究的基本程序
- 教育实验研究的效度
  - 教育实验研究效度的含义
  - 教育实验研究的内在效度
  - 教育实验研究的外在效度
- 教育实验的变量控制
  - 教育实验变量控制的含义
  - 教育实验变量控制的主要方法
- 教育实验设计的主要模式
  - 单组前后测设计
  - 非随机分派控制组前后测设计
  - 随机分派控制组后测设计
  - 随机分派控制组前后测设计
  - 所罗门四组设计

实验方法在近几个世纪获得了长足的发展，其标志之一就是实验方法从自然科学研究领域向社会科学研究领域渗透和转移，而教育研究中应用实验方法，便有了一种新的研究类型——教育实验。

第一节　教育实验法概述

教育实验法是教育研究中最重要的实证研究方法之一，为了实现教育理论的科学化应用，需要积极开展各种教育实验。通过教育实验研究，验证和检验基本原理和假设，探索教育规律。

一、教育实验法的含义

教育实验法不仅是一种教育研究方法，也是一类综合性研究活动。

（一）实验研究

实验一词最早出现在自然科学研究活动中。罗吉尔·培根（R. Bacon）认为实验的本领胜过一切思辨的知识和方法，他在《大著作》中还专章论述了实验科学。15、16世纪，经伽利略、牛顿、弗朗西斯·培根等一大批自然科学家和哲学家的大力倡导和研究，实验作为一种研究方法，得到不断发展和完善。在现代科学意义上，实验研究就是为了实现预期的目的，运用一定的物质手段，在人为控制或模拟自然的条件下，使研究现象和过程以纯粹和典型的形式表现出来，以便揭示出事物间的因果关系的研究方法。

实验的本质特征是假设、控制和重复验证。假设，就是在实验研究的开始，提出一个假设，然后从这个假设出发进行推论，构成一定的演绎体系，并通过实验来验证。控制，就是纯化和简化实验过程，使无关变量得到有效控制，使实验变量间的关系外化出来，以便精确地、及时地发现和抓住研究对象的内在本质和规律。重复验证，就是利用各种手段和措施创造特定的研究情境，使研究对象重复出现，便于长期观察、反复比较，进而揭示出研究对象的因果关系。

（二）教育实验法

教育实验法是研究者按照研究目的，合理地控制或创设一定条件，人为地变革研究对象，从而验证假设、探讨教育现象因果关系的一种研究方法。[①]教育实验作为一种科学研究活动，既具有与一般的科学实验相同的特点（假设、控制和重复验证等），也有其独有的特点与功能。

---

① 裴娣娜. 教育研究方法导论[M]. 合肥：安徽教育出版社，1995：246.

二、教育实验法的特点及优缺点

教育实验法可以检验、修改和完善教育理论，促进教育实践的改革与发展，为科学理论应用于教育实践寻求操作程序。

（一）教育实验法的特点

实验研究的产生，标志着人们对客观世界的研究由自然观察和纯粹思辨进入一个富有预见和主动干预的新阶段。与观察、调查等研究方法相比，预见性和干预性是教育实验法最显著的特点，具体来说，教育实验法的特点可概括为以下几个方面。

1. 以理论假设为前提条件

教育实验法的预见性以假设的方式表现出来，教育实验研究的理论假设是研究者对要解决问题的假定性说明，对自变量和因变量因果关系的陈述。理论假设是教育实验研究的前提条件。实验的一切工作都是围绕探索或验证这个假设而进行的。离开了理论假设，教育实验研究就无所谓实验，而混同于一般的教育实践。有理论假设是教育实验研究的首要条件，任何一个教育实验研究都有理论假设。教育实验研究的理论假设规定实验研究的范围，确保实验研究的方向，并可以推动教育实验研究和教育理论的深入发展。研究者假定这种设想能用来解决或解释教育教学实践或理论中遇到的问题或现象，但是这种设想是否正确，能否揭示出研究变量之间的因果关系，则需要通过实验来探索或验证。教育实验研究与其他研究方法的不同在于，它首先要在文献研究、理论研究的基础上，对所要解决或探索的问题有一个假设，然后通过一定的措施来验证这个假设。教育实验研究的基本功能是认识真理，通过验证理论假设来实现这一功能。当所要研究的变量关系以一种假设的方式提出后，整个教育活动就围绕假设展开，通过控制无关变量、操纵自变量等一系列干预活动，经观察、分析，最后以结果对照假设，得出研究结论。

2. 具有变革性

教育实验研究的干预性或变革性表现在教育实验的理论与操作上。之所以开展教育实验研究，就是因为教育实践中遇到了不能解释、不能解决的问题，从而客观上要求提出新的理论、变革原有的理论。在实验过程中，研究者要把新的理论具体化，转变为可操作的因素，如教材、教法、教学组织形式、教学环境等，研究者要主动操纵新的因素，变革原来的因素，观察实验对象在新的条件下的变化。

比如，我国开展的基础教育课程改革（实验），就是在综合吸收相关理论的基础上，对课程目标、课程内容、课程结构、课程实施、课程管理、课程评价等方面进行了全面改革，每一方面都有具体的要求。相比原来的课程体系，基础教育课程改革（实验）实现了较大的变革。经过探索和验证，取得了较好的效果，现已在全国全面推广。由此可见，变革性或干预性是教育实验法的根本特征。

3. 具有控制性

为了探索预期的因果关系，实验采取了一系列控制或干预手段，如主动地突出并操纵某些变量，排除某些无关变量以提高研究结论的可靠性。实验过程中对事物的客观过程进行了控制。

教育实验研究的周期往往较长，有的长达五六年。教育现象本身又极其复杂，实验研究中涉及的变量更是繁多。比如，在一项关于教材编排方式对学生学业成绩影响的实验研究中，教师的知识、能力、教学态度和情感，学生已有的知识经验、智力水平、年龄、家庭背景等，都会对学生的学业成绩造成不同程度的影响，研究者为了探讨教材编排方式对学生成绩的影响，必须对其他变量采取各种措施加以控制。比如，随机挑选实验教师，随机选择实验班，实验班、对照班均采用相同的教学方式，使实验班和对照班除教材不同外，其他方面均保持大体相同的条件。只有这样才能使研究的变量——教材的编排方式，与学生学业成绩之间的关系外显出来，从而揭示它们之间的因果关系。没有控制的教育实验，研究变量与无关变量混杂在一起，实验结果的归因解释只能是模糊和不具体的，达不到实验归因明确化的目的。这就失去了实验研究认识价值的优势。因此，没有控制的实验研究就其本质而言是不能被称为实验研究的。

4. 具有可归因性

归因性是指教育实验研究能确切地揭示实验研究变量之间的因果关系。教育研究引入实验研究的最主要原因就是实验研究具有明确的归因性。在实验研究中，研究者根据逻辑规则，通过严格的设计和实施，控制实验中的无关变量，使研究变量之间的关系外化出来，从而证实或证伪实验变量之间的因果关系。虽然教育个案研究、教育调查研究、教育经验总结研究、教育叙事研究、教育理论研究等也能得出研究变量之间的关系，但上述研究方法中研究变量之间不是因果关系，为使理论对现实有更强的解释力和指导性，人们还需要进行深入的因果研究，即对事物之间那些尚未知晓的深层因果关系做出推测，并在经过一定控制的条件下进行观察和分析推理。教育实验研究正是着眼于因果关系的揭示，建立具有更强解释力的理论体系，为指导实践奠定基础。

5. 具有可验证性

教育实验与其他自然科学实验一样，在相同的实验条件下，应该得到相同的实验结果，能重复验证是一切科学实验必备的特征。

（二）教育实验法的优缺点

由于教育实验的预见性、变革性及控制性等特点，与其他的研究方法相比较，教育实验法具有以下主要优缺点。

1. 优点

（1）可以准确揭示变量之间的因果关系。由于教育实验法事先有较为严格的实验设计，保证了取样的随机性、实验条件的严密性、实验结果记录的客观性，对变量尤其是无关变量的控制较严，使得实验的各个环节具有严谨性和科学性，因此，实验研究更容易揭示变量之间的因果关系。

（2）能够凸显某个特定因素的影响。教育实验通过人为地创设一定的情境，可以较方便地操纵或者控制变量，简化和纯化研究现象，更有利于凸显某个特定因素的效果，可以观察到平时自然条件下观察不到的现象。实验使研究者有可能准确地、精细地、分别地研究事物的各方面或组成部分，比较容易观察某些特定因素的效果。

（3）能够验证某种理论或方法是否正确有效。运用实验法，通过人为地改变条件，可以创设某种理论或方法所需要的环境，验证某种理论是否正确、某种方法是否有效。

2. 缺点

1）由严格控制带来的环境"失真"影响实验结论的可推广性

实验通过严格控制环境条件，简化和纯化了实验环境，有利于准确地"溯因"，但这一优点同时也是致命的弱点。也就是说，实验条件控制得越严格，离真实的教育环境就越远，研究结论在自然条件下的教育活动中重复验证的可能性就越低。

2）由实验人员和实验过程带来的副效应影响实验结果归因的正确性

由实验人员和实验过程带来的副效应很多，例如，实验人员的期望会影响实验的效果（罗森塔尔效应），实验对象因为知道自己参加实验而引起的积极性提高（霍桑效应），对比组师生对实验组实验措施的暗中模仿或"较劲"（约翰·亨利效应），还有由于教育实验过程较长而引起的"生成效应"（被试身心成熟）和主试的时间累积效应等。这些效应中，有些可能对提高教育活动效率有利，但最终对探索教育实验变量间的因果关系会带来不利影响。

3）准控性和选择误差影响实验结果的稳定性

由于教育实验基本上属于社会科学实验，研究对象通常是人，要找到两个完全相同的人基本上是不可能的；而且教育实验大部分是关于群体的研究，由于群体越大，控制的难度越大，若群体较小，又不具有代表性。所以教育实验的控制只能是准控制，或说具有准控性，不可能像自然科学实验那样做到严密控制，存在被试选择误差是必然的。选择不同的被试，可能会获得不同的实验结果，从而影响实验结果的稳定性。实验结果往往只能代表指定样本所代表的群体，不能代表更大的范围，如不同学区、不同省（自治区、直辖市）的总体。

三、教育实验研究的历史发展

教育实验的形成、发展是与现代教育的产生、发展密切联系的。一般认为，教育实验研究的历史发展有两条基本线索：一是借鉴、模仿自然科学实验；二是从一般教育活动分化发展而形成。

1. 借鉴、模仿自然科学实验

教育实验研究从自然科学实验经由心理学而引进教育领域，经历了从物理学→生物学→实验生物学、实验心理学和实验教育学的发展过程。科学实验法最早用于物理学的研究，后引入动物学、实验生物医学。以人作为研究对象则始于 19 世纪上半叶，首先是实验生物学研究的发展。德国生理学家穆勒（J. P. Müller）对当时大量的生理实验研究进行收集、整理和总结，极力提倡在生理学中应用实验方法。不少生理学家用实验方法研究脑的机能。继 1861 年法国医生布罗卡（P. P. Broca）采用临床法发现言语中枢后，科学家们又研究了脑的运动中枢、各种感觉中枢。特别是德国心理生理学家韦伯（E. H. Weber）对感觉阈限的研究、德国费希纳（G. T. Fechner）提出心理物理学的三种基本方法，为定量的实验心理学的产生提供了条件。

实验心理学产生的根本标志是德国生理学家、哲学家冯特（W. Wundt）于 1879 年在莱比锡大学创办了世界上第一个独立于生理实验室之外的心理实验室，正式采用实验方法研究心理学问题，从此，心理学逐渐发展为一门独立的学科。与冯特同时代的还有艾宾浩斯（H. Ebbinghaus）和缪勒（G. E. Müller）关于记忆问题的研究、屈尔佩（Oswald Külpe）对思维过程的实验研究。

实验研究方法通过实验生理学和实验心理学，以人作为研究对象并扩展到教育领域，在 20 世纪初形成对教育问题进行实验研究的一种潮流，从而产生了实验教育学派。实验教育学派代表人物是德国的心理学家梅伊曼和拉伊。1901 年，梅伊曼首次提出了"实验教育学"的名称，后进行了关于感觉（1902 年）、语言发展（1903 年）、智慧与意志（1907 年）、记忆（1908 年）和艺术欣赏（1914 年）的实验。拉伊在他的主要著作《实验教育学》中提出，只有通过实验，在有意识地简化要素条件下研究教育现象中各种复杂的因果关系，教育学才能成为一门科学。1890 年，美国教育测量学者莱斯（J. M. Rice）编制拼字测验、算术测验和语言测验，首次将实验法应用于对学生拼字、算术和语言成就的研究；1902 年，吉德（Juld）发明用活动照相法研究读法；1903 年，美国桑代克（T. E. Lee）研究算术上各项学习能力的关系。他们研究的共同趋势是试图把实验这种"精确的科学方法"运用于教育问题，对所收集的信息作"精确的定量处理"，从而使实验方法进入教育研究领域。

由于数学方法引入教育和心理学的研究领域，法国高尔顿（F. Galton）始创心理测验。1905 年，《比奈-西蒙智力测验量表》的发表在 20 世纪二三十年代形成了遍及欧美各国的"测验运动"，不仅有智力测验，还有成就测验，倾向、兴趣的测量等，用数理统计和测量的方法对教育实验对象进行量的研究。正是实验方法与数学方法结合并运用于教育研究，从而形成了注重定量研究的教育实验基本研究方式。教育实验研究法的形成，有利于克服以往教育研究中的主观性和各种偏见，提高研究的客观性。

2. 从一般教育活动的本身分化发展而形成的教育实验

文艺复兴以后，受自然科学实验思想的影响，在人文主义思想指导下，瑞士教育家裴斯泰洛齐于 1774 年、1789 年两次创办孤儿学校，并进行教学制度、初等教育新方法的研究与实验；1840年，法国教育家福禄培尔（F. W. A. Froebel）创办幼稚园；罗素创办了皮肯·希尔学校；蒙台梭利（M. Montessori）创办了幼儿之家。教育家们按照自己的设想和理论，长期从事教育实验活动。

在教育实验活动发展过程中，美国教育哲学家杜威（J. Dewey）于1896—1904年创办的芝加哥实验学校可被称为范型。杜威基于对旧教育、旧学校的批判，着手对课程、教材和教法进行改革，并将学校作为社会生活的形式。杜威通过实验验证的"新进步主义教育理论"以及他的实验研究法，对后来教育理论及教育实验法的发展产生了极为深远的影响。

在当时教育实验的潮流中，也有一批与杜威类似的教育实验，如课程分科研究（1907年）、设计教学法（1911年）、道尔顿制（1917年）、文纳特卡制（1920年）。在中国，陶行知于1927年在晓庄开展了乡村师范教育实验，晏阳初于1929年在河北省定县开展了为时七年的平民教育运动实验，梁漱溟先生于1931年在山东邹平开展了乡村教育改革实验等。20世纪五六十年代，美国心理学家斯金纳（B. F. Skinner）开展了程序教学实验，苏联教育家赞科夫（Занков Леонид Владимирович）以"教育与发展"为课题，进行了长达20年的教育科研与教改实验。这些典型的教育实验，为教育、教学理论的发展提供了丰富、生动的依据。

正是通过两条基本线索的历史发展，形成了目前两种各具特点的教育实验的基本模式类型：一种是模仿自然科学，强调数学工具的运用，强调严格控制实验条件，将事实与价值分开以追求结论的客观性；另一种是选择教育自然环境，强调研究目的的应用性、对象的整体性以及定性的说明方法。两种基本模式各有其哲学的方法论基础，各有其优点和局限性，因而在研究简单问题和复杂问题、微观问题和宏观问题上各有有效性以及运用的范围和条件。从模仿自然科学的实验进而寻求适合教育研究的实验方法特点，从注重定性到关注定量，再到定性与定量分析方法相结合，从以实验室实验为主到以教育教学实际场景为主，这一切变革的中心点是探索科学的教育实验的具体表现形式，而这也正是现代教育发展的要求。

四、教育实验法的主要功能

教育实验法作为教育研究中的一种常用方法，有它独特的存在价值。关于教育实验法的功能，不同学者从不同角度出发，有不同的看法。概括起来，教育实验法有两种功能，即"求真"与"求善"或理论功能与实践功能。具体分析有以下四点。

1. 探索新的教育规律

运用教育实验法，研究者可以发现未知，开拓新的研究领域，从而不断发现新的教育规律性。例如，通过探索性实验，探索少年儿童智力发展的潜力、不同年龄阶段发展的特点以及充分挖掘潜力、发展主体性的方法和途径。通过教育实验，探索开设活动课程、选修课程的范围、内容及可能性，从而为我国课程结构体系的改革提供依据。也正是通过教育实验，才打破了单一僵化教学模式的束缚，形成了多样综合的教学模式系统，以教师系统传授知识作为基本教学模式，活动教学、自学辅导教学、探究发现式教学、情境教学等多种模式作为补充，提高了课堂教学的效率，促进了教学模式理论的研究。实验正是新理论、新观点、新方法形成的基础和源泉。

2. 检验、发展引进的教育理论

这里所说的"引进"的教育理论，既包括国外的先进教育思想理论和方法，也包括国内在较大范围内相互借鉴学习的教育理论与方法。例如，中国科学院心理研究所卢仲衡主持的中学数学自学辅导实验，是一项历时较长、规模较大、效果较好的实验。最初是引进美国程序教学的做法，在以后 20 多年的教育实验中不断加以改造，结合我国实际，不仅创造了中学数学教学的"启、读、练、知、结"这种自学辅导式教学模式，探索了一条培养学生的学习能力和学习主动性的有效途径，而且为如何进行科学的教育实验提供了很好的经验。

教改实验的推广也必须通过教育实验。某个教育实验所揭示的原理以及经验体现的精神是限于某一个群体范围之内，且受到多种因素的制约。因此，通过实验结合本地区本学校实际情况加以修改、补充和完善，从而探索在不同条件下新教育经验的具体表现，扩大新的教育思想、经验的适用范围，提高外在效度和普遍性程度。

3. 改进现有教育教学内容与方法，提高教育教学质量

通过教育实验，人为地创设一定的系统和环境，在科学的教育理论指导下改革教学内容或教学方法。通过提供有意义的、可信赖的信息，不仅对现有教育教学理论进行筛选、改造、提炼和发展完善，而且直接促进教育质量的提高，产生较好的社会效益。

4. 为新的科学理论假说应用于实践寻求操作程序

当研究者提出一套较完善的教育教学理论后，必须通过教育实验将理论转化为可操作的实验方案从而付诸教育实践，才能发挥科学理论的指导作用。通过实验，一方面寻求将这些理论具体化并运用于教育教学实践过程的操作程序；另一方面，实验的结果又将进一步检验、充实、完善这些理论的科学性、先进性和可操作性。这正是发展教育科学理论的一条重要途径。例如，音乐理论家的赵宋光经过长期潜心研究，提出了他的"综合构建教育新体系"理论，在生成学习理论的基础上，设计了"语言符号镶嵌结构教学模式"。

考察现代教育发展的过程，教育实验的广泛开展促进了教育科学理论的现代化；多种多样的教育实验丰富了教育理论各范畴的内涵；通过教育实验，形成了多样综合的教育教学模式。

五、教育实验法的基本类型

了解教育实验法的类型，可以加深对教育实验法的认识。从不同角度或按不同标准，教育实验法可以划分为不同的类型，如表 7-1 所示。

表 7-1 教育实验法的类型

划分标准	教育实验类型
按实验进行的场所	实验室实验、自然实验
按实验目的	探索性实验、验证性实验
按自变量因素的数量	单因素实验、多因素实验
按实验的组织形式	单组实验、等组实验、不等组实验、轮组实验
按实验的控制程度	前实验、准实验、真实验

（一）实验室实验与自然实验

按实验进行的场所，教育实验法分为实验室实验和自然实验。实验室实验是指在高度精确的人工控制的环境中进行的实验。实验室实验的特点是对无关变量进行精密的控制，对因变量加以精确地观测和计算。自然实验是在实际教育教学情境和现实活动情境中进行的实验。这种实验由于实际教学情境和现实活动的复杂性，往往只能对无关变量作一定程度的控制。自然实验的优点是实验结果能够在一定范围内推广。

（二）探索性实验与验证性实验

按实验目的，教育实验法可分为探索性实验和验证性实验。探索性实验包括有预测作用的超前实验。它是以认识某种教育现象或受教育者个性发展规律为实验目标，通过揭示与研究对象有关的因果关系及问题的解决来尝试创建某种理论体系，具有较强的创新性。探索性实验主要研究教育理论体系中的根本性问题，有重要的理论意义和实践指导意义。此类实验以专门研究人员为主进行。验证性实验是以验证已取得的实验成果为实验目标，用实践来修正和完善已经取得的认识成果。这类实验具有明显的重复性，是在不同环境条件下反复进行的，对实验条件有明确分析，而且实验方案具有可操作性，这类实验关注实验结果的应用的普遍性，追求实验较高的外在效度。

（三）单因素实验与多因素实验

按自变量因素的数量，教育实验法分为单因素实验和多因素实验。单因素实验也称单一变量实验，是指同一实验中研究者只操纵一个自变量的实验。由于单因素实验的自变量单一、明确，操纵相对比较容易，实验难度相对较小。多因素实验也称组合变量实验，是指在同一实验中需要同时操纵两个或两个以上的自变量的实验。这类实验要操纵的实验因素较多，实验过程相对复杂，因变量的观测内容也随之增多，因而研究整体上难度较大。

（四）单组实验、等组实验、不等组实验与轮组实验

按实验的组织形式，教育实验法分为单组实验、等组实验、不等组实验和轮组实验。在教育实验设计中主要按此种方式进行介绍，在此不再详述。

（五）前实验、准实验与真实验

美国教育实验专家坎贝尔（D. T. Campbell）和斯坦利（J. C. Stanley）根据实验变量的控制程度，将教育实验分为三类：前实验、准实验、真实验。

前实验也叫非实验，是最原始的一种实验类型。前实验可以进行观察和比较，但对无关因素的干扰和混淆因素缺乏应有的控制，因而无法验证自变量和因变量之间的因果关系，也很难将实验结果推论到实验以外的其他情形，内在效度较差。前实验可以作为正式研究的前期积累资料的手段。前实验设计有三种模式：单组后测设计、单组前后测设计和固定组比较设计。

准实验是不能随机分派实验对象，无法像真实验那样完全控制误差来源，只能尽可能予以条件控制。准实验设计是介于前实验设计和真实验设计之间的实验设计，它对无关变量的控制比前实验设计要严格，但不如真实验设计对无关变量控制得充分和广泛。准实验是在教育的实际情境中进行的，因而更具有推广到其他教育情境的可能性。

真实验是随机分派实验对象，完全控制无关变量的来源，系统地操作自变量的实验。相对于前实验和准实验，真实验是最规范的。像罗森塔尔（R. Rosenthal）的"期待效应"实验就属于真实验。

真实验设计由于对变量的高度控制，很难将实验结果推广到现实生活中，因此，研究者们开始重视在自然环境中进行实验研究，但又无法很好地控制无关变量的影响。因此，教育实验大多属于准实验设计。

六、教育实验研究的基本程序

教育实验研究的基本程序包括教育实验的准备阶段（教育实验研究的设计）、教育实验的实施阶段和教育实验结果的总结评价阶段三个基本阶段。

（一）实验的准备阶段

教育实验成功与否，很大程度上取决于实验前的准备工作。具体包括以下内容。

1. 选定实验研究的课题，形成研究假设

明确研究课题，形成研究假设。在概述假设的陈述句中，要清楚地表明自变量和因变量的关系。一般来说，一个实验至少具有一个假设，陈述所期望的自变量和因变量间的因果关系。如在《综合美术活动对幼儿创造性思维发展的影响研究》中以托兰斯（E. P. Torrance）的 Torrance 创造性思维测验（TTCT）为指标，评价综合美术活动在认知维度上对幼儿创造性思维发展的影响，研究者的假设如下：①如果综合美术活动中呈现更为丰富的视觉刺激，鼓励幼儿大胆联想并自由地表达与表现，那么实验班幼儿在流畅性维度上显著高于控制班幼儿；②如果综合美术活动中运用开放式提问，不设置唯一的标准答案，鼓励幼儿提出多样的意见和反馈，取消按照范例进行临摹的美术学习模式，那么实验班幼儿在抗过早封闭性（沉思）维度上显著高于控制班幼儿；③如果综合美术活动中鼓励幼儿提出新奇、独特的想法，介绍美术语言，为他们产生独特的想法提供一个支架，那么实验班幼儿在独特性维度上显著高于控制班幼儿；④如果综合美术活动中鼓励幼儿在欣赏与感受的过程中，仔细观察、解释对象，通过再度检验对象，为自己的解释提供证据，将这种解读与推理延续到创作中，那么实验班幼儿在标题抽象性维度上显著高于控制班幼儿；⑤如果综合美术活动中鼓励幼儿在欣赏与表现时，关注细微的地方或者有趣的细节，那么实验班幼儿在精致维度上显著高于控制班幼儿。①研究假设的确立可以为实验研究中前测和后测明确测试的主要维度。Torrance 创造性思维测验包括独创性、标题抽象性、精致性、流畅性、抗过早封闭性五个维度。因此，该研究假设从创造性思维认识维度包括的这五个维度进行假设，具有一定的科学性。

2. 明确实验目的，确定指导实验的理论框架

明确实验目的，确定指导实验的理论框架。这种指导性理论，启发研究者按照研究目的对实验研究的方向、范围以及如何搜集、分析和解释数据资料做出明确具体的规定。如在《综合美术活动对幼儿创造性思维发展的影响研究》中，实验研究是基于人本主义理论和建构主义理论的。人本主义理论认为，强调学生在学习过程中的主体地位，其独立性、创造性思维就会得到促进。把学习过程不仅看成是一个学习知识的过程，同时也是培养学习方法和健全人格的过程，以增进学生的责任心、进取心、合作意识、学习态度和探究精神。②皮亚杰（J. Piaget）和维果斯基（L. Vygotsky）相信，教师应该鼓励学生与同伴言语互动，以发展他们对问题的思考。儿童面对其他人的观点，学习表达和辩护自己的想法。他们通过与更丰富的玩伴、教师乃至家长互动而学习。建构主义者支持的合作学习，要求儿童相互依靠以实现一个学习目的，比如准备一个汇报或制作一幅壁画。③

教育实验研究中基于理论系统分析更切合客观实际，需要做前期的调查研究，查阅有关文献资料以及课题组全体成员进行充分的讨论。没有这一步骤，就很难从实验目的和研究假设过渡到具体的实验设计上去。

3. 选择实验对象，分解实验变量，进行实验设计

这是准备阶段的核心工作。实验课题、理论假设提出后，就要明确和分解实验变量。实验的自变量是什么？有多少个自变量？因变量是哪些？有哪些无关变量？这些问题都应在实验之前确定。变量分解后，还应对变量的操纵、控制，以及变量的呈现顺序，实验的辅助手段、条件等实验过程进行规定，根据实验课题的性质、任务和类型，选择实验设计类型，进行合理的实验设计。如在《综合美术活动对幼儿创造性思维发展的影响研究》中，因变量——创造性思维，分为认知维度和情感维度等九个子维度。④因变量的分解为测量幼儿创造性思维提供更具体、科学的测量维度。

---

① 黄立安. 综合美术活动对幼儿创造性思维发展的影响研究[D]. 上海：上海师范大学博士学位论文，2015：10.
② 黄立安. 综合美术活动对幼儿创造性思维发展的影响研究[D]. 上海：上海师范大学博士学位论文，2015：80.
③ 黄立安. 综合美术活动对幼儿创造性思维发展的影响研究[D]. 上海：上海师范大学博士学位论文，2015：81，82.
④ 黄立安. 综合美术活动对幼儿创造性思维发展的影响研究[D]. 上海：上海师范大学博士学位论文，2015：5.

4. 选择测量工具

选择适合的测量工具并决定采用什么样的统计方法,从而明确评价因变量的指标。如在综合美术活动实践开展的 11 个月中,研究人员通过前测和后测,分两次得到了实验班、控制班进行 Torrance 创造性思维测验的测验成绩。然后用 SPSS 统计软件对数据进行分析。在对统计结果进行分析的基础上,验证综合美术活动在五个认知维度上对幼儿创造性思维发展的影响。[①]

5. 选择实验设计类型

选择实验设计类型,确定控制无关因素的措施,以最大限度地提高实验的内在效度和外在效度。在提高内在效度上,《综合美术活动对幼儿创造性思维发展的影响研究》中选择非随机分派组前后测设计,以设计好的综合美术活动方案(以美术语言为框架,以多样的媒介和材料为载体,以创造性思维教育环境为支持,以自由的表达与表现为契机)对实验班被试进行教学。教学持续时间为 11 个月(含寒暑假),每周一次美术集体教学(30 分钟)。在实验班开展美术教学的同时,控制班按照幼儿园原定的教学方式开展美术教学活动,每周也是一次 30 分钟的集体教学。实验班和控制班两个班级在其他教学和教育活动上照常进行。[②]由于教学主题必须跟着 4～5 岁学习活动指导用书上的主题走,至少 80%综合美术活动的内容主题与指导用书上的主题保持一致。课题组从活动指导用书上选出了 8 个大的主题,共计 24 个美术活动。课题组从研究者设计的 22 个综合美术活动方案中直接选取和改编了 16 个方案。结合该园特色教育和实际情况,课题组又自主设计了 8 个综合美术活动方案。经过 3 个月的选用、改编和设计,2013 年 8 月底,课题组最终确定了这 24 个综合美术活动方案,保证了综合美术活动方案的科学性和代表性,提高了实验研究的内在效度。[③]

(二)实验的实施阶段

按照实验设计进行教育实验,采取一定的实验处理,观测由此而产生的效应,并记录实验所获得的资料、数据等。从 4 个中班年级中随机抽取 2 个班级作为实验班和控制班。4 个平行班是当年幼儿入园时随机分配组成的,故在生源质量和家庭环境上基本相仿。研究者对实验班和控制班 64 名(每班各 32 名)幼儿进行了前测。2013 年 11 月初前测完成后,开始实施综合美术活动实践,时间是 2013 年 11 月初到 2014 年 10 月底,共计 11 个月(包括 2 个月暑假和 1 个月寒假)。在这 11 个月的时间里,陆续进行了美术教育史、儿童美术发展阶段与特征、美术语言、幼儿美术材料、综合的幼儿美术课程等方面的讲座 8 次,每次 1.5 小时左右;由美术教育专家现场指导、交流 1 次,包括儿童美术教育的课程设计、教学技巧、评价等方面;研究者每周一次开课现场指导和课后交流、建议;研究者本人 2 次公开课展示、交流活动;2 次期末的教学作品展示活

---

① 黄立安. 综合美术活动对幼儿创造性思维发展的影响研究[D]. 上海:上海师范大学博士学位论文,2015:29.
② 黄立安. 综合美术活动对幼儿创造性思维发展的影响研究[D]. 上海:上海师范大学博士学位论文,2015:101,102.
③ 黄立安. 综合美术活动对幼儿创造性思维发展的影响研究[D]. 上海:上海师范大学博士学位论文,2015:91.

动的指导，主要包括主题内容的概括提炼、布展的技巧、作品的筛选原则、布置的形式要求等。

（三）实验结果的总结评价阶段

要对实验中取得的资料、数据进行处理分析，确定误差的范围，从而对研究假设进行检验，最后得出科学结论。实验中的系统误差和偶然误差，是认识的相对性的具体表现。分析实验结果时要区分什么是实验应该消除的误差、什么是实验应有的结果。只有同时给出实验误差范围的估计，才能获得具有科学价值的教育实验研究结果。在研究结果分析的基础上，写出实验报告。

第二节　教育实验研究的效度

教育实验研究的效度是指一个实验的有效性，它是衡量教育实验成败优劣的关键性的指标。

一、教育实验研究效度的含义

效度是指测验工具或手段能够准确测出所需测量的事物的程度。测量结果与要考查的内容越吻合，则效度越高；反之，则效度越低。每项实验研究都涉及效度的考察。美国学者坎贝尔和斯坦利把教育实验研究效度分为内在效度和外在效度两类。

二、教育实验研究的内在效度

内在效度指自变量与因变量的因果联系的真实程度，即研究结果的真实程度。因变量的变化，确实是由自变量引起的，是操纵自变量的直接结果，而非其他未加以控制的变量所致。也就是说，内在效度表明的是因变量 Y 的变化在多大程度上来自自变量 X——有效性。内在效度决定了实验结果的解释，没有内在效度的实验研究是没有价值的。

坎贝尔和斯坦利认为，有八类新异变量与教育实验研究的内在效度有关，或称为内在效度的威胁因素。

（一）历史

历史因素，即指除了实验变量之外，一切未经控制的因素会介入周期较长的实验过程，引起实验结果的变化。在实验过程中，任何无关变量都可能是影响自变量和因变量之间差异的因素，尤其是在周期较长的实验中，更可能成为一个问题。比如，教育研究者想试验一种新的作文教学方法，实验变量是新的作文教学方法，实验完成后，学生进行作文写作测试。在实验过程中，部分学生参加了作文课外辅导班，因此，参加作文课外辅导班的同学作文水平的提高，可能不只是来自新的作文教学方法的影响。因此，实验的时间越长，实验受其他事件影响的可能性就越大。

（二）成熟

在实验期间，实验对象的身心发展变化也会影响自变量对因变量的作用。随时间的推移以及偶然因素的影响，被试的身心各方面发生变化，如生理、心理的发展，技能、知识、经验的增长，或者变得疲倦、失去兴趣、焦虑等，这些变化可能与自变量混淆而影响对因变量变化结果的解释，从而降低研究的内在效度。

例如，某电视台准备编制一台历时一个月的适合儿童的科学技术节目，想了解儿童观看节目后，有关科技的知识及兴趣是否有明显提高，因而设计了如下实验：实验组测验—收看科技节目—再测验。这种设计未控制其他无关变量，可能在这一个月中，学科学习、收听广播，参观了科技馆，或偶尔读了一本相关的科普读物，都会带来科技知识的增长，因而影响对观看科技节目效果的评价。控制成熟因素的方法是使被试的选择与分组尽可能随机化，并设立对照组。

（三）测验

测验的影响是指前测的暗示对实验研究中因变量的影响。教育实验中，前测作为一次学习经验可能影响后测的成绩，或积极，或消极。常见的有练习效应、敏感效应和选择性效应。被试形成对练习和测验的敏感性，尤其是在前后测相距时间较短的情况下会影响研究的内在效度。例如，英语标准化的 TOFEL 考试，经过再次测验，被试较了解研究者在测题中所隐藏的目标，同时了解测验的特点，在以后的测验中表现较为熟练。测验因素的控制一般是通过设置无前测的对照组加以控制。

（四）工具

工具的影响即指测量手段对实验研究中因变量的影响。关于教育实验中测试手段、技术或工具的无效或缺少一致性，在实验过程中由于研究者主观情绪状态发生变化（如变得更严格、疲倦或粗心等），或研究者的个性、态度、价值观、信息的影响，或评判标准不同（前后测难度不同，不同班级用不同测验，或评判者的差异），都会影响测验和评价的精确性。所以，研究者要精心选择测验及技术，谨慎观察，加强基本训练，严格测试手段，并选择好实验设计以控制这个因素。

（五）统计回归

在有前后测的教育实验中，若以极端分数（高或低）的学生为研究对象，容易产生统计回归现象，从而很难解释实验结果。统计回归现象是指某次测试中成绩特别高或特别低的学生，不管是否接受实验处理，均可能使后测成绩向团体平均数回归。即高分组学生在后测时，其分数向平均数回归而有降低趋势，低分组学生的分数却有升高的趋势。这是在教育实验中有前后测情境下出现的一种效应现象，一种趋向平均数的常态回归。

被试前测成绩过优或过劣，在后测时成绩都有自然向群体平均值靠拢的趋向（集中趋向）——变得不是最优或最劣，总会在重复测量中使得分数向平均分数偏移。比如一次测验，平均分为 120 分，最高分的学生第一次测验得 150 分，但在第二次测验中得 140 分；最低分的学生第一次测验得 100 分，但在第二次测验时得 110 分。这种变化不是因施以实验处理而转移，这就是统计回归现象。这种统计回归现象很容易混淆实验处理对因变量的效果。如不加分析，易产生错误结论。

（六）被试选择

被试选择，指被试取样不等。由于选择被试的程序不适当，没有用随机取样和随机分组的方法，因而造成被试组之间存在系统性差异。也就是说，在研究处理前，他们在各方面并不相等或有偏性。其中也包括被试态度：参加实验组的被试均为自愿者，属于积极型被试；而控制组却是非自愿者，属于消极型被试，对实验抱有疑虑甚至抵触情绪，那么实验组高度的动机则可能导致结果的偏差，无法做有效的合理比较。

（七）被试的缺失

在一个延续时间较长的研究中，被试的更换、淘汰或中途退出可能对研究结果产生显著影响。两个组，好学生离开控制组，造成两组被试不等，结果实验组效果很好。发出问卷，如果回收率不到 70%，缺失部分正好影响研究结果分析。需要指出的是，其中也包括时间的等值：两个班学生缺席次数是否相同，两组学生学习时间是否相等，课外得到的补习时间量是否相等。

（八）选择和成熟的交互作用及其他

把成熟程度不同的被试安排在对比组中会影响实验结果的正确解释。可能是有关实验处理的信息的扩散和交流，对实验组、控制组所操纵的自变量的影响；也可能由于成熟、历史或测验因素，已形成的实验组和控制组，某一组可能更适合（或更不适合）这种实验处理或有一个内部的优势。由于测试程序、因素控制和实验安排等方面多种条件和因素之间交互作用，从而影响对结果的解释。

由于以上无关因素的存在，教育实验研究中无法确定因变量 Y 的变化在多大程度上是由自变量 X 造成的，从而降低了实验设计的内在效度。

三、教育实验研究的外在效度

外在效度涉及教育实验研究结果的概括化、一般化和应用范围问题，表明实验结果的可推广程度（generalization），即研究结果是否能被正确地应用到其他非实验情境、其他变量条件及其他时间、地点、总体中以及应用的程度。

坎贝尔和斯坦利认为，有四个因素影响实验的外在效度。

1. 选择与实验处理的交互作用效应

表现为取样偏差,被试取样没有代表性。在重点学校进行实验的结果不能推广到一般或较差学校。一般学校的择优生班的实验结果也代表不了一般学校的普通班。因为重点学校和普通学校的学习者特征存在差异,研究对象已有知识水平存在差异,从而影响实验的因果关系。因此,在进行教育实验研究时要保证实验对象的代表性,有利于研究结论的推广。

2. 测验与处理的交互作用效应

表现为对测量的敏感化,前测提高了被试对后测的敏感性,或前测干扰了实验处理的作用。因此,有前测的实验结果不能推广到没有前测的对象中去,只能应用于已作过相似前测的样本。

3. 实验安排的效应

由于实验情境的安排,实验对象知道自己正在被观察或正在参加实验,他们参加实验时所表现出来的行为与他们在非实验情景中的表现有很大不同。这时,他们往往为投实验者之所好,可能改变正常的行为方式,努力表现实验者所期望的行为,以获得实验者的欢悦。例如,学生知道自己被选择参加一项新的教学方法的实验,因而在实验期间表现出比平时更高的兴趣和动机、更大的学习主动性和积极性,结果使实验效果受到很大的影响。由此可见,在实验情境下所得的结果可能和自然情境下的结果大不相同,这就是为什么教育实验结果常不能适用于日常教育情境的原因。

实验安排的反作用效果,即"霍桑效应"(Hawthorne effect)。所谓"霍桑效应",是指1924年在美国西部电器公司的霍桑工厂进行的一项实验研究所产生的效应。该项实验的目的是:探索照明以及其他物理变量对工人生产率的影响。实验结果表明:实验组的工人对一些不在研究之列的变动有着明显的反应,这些工人由于管理部门的支持和关怀产生了心理上的满足,由于被安排参加这项研究工作而引起了作为实验组成员和居于特殊地位的自我感觉,于是产生工作积极性。这种通过实验人员和实验对象之间的相互作用而诱导出积极变化的情况就叫"霍桑效应"。如有些实验常常指定实验班,并且实验教师大力宣传动员,使参加实验的师生有清晰的实验意识,知道自己在参加实验研究,这样,实验对象自然会情绪高涨、干劲倍增。或者实验对象投实验者之所好,努力表现实验者所期望的行为,因此学习成绩提高了。这样的实验结果不能推论到其他一般的教育情境中去。所以在教育实验中,我们必须巧妙地选择和安排好教育实验的情境,尽量减少"霍桑效应"。

4. 多重实验处理的干扰

当同样的受试者重复接受两种或多种实验处理时,由于前面的处理通常不易完全消失,以致几项实验处理间会产生相互干扰的作用。因此,这种实验的结果只能推论到类似这种重复实验处理的情况。例如,试验集中学习法、分散学习法、整体学习法和部分学习法的效率时,让每位受试者重复采用这四种学习方法,如果发现其中的整体学习法效果最好,研究者并不能将这种结果推论到仅一种整体学习法的处理情境,因为整体学习法之所以取得良好的效果,可能是受到其他三种方法共同交互作用的结果。

提高外在效度的根本措施在于:使被试取样具有代表性,使实验情境与教育教学环境尽量接近,可以在各种不同条件下进行重复性实验。

内在效度是外在效度的必要条件,但内在效度高的教育实验研究对变量的控制更严格,因而影响研究成果的推广,降低了实验研究的外在效度。例如,为防止性别差异影响实验结果,只选取男生或女生为被试,这时实验的内在效度提高了,但实验结果的外在效度降低了,不能推广到不同性别的样本中。在学校、教室内进行实验的结果,虽然将来能较好地适用于实际教学情境(具有好的外在效度),但因实验条件限制,无法像实验室实验那样进行充分控制,实验的内在效度往往降低。

美国教育实验研究专家布拉切特(C. H. Bracht)和格拉斯(C. V. Glass)对实验的外在效度的性质作了区分,提出了两种性质的外在效度,即总体效度和生态效度。

1)总体效度

总体效度是指实验结果从特定的研究样本推广到更大的被试群体中的适用范围。从严格意义上讲,研究结果只能推广到抽取样本的那一部分总体,即实验可接受的总体。例如,从一个特定的学区随机抽取100名小学生进行活动教学的实验,实验结果显示活动教学法比常规教学法效果较佳。这一实验结果一般只能推广到作为样本来源的总体,即那个特定的学区。布拉切特和格拉斯称这一有限群体为"实验切近总体"。如果样本是随机抽样的,实验结果就完全可以推论到"实验切近总体"。有时我们想把实验结果从"实验切近总体"进一步推广到更大的群体,如将上例进一步推广到全国的小学生,"全国小学生"这一更大的群体则被称为"目标总体"。但如果作这样的推广,就需要比较"实验切近总体"与"目标总体"之间的相同程度。如果"实验切近总体"与"目标总体"的重要特征相似,那么,由"实验切近总体"推广到"目标总体"也是可以的。

2)生态效度

生态效度是指实验结果从研究者创设的实验情境推广到其他教育情境中的范围。有10种影响生态效度的因素:实验措施记述的详细程度、多重处理的干扰、霍桑效应、新奇效应与裂变效应、实验者效应、前测敏感作用、后测敏感作用、历史与实验结果的交互作用、因变量的测量、测量时间与实验效果的交互作用。从实验情境角度看,明确需要用生态学中的生态环境的思想来考察影响外在效度的因素。

要提高生态效度,应注意如下问题:应完整地描述实验所涉及的操作和实验背景;推广实验结果时应考虑实验安排,尽量减少"霍桑效应";应考虑变量的代表性;避免相互作用的效果影响,如前测能够提高实验对象的敏感性,其所获结果就难以推广到无前测的总体。

第三节　教育实验的变量控制

实验设计中核心的问题就是如何对实验变量进行控制。教育研究中的变量主要有三大类，即自变量、因变量（或称"应变量""倚变量"）和无关变量，教育实验的设计也要涉及这三大变量。

一、教育实验变量控制的含义

从广义上讲，对无关变量的控制和对自变量的操纵都可称为变量控制。对无关变量的控制是指采用消除、恒定、抵消或平衡等方式限制乃至排除某些条件对实验进程及其结果的影响；对自变量的操纵是一种主动支配，即由实验者决定将自变量施加于何人、如何施加。从狭义上理解，变量控制仅指对无关变量的控制，而对自变量的控制则使用"操纵"一词。

二、教育实验变量控制的主要方法

（一）消除法

消除法是一种"防范于未然"的控制方法。在实验过程中，采用一定的措施，预先将可能影响实验结果的无关变量排除于实验过程之外，突出自变量的作用。比如，在两种教学方法的对比实验中，为消除家庭辅导对学生学习成绩的影响，要求所有参加实验的学生家长都不要对学生进行家庭辅导，或在实验周期内，将学生集中到学校进行管理，消除家庭辅导对学生学习成绩的影响。

消除法能有效地控制无关变量，但因实验情境与真实情境有较大的差异，所得的实验结论缺乏普遍的推广性。

（二）均衡法

均衡法旨在平衡无关变量的影响。通过设置实验组和控制组，使所有无关变量都以同一水平同时作用于这两个组，使之对两个组的实验效果的影响相同。等组实验就是让无关变量对实验组和控制组产生的作用一致，保持平衡。在等组实验中，实验组接受新的实验处理，控制组按照传统方式进行，除自变量不同外，其他方面都是基本相同的，目的在于通过比较做出因果关系推论，以确定新的实验处理是否比传统方式更有效。也就是说，影响因变量的所有其他因素，如实验的场所、环境，时间长短与安排，被试的性别、年龄、知识基础、动机情绪等基本一致。

（三）抵消法

抵消法是指当被试需要先后接受几种不同的实验处理与测验的情况下，由于练习、迁移、干扰、疲劳等因素会影响因变量的测量效果，可以采用轮组设计，以抵消实验处理顺序引起的误差。比如，在甲、乙两种教学方法的比较实验中，一个组先采用教学方法甲，后采用教学方法乙进行实验；另一个组则先采用教学方法乙，后采用教学方法甲进行实验；最后比较甲、乙两种教学方法的效果。这样设计就抵消了教学方法使用顺序对实验结果的影响。

（四）恒定法

恒定法是指使无关变量在实验前后保持不变，即所有的被试都接受相同的无关变量，把变量变为常量。比如，在两种教学方法的对比实验中，若采用单组法，为控制任课教师对实验结果的影响，可以让同一教师先后使用两种不同的教学方法进行教学，最后比较两种教学方法的教学效果。这样，任课教师这个无关变量就不会影响两种教学方法效果的比较。

（五）随机法

随机法是指在选择被试、安排实验处理顺序等实验环节上，不受实验人员主观意志的影响，随机决定。随机法是研究者最常用、也是最有效的控制无关变量的方法，包括随机取样、随机分组、实验处理的随机分配等。需要说明的是，虽然随机分组在创造相等被试组方面是有效的，但只有在被试人数较多的情况下才能满足，如果各组人数太少，那么随机造成差异的可能性就很大，加大样本量可以减少误差。

（六）盲法

盲法是控制实验参与者的偏向影响实验结果的一种控制无关变量的方法。采用隐蔽手段，控制实验参与者的偏差或期待。如果只有被试不知道在做实验，称为"单盲"；如果实验者（主试）与实验对象都不知道在做实验，则为"双盲"。

在教育研究过程中，对无关变量的控制还有很多方法。例如，采用不同的实验配组形式和不同的实验设计模式对无关变量进行控制；采用多主试或电脑主试对实验者效应进行控制；还可以采用统计手段对被试间的个体差异进行控制等。总之，可以从三个方面控制无关变量：一是对研究的外部环境和条件进行控制；二是对被试的个体差异进行控制；三是对研究者或主试在实施研究中可能产生的实验者效应进行控制。

第四节　教育实验设计的主要模式

为了简化叙述，我们将引用以下符号表示教育实验设计模式：

X：自变量，即实验处理；

Y：因变量；

O：表示一次测试或观察，是实验处理前或后的观察和测定；

R：表示被试已被随机选择分派；

G：表示实验分组，实验组或控制组；

/：表示没有实验处理；

字母后面的数字表示次数，如 G_1：表示组 1；O_1：测试 1；$O_{1.1}$：组 1 第一次测试；X_1：实验处理 1。

教育实验设计的主要模式有单组前后测设计模式、非随机分派控制组前后测设计模式、随机分派控制组后测设计模式、随机分派控制组前后测设计模式、所罗门四组设计模式。

一、单组前后测设计

（一）单组前后测设计模式

单组前后测设计模式中，只有 1 个实验组，没有控制组，1 个实验处理，有前测和后测。

单组前后测设计基本模式：　　　G：O_1　　X　　O_2

（二）优缺点

单组前后测设计模式没有设计控制组，或者说以自身为控制组，有前测和后测，进行实验时容易选实验组，操作起来方便。该实验设计模式的缺点是此设计中前后测成绩的差异也可能由前测的练习作用、身心成熟、前后测验不等值、统计回归等因素造成。实验设计如果对这些因素未加控制，则实验内在效度不高，其科学性较差。只有当实验时间很短、环境相当稳定时才可采用，或用作预备性研究。

二、非随机分派控制组前后测设计

（一）非随机分派控制组前后测设计模式

非随机分派控制组前后测设计模式中有实验组和控制组两组，研究对象不是随机分派到实验组和控制组的，有前后测。

非随机分派控制组前后测设计基本模式：　　G_1：　　$O_{1.1}$　　X　　$O_{1.2}$
　　　　　　　　　　　　　　　　　　　　　G_2：　　$O_{2.1}$　　／　　$O_{2.2}$

（二）优缺点

非随机分派控制组前后测设计的优点是：由于有控制组，有前后测比较，因此可以控制成熟、历史、测验、工具、统计回归等因素影响，一定程度上控制被试的选择偏差，从而提高了研究的内在效度。局限在于：①不是随机取样分组，选择与成熟交互作用可能会降低实验的内在效度；②前后测的交互作用：前测影响后测。因此，实验结果不能直接推论到无前测的情境中，对实验结果的解释要慎重。要尽可能从同一总体中抽取样本，以避免被试差异所带来的实验误差。

三、随机分派控制组后测设计

（一）随机分派控制组后测设计模式

随机分派控制组后测设计模式中有实验组和控制组两组，随机选择被试和分组，仅实验组接受实验处理，两组均只有后测，没有前测。

随机分派控制组后测设计基本模式：　　RG_1:　　X　　O_1
　　　　　　　　　　　　　　　　　　　RG_2:　　／　　O_2

（二）优缺点

随机分派控制组后测设计模式的设计优点在于：能消除前测与后测、前测与自变量的交互影响，内在效度较高。因为没有前测，避免了练习效应的影响，节省人力和物力。由于随机取样、随机分组以及设控制组，这种设计可控制历史、成熟、测验和统计回归等无关变量的影响。但是要注意取样总体的特征，在总体不够多、被试数目较少的情况下，两组或多组相等的假设就难以保证，如 $n<30$，个体差异较大。所以在可能的情况下，要想办法加大样本量，同时尽量使被试有代表性。这种实验设计的局限在于不能对被试的缺失加以控制。

四、随机分派控制组前后测设计

（一）随机分派控制组前后测设计模式

随机分派控制组前后测设计模式中有实验组和控制组两组，研究对象是随机分派到实验组和控制组的，有前后测。

随机分派控制组前后测设计基本模式：　　RG_1:　　$O_{1·1}$　　X　　$O_{1·2}$
　　　　　　　　　　　　　　　　　　　　RG_2:　　$O_{2·1}$　　／　　$O_{2·2}$

（二）优缺点

随机分派控制组前后测设计是一种最基本和最典型的实验设计。其特点是：随机分组；实验组接受实验处理，控制组则不接受实验处理；两组均进行前后测。随机分派控制组前后测设计的优点是：由于利用随机分派方法分出两个等组，就可以控制选择、被试缺失等因素对实验结果的干扰；都进行了前后测，便于作对照比较。如果在前测和后测之间，有什么情况影响，或成熟、测验、统计回归等无关因素发生了干扰，则两组是相同的。该设计模式的缺点在于，可能会因为前测与实验处理的交互作用而影响外在效度。

关于研究结果的统计分析：如果两组前测分数的平均数基本相同（基本等值），则将通过后测得到的两组平均数之差数进行有关两个独立组平均分数参数的 t 检验。差异显著，则说明这种差异是实验处理的结果。如果前测中发现两组不等值，则必须参照前测成绩对后测成绩作相应的分析与修正，对两组后测的增值平均数进行比较，求出两组变化分数，再进行 t 检验。

五、所罗门四组设计

（一）所罗门四组设计模式

随机选择被试和分组；两组有前测，两组没有前测；一个前测组和一个无前测组接受实验处理；四个组都有后测。

所罗门四组设计基本模式：
$$\left.\begin{array}{l} RG_1: O_{1 \cdot 1} \quad X \quad O_{1 \cdot 2} \\ RG_2: O_{2 \cdot 1} \quad / \quad O_{2 \cdot 2} \end{array}\right\} a$$
$$\left.\begin{array}{l} RG_3: \quad\quad\quad X \quad O_{3 \cdot 2} \\ RG_4: \quad\quad\quad / \quad O_{4 \cdot 2} \end{array}\right\} b$$

（二）优缺点

所罗门四组设计是把实验组、控制组前后测设计与只有后测的设计加以组合（a 与 b），将有无前测这一变量纳入实验设计之中，将其变量所造成的差异数部分从总变异数中排除出去，以检验实验处理所产生的影响是否显著，内在效度、外在效度较高。这是一种较理想的实验设计。优点：①可以将前测的反复效应分离出来，综合随机分派前后测设计和随机分派后测设计的优点，克服二者的缺点。②实验者等于重复做了四个实验，可以做出四种比较。③可运用 2×2 方差分析来处理该四组实验数据。局限在于往往很难找到四组同质的被试；被试的数目多时，数据分析比较困难。因此，一般不适用于探索性实验，而适用于决断性实验。

在进行数据统计分析时，进行检验，可用独立样本 2（有无前测）×2（有无实验处理）的变异数分析方法来分析实验结果。

本章小结

教育实验法是可以验证教育现象因果关系的一种研究方法。教育实验法的来源有二：一是借鉴、模仿自然科学实验；二是从一般教育活动分化发展而来。教育实验设计模式优缺点各不相同，根据实验目的对无关变量进行适当的控制，完善实验设计模式，提升教育实验研究的内在效度和外在效度。内在效度是外在效度的必要条件，但也不能只注重内在效度，有时实验的内在效度提升会降低外在效度，不利于研究成果推广。

教学建议

从中国知网数据库下载实验报告形式的论文，分析实验报告的结构和实验设计中有哪些方面值得借鉴，哪些方面可以进一步优化改进。

练习·思考

1. 简述实验研究设计模式及其优缺点。
2. 选择一种教育实验研究设计类型，进行实验研究设计，并写出实验研究过程。

以下为教育学专业研究生入学考试 311 综合相关真题

3. 简述提高教育实验研究内在效度的方法（至少五个）。
4. 简述教育实验内在效度与外在效度的含义，并举出两种影响实验效度的心理效应。
5. 试列举教育实验设计的三种类型，并写出相应的格式。
6. 简述非随机分派控制组前后测实验设计的格式及优缺点。
7. 阅读下述案例，按要求回答问题。

某研究者想探明教学方式与学生思维品质形成的关系，于是在一所小学随机选择了一个班作为实验班，采用新的应用题教学方式实施教学，如以自编应用题（一题多变）和解应用题（一题多解）培养学生思维的灵活性，以应用题归类教学培养学生思维的深刻性等。实验前后分别对该班进行了难度相当的测试。该班前后测平均成绩的差异视为实验产生的效果。

（1）写出该研究使用的随机抽样方法的名称。
（2）写出该实验的研究假设。
（3）写出该实验设计的名称，并用符号表示其格式。
（4）试从实验设计方面分析该研究可能存在的问题，并提出改进方案。

8. 分析下述研究设计，按要求回答问题。

一项名为"高中数学自学辅导实验"的研究，选择了某重点中学的高一（3）班为实验班，高一（6）班为控制班，两班教材相同，教师水平相当。在实验班采用学生自学后尝试自己解题、讨论释疑、教师点拨等教学方式，并规定教师一节课上的讲述不得超过10分钟；在控制班则采用教师讲授、学生练习巩固的方法。实验周期为一个学年，根据实验前后两班数学测试成绩的差异比较，判断自学辅导有无效果。

（1）请写出该实验设计类型的名称和格式。
（2）该实验控制无关变量的主要措施是什么？
（3）该实验设计的优点和局限性有哪些？

9. 某乡镇中学有100名初一学生，他们先前所在小学均未开设英语。现拟对其进行一项题为"多媒体教学对初一学生英语阅读成绩影响的研究"的真实验。请问：

（1）最好选用哪种实验设计（写出其名称和格式）？为什么？
（2）如何产生实验班和控制班？
（3）这样设计有何优缺点？

10. 某校进行了一项通过反思活动提高学生知识迁移能力的实验。研究者将高中一年级中的5个自然班，用抽签的方法决定其中一个班为实验班，另一个班为对照班（控制班）。实验前对两个班学生的知识迁移能力进行了统一测试。实验开始后，两个班使用同样的教材、保持同样的进度。对照班以常规方式进行教学，但对实验班每节课提供 5 分钟的反思练习，并布置一定量的课外反思作业，要求学生按时完成。持续一个学期后，用统一测试的方法检测出实验班学生知识迁移能力明显优于对照班。请回答：

（1）该实验研究采用了何种设计类型？
（2）该实验的研究假设是什么？
（3）该实验中的自变量、因变量和无关变量有哪些？
（4）该实验设计存在哪些优缺点？
（5）该类型实验研究报告包括哪些基本要素？

11. 某中学为提高数学课堂教学的实效性，开展了一项实验研究。研究者在本校初中二年级 800 名学生中选择数学考试成绩排名前 80 位的学生参与实验，并用配对法将学生分为两个班，分别采用传统教学和"小组合作学习"两种不同的教学模式进行教学。实验持续一学年，实验前后分别用数学学业水平测试试卷 A 和 B 对两个班学生进行测试，通过实验前后测试成绩的对比分析，比较两种数学教学模式的教学效果，请按要求答题：

（1）为该实验设计一个课题名称和研究假设。
（2）指出该实验的自变量、因变量和无关变量。
（3）写出该实验设计类型的名称及其格式。
（4）该实验在抽样方法上存在什么问题？它会对实验效度产生什么影响？

12. 结合下述实验案例回答问题。

为了验证"罗森塔尔效应"，某研究者依据期望原理，提出了实验假设："那些被教师认为有培养潜力的学生，由于教师的期望会取得比其他学生更优秀的成绩"。研究者选择一个新入学的班级进行实验，制定了详细的研究计划。首先对该班级的学生进行学科测验，把学生随机分为同质的 A 组和 B 组，研究者告诉教师 A 组学生是学科成绩高的，有培养潜力。一年以后，研究者又对这个班级的学生进行学科测验。测验结果表明，A 组学生平均成绩明显高于 B 组学生。实验结果证明了实验假设，即教师的期望与学生学科成绩提高之间存在着因果关系。

请回答：

（1）该教育实验的构成要素有哪些？
（2）该实验设计的格式是什么？有哪些优缺点？

13. 单选题。

（1）真实验与准实验的最大区别在于（   ）。

A. 自变量个数不同　　　　　　B. 因变量测评方式不同
C. 无关变量个数不同　　　　　D. 无关变量控制程度不同

（2）在教育实验中，研究者试图控制师生的"实验情结"对实验结果的消极影响，应采取的措施是（   ）。

A. 双盲控制　　　　　　　　　B. 纳入处理

　　　　C. 重复验证　　　　　　　　　D. 随机取样

（3）为了研究不同教学模式对学生代数成绩的影响，三位教师分别采用三种不同教学模式执教三个班的代数课。这一实验研究中的自变量和因变量分别是（　　）。

　　　　A. 教师和学生　　　　　　　　B. 教师和学生代数成绩
　　　　C. 教学模式和学生发展　　　　D. 教学模式和学生代数成绩

（4）在教育实验研究中，"双盲处理"旨在控制（　　）。

　　　　A. 成熟效应　　　　　　　　　B. 练习效应
　　　　C. 心理效应　　　　　　　　　D. 测评误差

第八章

教育行动研究

学习目标

- 了解教育行动研究的发展历程；
- 理解教育行动研究的概念、特点与优缺点；
- 掌握教育行动研究的程序与步骤；
- 了解教育行动研究和教育设计研究的异同。

知识导图

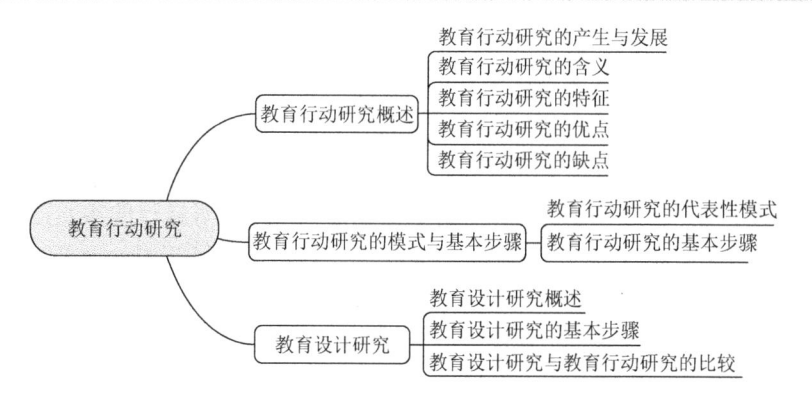

```
                                      ┌─ 教育行动研究的产生与发展
                                      ├─ 教育行动研究的含义
                   ┌─ 教育行动研究概述 ─┼─ 教育行动研究的特征
                   │                  ├─ 教育行动研究的优点
                   │                  └─ 教育行动研究的缺点
                   │
  教育行动研究 ────┼─ 教育行动研究的模式与基本步骤 ─┬─ 教育行动研究的代表性模式
                   │                              └─ 教育行动研究的基本步骤
                   │
                   │                  ┌─ 教育设计研究概述
                   └─ 教育设计研究 ───┼─ 教育设计研究的基本步骤
                                      └─ 教育设计研究与教育行动研究的比较
```

20世纪80年代末期，随着我国基础教育改革与研究的不断深入，教育实验得到了蓬勃发展。与此同时，教育理论界开展了关于教育实验方法论的讨论。这场讨论大致有两种观点：一种观点认为，作为科学研究的教育实验，应当遵循一般科学实验的基本原则，应当科学化、规范化，具有很强的实证主义色彩。这实际上是一种科学主义取向的教育实验观。另一种观点认为，教育实验是一种特殊实验，是一种社会科学性质的实验，应有自己的规范。同一时期，源于实验法的教育行动研究正在欧美等国家如火如荼地开展。在这一背景下，教育行动研究开始为我国教育研究者们所重视。随着信息技术的不断发展和广泛应用，与教育行动研究具有相似特性的教育设计研究（educational design research，EDR）在国内外的应用也不断升温。我国学者对该研究范式的关注相对较晚，而且主要集中在教育技术学领域。为了深入认识这两种不同的研究范式，本章在全面介绍教育行动研究的基础上，对教育设计研究也进行简要介绍，并将两者进行比较。

第一节　教育行动研究概述

一、教育行动研究的产生与发展

据美国学者麦克尔南（J. Mckernan）的考察，教育行动研究的源头可以追溯到 19 世纪晚期的"教育科学化运动"。当时，一批社会改革家强调用"科学方法"——自然科学研究所重视的"假设-验证"方法来解决教育实际问题，这已经颇具行动研究的精神。但是，学术界一致认为，行动研究的原创性研究应归功于德裔美国心理学家勒温，因为勒温不仅提出了行动研究一词，而且构建了行动研究的基本理念。还有学者认为，20 世纪 30 年代美国印第安人事务局局长柯利尔（J. Collier）在其研究中率先采用了行动研究方法并先于勒温使用了行动研究这一术语。不过，从相关文献来看，柯利尔只是使用了行动研究一词而没有对行动研究进行具体的阐释。直到勒温公开倡导行动研究，行动研究才真正引起学界的注意。鉴于勒温对行动研究做出的杰出贡献，人们称其为"行动研究之父"。

（一）早期探索阶段

1933 年，犹太人勒温从德国移民到了美国，早年在欧洲感受到的歧视和偏见促使勒温决意通过社会科学研究来发展民主和减少歧视。20 世纪 40 年代，勒温在社会研究中发现，社会研究者们如果只凭个人兴趣研究，那么其研究往往会忽视社会要求；而实践工作者常常陷于日常繁琐的事务之中，被事务所淹没，难以对自己的实践行为进行理性的反思，进而做出有条理的、有效的行动。于是，勒温参与了英国的"人际关系研究中心"和美国麻省理工学院的"群体动力学研究中心"的创办。这两个研究中心都对行动研究产生了重大影响，前者创办的《人际关系》杂志发表了大量有关行动研究的研究计划；勒温在美国麻省理工学院立足于群体动力学的立场，力图以行动研究的方法来解决社会问题。但是，作为一种科学研究，行动研究在开始时并不为学术界承认，行动研究的"合法化"危机成为行动研究发展过程中的主要隐患。在 1944—1950 年，哥伦比亚大学师范学院的米尔（A. Miel）与勒温的同事本妮（K. Benne）等人一起采用行动研究的方法帮助中小学教师在他们的课堂中使用"合作学习策略"，获得了巨大的成功。该研究促使行动研究与合作学习成为哥伦比亚大学师范学院研究生课程的核心部分。受米尔的部分影响，哥伦比亚大学师范学院的科里（S. Corey）、弗谢（A. Foshay）和其他研究者也积极倡导行动研究的方法，并成为有影响力的早期教育行动研究的倡导者。教育行动研究从此在美国教育研究领域逐渐造成声势，受到研究者的关注，并在20世纪50年代前期形成教育行动研究的第一个高潮。米尔对教育行动研究的主要贡献是将行动研究应用于课堂教学的改进，科里和弗谢则更关注整个学校和整个学区的合作性行动研究。1953年，科里的《改进学校实践的行动研究》一书作为教师参与行动研究的参考手册；同年，弗谢和古德逊（M. Goodson）发表了《关于合作性行动研究的几点思考》一文，提出了行动研究中的两个重要主题：一是关于"内隐价值理论"的问题，他们肯定了教师的"内隐价值"在行动研究中的作用；二是关于"文化成见"的问题，他们鼓励教师在制度化处境中寻找自由探索的空间。20世纪50年代后，行动研究在美国一度衰退，究其原因，作为一种研究范式，教育行动研究的科学性以及效度受到质疑。

（二）人文课程的行动研究阶段

面对学生和学生家长对人文学科课程与教学的质疑，1967—1970年，英国学校委员会和拉菲尔德基金会联合发起了"人文课程研究"，在伦敦南部的菲利普教育学院成立了以斯腾豪斯（L. Stenhouse）为负责人的指导中心小组，着手解决人文课程改革的问题。1970年，由于研究资金问题，该指导中心小组迁往东盎格利亚大学，成立了"教育应用研究中心"，该中心很快成为英国教育行动研究中心和国际教育行动研究中心。

斯腾豪斯在思考人文课程改革的问题时，将人文课程的目的理解为：用讨论而非教授的方法，发展一种关于人类情境、人类行为以及一些有争议问题的理解能力，以帮助学生养成毕业后进入社会所需要的基本的、独立的思维能力。斯腾豪斯不赞成像"目标模式"那样条分缕析地将人文课程的目的细分为具体化的目标，提出应将人文课程理解为指导课堂教学的过程原则。

在斯腾豪斯看来，教学实际上是一个课程探究的实验过程。于是，在课程编制问题上，他提出了"教师成为研究者"的重要主张，坚持没有教师亲自研究他们的实践，教育就不可能发生持续的、有效的、真正意义上的变革，没有教师的发展就不会有课程开发的观点。教育如果要取得重大改革，就需要形成一种教师可以接受的、有助于教学的研究传统。斯腾豪斯认为，教师是课堂的负责人，从实验主义者的立场来看，课堂是检验教育理论的实验室；对那些偏爱自然观察的研究者而言，教师是课堂潜在的实际观察者。[1]因此，每一个课堂都是一个实验室，每一位教师都是检验科学研究的成员；行动研究与教学应该浑然无间，互为表里；在行动研究中，研究者和教师的合作应该建立在教师发现问题并表示需要研究者帮助分析和指导时，研究者才可以介入。

埃利奥特（J. Elliott）进一步阐释了斯腾豪斯的思想。埃利奥特认为，不同于作为"局外人"的专业教育研究者，作为"局内人"的教师的任务是检验关于实践的理论，解释日常教育教学实践和实践者独特的话语方式，以改善实践和提升自身专业素养。[2]

---

[1] Stenhouse L. What count as research？[J] British Journal of Educational Studies，1981，（2）：103-114.

[2] Elliott J. Action Research for Educational Change[M]. Prologue：Open University Press，1991：30-31.

（三）批判的行动研究阶段

由斯腾豪斯和埃利奥特等人所倡导的教育行动研究在英国和澳大利亚等国逐渐发展成为一种行动研究运动，这种兴盛的景象又影响了美国。20世纪70年代，行动研究在美国再度引起高度关注。对于这种研究现象，英国学者卡尔（W. Carr）曾感叹道："20世纪70年代以来，行动研究几乎成为一股强劲的运动，受到一大批教师、教师教育者、教育研究者的维护，并受到英国、澳大利亚、欧洲大陆和美国无数教育机构和研究组织的支持。"[1] 20世纪80年代之后，批判的行动研究逐渐崛起。这一时期，行动研究的代表人物主要有卡尔和凯米斯（S. Kemmis）。

凯米斯的《行动研究的设计者》成为教师开展行动研究的实践指南。稍后，其编写的《行动研究文集》对20世纪40年代以来教育行动研究的重要文献进行整理和评析，为行动研究者提供理论指导。1986年，凯米斯和英国学者卡尔合著的《走向批判：教育、知识与行动研究》对教育理论和教育实践的关系进行了重新考察，从实践者的精神存在层面探究了行动研究的价值和意义，进而提出了批判或解放的行动研究。

在批判取向的行动研究过程中，教师自始至终是一名反思者。对行动研究者的"反思者"身份，有学者描述为"既有哲学家式的反思，也有科学家式的实验性反思；既有对过去的理解性、批判性反思，也有对于未来的尝试性、探索性反思；既有对个人的自我反思，也有对于对象、环境的反思；既是对个人的独立的反思，也是团体合作的反思……"[2]

卡尔和凯米斯并不反对用科学的方法研究教育问题，他们反感的是将教育研究视为实践者接受科学的某些条款，然后将科学的原理应用到教育中的研究-应用模式（RD模式）。凯米斯认为，教育研究的目的在于使人获得解放，而解放的前提性条件是把分散的教师个体联合起来。[3] 但是，由于批判取向的行动研究热衷于"批判""解放"，导致一些学者不满，他们指出，卡尔和凯米斯等人"赋予行动研究以政治的、意识形态的涵义，关心政治胜过关心教育，关心信念胜过关心行动，关心哲学鼓吹胜过关心教育实务"[4]。对照行动研究今天复杂的发展状况，这种担心无不具有某种警醒的作用。[5]

二、教育行动研究的含义

对于行动研究，国外许多学者都进行了界定。例如，勒温认为，行动研究是一个包含探索性的计划、采取行动和探求行动的结果等三个步骤的螺旋式过程。考瑞（S. Corey）认为，行动研究是实际工作者力图对他们的问题进行科学研究，以指导、改进和评估他们的决定和行动的过程。卡尔霍恩（E. Calhoun）认为，行动研究是一种特殊的方式，

---

[1] Carr W. For Education: Towards Critical Educational Inquiry[M]. Prologue: Open University Press, 1995: 101-102.
[2] 转引自：杨小微. 教育研究的原理与方法[M]. 2版. 上海：华东师范大学出版社，2010：246.
[3] Carr W, Kemmis S. Becoming Critical: Education Knowledge and Action Research[M]. Victoria: Deakin University Press, 1981: 19.
[4] 王建军，黄显华. 校本课程发展与教育行动研究[J]. 华东师范大学学报（教育科学版），2001，(2)：29.
[5] 刘良华. 行动研究的史与思[D]. 上海：华东师范大学博士学位论文，2001.

行动研究让我们研究学校里发生的事,再决定如何使它变得更好。[①]凯米斯将行动研究定义为:由社会情境(包括教育情境)的参与者,为提高对自己所从事的社会或教育实践的理性认识,为加深对实践活动及其依赖的背景的理解,进行的反省研究。上述观点从不同方面对行动研究的本质特征进行了阐述,勒温认为行动研究是一个过程,考瑞对行动研究的目的进行了阐释,卡尔霍恩则强调行动研究的发生范围——学校,凯米斯提出行动研究过程中的反思活动的重要性。

研究一般分为基础研究和应用研究。其中,基础研究的主要目的是构建在一定条件下具有普遍意义的各现象之间的因果关系(相关性)理论,或改进已有的理论;应用研究是指研究者运用已有的现象或变量之间的因果关系理论,解决实际工作中所遇到的一些急迫的、具体的、实际的问题。根据研究的这一界定标准,教育行动研究是一种应用研究,其主要目的是改造实践。教育行动研究不仅可以促进原理和理论的形成,而且还担负起其他责任,如改造社会(使社会更加公正)、提升自我(成为社会中更加具有觉醒意识的成员)等,最终改善我们的生活。

教育行动研究不是一种具体的研究方法,而是一种研究范式。教育行动研究与"调查法""实验法"的不同之处在于:教育行动研究是一种研究范式,而非一种方法;此种研究范式强调实际工作者在实际的情境中进行研究,并将研究结果在同一情境中运用;至于研究设计与研究实施,仍需要综合采用其他的研究方法。确切地说,教育行动研究不是相对于"调查法""实验法"等的具体研究方法,而是相对于原有的"研究-开发-推广"的教育研究范式。教育行动研究的创新价值在于它对教育实践、教育研究,以及研究者与实践者的关系有了全新的认识。

教育行动研究与经典的教育实验大不相同。①行动研究是指实际工作者(如教师)基于解决实际问题的需要,与专家、学者及本单位的成员共同合作,以解决教育和教学过程中遇到的实际问题为目的的研究活动。②行动研究的课题来自实际工作的需要,以实际问题作为研究的主题,在研究前并没有明确的理论假设。③行动研究是在实际工作中进行的,并不要求对研究情境进行特别的控制。④行动研究不断地将反馈信息作为系统调整的依据,所以行动研究并不过于强调研究计划的严密性,允许在实际工作中对研究方案进行不断修改与完善。⑤研究工作主要由实际工作者完成,专家、学者与实际工作者在研究中相互合作、取长补短,实际工作者与专家处于平等的地位。⑥不需要对研究结果作统计处理和分析。

综上所述,我们认为,教育行动研究是基于学校的实际工作需要,教育研究者和实际工作者相互配合,对教育实践问题进行计划、行动、观察和反思,以改善教育实践为目的的教育研究范式。

三、教育行动研究的特征

与传统的教育研究方法相比,教育行动研究的特点主要表现如下。

---

① 转引自:汪利兵等. 教育行动研究:意义、制度与方法[M]. 杭州:浙江大学出版社,2003:8.

(一) 为行动而研究

传统上，"教育研究"的旨趣是获取"真理"，这种旨趣假定关于教育真理的知识能够通过教育实践工作者很好地再现于教育实践之中，而教育研究的任务则是直接为这类知识的增加作贡献。虽然直到今天，这种研究观还是许多研究者甚至许多教育实践工作者所持的立场，但是最近几十年来对教师的研究却越来越清晰地发现：这种实质上把教师视为一个简单"中转站"的观念对教育理论与教育实践的关系可能估计得过于简单了。教师这个与专业理论研究者一样有着理解能力、认识能力和创造能力的人，与专业理论研究者一样有着知识与思想的人，在教育过程中的作用绝不只是某个"专家"理论的简单执行者。科学概括出来的研究知识并不能直接驱动社会实践，还必须有一个"启蒙过程"，以使某一情境中的实践者能够对自己所处的情境有一个正确的理解，并做出明智而谨慎的决定。

教育行动研究本身就包含了这个"启蒙过程"，实践者不但直接参与了研究过程，而且在这个过程中，他是"科学共同体"中平等的一员，而不是"权威"教诲的聆听者。教育行动研究不是为了发现一般的教育规律而进行的研究，而是教师为了改善自己的教育行为而进行的研究，其研究成果不是漂亮的文章而是教育行动的成效。正如施密斯（D. L. Smith）等人所说，行动研究的精义在于：它是这样一种革新的过程，这个过程的目的在于某个人或某个团体自己的，而不是其他人的实践的改善。[①]行动研究的根本旨趣不是理论的产出，而是实践本身的改善。因为改善是一个难有终结的目标，所以"为行动而研究"的旨趣要求行动研究是一个不间断的、螺旋的、循环的过程。

(二) 在行动中研究

教师可以通过在职或离职进修获取知识、经验和理论，但是这种方式充其量只能提高教师的专业水平，增加改进教育工作的可能性，并不能直接促使教师的教育行为的改善。相比之下，教育行动研究则是"从实践到理论，再到实践"的过程，即从实践中发现的问题或自认为值得研究的问题出发，不断地分析问题和解决问题，并获得解决问题的一般性经验，然后，再将这种经验或智慧运用到实践中以解决相似的问题。教育行动研究是一种以问题为中心的研究形式，问题在不同的理论流派看来可能不一样，例如，在有些人看来，行动中值得研究的是这样一些问题，这些问题可能通过数据的收集、分析，通过某种技术的创制或应用而获得解决。在另一些人看来，实践中最重要的问题是如何让教师了解他的行动"意味着什么"，这样，问题可能并不是固定的而是随着研究的深入不断变化的。还有观点认为，教育行动研究应该关注的问题是"权力""平等""控制"等相对更宽泛、更政治化、更社会化的问题。但是，不管是哪一种理解，问题的发现和界定都是教育行动研究的起点。

因为特定环境中的实践者所面临的问题总是特定的，所以教育行动研究中作为研究对象的样本也是特定的，而不必具有普遍的代表性。这个特点决定了教育研究应该是有

[①] 陈桂生. 到中小学去研究教育——教师行动研究的探求[M]. 3版. 上海：华东师范大学出版社，2016：470.

弹性的，而不是僵硬地遵循某一个严格的程序。在实际的情境中进行研究，给研究者和行动者的结合带来一个共享的"境域"，为研究者获得行动者的感受和认识提供了可能性，对全面认识问题和环境、增进研究者与行动者的交流、问题的最终解决都是有益的。

（三）由行动者研究

教育行动研究既不是在实验室里进行的研究，更不是在图书馆中进行的研究。教育行动研究的环境是教师工作于其中的实际教育环境，从事研究的人员是将要应用研究结果的人，研究结果的应用者也就是研究结果的产出者（至少是其中之一）。这种双重身份整合在同一主体身上，使得教育行动研究过程实际上成为教师的一个"学习过程"，教育行动研究是教师和教育研究者学习的一种途径，教师和教育研究者在教育行动研究中组成"学习共同体"。一线教师在教育行动研究过程中通过不间断地对自己的教学行为的直接或间接的观察和反思，通过与专业研究人员或者其他合作者的交流，不断地加深对自己、对自己实践的理解，并在这种理解的基础上提高自己的认知水平和教育智慧。这样，教育行动研究超越了传统上对"研究"功能的界定——真理知识的增加，成为教师专业发展的一个过程。近年来，教育行动研究作为一种"教师专业发展"途径的作用越来越受到人们的重视。[①]

四、教育行动研究的优点

自20世纪40年代以来，教育行动研究在教育实践和教育研究领域不断拓展空间，特别是20世纪70年代之后，教育行动研究迅速席卷欧美学校；进入21世纪之后，教育行动研究更像是春风细雨般渗透进世界各地城市和乡村的校园。深究其原因，教育行动研究有着其他研究范式所没有的独特优点。

（一）研究的灵活性

教育行动研究的灵活性首先表现在研究问题选择的灵活性。研究者根据自身资源和兴趣，可以选择针对个别学生或者特定事件的课题，也可以选择班级内或整个学校内某个突出问题的课题，还可以选择一个城镇、区县、地市乃至一个省的范围内带有普遍性问题的课题。在课题的难易程度的选择上，研究者可以先从小课题开始，待有了一定的积累之后，逐步向中、大课题发展。每所学校也可以重点抓好一两个对学校发展、教育教学质量提高有较大影响的核心课题。

教育行动研究的灵活性还体现在研究计划的制订和实施。计划是教育行动研究者在发现、调查和认识问题的基础上，通过分析，初步建立解决问题的设想。研究计划的制订既包括行动的总体计划，又包括每一个具体行动步骤的计划方案，尤其是行动与观察的方案。由于人的认识是一个不断深入的过程，以及教育行动研究强调行动的反思，教育行动研究者在研究过程中要允许修正计划，将未预期的因素重新纳入计划中。所以，

[①] 陈桂生. 到中小学去研究教育——教师行动研究的探求[M]. 3版. 上海：华东师范大学出版社，2016：470-472.

教育行动研究的研究计划既具有周密性、前瞻性和指导性，又具有开放性、灵活性和暂时性。

（二）评价的持续性和反馈的及时性

教育行动研究是一个连续的、循环的过程，不是一次性完成的。教育行动研究者对行动研究中的新措施要有充分的认识，既不能满足于现有问题的解决，又要对新措施可能带来的负面影响有足够的警觉，还要思考现有措施之外更好的措施是什么。这一过程体现了研究者的反思精神。从教育行动研究的基本步骤来看，教育行动研究需要基于对每一个步骤的评价结果调整研究的进程和步骤。教育行动研究的评价具有持续性。

反馈的及时性。教育行动研究关注的不仅仅是某个具体问题的解决，而是帮助研究者深入地理解问题，这一过程常常会导致新问题的产生。教育行动研究是面向教育客体的实时研究，这就要求研究者具备灵活性，对实践问题具有一定的敏感性，根据反馈的信息，适时调整教育研究的方法、方向和内容。由于教育行动研究总是伴随着教育主体的反思性过程，反馈信息的及时性有助于这一过程的实施。教育行动研究需要不断地将反馈信息作为系统调整的依据。

（三）较强的实践性和参与性

教育行动研究是一种在实践中对自身和他人的想法和理论进行检验的过程，是从实践中来、到实践中去、在实践过程中进行的研究。教育行动研究者的实践探究是计划性的、审慎的，不是自发的。教育行动研究鼓励教师具体观察学生在做什么，以及从学生的反应来看这样做的结果。为此，教育行动研究者需要收集学生学习的数据，并突出教学手段的变化与学生学习之间存在的特殊关系。教育行动研究者的实践探究还具有系统性特征，主要表现在收集和记录信息的有序方法，记录实践情境内外的经验、某些形式的书面记录等，以及对记录不全的事件遵循有序的方法进行回忆、反思和分析。教育行动研究的主要目的在于改革教学实践，解决教学实践中的问题，所以，教育行动研究也被称为"为行动的研究"；而教育行动研究者在他们的行动研究著作中直接冠以"实践"或"变革"等字眼，也标识了教育行动研究的实践性特征，如埃利奥特的《指向学校变革的行动研究》、科里的《改进学校实践的行动研究》、施马克的《指向变革的实践性行动研究》等。

教育研究有很多类型，有实证-实验的教育研究，有解释学的教育研究，还有教育行动研究。多数中小学教师受活动条件和精力的限制，难以胜任严格意义上的实证-实验研究和解释学研究，教育行动研究便于他们从事"在教育中""通过教育""为了教育"的研究。教育行动研究目的的实现在很大程度上取决于教育行动研究的参与者。如果这些教育实践者认为自己是局内人，即对正在被研究的实践问题拥有内部视角的人，那么他们就会积极地参与教育行动研究过程中。在欧美等教育行动研究盛行的国家，教育行动研究被明确称为"教师的研究"，作为教师继续教育和专业成长的一种主要方式。在教育行动研究过程中，教师不再只是研究结果的操作者而是研究者，他们直接参与研究活动，提出研究问题，收集和分析研究数据，反思研究行为。教师成为研究主体并非要求教师像研究者一样脱离教学活动，而是成为一名在教学活动中"做"研究的研究者；教育行动研究既不是"校本教师培训"，也不是"校本课程开发"，但是，教育行动研究往往指向"校本教师培训"和"校本课程开发"。虽然教育行动研究基于教师的个性化反思教学，但是其理想状态是群体间的合作研究。这种合作既包括教师与教师之间、教师与校外研究者之间的主题式对话关系，也包括教师、专家、学校管理者、地方教育管理者之间的协作和支持关系。

（四）多种研究方法的综合使用

定性研究和定量研究这两种常见的研究范式在教育研究领域中是统一的，这种统一性是由这两种研究范式的独特性和教育现象的复杂性所决定的。定量研究能尽量克服研究过程中研究者的主观性，确保研究成果的客观性和准确性，同时使教育实践者依据某些广泛接受的"信条"进行检验；而定性研究虽然以自然情境作为资料的直接来源，但是较少受物质条件的限制。定性研究和定量研究之间不是相互排斥的，而是各有所长、互为补充的。教育行动研究从来不排斥定量研究，反而把定量研究看作深入洞察教育实际和透析学校实践的基本手段，以及获取教育研究资料的基本来源。同时，教育行动研究不排斥其他具体的研究方法，吸收、借鉴其他研究方法，不断提高教育科学研究的层次。教育科研方法中的调查法、经验总结法、专项内容分析、个案研究法等都在教育行动研究中广泛应用。

五、教育行动研究的缺点

（一）研究对象不具有代表性

教育行动研究常在具体实际的教育情境中进行，研究样本受到限制，往往是特定的样本（比如自己所教的学生），研究结论只能应用到特定的情境中，不具有广泛的代表性。研究者虽然也需要概括总结、发表自己的研究过程和研究成果，但是发表文章的真正意义不在于它通过了权威的评判和认可，而在于将自己的研究成果放到公共的平台上，用自己的方式理解他人，也被他人理解。所以，教师不一定要将自己的研究成果发表在有公开刊号的教育报刊和杂志上，也可在学校内部刊物上发表自己的研究成果，在学校教师会议上发表自己的意见，在地方教育研究交流会议上陈述自己的意见，抑或是在公共媒体和自媒体上表达自己的教育见解等，这些都是教师成为一名研究者的体现。因此，教育行动研究适用于小范围的微观教育实践活动，不追求探寻理论的普遍性和代表性，即研究结论不寻求可迁移性和推广性。

（二）研究者与实际工作者之间的关系难协调

教育行动研究强调实际工作者与研究者的相互合作，而两者在实践中的协调难度很大。教育行动研究对参与者的主体性意识要求高，但是实践中参与者的"被参与"状态普遍，这为教育行动研究埋下隐患。在研究的过程中，中小学教师（实践者）参与研究的目的有职称晋升、改进教学和提升自我，这与大学教师（研究者）希望通过研究来构建理论有非常大的区别；中小学教师的"局内人"身份与大学教师的"局外人"身份之间的冲突，导致他们对教育行动的理解存在差异；大学教师如果不能体察中小学教师的处境，不了解他们真实的意图，虽然双方可以在开始阶段达成初步研究共识，但是在实际运作中双方的巨大差异带来的风险会持续释放。

（三）研究结果的准确性不足

由于教育行动研究缺少科学的严密性，在实际研究中不可能严密控制条件，教育行动研究结果的准确性、可靠性不够。在教育行动研究成果的展示中，教师制作的图表、实物教具、录像、录音和照片等常常被视为"作品"，归集到教育研究成果之中。教育行动研究的成果有哪些？哪些属于教育变革自身的成果？哪些属于教育行动研究引发的变化？带着这些问题反思教育行动研究，我们会发现，某些教育行动研究项目的成果，粗看成果斐然，但细思却不尽然。这些研究项目的成果即使不做研究、不做教育行动研究，好像也能取得，它们只是在日常教育教学工作之上加了"研究"二字而已。这类研究成果的模糊性正在影响教育行动研究的可信度。还有，从教育行动研究的来源看，反思是教育行动研究赖以产生的根基。但是，反观众多教育行动研究的成果，多共鸣少争鸣、多说明少批判、多展示少批评的情景却很常见，批判性分析、辨析性思维遍寻不见。由此观之，教育行动研究在一定程度上走向它的反面。

（四）研究结论的内外在效度较低

教育行动研究自变量的控制成分很少，内外在效度都显得有些脆弱，某些方面不符合科学性的严格要求。在教育行动研究中，研究者面对的是特定环境中的具体问题，研究对象的样本是特定的，不追求样本的普遍代表性，不采用随机取样或典型取样等方法，所以，取样的代表性比较低，研究结论也不具有普遍性，内外在效度低。另外，在不少所谓的教育行动研究中，没有假设、没有实验、没有控制、没有统计、没有测量，科学性的严格要求被抛弃，好像一提定量研究，就不是教育行动研究，所以，这种所谓的教育行动研究的内外在效度就更低。教育行动研究的目的在于问题的改善和解决，不在于效度的高低。教育行动研究是一个研究者不断发现问题、评估问题、解决问题的循环往复的过程，教育行动研究的意义除了问题的解决之外，变革教师的教学与管理、促进教师养成反思的习惯、培养教师的合作意识等教育行动的成果对教育变革的意义更大。

第二节 教育行动研究的模式与基本步骤

当人们把一种理论应用于实践，并有效变革实践的时候，这种理论才会显示出巨大的生命力。行动研究倡导一线教师通过教育研究对他们的实践活动进行变革，如此，一线教师在转向教育行动研究时需要面对的首要问题是，怎样的研究才算是行动研究。

一、教育行动研究的代表性模式

目前，比较有代表性的教育行动研究模式有如下几种。

（一）凯米斯模式

20世纪80年代，凯米斯与其在澳大利亚迪金大学（Deakin University）的同事麦克泰格特（R. McTaggart）等人对勒温的"螺旋循环"进行了改造，构成了"计划—行动—观察—反思—再计划……"模式。该行动研究是由若干个螺旋形的行动研究循环圈构成的，每一个圈中又由相互联系并具有内在反馈机制的四个环节构成。人们把它称为"凯米斯程序"或"迪金程序"（图8-1）。"凯米斯程序"被广泛接受，很多研究者直接将"计划—行动—观察—反思"视为教育行动研究。"凯米斯程序"具有以下几个特征：①强调"在行动中"研究；②"计划—行动—观察—反思—再计划……"是一个无止境的探索过程；③"观察"凸显了行动研究对收集资料的重视；④"反思"准确地解释了"教师成为研究者"；⑤"螺旋循环"形象地表达了行动研究的持续性和改造教育实践的过程性的特征。

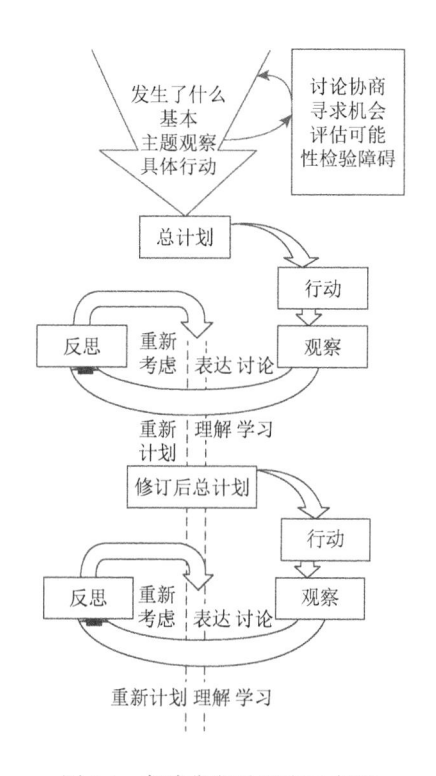

图 8-1 凯米斯行动研究示意图

（二）埃利奥特模式

埃利奥特在研究中接受了凯米斯模式的基本要素，他同时指出，凯米斯模式存在缺陷，如容易让人误解"基本主题"在未来的研究进程中是固定不变的，"探测"似乎只是收集资料，"行动"又像是直线式的。因此，埃利奥特对凯米斯模式进行了完善：允许"基本主题"随研究的深入做出调整和转换；"探测"不仅仅是收集资料，还应该有资料的分析；"行动"在埃利奥特看来是非常不容易的过程，不会那样"一往无前"，更不是直线式的畅达，在没有观察到效果前不要进入评价阶段。埃利奥特针对凯米斯模式的缺陷，重新设计了"阶梯"式的行动研究过程图解。这样，埃利奥特模式中不仅增加了每一个循环起点的开放性，而且丰富了每一个循环的研究内部的内涵（图8-2）。但是，人们认为，该流程图只是重复了凯米斯的"螺旋循环"的基本步骤，从而坚定了人们对"凯米斯程序"的信仰。

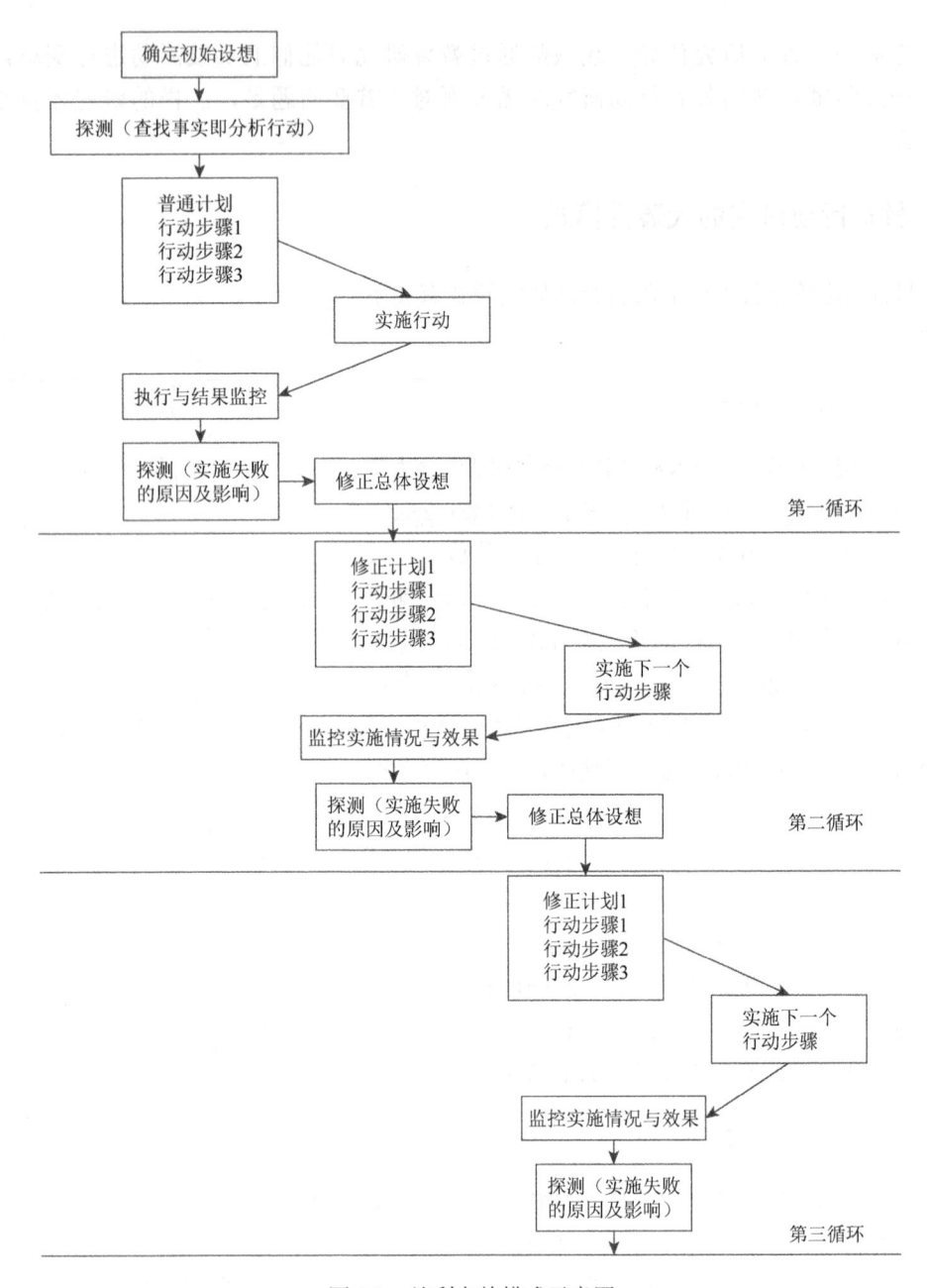

图 8-2　埃利奥特模式示意图

（三）埃巴特模式

埃巴特（D. Ebbutt）结合自己的研究实践和其他学者的意见，在继承凯米斯模式的基础上，对其进行了改造，进而提出了自己的行动研究模式（图 8-3）。

与凯米斯模式最大的不同，埃巴特模式强调行动研究的开放性的同时，又包容了凯米斯模式，这种包容性主要表现在，埃巴特既考虑到"基本设想"的可能性变动，也考虑到"基本设想"的可能性不变动，同时突出了反馈作用。埃巴特认为，对教育实践情

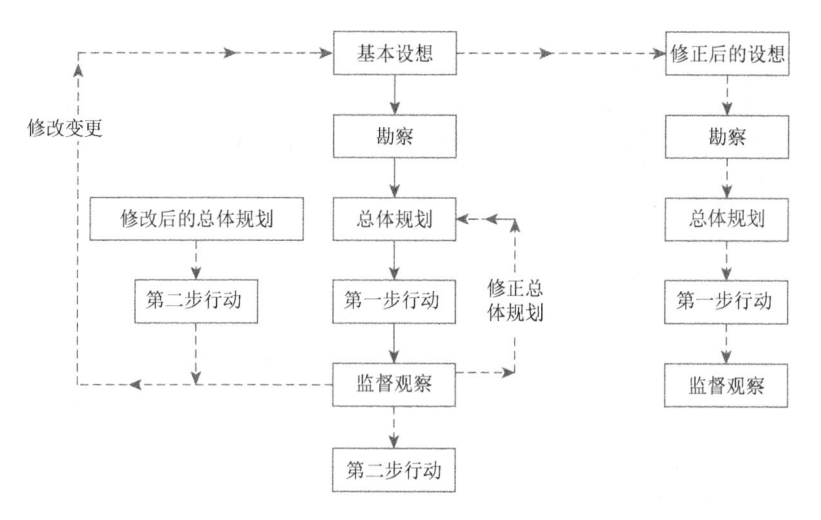

图 8-3 埃巴特模式示意图

境的研究必须考虑人的因素，考虑人的复杂性、动态性，行动研究的程序要能够反映这种复杂性和动态性。[①]

二、教育行动研究的基本步骤

教育行动研究的倡导者们在提出行动研究概念之时，就开始探讨和设计行动研究的一般性操作模式。但是，理论背景的不同导致教育行动研究有许多模式，每一种模式又由于理论假设的差异、关注的问题不同，在实施教育行动研究的具体步骤上也存在一些差异。不过，在基本的操作过程中，教育行动研究基本上遵循了勒温确立的几个基本原则："勘察"就是在教育行动研究开始时对教育问题进行界定和分析；教育行动研究应包括对计划和实施情况的评价，并在此基础上对实践进行改造；教育行动研究是一个螺旋循环的过程。

整齐划一的教育行动研究模式既没有必要，也不可能。因为整齐划一与教育行动研究的主旨不符。教育行动研究可以在遵循基本精神的基础上开发出多种多样的形式，但是，综合国内外教育行动研究专家和学者们的看法，我们将教育行动研究作为一个整体单元来看，一个完整的教育行动研究过程应该包括计划、行动、观察和反思四个环节。

（一）计划

计划是教育行动研究的第一个环节，包括明确问题、分析问题和制订计划。

在教育教学实践活动中，教师总会遇到一些需要解决的问题或难题。比如，某个学生缺乏读写的能力；教师费尽心机、使用多种手段却无法改变某些学生；课程问题；与城市学生相比，农村学生整体的学业成绩较差；城里的孩子和农村的孩子在课堂上彼此不尊重；等等。要解决上述问题，教育行动研究者首先要对具体问题本身进行确认，以

---

① 唐莹.跨越教育理论与教育实践的鸿沟——关于教师及其行动研究的思考[D].上海：华东师范大学博士学位论文，1995.

明确问题的种类、范围、性质、形成过程以及可能的影响。比如，①我的动机、假设和行为是什么？它们是相互影响的吗？②我有什么样的偏见？③问题构成要素有哪些？它们是如何运作的？④如何将我的选题同其他选题进行比较？⑤支持和阻碍变革的力量是什么？变革的结果会是什么？⑥我的长期目标是什么？如何与短期目标相协调？

问题得到了界定和分析，接下来，教育行动研究者需要提出一个总体计划，以解决上述问题。这类总体计划包括如下几点。

（1）计划实施后，预期达成何种目标。目标的陈述尽量小、尽量细。

（2）计划改变课堂教学的因素。比如，为了提高学生对语文学科的兴趣，教育行动研究者需要在充分分析问题的基础上，考虑可能要改变的因素，如教学内容、内容的呈现方式、教师的语言风格、师生互动方式、座次等。一般来讲，为了便于观察、比较、分析，一次改变的因素不宜太多。

（3）计划行动步骤和时间安排。行动步骤的设计是教育行动研究中非常重要的环节之一，为了应对没有预料到的效果和未曾认识到的干扰因素，教育行动研究的总体计划要保持足够的灵活性。

（4）计划研究所涉及的人员。课堂教学既存在于整个学校生活，又隶属于整个社会生活，教育行动研究不可避免地涉及一些可能与该行动研究有密切关系的人，如校长、其他教师、家长、学生等。如何与其他人讨论研究过程、如何汇报等，也要体现在总体计划之中。

由于教育行动研究是以活生生的课堂教学实践为背景，因此，制订新计划时有必要充分考虑现实中可能的不利因素，以预估实施的现实性。比如，有谁可资商讨、交流或合作？在现有的实际情境中，有哪些物力、人力的限制？

（二）行动

行动即计划的实施过程，是教育行动研究的主体部分。教育行动研究的核心步骤是把计划付诸实施。教育行动研究的根本目的是解决行动（实践）中的问题，改善行动的质量，教育行动研究是以改造行动为出发点又以提高行动质量为归宿的。与其他研究方法（如实验法）中的行动相比，教育行动研究中的行动具有更大的情境性和实践性，是在不脱离现有的教育政策和教学秩序的前提下进行的。因此，教育行动研究中的行动既要接受计划的指导，又要重视实际情况的变化，根据对行动及行动情境深入的认识不断地加以调整。在实施教育行动研究的阶段，按研究计划实施行动时需要考虑到，由于教育实践受多重现实因素的影响，教师一方面应当严格遵循原定的计划推进实践；另一方面应当综合考虑现实因素的变化，保证教育行动研究的计划实施过程中具有适当的弹性，以根据实际情况做出必要的调整。总之，在教育行动研究过程中，行动不只是"行为"，也应该是：①在获得了关于背景和行动本身的反馈信息，经过思考并有一定程度的理解后的，有目的、负责任、按计划采取的实际步骤；②实际工作者和研究者一同行动；③重视实际情况的变化，随着对行动及背景认识的逐步加深，以及各方面参与者的监督观察和评价建议，不断调整行动。

(三) 观察

观察是教育行动研究得以成功实施不可或缺的一环，是研究得以进行的基础。在教育行动研究中，观察既可以是行动者本人借助各种有效的现代化手段对本人行动的记录观察，也可以是其他人的观察，而且多视角的观察更有利于全面而深刻地认识行动的过程与特点。由于社会活动，尤其是教育活动深受实际环境和环境中的多重因素的影响和制约，这些影响因素又具有无法事前确定和预见的特点，所以，教育行动研究的倡导者不主张对教育环境进行控制，要求在自然状态下进行教育行动研究。

无论是选择非参与式观察，还是决定进行一个标准的参与式观察，或者是两者之间，研究者需要了解他们正在观察什么、如何理解观察的内容、如何描述等，以便日后进行反思，这些内容对研究者都非常重要。作为一名教育行动研究者，直觉很重要，因为直觉一方面来自经验，它可以帮助研究者获得某些信息；另一方面来自知识，如何将观察到的东西描述出来与实际观察到什么一样重要，描述得越详细表明观察得越充分。作为一名教育行动研究者，理解也很重要，观察是一种行为，而理解是一种结果。观察的目的是研究者对教育现象的正确理解和感同身受，所以，研究者需要专心投入，放弃定势。在观察的初始阶段，研究者的观察范围越广越好：研究者涉及哪些人？课堂上发生了哪些事？大家表现了哪些情绪（包括研究者自己）？每一件事情的发生时间、持续时间、空间状态等情况如何？也就是说，研究者进行的一般观察包括：人物、内容、状态、时间、地点等内容。当研究者描述和记录下他们所观察到的内容和感受的时候，也就决定了他们新一轮观察的重点所在。

选择何种观察记录的方式也很重要。观察记录的方式主要有：①现场记录，就是记录研究者在现场即教室和学校，直接观察到的观察对象的语言和行为，以及观察者的印象和假设。采用现场记录时，需要研究者放弃偏见，保持中立，完全参与课堂，只有如此，研究者才可以更好地观察和理解复杂的课堂行动。同时，详尽的记录有助于研究者对观察的数据进行分析和研究。②轶事记录，是指抓住教师观察到的某一事件进行事实性描述。使用这种方法的好处是，通过某一段时间的记录能够体现出变化，尤其是记录中包括了观察者对该事件的独到解释。③工作记录、日记和日志，这三个词语之间可以互换使用，它们的区别不足以单独论述。工作记录、日记和日志主要是为了记录研究者的想法、计划、描述、探究、练习、参与者的心理变化和个人评论。工作记录、日记和日志的用处既具体，又复杂，通过工作记录、日记和日志可以重新阅读研究者记录的描述性数据，还可以从不同的角度对其进行深入的解读和分析。④检核表，是一种有组织的、结构性的观察工具。检核表里的数据可以是固定信息，也可以是可变信息。因为使用他人设计的检核表容易造成混乱，所以，教育行动研究者常常自己设计检核表。

(四) 反思

在教育行动研究中，反思是最能体现教育行动研究独特品格的一个环节。由于反思是行动者对行动的一种自我省察，它充分尊重行动者的认识能力、理解能力和创造能力，它赋予研究者在教育行动研究中的双重角色:"演员"和"戏剧评论家"。研究者在思考怎么改变的时候,需要考虑以下几个问题:①我的课堂教学发生了哪些改变?②对于我个人的道德责任感,我有哪些新认识?③我还需要与哪些人分享我的研究发现?④我如何帮助他人了解我的观点?⑤这次的研究是否让我有了下一步行动的想法?

反思的形式包括:①整理和描述,即勾勒出从确定问题到制订计划、从采取行动到实施观察的整体图景;②评价和解释,即对行动的过程和结果做出判断和评价,对有关现象和原因做出分析和解释,找出计划与结果的不一致性,再次查看总体计划和下一步行动计划是否需要修正,对需要做出修正的部分提出新的判断和构想;③写出研究报告,几种常见研究报告形式包括研究日志、教育叙事和教育案例等。

第三节 教育设计研究

教育设计研究又称基于设计的研究(design-based research,DBR)。作为一种教育研究范式,教育设计研究推动了教育理论与教育实践之间的联结,为教育研究者和一线教师提供了一个很好的研究视角和实践视角。教育研究者、教育政策的制订者、一线教师普遍认为,教育研究所涉及的问题与教育实践之间存在一定程度上的分离,这种分离既影响教育研究成果的可信度、推广程度,又影响教育改革的进程。于是,很多教育研究者开始考虑通过一种新的研究范式将教育研究与教育实践两者有机地结合起来。美国西北大学的知名认知科学家柯林斯(A. Collins)和加州大学伯克利分校的著名教育心理学家布朗(A. Brown)分别在实践中经过长期摸索,系统总结出"基于设计的研究"的基本思想,成为学习科学研究方法论创新的先驱。1990年1月,柯林斯为教育与学习技术创新公司Bolt Beranek and Newman Inc.(BBN)起草了一份题为《迈向一门教育的设计科学》的技术报告。在这份报告中,柯林斯从教育的技术创新视角出发,详细地阐述了如何开展"基于设计的研究",创建了一种更加系统化的方法论框架。柯林斯还试图以这一基本的方法论框架为基础发展出一种设计理论,作为未来各种教育和学习技术创新实施的基本指南。经过十余年的探索后,布朗于1992年在《学习科学杂志》上正式发表了《设计实验:创建复杂性干预措施中的理论与方法论所面临的挑战》一文,初步提出了教育设计研究(布朗称之为"设计实验")的一整套思路,并强调指出了教育设计研究中研究者所面临的一些关键问题。

随着信息技术的不断发展和广泛应用,教学和学习环境的复杂性和多样性不断扩展,"基于设计的研究"在国内外的应用不断升温。但是,有关"基于设计的研究"的反思也不断深入。比如,关于该研究范式的名称比较混乱,早期使用"设计实验"(design experiment)、"形成性研究"(formative research)、"开发研究"(development research)等名称,20世纪90年代后,国际教育学界开始使用"基于设计的研究"或简称"设计研究"。今天,人们逐渐把它统称为教育设计研究。教育设计研究已被广泛且成功地应用于数学教育、科学教育、技术教育、工程教育等领域,其应用范围还在扩展中。

一、教育设计研究概述

信息技术的进步、知识建构方式的变革、社会需求的多样化促进传统美术学领域的设计向工业、建筑、医疗、城市规划等工程领域扩散,并带动价值重构。这一现象正引起众多教育研究者的重视,设计开始向教育学迈进。在广泛的意义上,教育与设计在本质上存在必然的联系。从教育的起源来看,人类教育产生之初,教育就具有谁教、教谁、教什么、如何教、为什么教等因素,而如何将这些因素协调起来就存在"设计"的问题;从教育的定义来看,教育促进学习者从"此在"的状态发展到较好的"将在"的状态,从"自在"的生物人成长为"自为"的社会人,在这一过程中无不蕴含着"设计"的思想;从教育的基本特征来看,教育具有高度的复杂性、多样性、发展性、解释性和社会性等特征,这些特征也决定了教育不可以像其他自然科学那样遵循"简单化""可检验"的原则来分析其内部的结构,而遵循系统化和中庸化原则的设计理念来研究教育正在被越来越多的教育研究者所重视。

（一）何谓"设计"

"设计是人类特有的一种思维活动与创造活动,体现了人类意识中的一个最本质特性—自由创造。"[①]人类社会产生之初,面临各种威胁,为了化解这些危机,人类发现了一个意义的世界,并开始按照意义来重塑世界,于是,人类得以从环境的约束中逐渐解放出来。所以,一部人类文明史就是一部人类设计史。那么,设计有哪些主要的特征呢？①目的性。设计必须以帮助学习过程为目的,以有目的的学习而不是"偶然"的学习为目的,有意义的学习结果是设计过程的起点和终点。在《设计教学法》中,克伯屈（W. Kilpatrick）对"设计"一词的含义做了明确的规定。他认为,设计就是在社会环境中,专心致志地进行一种有目的的活动,或一种有目的的活动单元,其中目的性这一点非常重要。②复杂性。学习是一个受多种变量融合影响的复杂过程。卡罗尔（J. Carrol）在"学校学习模式"中界定了影响学生所能达到的学习程度的至少五种主要变量：学生毅力、允许学习的时间、教学质量、学生能力倾向、学生的学习能力等。一个有效的教学设计模型不能仅仅关注这些变量中的一个。例如,高质量的教学除了要关注教学的质量外,还必须考虑学习者的动机及其能力倾向性等因素,否则,不可能是有效的。③系统性。设计不是一种简单的尝试错误或随机组合的过程,而是一个系统的工程。柯林斯认为,教育研究应该从工程科学,尤其是像航空工程和人工智能这样典型的工程科学中汲取营养,用于丰富教育与学习的科学研究。Simon 在《人工科学》一书中也指出,教育和计算机科学、工程学一样,属于一门人工科学,它实质上是一门设计的科学,设计就是为将现存情形改变成向往情形而构想行动方案,是一种问题解决的系统优化过程。

---

① 王文静,谢秋葵,杜霞. 教育中的设计：研究与发展趋向分析[J]. 现代教育技术,2009,19（5）：13.

(二)教育设计研究的含义

到目前为止,国际上对教育设计研究还没有达成一致的定义阐述,不同的专家有不同的界定。在教育设计研究的早期,美国学者柯林斯和布朗将教育设计研究称为"设计性实验",认为描述设计性实验的最佳方法是给出一个可以实行的实验例子;设计性实验的最高目标是把小学课堂学习变成一个学习和理解的共同体。后来,有学者对教育设计研究的内涵做进一步阐述。如科布(P. Cobb)等人指出,设计性实验承担了设计学习任务和系统研究支持有效学习情境这两个任务,这种设计性的情境需要在实践中进行测试和修正,而连续的迭代就相当于是实验的系统变量;巴拉布(Sasha Barab)指出,教育设计研究是学习科学家的方法论工具集,它的研究对象是特定环境中的学习过程,它的研究目的是通过对一个学习环境进行细致深入的研究,以发现新理论、新产品和可以在其他学校和班级实施的实践纲领,这种深入的研究通常经过多次的迭代,并发生在真实情境中[①];王峰等人指出,教育设计研究是一个系统而灵活的方法论,研究者立足在真实的情境中,通过迭代的分析、设计、发展和实施等过程在研究者和实践者共同合作的基础上提升教育实践,产生设计原则。

(三)教育设计研究的主要特征

目前,教育设计研究的主要特征已经得到普遍认同。2003年,沙维尔森(R. J. Shavelson)等人指出,根据研究强调的重点,教育设计研究具有迭代的、关注过程的、干预主义的、合作的、多层次的、实用导向的、理论驱动的等特征,教育设计研究具有复杂的、多变量的、多层次的和干预性的性质。[②]巴拉布认为,教育设计研究的核心要素包括设计、理论、问题和自然情境。总之,当前研究者普遍认同教育设计研究具有实用取向、理论取向、过程取向、干预主义和迭代循环等主要特征。

(四)教育设计研究与心理学实验

从实验室转移到课堂是教育设计研究的主要转向。与心理学实验相比,教育设计研究通常发生在真实的情境中。柯林斯等人认为,教育设计研究与心理学实验之间存在七种不同(表8-1)。

表8-1 心理学实验与教育设计研究的比较

方法类别	心理学实验	教育设计研究
研究场地	实验室	真实的教学生活情景
变量的复杂性	单变量或几个依存变量	多种依存变量:环境变量、结果变量、系统变量
研究关注的焦点	变量验证和变量控制	复杂的情境本身

---

① 转引自:王文静. "基于设计的研究"在美国的兴起与新发展[J]. 比较教育研究,2009,(8):63.

② Shavelson R J, Phillips D C, Towne L, et al. On the science of education design studies. Educational Researcher, 2003, 32(1): 25-28.

续表

方法类别	心理学实验	教育设计研究
程序的展开	固定程序	灵活修正实验设计
社会交互的程度	隔离学习者	参与者之间存在复杂的社会交互,以便分享观点、相互吸引
结论的特点	假设检验	涉及对设计方案的多方面审查和开发,以形成符合现实情景的文案
参与者的作用	视参与者为主体	不同的参与者把不同的经验带到设计方案的开发和分析中

二、教育设计研究的基本步骤

教育设计研究以真实世界中的学习为研究对象,其逻辑起点是课堂中学生学习上存在的各种问题,诸如作为研究者的教师/学生、课堂风气、课程、技术或其他。为了有效地解决这些教育问题,教育设计研究者必须深入课堂进行缜密的现场观察,并从各种各样的理论研究中筛选出那些能够切实解决当前特定问题的理论。

在教育设计研究的框架中,研究的中心问题是学习环境的创建。所谓学习环境,就是为学习者提供探索的机会,开发他们的潜能,促成学习者的自我发现和智慧发展。为此,教育设计研究者需要在坚实的理论基础和严格的研究方法支撑下,利用各种先进的信息技术手段创建丰富的学习环境。这种学习环境将有助于学习者解决在实践中遭遇的问题;学习环境的设计实际上既是教育设计研究的主战场,也是学习科学研究的基本平台;学习环境的设计还是学习科学进一步向纵深发展所取得的最主要的成果和实践的最重要领域。利用各种信息技术手段有针对性地创设各种学习环境,在解决学习问题、促进学习绩效的同时加深对学习的理解,发展有关学习的理论,并实现这些理论成果向其他实践情境中的迁移和推广。

这一研究范式改变了传统认知科学领域中以发现的逻辑为指导的科学的研究方法,代之以实践的逻辑为最高准则的研究方法,即以学习问题的解决为目的,在解决现实问题的过程中发展理论,然后,用新的理论指导教育实践,从而实现研究与实践之间双向互动、有机融合、螺旋式上升的新的研究态势。布朗曾经简单勾勒了上述教育设计研究的基本步骤(图8-4)。

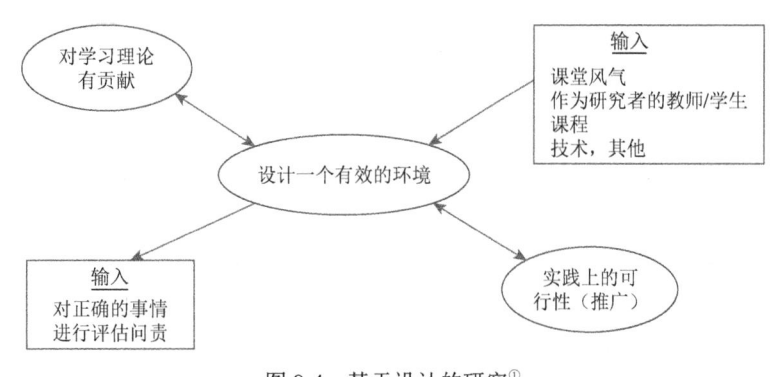

图8-4 基于设计的研究[①]

---

① 转引自:郑旭东,杨九民. 学习科学研究方法论创新的艰难之旅——安·布朗和阿伦·柯林斯的贡献及"基于设计的研究"的缘起、内涵与挑战[J]. 开放教育研究,2009,15(1):56.

三、教育设计研究与教育行动研究的比较

作为教育研究的新范式，无论是教育行动研究，还是教育设计研究，都方兴未艾，在国内外都受到越来越多的教育研究者的关注和重视。教育设计研究与教育行动研究都源自实验研究，这两种研究范式的研究者都认识到教育研究不能脱离教育实践本身，都重视在实际的教育情境中进行教育研究，都带有特定的教育研究目的，都重视研究者的参与对教育研究本身的特殊意义，都强调教育研究需要遵循特定的研究步骤以符合规范性和操作性，但是，这两种研究范式也存在一些差异，我们将从这两种研究范式与实验研究的关系、研究目的、研究者、研究步骤等四个方面来分析二者之间的差异。

（一）教育设计研究继承实验的科学性

教育设计研究与教育行动研究都具有重视教育的情境性特征，即它们的研究问题都是处于特定的情境中的。但是，教育行动研究倾向于"行动-阐释"的研究思路，其目的是为特定情境中的问题提供解决方案。教育设计研究者重视诸如文化背景之类的因素在学习过程中的作用，采取的整体论立场成功地整合了各种来自不同研究领域的研究方法，如人种学方法、人工智能方法、传统认知科学中的实验方法等。教育设计研究尽管是问题驱动的研究，但是并不意味着是基于粗糙经验和简单直觉的研究，坚实的理论基础和严格的研究方法是设计研究成功的重要保证。[①]同时，教育设计研究还力求获得能够统领教育设计的一般性原则。与教育行动研究不同，教育设计研究重视真实的教育问题的解决，但是不局限于教育问题本身，追求一般性、普遍性、规律性的设计原则就是对实验的科学性的继承。1992年，在设计科学思想的启发下，美国西北大学著名的认知科学家柯林斯从教育科学的整体定位提出了以技术为设计工具，把教育发展成一门更像航天学或人工智能那样的设计科学。今天，以"设计"为核心，依靠信息技术，借鉴设计科学的理念与方法，在真实的、复杂的教育情境中实施的教育设计研究，以实践主义者的姿态进行理论创新与实践创新，为教育科学研究提供了一个新的出路。[②]

（二）教育设计研究成果的可迁移性

教育设计研究与教育行动研究在目标上有相似的地方，比如，它们都重视实际教育情境的作用、教育干预和问题的有效解决等。但是，早期的教育行动研究具有改造特征，重视社会问题多于学习问题，反思的教育行动研究重视反思在研究中的重要意义和价值。所以，教育行动研究重视某一特定情境中的问题获得解决，即针对某一具体的教育问题进行干预，该教育研究不关注研究结果的可迁移性。

教育设计研究有三个目的。首先是基于设计原则开发出成功的产品（如教育设计或

[①] 郑旭东，杨九民. 学习科学研究方法论创新的艰难之旅——安·布朗和阿伦·柯林斯的贡献及"基于设计的研究"的缘起、内涵与挑战[J]. 开放教育研究，2009，15（1）：57.

[②] 王文静，谢秋葵，杜霞. 教育中的设计：研究与发展趋向分析[J]. 现代教育技术，2009，19（5）：15.

教育革新），教育设计研究的产品或结果都是人工制品，主要表现为两种形态：一是师生之间的交互过程，二是各种软件或者由各种软件集成起来的学习环境。其次是实践价值，解决教学问题并促进教学实践发展。教育设计研究不仅重视特定情境中的学习问题，而且重视该问题的代表性，有学者指出，设计科学的使命是发展有效的知识。所以，教育设计研究关注成果的推广价值。最后是理论价值，提升对学习和认知的理解，形成新的设计原则，是教育设计研究的一个主要目的。教育设计研究关注的问题不是局限于某一门课程或者某一特定情境中的特殊教学问题，而是复杂情境中的具有代表性的教学问题。所以，教育设计研究的成果具有可迁移的特征。教育设计研究还关注问题的多样化呈现形式，而信息技术为其提供了可能和方便。

（三）教育设计研究参与者的广泛性

教育理论研究者、教育政策制订者和广大教师都认识到教育理论研究所涉及的问题与教育实践存在分离倾向。为了改变这一现象，加强教育理论研究者与一线教师之间的联系，有研究者开始尝试将研究者和实践者组织起来一起进行教育研究。教育行动研究较早开始了这种尝试，强调研究者要与中小学一线教师相互融合进行全过程的研究活动，重视研究者与实践者在研究活动中的权力等同，以激发教师参与研究的积极性和主动性。由于研究者在行动研究过程中的主导地位以及教师的主体性权力让渡等客观性原因，在实际的教育行动研究过程中，研究者在研究中会拥有更多的权力。

与教育行动研究不同的是，教育设计研究承认不同参与者的优势，重视不同参与者在教育设计研究中的作用，强调基于参与者不同能力的聚合功能，重视课程资源的整合功能。因此，教育设计研究的参与者更加广泛，一定意义上，在教育设计研究中，实践者的主体性被承认、被尊重和被激发。例如，1999年由斯宾塞基金会发起并组织来自认知科学、心理学、人工智能、人类学、生物学、数学、人机交互学和教学设计等多领域的专家和学者，进行相关研究，以期推动教育设计研究。教育设计研究体现了研究者与教师一致的立场，教师是研究共同体中的一员，教师与研究者、设计者的关系属于平等的协作。

（四）教育设计研究研究步骤的迭代性

教育设计研究与教育行动研究都重视研究过程，但是它们的侧重点不同，具体表现为：关于教育问题，教育行动研究关注基于社会问题的教育问题，而教育设计研究关注学习问题本身；关于结果，教育行动研究关注改造，而教育设计研究关注学习的效果；关于干预，教育行动研究关注干预的结果，而教育设计研究关注干预的技术和结果；关于过程，教育行动研究关注循环的过程，而教育设计研究关注过程的迭代性。

在教育设计研究过程中，满足用户的需求，无论是一个现实的用户，还是一个虚拟的用户，是设计者的追求目标。为了满足不同客户的需求，研究者常常声称对教育干预进行了修订，他们虽然不会详细说明修订了哪些有意义的具体内容，但是，可以想象的是，他们修订的是产品的具体细节而不会是设计原则。信息技术为产品的迭代提供重要支持，这表现在：信息技术为教育设计研究带来便利，信息技术为所有可能的数据点的收集和存储提供支撑，可视化的产品为研究提供了可检验性。

案例 8-1

探索亚特兰蒂斯项目[①]

探索亚特兰蒂斯（Quest Atlantis，QA，又译亚特兰蒂斯探秘）项目全称是多用户虚拟环境实验模拟器（MUVEES），它是萨拉·A.巴拉布（Sasha Barab）、安妮·阿里奇（Anne Arici）、克莱格·杰克逊（Craig Jackson）为9~12年级的学生设计的。探索亚特兰蒂斯是一款充满古典风格的经典图形匹配游戏，游戏吸引玩家再次踏上这场引人入胜的旅行，探索传说中的失落之城亚特兰蒂斯。旅行会经过希腊、巴比伦、迦太基、埃及和罗马等地，在这片远古的土地寻找沦陷的神秘国度和史前古物。

在这个项目的基于设计的研究中，最后获得两个成果：一是理论成果，学习契约理论；另一个是三维多用户角色扮演游戏教育环境。其中学习契约理论是将教育、娱乐和社会责任融为一体的一种理论取向。而探索亚特兰蒂斯是一种三维多用户角色扮演游戏教育环境，它使9~12年级的儿童沉浸在不同的教育任务之中。

本章小结

教育行动研究是教师专业发展的一种导向，也是一种形式。作为一种系统的、持续的、分享的学习方式，也作为一种改造教师自身和自身实践的有效方法，教育行动研究可以不断更新教育实践，并使教育富有创造力。作为一种自我导向的合作研究范式，教育行动研究对教师自身和专业发展也都具有专业指导作用。这种指导作用体现在教育行动研究的批判性反思，即教师基于所做工作对社会变革的直接和间接的影响，对其自身和教育实践进行检验。从上述教育行动研究的意义来讲，教师正在成为发起社会变革的人。

社会教育需求的多样化要求提供丰富的和高质量的教育，我国教育发展的不充分还不足以满足社会需求的增长。但是，信息技术的进步有助于将高质量的教育进行跨地域、跨时间推送。如何将两者有效结合？教育者们有责任、有义务设计出高质量的课程，并利用信息技术手段将其推送到需要者的面前。教育行动研究使教师成为社会变革的领导者，而教育设计研究正在使技术成为社会变革的促进者。

教学建议

组织学生发现某任课教师的教学问题，并请学生参照教育行动研究和教育设计研究

[①] 焦建利. 基于设计的研究：教育技术学研究的新取向[J]. 现代教育技术，2008，(5)：10.

的步骤和要求，设计关于改进该任课教师的教学问题的教育行动研究方案或者教育设计研究方案。

练习·思考

1. 简述教育行动研究的基本特征。
2. 分析教育行动研究的优缺点。
3. 联系实际，谈谈教育行动研究与教育实验研究之间的联系和区别。

以下为教育学专业研究生入学考试 311 综合相关真题

4. 阅读下述材料，按要求作答。

小学三年级语文老师李华执教的两个班，90%的学生是外来务工人员子女。在日常教学中，李老师发现，这些孩子大多握笔姿势不正确、不善与人交流、知识面窄。为了进一步了解外来务工人员子女在学习上面临的困难及其原因，李老师对部分学生进行了家访，并就相关问题询问了本年级其他科任教师。结果显示：与本市居民子女相比，外来务工人员子女在学习上存在一定差距，其中英语学习差距最大，语文学习次之，数学学习差别不大。为了探索提高这些外来务工人员子女语文学习成绩的有效策略，李老师打算在这两个班进行以"扩展课外阅读"为自变量的实验研究。但是，学校科研顾问认为采取行动研究方式更为适当。李老师陷入困惑，不能确定采用何种方式展开研究。

（1）案例中李老师在发现和确定研究问题的过程中使用了哪些研究方法？

（2）针对李老师的困惑，请为她选择一种研究方法，并从研究目的、研究过程、研究主体三个方面阐述做出这种选择的理由。

5. 小学语文教师王老师酷爱传统文化。他在识字教学中感觉到，借助繁体字可以帮助学生对生字的理解和记忆。于是他计划在文献研究基础上申报课题，在学校科研顾问黄教授帮助下，开展改善识字教学的行动研究。请按要求答题。

（1）试为该课题设计一个课题名称。
（2）请为该课题设计文献检索的主题和文献综述的基本框架。
（3）该课题的研究主体、研究对象和研究样本是什么？
（4）请按照凯米斯程序，说明该课题研究的主要步骤及每一步骤的具体要求。

6. 单选题。

（1）教育行动研究由计划、行动、观察和反思四个基本步骤组成。它的提出者是（　　）。

A. 勒温　　　　B. 萧恩　　　　C. 斯腾豪斯　　　D. 凯米斯

（2）凯米斯倡导的教育行动研究类型是（　　）。

A. 理论取向的教育行动研究　　　B. 技术取向的教育行动研究
C. 反思取向的教育行动研究　　　D. 批判取向的教育行动研究

（3）下列选项中，正确描述了教育行动研究特征的表达是（　　）。

A. 行动过程就是研究过程　　　　B. 研究过程不需要理性指导

C. 研究结论具有普适性　　　　D. 强调对行动的反思

（4）相对于其他类型的教学研究，教育行动研究重视教师的参与，强调（　　）。

A. 与理论的分离　　　　　　　B. 实践问题的解决

C. 教师的独立研究　　　　　　D. 研究结论的迁移

（5）教育行动研究的产生和发展主要体现了教育研究的（　　）。

A. 人文取向　　B. 实证取向　　C. 实践取向　　D. 整体取向

第九章

教育叙事研究

学习目标

- 了解教育叙事研究兴起的背景，理解教育叙事研究的基本内涵；
- 明晰教育叙事研究的类型、特点与优缺点；
- 能够运用叙事研究方法开展一项教育研究，并将教育叙事研究和其他教育研究方法结合起来使用。

知识导图

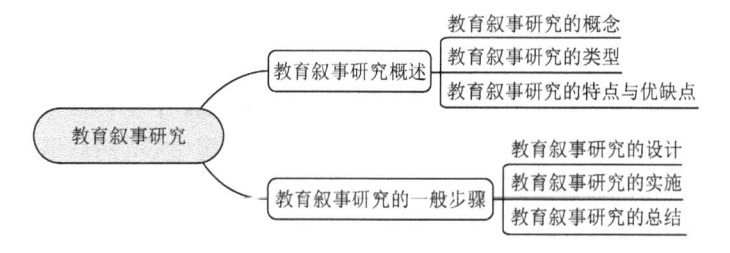

教育叙事研究
- 教育叙事研究概述
  - 教育叙事研究的概念
  - 教育叙事研究的类型
  - 教育叙事研究的特点与优缺点
- 教育叙事研究的一般步骤
  - 教育叙事研究的设计
  - 教育叙事研究的实施
  - 教育叙事研究的总结

教育叙事研究是近年来新兴的一种教育研究方法。它由于关注经验与意义，越来越成为教师感兴趣的研究方法和研究形式，并成为校本教研的重要方法。本章重点梳理教育叙事研究的概念、类型以及特点和优缺点，详细介绍教育叙事研究的一般步骤。

第一节 教育叙事研究概述

教育叙事研究于20世纪80年代在西方教育领域得到推广和运用，20世纪90年代在我国兴起并得到推广，以其经验的、描述的、贴近教育生活的特点，愈来愈被广大教育研究者所采用。教育叙事研究是教师研究教育教学实践问题的重要方式，是教师促进自身专业化成长和发展的有效方法。

一、教育叙事研究的概念

教师的教育教学和管理工作每天都会遇到新的问题和挑战，对这些问题和挑战的处理和解决有时非常成功，有时则可能非常失败，不论成功与否，都可能成为典型案例。对其进行描述和反思也是一种研究，即所谓的教育叙事研究。

（一）叙事

"叙"就是叙述，"事"就是故事。简单来说，叙事就是讲故事，包含着个体层面、社会层面的基本结构性经验，是个体乃至人类的一种知识组织方式和基本的思维模式。人们通过叙事来说明事情是如何发生的，叙事同时也是由自我认知转变成可以告诉别人公共信息的一种方式。

叙事包括三个基本要素："事件"、"叙述者"和"叙述"，通俗地说，即"发生了什么事"、"谁在讲述发生的事件"和"如何叙述发生的事件"，其中"事件"是客体，"叙述者"是主体，"叙述"是联结主体与客体的行为。在叙事发展史上，三个要素在不同历史时期受重视的程度不一样：早期叙事以"事件"为中心，即叙事注重写什么；近代叙事重心发生了由"事件"向"叙述者"转移的倾向，开始注重"谁来写"；到了现当代，叙事的焦点则落在"叙述"这一行为上，即注重怎么写。

（二）叙事研究

叙事研究最初是指"有关叙事的研究"，即以叙事作品为研究对象，通过对叙事作品的剖析，以"追寻事件背后的意义"，获得对于事件的"解释性理解"，即对动机的理性解释，是对行动者赋予自己行为的意义的考察，发现隐匿于个体日常生活中的意义。叙事研究先以神话故事、民间故事和小说等文学作品为研究中心，然后迅速扩展到对各种叙事文本的研究，成为解读一切叙事性文本的最为有效的工具之一。目前，叙事研究已经成为一种广泛应用于人文学科的研究方法，是指"研究者通过收集和讲述个体的生活故事，描述个体的日常生活，进而对个体的行为和经验建构获得解释性理解的一种活动"。[①]

在社会科学研究方法中，叙事研究属于质性研究方法，目前已经发展出相对完整的叙事学理论，并经历了由文学叙事向多元叙事转换的历史过程。

（三）教育叙事研究

教育叙事研究是指教育工作者通过叙事的方式表达其对教育教学的理解与思考的一种研究方法。

教育叙事，叙的是教育教学工作中的真实细节、事件或者故事，其精髓在于表达感

[①] 傅敏，田慧生. 课堂教学叙事研究：理论与实践[M]. 北京：教育科学出版社，2009：2.

受，如表达自己的感悟反思、经验启发等。叙事研究是近几年颇受我国教育界关注的研究方法之一，教师以研究者身份从事的叙事研究是其中重要的组成部分。简单来讲，叙事就是讲故事，讲述叙事者亲身经历的事件。教师所写的教育叙事陈述的是教师在学校生活、课堂教学、教学改革实践活动中曾经发生或正在发生的事件，也包括教师本人撰写的个人传记、个人经验总结等各类文本。这些"故事"是具体的、真实的、具有情境性的，活灵活现地描绘出教师的经验世界，反映教师在教学活动中的真情实感和心灵成长的轨迹。因此，教育叙事研究是一种运用叙事研究方法研究教育问题的质性研究方法，它是教育研究与叙事研究的复合体，是教育研究领域对叙事研究方法的一种整体性借用，它通过对教育叙事材料的解构和重构，发现和解释隐藏于其中的意义。

相对以往的科学化研究而言，它更强调与人们教育经验的联系，并通过故事叙述来描述人们在自然情境下的教育经验、教育行为以及作为教育群体和教育个体的生活方式。

二、教育叙事研究的类型

教育叙事是一种观察和思考教育问题的方法，涉及的范围很广，比如有关教育行政官员的教育叙事，有关学校与社区联合、沟通、交流的教育叙事，有关学生辍学问题的教育叙事等。不同范围、不同层面展开的叙事，因为涉及的因素不同，揭示的特质也就不同。因此，依据不同的分类标准，教育叙事研究可以分为不同的类型。

（一）按叙事主体划分

从叙事主体来看，教育叙事研究可分为自传型叙事研究和合作型叙事研究。

1. 自传型叙事研究

自传型叙事研究又称教师的"自我叙事"，即叙述者不是教育之外的他人，而是教师自己，也就是"我讲我的故事"。教师从自己亲身经历的教育生活中"梳理""寻找"出自己的教育故事，重新对自己的经历进行咀嚼、回味和反思，在整理自己思维的过程中，获得思想升华，达到一种豁然开朗的境界。教师通过自己的叙事直达自己和他人的内心深处，所有的概念、原理、规则都归隐在所叙之事的背后，让事实本身来说话，让人的思想通过叙事显现出来。很多个人传记或教育手记、教育札记，其实都是教师故事的汇集，如苏霍姆林斯基的部分著作、李镇西的《爱心与教育》《民主与教育》等。案例9-1就是教师刘娟娟的"自我叙事"。

案例 9-1

她的泪，我的悔……[①]

又一茬学生毕业了，一张张的笑脸，藏在影集中。

---

① 刘娟娟. 她的泪，我的悔……[J]. 人民教育，2003，（19）：23.

照片上，她的眼睛依旧明亮，依旧含着笑意，然而，这明净的眸子，却曾经因为我，飘过阴云，下起细雨。

当时我教四年级，她是班长。每周一，班长要在班会课上公布各小组的综合评分。得分最高的"金星小组"，除了能在评比栏中得到一个金星外，每个组员还能得到尺子、橡皮之类的小奖品。

又是班会课时间，她挺着小胸脯，骄傲地走上讲台。同学们屏息静气，眼睛里充满了渴望。评比结果是，她所在的小组再次获得第一。

全班一阵骚乱："又是他们组第一，肯定不公平！""她自己迟到过，也不知道扣分了没有？""他们组的某某还缺过作业"……

我一向相信群众的眼睛是雪亮的，而且作为班主任，我更倾向于"轮流做第一"，不能一枝独秀。于是，在脑子里接连打了几个问号以后，我开始在主观上认为她有些徇私不公。我用怀疑的眼光看着她："你给自己扣分了吗？""扣了。"她的回答很干脆。"没扣！""肯定没扣！"大家七嘴八舌。

"好了，当班长必须公正无私。我宣布：这周的金星属于××组。"

另一组学生欢呼起来。她争辩道："老师，你看值日记录，我给自己扣分了。""没关系，你们组下次再争取！记住，一定要公正！"我没有听她的解释，也没看她递过来的值日记录。她默默走下了讲台。

下课后，她来找我："老师，我不想当班长了，同学们都不信任我，当着还有什么意思？"说完，大滴的眼泪从她脸上滑落。我一惊，看来真是错怪她了，连忙安慰她说："不要伤心。我想，你肯定还会赢得同学们信任的！到底还当不当班长，回去想一想，明天再告诉我。你是个聪明的孩子，老师相信你一定会做出正确的选择。"

第二天，她告诉我，她要继续当。我以为自己的话发生作用了，心里暗暗高兴。

然而，我错了。一年多过去，我已经记不起那次班会课了。五年级的一次作文课，我布置的作文题目是《我流泪了》。读了她的作文，我心里难受极了，有几句话像尖刀一样刺在我心上。她写道："为了让同学们信任我，我每周都要给自己的小组多扣几分，我不想让我们组得'金星小组'，我也从此失去了当班长的兴趣！同学们不信任我，是想让自己的小组得到金星。可是，刘老师那么喜欢我，为什么却不信任我了呢？那次，我流泪了，好伤心……"

我真的是错了！我过于主观臆断，也全然没有考虑她当时被误解的感受。可以想象，当我带着怀疑的目光质问她时，她是多么尴尬！我理应为自己的武断而道歉，让她不再受委屈，但我却忽略了。就是这种不经意的忽略，不仅使她的威信降低，而且深深地伤害了她的自尊和自信。当时的我还为自己对她的安慰而沾沾自喜，实际上，一切的教育方式，如果没有真正把学生的感受放在心上，完全是空的。我也由此认识到，关心学生，要从关注他们的情绪和情感体验开始。

我想向她道歉，却不知如何说起。如今，她已经上中学了。我真心希望，她能走出这件事的阴影，重新找回成长的快乐和信心！

2. 合作型叙事研究

合作型叙事研究又称"他者叙事"，这种叙事方式与自传型叙事方式的区别就在于，叙述者不是当事人本人，而是由当事人与合作者共同展开的叙事过程。这个合作者可以是自己的同事，也可以是校外的研究者。而今天比较盛行的合作叙事主要是由校外研究者对一线教师的生活故事的讲述。校外研究者在叙事的过程中，其实充当的是一个解说者的身份，解说使人们理解某些事物。解说者就是讲故事的人，在解说中，故事变成了叙事的客体，解说者变成了叙事的主体，解说者通过叙事使这一故事得以呈现。解说中，故事的主线和研究者的分析交叉出现，使所叙之事通过研究者的解读具有特殊的意义。案例9-2就是研究者陈萍讲述班主任范钦梅的故事。

案例 9-2

"学生的进步就是我的快乐"[1]

[考试是学生比较讨厌的事，但是范老师班上的学生却喜欢考试。]

每次考试我的学生总会有进步，这是我最好的教育契机。

夏××是我们班一个高高大大、黑黑的男孩儿，刚进班时成绩处于中等水平，第一次月考，一下子进步了十多名。我很高兴，就悄悄地给他写了一张小纸条："谢谢你给我带来的这一份惊喜，希望三周后（笔者注：期中考试）给我更大的惊喜。"[考试之后的排名次是学生最痛苦的事，是一种煎熬，但是范老师巧妙地把排名改变为鼓励学生的点滴进步，哪怕是由第50名变为第49名，总要为学生祝贺，这不正是一种发展性评价吗？更巧妙的是，评价采用书信交流的方式，更亲切。范老师把学生的进步看作是给老师的惊喜，一下子拉近了师生的距离，一份快乐变成了两份快乐，一份惊喜变成了两份惊喜。学生能不感动吗？]

中午吃饭后，学生打扫卫生，夏××也在其中，我就站在走廊拐弯处他回教室的必经之处，等他走过时，悄悄把纸条给他。

过了一会儿，我在教室窗口观察，发现这个学生收到纸条后，中午居然没有午休，在那儿做物理题目。

[每次考试之后，总有学生收到类似的纸条。范老师传纸条很有讲究。]

我传字条时不会让其他学生知道，一来是怕其他学生嫉妒，二来也是让收到纸条的学生感到新鲜，感到幸福，以为其他学生没有，是写给他一个人的，这样，他就会珍藏，珍惜老师对他的这份唯一的爱。["感人心者莫先乎情。"范老师的教育实践告诉我们，爱是人们的一种基本需要，当这种需要不能得到

---

[1] 陈萍. 用心诠释爱的真义——海安县西场中学班主任范钦梅的故事[J]. 当代教育科学, 2006, (8): 34-35.

满足的时候，人就会感到悲观、失望、苦闷。而当这种需要得到满足的时候，它就会化作源源不断的动力，催人进取。]

这种由研究者和研究对象合作形成的教育叙事不仅为研究对象提供了审视自己教育实践的另一种视角，同时也拓展了研究者的研究价值。

多种叙述方式的组合，就会形成不同的教育故事，比如教师讲述自己的故事，研究者讲述教师的故事，研究者讲述自己的故事，研究者讲述研究者和教师互动的故事等，视角的多样化使叙事更加生动鲜活。

（二）按叙事对象与内容划分

按叙事对象与内容划分，教育叙事研究可分为课堂叙事研究、生活叙事研究与思想叙事研究等。

1. 课堂叙事研究

课堂叙事研究是教师描述真实的课堂教学过程，呈现特定情境中教师的教学行为以及这种行为下学生的状况，并在此基础上进行反思和意义分析，形成有关教学经验的个人认识，获得对教学活动的意义理解和解释的一种研究形式。

课堂教学是一个教师日常教学工作中最重要的活动，包括课堂教学的各个环节如备课、导入、讲课、总结等，以及一节课中的各个侧面如教材内容处理、教学语言调整、学生学习方式的引导等。对这些方面进行的反思都对教师专业成长有帮助。

2. 生活叙事研究

生活叙事是教师本人对课堂教学之外所发生的"生活事件"的叙事。教师也可以将班级管理中发生的某些学生生活事件叙述出来，使之成为一份有教育意义的"班级管理叙事"。教师日常生活与教师专业自主发展、教育状态、教育经历密切相关，教师专业自主发展不光在课堂，同样在日常生活之中。

3. 思想叙事研究

思想叙事研究即研究教师日常行为背后所内隐的思想情况，教师生活故事中所蕴含的理念，为教师行为寻求理论支撑，为教师生活建构思想框架。教师在日常的教育活动中遭遇、经历各种事件，这些事件不是转瞬即逝的、不是淡无痕迹的、不是无足轻重的、不是若有若无的，它长久地影响着学生、影响着教师、影响着课堂、影响着生活，教师对这些行为活动和原始材料的整理，再反复梳理、提炼而形成思想叙事研究。

三、教育叙事研究的特点与优缺点

（一）教育叙事研究的特点

教育叙事的基本特点是研究者以叙事的方式表达其对教育的理解和解释。它不直接定义教育是什么，也不直接规定教育应该怎么做，而是给读者讲一个或多个教育故事，让读者从故事中体验教育是什么或应该怎么做。教育叙事研究区别于传统教育理论研究，具有以下基本特征。

1. 以质的研究为方法论

教育叙事研究属于质的研究，是质的研究综合运用的一种表现形式。它包括观察、访谈、实物收集、分析质性资料等。质的研究方法是以研究者本人作为研究工具，在自然情境下采用多种方法收集资料，使用归纳法分析资料和形成理论，从而获得对研究对象的解释性理解的一种活动。若没有对教育事件内在意义的揭示，叙事本身就失去了意义。质的研究不仅使教师获得有意义的职业生活，而且会改变教师的存在方式。

2. 以归纳为形成认识的主要方式

作为一种质的研究方法，教育叙事研究获得某种教育理论或教育信念的方式是归纳而不是演绎，也就是说，教育理论是从过去的具体教育事件及其情节中归纳出来的。例如，在案例9-1中，刘娟娟老师通过详细描述学生在班级管理中的行为和思想变化，逐步抽象归纳出她对学生管理的认识："一切的教育方式，如果没有真正把学生的感受放在心上，完全是空的。我也由此认识到，关心学生，要从关注他们的情绪和情感体验开始。"[1]

3. 以反思为其根本特征

教育叙事研究是一种反思性研究，其根本特征在于反思。教师在叙事中反思，在反思中深化对问题的认识，在反思中提升原有的经验，在反思中修正行动计划，在反思中探寻事件或行为背后所隐含的意义、理念和思想。离开了反思，叙事研究就会失去研究的目的和意义。

4. 以教育中的故事为对象

教师所叙之事就是教师的故事，是教师在日常生活、课堂教学、研究实践等活动中曾经发生或正在发生的事件。它是真实的、情境性的，是丰富的，也是平凡的。其中可能包含着丰富的内心体验，可能蕴藏着细腻的情感变化，可能反映出潜在的缄默知识，可能预示着远大的理想追求……正因如此，这些生活故事对教育工作者具有强大的感染力和道德示范的作用。

5. 由叙事者描述和分析

叙事者就是讲故事的人，其实就是研究者，它可以是教师本人，也可以是研究教师的人。研究者叙说的是教师的故事，故事的主线和研究者的分析交叉出现，使所叙之事通过研究者的解读具有了特殊的意义。在故事的叙述中，叙事者有时"在场"，有时"隐身"，在场的叙事更多地表现为叙事者夹叙夹议，叙事者不仅对故事的过程进行描述，而且还就其中包含的价值观、情感以及涉及的伦理等进行分析和判断，展示出叙事者的

---

[1] 刘娟娟. 她的泪，我的悔……[J]. 人民教育，2003，（19）：23.

立场和理论视角；隐身的叙事则把所听到的、所看到的故事视作"社会真相"，力求客观地再现故事本身，尽可能不夹杂叙事者本人的判断，以使读者能凭借自己的"前见"对故事做出独特的判断。

6. 以个体事件为主要内容

它关注的不是"群"的一般性，而是"个体"的独特性，它感兴趣的不是"客观现实"的"真实性"本身，而是被研究者看到、体验到的"真实"；它采用的研究手段是研究者自身，通过研究者与研究对象的对话，在时间、地点、情节和场景的共同呈现中创生叙事的经验品质；它关注教育现场，强调对故事细节进行整体的、情境化的、动态的描述，原汁原味地呈现教育现象；它的解释性结论与具体情境相连，不具有普通的推而广之的意义。

7. 叙事研究的取向是教师的经验分享

叙事文本的写作是教师经验表达的一种方式，是以教师的个人经验为基础的。在教师研究与写作的过程中，个人故事的叙述实际上是以潜在的"听众"（比如其他教师）为对象的。考虑"听众"的需要，可以作为文本撰写的一个重要参照点。一个文本提供的独特的教育经验，是由研究者所处的环境、所要交流的对象决定的。因此，文本的完成不是研究的结束，而是交流的开始。教师个人经验的交流和分享是叙事研究的一个重要功能。通过交流，文本及其所包含的个人经验才能充分体现出它的价值。

（二）教育叙事研究的优点与局限性

教育叙事研究与其他实证研究方法相比，具有如下优点。

1. 倾听多重声音

教育叙事研究之所以在一线教师群体中蓬勃发展，非常重要的原因就是这种研究方式让我们听到来自教育领域内的不同的声音，它让每一位教师学会表达自己、展示自己。

教育叙事让教师，特别是让每一位普通的教师走到教育研究的前台来，让每一位教师的声音在教育领域中凸显出来。一是由研究者对教师进行生活故事的叙事研究，二是由研究者对教师本人所撰写的各类文本的叙事进行研究。无论何种方式，在这种研究过程中，研究不再是专家学者的特权，教育研究也不再像以往那样有着严密控制的实验条件，而是以一种更为开放、多元的方式进行，即教育研究者走出实验室，走入教师的生活世界，在与教师互动的过程中重新去探寻教师职业的内在价值。在研究中，教师不再是传声筒，不再是应声虫，教师不再依靠别人的思想而生活；教师自觉倾听自己内心深处的声音，站在自己的角度反思和挖掘自我；教育研究容许多种声音与见解的并存，对歧义和争执表现出更为宽容和接纳的态度，为教育研究的深入推进提供了基础。

2. 理论联系实践

叙事研究正是在描述、分析丰富的教师经验和独特的生活故事方面为教育引进有益的视角。在新课程改革逐步推进、教师作为研究者的呼声愈加强烈的背景下，叙事研究成为教师专业成长与发展非常重要的途径。

教师的反思离不开教育实践。正是在教育实践中对教育世界的不断追问，对所抱的理想、所付诸的行动、所伴随的焦虑的不断思考，对所从事的教育活动的意义不断追寻，才有了教师的成长。传统教育理论将许多教育问题概念化、抽象化，将其从教育实践中抽离出来，因而导致了教育理论与教育实践的隔离。实际上教师的专业成长与发展离不开教育实践，需要把教育理论融入教育实践之中，使教育问题的学术研究回到鲜活的现实之中，使教师在实践中主动探求教育的意义，改变教师在实践中仅仅作为被动执行者的角色地位，使教师对教育、学校乃至自身的存在与发展有更深入的理解。

事实上，教师每天的生活都与叙事交织在一起。叙事把教师日常的教育教学经验组织成有价值结构的事件，串缀成有现实意义的链条，从而将看似平凡普通、单调重复的活动赋予独特的体验和韵味。教师叙事研究就是对这些富有价值的教育事件和具有意义的教学活动的描述与揭示。

在叙述过程中，教师将会对自己所习以为常的生活和工作世界进行新的审视，对自己的实践活动进行新的审查，对自己的理想、信念、价值观进行不断的拷问，对自己行为的意义进行不断的追问……这样，教师就会在无意之间促进自身专业成长，并把自己过去接受的抽象理论置于实践和理性的观照之下，将教育问题的学术研究回归到鲜活的现实中去，既使理论接受实践的检验和批判，也使实践获得理论的启发和提升，从而使教育理论和教育实践二者在相互的滋养中都得到丰富和提高。

3. 促进教师反思

教育叙事根本不是为了炫耀某种研究成果，它的根本目的是通过教师讲述自己的教育故事来反思自己的课堂教学。由于教师总是用某种教学理念来反思自己的教学行为，教师的个人化的教学理论以及教学行为经由这种反思发生变化。

教师的教育教学生活是教育叙事的源泉，写作其实是一种行动方式，如果教师不行动，如果教师不改变自己的教学习惯和教学行为，教师的叙说将成为困难。教师能够叙说的与值得叙说的，不过是在改变了自己的教学活动之后产生的记录冲动与反思冲动。所以，教育叙事的最终目的是以叙事的方式来推动教师检视自己的教育教学行为，并且以此为契机，指导教师主动地去改变自己的教学行为，然后再把这种改变给自己带来的思想上的冲击和变化叙述下来，以此形成一个良性循环的过程。

一项好的教育叙事研究是教师自身心路历程的真实反映，同时也是教师借以反思自身的基础和对照学习的镜子。这就要求我们在开展叙事研究时不能简单地对事件进行记录和叙述，而应该以一种反思的态度对待那些发生在我们身边的日常琐事，从而揭示出这些我们素来习而不察的事件背后的教育意义和价值。对事件经历者来说，教育叙事呈现的是过去的经验，具有反思价值；对读者来说，教育叙事呈现的是他者的间接经验，具有启发价值；作为研究者，则不仅可以通过直接参与经验而重新建构经验，而且可以通过观察的经验，使各个经验相互交融，在实际研究中将其作为一个整体，以一种想象的方式参与其中。利用别人的经验提升和改造自己的教育实践可以弥补个人直接经验的狭隘性，重述和重写那些能够导致觉醒和变迁的教师和学生的故事以引起教师实践的变革，是教育叙事研究对教师专业发展的促进价值。

当然，教育叙事研究也存在一定的局限性，主要表现为以下几点。

（1）容易出现"只叙事无研究"的倾向。有些一线教师把教育叙事研究搞成教育"记叙文"和教育"日志"，故事讲得很好，但对故事的意义和主题挖掘不够，提不出抽象的、有更强解释力的理论，只有叙事，缺乏研究，把教育叙事与教育叙事研究混为一谈。

（2）研究结论常常不清晰、不明确。教育叙事研究是通过讲故事来揭示教育规律的，注重故事情节的真实性与感染力，叙事者的观点往往隐藏在故事背后；读者容易只注意到故事本身，忽视故事蕴含的意义，有时会觉得结论不清晰、不明确。

（3）容易遭受信度和效度的质疑。信度和效度是科学研究中不可缺少的两个相互关联的重要指标。信度是研究结果的一致性与稳定性指标；效度是研究结果归因的正确性指标。批评者认为，教育叙事研究无法检验故事的真实性与客观性，研究的信度与效度不高。当然，也有辩护者声称，教育叙事研究已经超越了一般科学研究的信度、效度和普遍性的意义，具有特殊的价值。

（4）容易产生伦理问题。遵守研究的伦理规范既是科学研究对研究者的要求，也是出于保护研究参与者的需要。教育叙事研究为了增强真实性与可信性，往往详细描述故事发生的时间、地点与人物，有时无意中对相关人员造成了伤害，这是需要避免的。

第二节　教育叙事研究的一般步骤

教育叙事研究是在有"事"的基础上进行"叙事"和"研究"，研究的过程一般包括教育叙事研究的设计、教育叙事研究的实施、教育叙事研究的总结三个环节，每一个环节都有自己独特的操作过程、方法和技术，具体步骤如下。

一、教育叙事研究的设计

教育叙事研究的设计是研究问题与方法的具体化、程序化的过程，包括确定明确的研究问题、选择具体的研究个体、设计恰当的研究工具，最终形成完整的、可行的研究设计方案。

（一）确定研究问题

确定研究问题是进行研究的前提。教育叙事研究的范围很广泛，包括教师的教育观念、日常生活、课堂教学等可能成为研究的问题。教师的叙事研究更注重以"小叙事"来刻画"大生活"，更关注微观层面细小的普通的教育事件，更强调对教育中特殊现象的描述和体察，因而，研究问题须在一开始便确定下来，以便下一步研究的顺利实施。

确定研究问题的过程需要考虑三方面的因素。①研究问题要有意义。"'有意义的问题'起码有两重含义,一是我们研究者对该问题确实不了解,希望通过此项研究获得一个答案;二是该问题涉及的地点、时间、人物和事件在现实生活中确实存在,对被研究者来说具有实际意义,是他们真正关心的问题。"[①]只有当研究者确定了问题后,教育叙事研究才有了适当的边界和适度的研究范围。②所探究的教育现象及内隐的研究问题要有新意。新意既包括这类教育现象或问题至今尚未探究,也包括对别人而言不是新问题,但相对研究者本人而言,这些教育现象或问题仍然存在疑问或对其造成困扰。③具有可行性,即具备主观条件、客观条件和时机条件。主观条件是指研究者要考虑自己的知识储备以及能力是否能够驾驭研究工作,是否了解叙事研究方法,研究过程中能否及时补充所需要的知识等;客观条件是指具备探究这类教育现象或问题的环境;时机条件是指研究者当前及其后一段时间内可以对这类教育现象或问题进行持续探究。

(二)选择研究个体

教育叙事研究属于质的研究,理论上讲,适用于质的研究的抽样方法也适用于教育叙事研究。在质的研究中,可以根据研究需要采用"极端或偏差型个案抽样、强度抽样、最大差异抽样、同质型抽样、典型个案抽样和分层目的型抽样等方法"[②]。教育叙事研究的特点决定了其需要采用综合抽样策略,即以目的型抽样方式为主,兼顾就近和方便性原则,选择能为研究问题提供最大信息量的个体作为研究对象。研究者和研究对象之间的关系也是影响选择研究个体(研究对象)的重要因素。研究者和研究对象保持良好的合作关系是教育叙事研究顺利进行的保证。为了研究者与研究对象能保持良好的互动与合作,研究者需要具备较高的研究素养。首先,研究者要有敏感的心灵,能细致入微地把握研究环境和研究对象,真正理解研究对象,才能赢得研究对象的信任和合作;其次,研究者对研究本身要有足够的热情,真正成为"具有学术热情"的探究者;最后,研究者的研究活动要得到研究对象的认同、理解与合作,双方应有从研究中共同进步的要求。只有这样,叙事才可能获得真实的第一手资料,研究才可能顺利进行。

(三)设计研究工具

设计研究工具是研究顺利实施的基础。教育叙事研究以质的研究为方法论,强调研究者作为一种工具必须介入研究过程之中。质的研究使用得比较多的方法是访谈、观察和实物分析。此外,研究者也可以根据研究对象的特点(特别是那些不善于言谈的人)以及研究的需要,使用一些投射技术(如头脑风暴、看录像后发表评论、词语排序、看图说话、画图表、角色扮演、画问题树等);也可以使用参与式方法,与研究对象一起从事他们正在从事的活动。当质的研究者收集好包括访谈录音、观察日志、图片、影像资料等之后,就需要对资料进行归档、分类、编码、归纳分析,最后以文本的形式加以

---

① 陈向明. 教师如何作质的研究[M]. 北京:教育科学出版社,2001:22-23.
② 陈向明. 质的研究方法与社会科学研究[M]. 北京:教育科学出版社,2000:105-107.

呈现。这就需要研究者根据研究目的，提前做好观察、访谈、问卷、实物收集与分析等研究工具的设计和准备工作。

二、教育叙事研究的实施

教育叙事研究的实施是开展研究的主体环节。在这个环节中，依据研究问题和研究对象，准备研究设计中确定的研究工具和方法，然后进入研究现场，收集故事、构建现场文本。

（一）进入研究现场

研究现场是研究者观察、了解研究对象的真实环境。由于教师的工作、生活环境主要是在校园、教室、课堂，因此，进入研究现场就意味着走进教师活动的时空，与教师一道同呼吸、共生活。没有这样的现场研究，就难以获得"原汁原味"的现场资料，就无法把握教师的行为、教师的观念所赖以产生的深层原因；没有对教师生活的现场观察，就无法理解教师常规做法的动因与背景。因此，研究现场是教师叙事研究获取真实资料的直接来源。

进入研究现场的方式是多种多样的：可以在自然状态下轻松地融入，也可以创设特殊的情境快速地融入；可以直接通过他人的介绍而走进现场，也可以间接地在观察中逐渐走进现场……但是，无论什么方式都必须征得研究对象的同意，得到研究对象的许可，这不仅是研究过程中道德伦理的要求，也是叙事研究需要研究对象多方面合作的要求。

（二）收集故事，构建现场文本

在教育叙事研究中，把"第一手资料"称作"现场文本"更为恰当。现场文本是研究者和研究对象共同创造的代表现场经验的文本。收集和记录故事是构建现场文本的重要工作，也是梳理研究者的纷繁思路、使研究者更加明晰研究的过程，同时也是促进研究逐步走向深入的过程。形成现场文本的方式主要有以下几种。

1. 观察

在叙事研究的过程中，一般采用的是实地参与式观察，研究者与被研究者一起生活、工作，在密切的相互接触和直接体验中倾听和观看他们的言行。"这种观察的情境比较自然，观察者不仅能够对当地的社会文化现象得到比较具体的感性认识，而且可以深入到被观察者文化的内部，了解他们对自己行为意义的解释。"[①]观察可了解局内人的行为规范和意义建构，观察以"谁、什么、何时、何地、如何、为什么"为重要内容。

对叙事研究者来说，观察是在自然状态下进行的，在课堂中、操场上、机房里进行的观察为叙事研究者研究教师提供了来自视、听、嗅、触、味等的五官感觉或眼、耳、

---

① 陈向明. 质的研究方法与社会科学研究[M]. 北京：教育科学出版社，2000：228.

身、脑等多种渠道获得的经验，它是形象的、灵动的、感性的、活泼的，它为关于教师的叙事研究带来了真实感、情境感、现场感、鲜活感，叙事研究也因此有不竭的活力。

2. 访谈

访谈是一种交谈行动，是受访者与访谈者共同建构意义的过程。受访者并不是将已经存在于脑中的记忆如实地呈现，而是用一种他认为访谈者可以理解的、叙说故事的方式，去重构他的经验和历史。受访者与访谈者的先前理解在叙说与问答的过程中得到沟通与反省，共同创建一个彼此都能理解的资料。所以访谈是一个互动的过程，它不是将在访谈之前就已经存在的客观事实挖掘出来，而是不断地在互动过程中创造新的意义。①双方在教室、走廊、办公室、小树林围绕着专门问题进行的访谈，又使研究者在观察中所获得的外部感受得以深化，使外显的行为得到意义解释，使研究由表及里、由外至内，从而将叙事研究推向更深处。同时，通过沟通和交流，融洽了研究者与被研究者彼此之间的关系，形成了较好的现场气氛；通过访谈，研究者走进研究对象的生活世界，与其共享生活经验，获得对研究对象的解释性理解。

观察力求客观，尽量悬置研究者先前已有的主观偏见，避免"先见"或"前设"对研究的干扰；访谈力求开放，使被访者在研究者设计的系列开放性问题中轻松思考并回答问题。观察和访谈主要是获取尽可能多的信息，因而，研究者一方面要具有敏锐的观察力，能够捕捉有意义的事件作为所叙之事；另一方面要具有亲和力，能够较快地为研究对象所接受，使访谈顺利进行。这显然与研究者个人的性格、气质、能力密切相关。

3. 实物收集

实物收集是指搜集与研究问题相关的文字、图片、音像、物品等，分析特定背景下特定文化的产物。实物收集可从如下方面进行：①年鉴和编年史。年鉴是为个体或机构而做的关于重要时间或事件的简略的资料历史，年鉴可以为研究者提供研究事件的历史背景。编年史是年鉴更具主题性的描述。②文献。文献是公共记录且往往代表官方立场，可以帮助研究者了解机构内部的相关情况。研究者在分析这些资料时，需要结合当时当地的情况，不能简单地把文献作为客观事实而全盘接受。③日记、信件、自传和传记。日记是个人内心情感的自然流露，通过对日记内容的分析可以了解研究对象当时看待世界的观念。由于日记撰写者通常是按照时间顺序来记录，所以更便于研究者从中了解某事件的来龙去脉。信件中除了传达写信人当时的真实状态外，还包括写信人与收信人之间的联系，对于想要了解研究对象与有关人员的关系有很大帮助。由于日记和信件涉及个人隐私，要求研究者在使用时遵守研究伦理。自传和传记相比阐释生活经验的日记和信件更为综合，自传或传记的现场文本是对已经存在故事的再阐释。④照片。照片是非常有价值的实物资料，可以为研究提供丰富的信息。照片不仅可以非常清楚地描述场景、人物和事件的具体细节，还可以反映拍摄者当时看待世界的价值观念。照片可以为观点

---

① 胡幼慧. 质性研究——理论方法及本土女性研究实例[M]. 台北：巨流图书公司，1996：39.

和事实进行解释和佐证。⑤其他实物。被赋予特殊意义的实物是人类经验的仓库,它们可以揭示经验的重要性和深度。

三、教育叙事研究的总结

对丰富的现场文本进行细致而深入的分析是教育叙事研究中至关重要的一步,也是解决问题、得出研究结论的关键环节。总结的主要方式包括编码并重新讲述故事、确定个体故事包含的主题或类属、撰写研究文本等。

(一)编码并重新讲述故事

"资料有它自己的生命,只有当我们与它待在一起到一定的时间,与它有足够的互动以后,它才会相信我们,才会向我们展现自己的真实面貌。"[①]资料搜集工作结束后,研究者需要系统分析研究对象故事的现场文本,并重新叙述研究故事,具体过程可分为以下步骤。

(1)编码和转录故事。把搜集到的现场文本的故事由研究者按照故事所包含的基本元素进行编码、转录。研究者首先要根据研究目的和研究问题所包含的基本元素建立一套编码体系。如奥勒莱萨提出的组织故事元素成为问题解决的叙事结构,将故事所包含的基本要素分解为:背景、人物、活动、问题和解答五个方面(表9-1)。[②]

表9-1 组织故事元素成为问题解决的叙事结构

基本要素	背景	人物	活动	问题	解答
具体内容	故事背景、环境、地点条件、时间、地点位置、年代和纪元	故事中描述的个体的原型、个性,他们的行为、风格和做事模式	贯穿在故事中的个体的动作,说明人物的思维或行为	要回答的问题,或者要描述或解释的现象	对问题的回答,对引起人物发生变化的原因的解释

研究者可以参考如上结构分析现场文本故事的基本结构,可以使用字母编码并在现场文本中标记,如背景、人物、活动、问题和解答的语句可以分别用(英语单词的首字母)S、C、A、P和R来进行标注。这些编码过程不一定出现在研究文本重新讲述的故事之中,但这一过程是规范的叙事研究过程中不能缺少的环节,它是评估研究的合理性与准确性的重要依据。编码完成后进入转录环节,它是将故事的基本元素从故事中抽取出来的过程,即将上述标有字母S、C、A、P和R的句子按照顺序转录在一起,这样形成一个反映原始故事精神实质的压缩的精短的"骨架"型故事。

(2)利用故事的基本元素重新书写故事。研究者把已经转录出来的"骨架"型故事,按事件发生时间的顺序(用年代学方法)重新书写成清晰的、包含故事基本元素的一个序列性的文稿,往往以第一人称讲述。如上述编码后重新讲述的故事的序列内容

---

① 陈向明. 教师如何作质的研究[M]. 北京:教育科学出版社,2001:163.
② 傅敏,田慧生. 教育叙事研究:本质、特征与方法[J]. 教育研究,2008,(5):39.

是背景、人物、活动、问题和解答这些基本要素，故事的重新讲述以地点和人物开始，然后是事件。

（二）确定个体故事包含的主题或类属

完成故事的重新讲述后，研究者需要考虑如何处理多个重新讲述的故事之间的关系，其中有三种思路可供选择：①演绎思路。基于某种理论框架将故事分为不同主题或类属，将已有故事对号入座。②归纳思路。根据故事基本元素的特点将故事归类，同一类故事反映、支持共同的主题或类属，这些主题或类属代表着从故事里发展出来的主要思想。③归纳与演绎相结合的思路。主题或类属在先，它们来源于对编码、转录的故事的分析；主题或类属确定之后，可以考虑让某些理论加入，帮助分析主题。叙事研究倾向于后两种思路。这样，多个重新讲述的故事基于上述思路按照主题或类属得以组织，用来支持、理解和解释个体教育生活的经验和意义。

（三）撰写研究文本

研究文本是对前期大量工作进行的总结性归纳，力图在丰富的研究现场中分析出种种关系，诠释隐藏在现象表面背后的教育思想。撰写叙事研究文本是一项复杂而困难的工作。研究文本不是记流水账，必须用明确的主题将复杂、流变的故事统摄在结构之中，挖掘事实背后的深层喻义。为达成升华理念的目的，还要注重细节深描，真实、形象和详尽地叙述。通过哲学、人类学和社会学等层面的分析，透析现实情境中的种种关系，概括出关系所蕴含的信念、规律和方法。

从结果的表现形式来看，叙事研究文本体现为蕴涵细腻情感的叙事风格，既有细致翔实的故事性描述，又有基于事实的深刻分析；既力图创设出一种现场感，把真实的教育生活淋漓尽致地展现出来，又要在众多具体的、偶然多变的现场中透析种种关系，解析现象背后所隐蔽的真实，从而使教育生活故事焕发出理性的光辉和智慧的魅力。

本章小结

教育叙事研究是一种质性研究方法，是教育研究领域对叙事研究方法的一种整体性借用，通过对叙事材料的解构和重构，发现和解释隐藏在其中的意义。教育叙事研究是促进教师理解自身和他人的教育教学行为，从而不断提升个体教育素养的有效工具和手段。本章重点探讨教育叙事研究的含义、类型、特点与价值，以及开展教育叙事研究的一般步骤。

教学建议

将学生按 2～4 人分组，要求每组利用网络搜索下载一篇教师的叙事研究文本，课堂上通过小组研讨、教师点评、师生互动等方式展开学习。

> **练习·思考**

1. 教育叙事研究分为哪几类？其研究价值体现在哪里？
2. 教育叙事研究与文学叙事研究的区别是什么？
3. 实践练习：请选择与你的教育生活密切相关的内容，按照教育叙事研究的基本程序进行研究设计并展开教育叙事研究，形成一份比较完整规范的教育叙事研究报告。

第十章

教育研究资料的整理与分析

学习目标

- 了解教育研究资料整理的概念和意义；
- 理解定量分析中的描述统计与推断统计的方法；
- 了解教育研究的定量分析和定性分析的步骤；
- 掌握运用定量分析与定性分析的方法进行教育研究的能力；
- 能够对研究获得的数据进行分析并得出结论。

知识导图

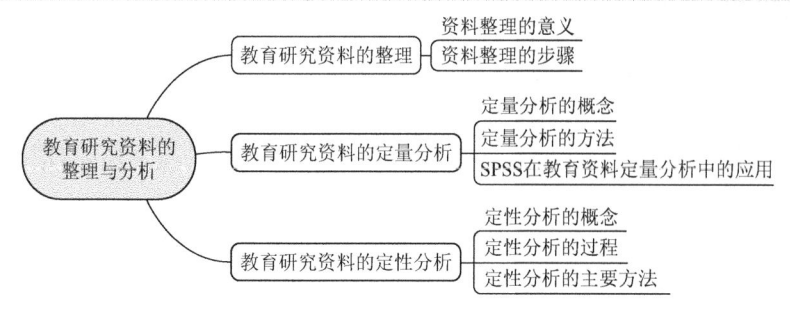

教育研究资料的整理与分析
- 教育研究资料的整理
  - 资料整理的意义
  - 资料整理的步骤
- 教育研究资料的定量分析
  - 定量分析的概念
  - 定量分析的方法
  - SPSS在教育资料定量分析中的应用
- 教育研究资料的定性分析
  - 定性分析的概念
  - 定性分析的过程
  - 定性分析的主要方法

前几章主要介绍了获取教育研究数据资料的方法，获得了这些数据资料以后，就需要对数据资料进行整理与深入分析，从而揭示这些数据资料背后所蕴藏的本质和规律，最终达到解决教育问题的目的。本章将对教育研究资料的整理与分析方法做一简要介绍。

第一节 教育研究资料的整理

教育资料的整理是教育研究过程中的一个重要环节，贯穿整个研究活动的始终。经过实地调查、访谈、文献研究等方法获得大量资料后，就需要对各种资料进行加工与整理，没有经过系统整理的资料，只是一些粗糙的资料，不能有效地说明问题，更不能揭示出资料所蕴含的意义和价值。

一、资料整理的意义

资料整理是指运用科学的方法，将研究所得的原始资料进行检查、审核、分类、简化、汇总，使之以系统化和条理化的方式呈现的过程。资料整理是由资料搜集阶段到资料分析研究阶段的过渡环节。资料整理是对研究资料进行"去伪存真、去粗取精"的一个加工过程，以提高资料的可靠度和研究的正确性，使研究者把握正确的研究方向，产生更优质的研究成果。

资料整理的意义体现在三点：①能够对调查资料进行全面检查。②可以作为进一步分析研究资料的基础。③保存资料的客观要求。

二、资料整理的步骤

资料整理包括审核、分类、汇总三个步骤。

（一）审核

审核就是检查资料是否客观、准确与完整，无论是由观测得到的数据资料，还是文献资料，审核都是十分必要的，其目的是保证资料的客观性、准确性、完整性。在审核时注意遵循以下原则。

（1）真实性。面对繁杂的资料，要辨别资料内容及来源的真实性。

（2）合理性。要核查资料各个指标界定范围、时间是否一致，计算公式是否适当，计算单位是否一致。

（3）准确性。要判断资料中句子的表述、结构的逻辑是否符合精准的表述，资料搜集和计算数据分析是否符合规范要求。

（4）完整性。要考虑取得的研究资料是否全面、完整。比如问卷中的某一选项未填写，要及时找被试核对确认。

（5）统一性。资料的整理对调查指标有统一的解释，如果资料以偏概全，就会造成结果不真实，可能导致错误的研究结论。[1]

（6）科学性。资料必须是真实、有效与可靠的，要具有代表性、典型性，能够反映普遍情况。

审核时，既可以边搜集边审核（叫作实地审核或搜集审核），也可以在搜集资料后集中时间进行审核（叫作集中审核）。实地审核的优点是及时且有效地审核资料，要求

---

[1] 徐红. 教育科学研究方法[M]. 武汉：华中科技大学出版社，2013：309-310.

调查人员须工作细致、工作能力强。在实际的社会调查中，往往既采用实地审核又采用集中审核，将二者有机结合起来使用。[①]

（二）分类

分类是研究者将搜集的资料根据资料的性质、内容或特征，将相同或相近的资料合为一类，将相异的资料区分开来。目的在于描述资料中所呈现现象的特征。

研究者可以从不同的角度对同一种教育现象做出不同的分类，但分类时需要遵循以下原则：①一致性原则，即每次分类只能按照一个标准，不能出现几个标准。②周延性原则，即分类后所得的子项外延之和应与母项的外延相等，不能扩大也不能缩小。③互斥性原则，即分类后的各个子项之间是互斥、不容的，不出现交叉重复。④层次性原则，即分类要按一定的层次逐级进行。

例如，若按学习成绩对学生进行分类，就按成绩这一个标准进行（分类的一致性），90 分以上为"优秀"，80 分以上为"良好"，60 分以上为"及格"，60 分以下为"不及格"（每一个分数都有相应的类别归属，分类的周延性），同时必须明确临界点"90""80""60"属于哪一类，只属于其中的一类（分类的互斥性），既不能遗漏，也不能重复。若把"不及格"再分为"补考"和"重修"两类，可以把 60 分以下再细分，50 分以上的"补考"，50 分以下为"重修"，这是分类的层次性原则。若按学习态度对学生进行分类，可以分为态度"好"与态度"差"两类。不能把成绩和态度两个标准混在一起进行分类，这就是分类的一致性原则。

（三）汇总

根据分类的标志（比如上面所说的学习成绩或学习态度）和数目（各类有多少人），把搜集到的资料进行求和，将其分别归入各类之中，系统、简明地反映总体的数量特征。

1. 汇总的步骤

汇总是一种把分类后的资料通过手工方式或计算机方式进行数字化加工与整合的过程，主要有以下步骤：①编码。编码主要是建立编码类别，类别的名称常用术语或词语表示，所有的编码类别形成编码类目表，以此将资料归类。②登录。将编好码的资料转录到资料卡上。③录入。将登录在资料卡上的数据录入计算机。

2. 统计表

统计表具有条理性强、便于比较资料的特点。它有简单表、分组表、复合表等类型。表的结构包括表号、表名、标目、数字以及表注等几个部分。其中表号就是表的序号，表示表的顺序。表名就是表的标题，写于表的上方，标题用语要简练、扼要，直观清晰呈现表的内容。标目就是数据的分类，要表述出表的内容，有纵标目与横标目。数字是

[①] 风笑天. 社会调查方法[M]. 北京：中国人民大学出版社，2016：141-143.

统计表的语言表征。表注位于表的下侧，对表进行补充说明或解释。[①]在设计统计表时应注意：①表的最上、最下边以粗线绘制，左右侧不画线，一般要求是三线表。②统计表应是长、宽有一定比例的长方形，尽量美观。③统计表中要列出必要的总计数及每一标目下的小计，方便核查。④数据资料要注明计量单位，可在标题或行、列标题的后面备注。

3. 统计图

统计图更为直观、可视化地呈现资料的数据特征的结果。它有直条图、饼图、线图、半对数线图、直方图、散点图、统计地图等类型。通常用横轴表示事物的组别或自变量X，纵坐标常用来表示事物出现的次数或因变量Y，两坐标轴的交点应在原点。

第二节　教育研究资料的定量分析

教育研究中的定量分析是对针对教育现象进行调查和实验所获得的大量数据进行分析，进一步描述一组数据的特征全貌，揭示事物的性质。

一、定量分析的概念

定量分析（quantitative analysis）通过采用一定的数学方法（数理统计分析），对具有数量关系的资料（数字、文字、图形、声音）进行统计、分析和处理，以揭示所研究事物和现象的数量关系，进而确定事物和现象的本质及其发展规律。

二、定量分析的方法

（一）描述统计

描述统计是通过一些概括性量数来反映数据的全貌和特征，主要用于特征分析。主要通过计算集中量数、差异量数、地位量数、相关系数等来描述资料的分布特征，把握数据所内含的关键信息。

1. 集中量数

集中量数就是一组数据的典型水平或代表值，主要有算术平均数、中位数、众数。

（1）算术平均数（mean，M）：当结果为和时，用平均数表示一组数的均值。平均数的优点是反应灵敏、计算简单、较少受抽样变动的影响。缺点是易受极端值和模糊数据的影响。$\bar{X}$（读"Xbar"）可简称为平均数。平均数计算同质的数据，比如考试中用同一试卷的考试。

[①] 徐文彬. 教育统计学：思想、方法与应用[M]. 南京：南京师范大学出版社，2007：21-25.

$$M = \frac{X_1 + X_2 + X_3 + \cdots + X_n}{n}$$

其中，n 表示这组数据的个数，X_1、X_2、$X_3 \cdots X_n$ 表示这组数据的具体数值。

当一组数为 2、4、5、7、8，其平均数 $\bar{X} = 5.2$

（2）中位数（median，M_d）：将数据按大小顺序排序，位于中点的那个数或两个中间数的平均数。中位数的优点是计算简单、容易理解。缺点是大小不受制于全体数据，反应不灵敏，受抽样的影响。例如：

2、3、4、5、6   中位数是 4

2、3、4、5   中位数是 (3+4)/2 = 3.5

（3）众数（mode，M_o）：指的是出现次数最多的值，因而能够代表一组数据的集中趋势。众数的优点是简单明了、容易理解。缺点是受分组和样本变动的影响。如 13、15、13、21、25、21、13，其中 13 出现了 3 次，出现次数最多的就是众数。可用众数表示典型的情况。

关于平均数、中位数、众数的关系，在一个正态分布中，三者相等，所以在数轴上三个集中量数完全相等。在正偏态分布中，$M > M_d > M_o$；在负偏态分布中，三者的顺序相反。集中量数是对各个总体（或样本）进行比较，利用集中量数分析现象之间的依存关系。比如学习成绩与学习方法的关系，这种关系从个别学生的成绩不容易发现，根据全班学生的平均成绩就可以做出比较可靠的评价。

2. 差异量数

差异量数是表示一组数据的差异情况或离散情况的统计量数，它反映数据分布的集中趋势和离中趋势。差异量越大表示数据分布范围越广，越不整齐；差异量越小表示数据分布得越集中，变动范围越小。常用的差异量数包括全距、方差、标准差、差异系数等。

（1）全距（R）：一组数据中最大值与最小值的差，又叫极差。全距大说明这组数据的差异大，全距小说明差异小。当一组数中，最大值为 99，最小值为 45，$R = 99-45 = 54$。

（2）方差（σ^2）：是表示一组数据离散程度的统计指标。作为样本统计量，用符号 s^2 表示，若为总体参数用 σ^2 表示，若 X_1、X_2、$X_3 \cdots X_n$ 的平均数为 $\bar{X}$，则方差公式可表示为

$$s^2 = \frac{(X_1 - \bar{X})^2 + (X_2 - \bar{X})^2 + (X_3 - \bar{X})^2 + \cdots + (X_n - \bar{X})^2}{n}$$

（3）标准差（σ）：标准差是方差的算术平方根。一般样本的标准差用 s 或 SD 表示，总体的标准差用 σ 表示。标准差和方差是描述数据离散程度的最常用的差异量，表示数据离散程度的最好指标。计算标准差的公式为

$$s = \sqrt{s^2} = \sqrt{\frac{\sum X^2}{N}}$$

（4）差异系数（CV）：就是以标准差除以平均数再乘以 100%，化成百分比的形式。

它是没有单位的相对数，能够比较不同单位的差异大小。差异系数越大，表明数据的离散程度越大；差异系数越小，表明离散程度越小。最常用的差异系数是由皮尔逊所提出的。[①]其计算公式为

$$CV = \frac{s}{\overline{X}} \times 100\%$$

3. 地位量数

常用的地位量数有百分等级和标准分数等。百分等级指在一个按大小顺序排列的数列中，低于某分数的次数与总次数的百分比，即为该分数的百分等级，用 PR 表示。标准分数（Z）是相对位置量数，它以标准差为单位，表示一个分数在一组分数中所处的位置。公式表示为

$$Z = \frac{X - \overline{X}}{s}$$

其中，Z 为标准分数，X 为某一具体分数，$\overline{X}$ 为平均数，s 为标准差。

例如，高考考试中，A 与 B 两位同学的成绩如下（表 10-1），其中平均分和标准差是指参加高考理科同一科目考试所有学生的平均分和标准差。

表 10-1　高考语、数、英、理综测试成绩比较表

考试科目	原始成绩 X		平均分 $\overline{X}$	标准差 s	标准分数 Z	
	A	B			A	B
语文	85	89	70	10	1.50	1.90
数学	70	62	65	5	1.00	−0.60
英语	68	72	69	8	−0.12	0.37
理综	206	208	203	6	0.50	0.83
Σ	429	431			2.88	2.50

通过表 10-1 可知，如果按总分计算应该录取 B 考生，如果按标准分数录取应该录取 A 生。为何出现如此情况呢？因为各门考试的难易程度不一样，成绩分散程度也不一样，成绩是不等价的，此时我们应该用标准分数 Z 来比较更为科学。

4. 相关系数

相关系数（r）是用来描述两个变量相互之间的变化方向及密切程度的数字特征量，并不能直接揭示两者之间的内在本质联系。相关系数的数值范围在 −1≤r≤1，符号为正即表示正相关，符号为负表示负相关，|r|在 0.7 以上为高度相关，在 0.3～0.7 为中度相关，0.3 以下为低度相关。相关系数的值不是由相等单位度量而来的（即不等距），因此不能进行四则运算。它包括以下分类。

（1）积差相关。当两个变量都是正态连续变量，而且两者之间呈线性关系时，表示

---

① 车文博. 心理咨询大百科全书[M]. 杭州：浙江科学技术出版社，2001：105.

两个变量之间的相关被称为积差相关。例如，初中升高中入学考试，生物成绩和化学成绩均以百分制表示，两者分别呈正态分布，它们之间呈线性关系，这时可用积差相关表示它们之间的变化。

（2）等级相关。指以等级次序排列和等级次序表示的变量之间的相关。主要包括：斯皮尔曼等级相关和肯德尔和谐系数。斯皮尔曼等级相关是当两个变量以等级次序排列或以等级次序表示时，两个相应总体并不一定呈正态分布，样本容量也不一定大于30，表示这两个变量之间的相关。肯德尔和谐系数是当多个变量值以等级次序排列或以等级次序表示时，描述这几个变量之间的一致性程度的量。肯德尔和谐系数的应用就是让 K 个被试对 X 个事物或作品进行评级，评价标准可以是好坏或者 1 到 X 中的一个数字，这样就可以得到 K 列的等级变量资料。

（3）质与量的相关。是指一个变量为质，另一个变量为量，这两个变量之间的相关。例如，智商、学科分数、身高、体重等是表现为量的变量，男与女、优与劣、及格与不及格等是表现为质的变量。质与量的相关主要有二列相关、点二列相关、多系列相关。①二列相关。当两个变量都是正态连续变量，其中一个变量被划分为二分变量（如按一定标准将属于正态连续变量的学科考试分数划分为及格与不及格），表示这两个变量之间的相关成为二列相关。二列相关的使用条件是两个变量都为连续变量，总体呈正态分布或接近于正态分布，且为线性关系，样本容量应大于80。②点二列相关。当两个变量其中一个是正态连续变量，另一个是真正的二分名义变量（男与女），这时这两个变量之间的相关被称为点二列相关。③多系列相关。当两个变量都是正态连续变量，其中一个变量按不同质被人为地划分为多种类别（两个以上）的正态名义变量，表示正态连续变量与多类正态名义变量之间的相关，成为多系列相关。例如学生的智商与学习努力程度之间的关系，智商与学习努力程度是正态连续变量，但学习努力程度被人为地划分为"努力""中等""不努力"三种类别，它们的相关被称为三系列相关。

（二）推断统计

推断统计（statistical inference）是根据样本的数据来推断总体的特征，即在无法直接估计总体参数的情况下，只能采用抽样方式对样本进行研究，并由样本统计量对事物的总体做出统计的推论和估计。推断统计有概率及应用、参数估计与假设检验、回归分析、因素分析等。

1. 概率及应用

1) 概率的含义

平常的掷硬币、抛骰子都是一些随机现象，出现的结果也是随机的，在教育研究中，大部分现象也属于随机现象。随机是指在一定条件下可能出现也可能不出现，随机现象出现可能性大小的客观指标就是概率，概率用 P 表示。[1]概率有先验概率、后验概率和

---

[1] 张厚粲，徐建平. 现代心理与教育统计学[M]. 北京：北京师范大学出版社，2015：155-191.

主观概率。概率可做代数运算，运用概率的加法原则和乘法原则，可以帮助人们用简单概率获得复杂事件的概率。

2）概率的应用

概率分布是随机变量所有可能的取值及其相应的概率。随机变量的概率分布可分为离散型和连续型两类。概率分布描述了随机变量的整体规律性，即随机变量在每个取值或某一区间的平均水平。

正态分布是统计学中的连续性分布。标准正态曲线的基本形态为中间高、两边低，左右形成对称的钟形。正态分布 N（0，1）被称为标准正态分布，它的平均值是 0，标准差是 1。任何其他正态分布经过标准化处理转变为标准正态分布之后，可查正态分布表求得随机变量取值范围的概率。使用正态分布理论可以解决测验中许多实际问题。

二项分布是指试验仅有两种不同性质结果的概率分布，它是非常重要的一种离散型分布。二项分布只有在样本数量很少时使用才比较方便。在教育研究中，它主要用于解决像猜测等含有机遇性质的问题。

2. 参数估计

参数估计是由选择样本的数字特征推测总体数字特征的方法，包括点估计和区间估计。

（1）点估计。用某一样本统计量的值来估计相应总体参数的值，叫总体参数的点估计。例如，从某县初二联考语文成绩中，随机抽取 600 个考分，算出平均分是 73 分，则这 73 分就是全县考生语文总体平均分数的估计值。使用这种方法时需要注意，估计量必须具备无偏性、一致性、有效性和充分性等条件。点估计是以误差的存在为前提，但又不能提供正确估计的概率。

（2）区间估计。用数轴上的一段距离表示未知数可能落入的范围，虽不能代表总体参数，但能指出总体的未知参数落入某一区间的概率有多大。也就是说，以样本统计量的抽样分布（概率分布）为理论依据，按一定概率的要求，由样本统计量的值估计总体参数值的所在范围，被称为总体参数的区间估计。对总体参数值进行区间估计，就是要在一定可靠度上求出总体参数的置信区间的上下限。要确定在多大的可靠度上对总体参数作估计，再通过某种理论概率分布表，找出与某种可靠度相对应的该分布横轴上记分的临界值，才能计算出总体参数的置信区间的上下限。显著性水平（significance level），是做出某种正确推断的可能性（概率）。对总体平均数进行区间估计时，置信概率表示做出正确推断的可能性，但这种估计还是会有犯错误的可能。显著性水平就是指估计总体参数落在某一区间时，可能犯错误的概率，用符号 α 表示，$P = 1 - \alpha$。

3. 假设检验

（1）假设检验的概念。假设检验是通过检验样本的差异推测总体参数之间是否存在差异的一种方法。其过程为先建立零假设 H_0，如果 H_0 成立会产生什么结果。经过量化分析，出现不合理的数据情况，就应该否定原假设；如果没有出现不合理数据解释，就不能否定原假设。这里的不合理情况就是小概率情况，一般是将概率小于或等于 α 的事件称为小概率事件，一般定义 $\alpha = 0.05$ 或 $\alpha = 0.01$，在检验中，零假设是否成立与 α 的大小相关。

（2）假设检验的步骤。一个完整的假设检验有五个步骤。

第一步：建立零假设 H_0 和备择假设 H_1。假设形式 H_0：$\mu_1 = \mu_0$，H_1：$\mu_1 \neq \mu_0$。

第二步：选择适当的统计检验量。在零假设的情况下，根据不同的问题选择不同的检验方法和统计检验量。

第三步：规定显著性水平。规定显著性水平（$\alpha = 0.05$ 或 $\alpha = 0.01$），根据显著性水平，查有关统计量的分布表，得到临界值。

第四步：计算检验统计量的值。根据样本资料计算出检验统计量的值。

第五步：做出决策。比较统计量的具体值与临界值，得出结论，做出接受零假设和拒绝零假设的决策。

在许多研究中要比较两种教学方法的效果，先提出一个假设，进而抽取样本，用其统计量进行检验，然后验证这一假设是否成立。通常根据总体是否服从正态分布，将其分为参数检验和非参数检验。

4. 定量分析的方法

在定量分析中，主要有以下几种方法。

（1）t 检验。t 检验一般用于总体呈正态分布，总体标准差未知或样本容量小于30的平均数的显著性检验。独立小样本进行 t 检验之前，必须用方差齐性检验（F 检验）来考察两个总体方差是否相等。t 检验有以下类型：①单样本 t 检验，把一个样本均值和已知或估计的总体均值进行比较。②独立样本 t 检验，对两个独立样本的均值进行比较。③配对样本 t 检验，对相关的两个样本的均值进行比较。两个样本可以是不同时间进行，或者是两个有联系的被试分别测试的结果。

（2）方差分析。方差分析是处理两个以上平均数之间差异检验的方法。根据研究因素的多少，可以分为单因素方差分析（ANOVA）、双因素方差分析、多因素方差分析、重复测量方差分析。单因素方差分析有组间设计与组内设计，前者是把被试分为几组，每一组接受一种水平测试；后者是每个区组都要接受自变量水平的实验处理，每个组接受所有的测试。

（3）卡方检验（χ^2）。卡方检验就是统计样本的实际观测值与理论推断值之间的偏离程度，实际观测值与理论推断值之间的偏离程度就决定卡方值的大小，如果卡方值越大，二者偏差程度越大；反之，二者偏差越小；若两个值完全相等时，卡方值就为0，表明理论值完全符合实际观测值。[1]对于检验两组或两组以上的计数资料（如百分比、次数）的差异性，t 检验和 Z 检验无法解决，必须借助于卡方检验。卡方检验包括配合度检验、独立性检验和同质性检验。配合度检验是检验一个因素多项分类的实际观察数与理论次数是否接近。独立性检验是检验两个或两个以上因素各种分类之间是否有关联或者是否具有独立性的问题。同质性检验是检验不同人群总体的某一变量的反应是否具有显著性差异。

---

[1] 郑启学. 教育研究方法[M]. 长春：吉林人民出版社，2019：126-128.

（4）相关分析。相关分析是研究两个或两组以上变量的相关关系的统计方法，其特点是变量不分主次，处于同等地位。常用的相关分析包括线性相关分析与偏相关分析，线性相关分析公式为 $Y=bX+a$，当一变量 X 取某值时，另一变量 Y 依据一定的函数只能取固定的值；偏相关分析描述的是当控制了一个或几个其他变量的影响的条件下两个变量间的相关性。相关分析具有预测作用，在教育许多方面得到应用，比如根据智力预测学习成绩。皮尔逊积差相关主要分析两个等距变量；斯皮尔曼等级相关主要分析两个等级变量；点二列相关分析一个是等距变量，另外一个是二分变量；二列相关分析中一个变量是等距变量，另一个变量是连续分布的二分变量；列相关分析的两个变量都是定名变量。

（5）回归分析。回归分析是研究一个或多个自变量与一个因变量之间是否存在某种线性关系的方法。一般分为一元线性回归和多元线性回归两种。若只包括一个自变量和一个因变量，且二者是线性关系，则被称为一元线性回归，方程是 $\hat{Y}=bX+a$。一元线性回归是已知 X 为某值时，预测和估计因变量 Y，它包括点预测和区间预测。多元线性回归是有两个或两个以上自变量的回归分析，也称多重线性回归。多元线性回归模型为 $Y=b_0+b_1X_1+b_2X_2+\cdots+b_iX_i$，其中，$b_0$ 为常数项，b_i 为偏回归系数，说明的是当除某个自变量 X_i 以外的其他自变量对因变量 Y 的影响固定时，由 X_i 变化而引起 Y 变化的比率。回归分析的主要目的是建立一种线性模型，通过这种模型进行分析和预测。

（6）因素分析。因素分析是当描述事物性质的变量比较多时，需要从中提取较少的几个主要的一般因素，并对一般因素作合理的解释。因素分析的方法有探索性因素分析和验证性因素分析两种。因素分析的条件：①因素均为连续变量，抽样为随机抽样；②样本规模应不小于 100，最好大于 300；③变量间相关系数的绝对值需不低于 0.3，但也不宜过高。因素分析的主要流程：①变量标准化、计算相关矩阵，分析相关性高低并以此分组；②因素抽取，求出公共因素和因素负荷矩阵；③确定公因素数，旋转矩阵；④因素计分，最后进一步分析因素。

三、SPSS 在教育资料定量分析中的应用

统计产品与服务解决方案（SPSS）是 IBM 公司推出的一系列用于统计学分析运算、数据挖掘与预测分析的软件，其主要功能包括数据管理、统计分析和图表分析等。由于 SPSS 功能强大且操作简单，广泛用于教育、心理、医学、市场、人口、保险等研究领域，提升了数据统计和科研工作效率。自 20 世纪 60 年代 SPSS 诞生以来，为适应各种操作系统平台的要求经历了多次版本更新，各种版本的 SPSS 大同小异，目前 SPSS 具备开源可扩展性，并能够无缝部署到应用程序中。

（一）SPSS 中数据的整理与转换方法

1. SPSS 数据的整理

（1）SPSS 数据的整理。SPSS 数据文件是一种结构性数据文件，由数据的结构和数

据的内容两部分构成，也可以说由变量和观测两部分构成。定义一个变量至少要定义它的两个属性，即变量名和变量类型。在 SPSS 数据编辑窗口中单击【变量视图】选项，进入变量视窗界面。如点击变量对应的列，即可对变量的各个属性进行设置。

定义变量。输入数据前要定义变量，变量视窗包括名称、类型、宽度、小数、标签、值、缺失、列、对齐和度量标准、角色 11 项（图 10-1）。

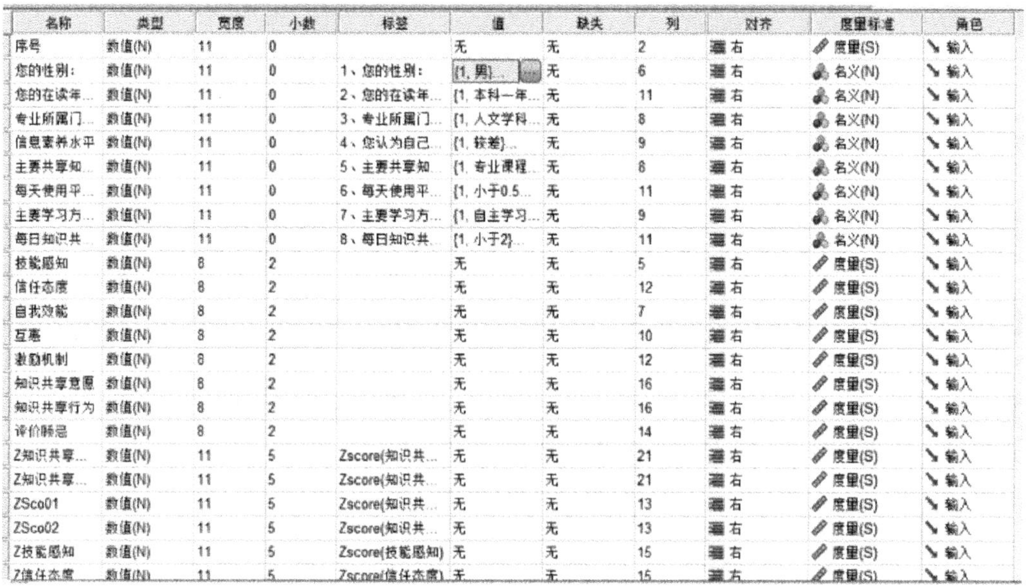

名称	类型	宽度	小数	标签	值	缺失	列	对齐	度量标准	角色
序号	数值(N)	11	0		无	无	2	右	度量(S)	输入
您的性别：	数值(N)	11	0	1、您的性别：	{1, 男}...	无	6	右	名义(N)	输入
您的在读年...	数值(N)	11	0	2、您的在读年...	{1, 本科一年...	无	11	右	名义(N)	输入
专业所属门...	数值(N)	11	0	3、专业所属门...	{1, 人文学科...	无	8	右	名义(N)	输入
信息素养水平	数值(N)	11	0	4、您认为自己...	{1, 较差}...	无	9	右	名义(N)	输入
主要共享知...	数值(N)	11	0	5、主要共享知...	{1, 专业课程...	无	8	右	名义(N)	输入
每天使用平...	数值(N)	11	0	6、每天使用平...	{1, 小于0.5...	无	11	右	名义(N)	输入
主要学习方...	数值(N)	11	0	7、主要学习方...	{1, 自主学习...	无	9	右	名义(N)	输入
每日知识共...	数值(N)	11	0	8、每日知识共...	{1, 小于2}...	无	11	右	名义(N)	输入
技能感知	数值(N)	8	2		无	无	5	右	度量(S)	输入
信任态度	数值(N)	8	2		无	无	12	右	度量(S)	输入
自我效能	数值(N)	8	2		无	无	7	右	度量(S)	输入
互惠	数值(N)	8	2		无	无	10	右	度量(S)	输入
激励机制	数值(N)	8	2		无	无	12	右	度量(S)	输入
知识共享意愿	数值(N)	8	2		无	无	16	右	度量(S)	输入
知识共享行为	数值(N)	8	2		无	无	16	右	度量(S)	输入
评价顾忌	数值(N)	8	2		无	无	14	右	度量(S)	输入
Z知识共享...	数值(N)	11	5	Zscore(知识共...	无	无	21	右	度量(S)	输入
Z知识共享...	数值(N)	11	5	Zscore(知识共...	无	无	21	右	度量(S)	输入
ZSco01	数值(N)	11	5	Zscore(知识共...	无	无	13	右	度量(S)	输入
ZSco02	数值(N)	11	5	Zscore(知识共...	无	无	13	右	度量(S)	输入
Z技能感知	数值(N)	11	5	Zscore(技能感知)	无	无	15	右	度量(S)	输入
Z信任态度	数值(N)	11	5	Zscore(信任态度)	无	无	15	右	度量(S)	输入

图 10-1　定义变量视图

变量类型一般为数值型。单击数值型变量后，弹出变量类型对话框，从该对话框中选择其他的变量类型。基本变量类型有数值、逗号、点、科学计数法、日期、美元、设定货币、字符串等（图 10-2）。在值标签，可以为学生性别“男”“女”分别赋值为“1”“2”，转换成数据语言（图 10-3）。

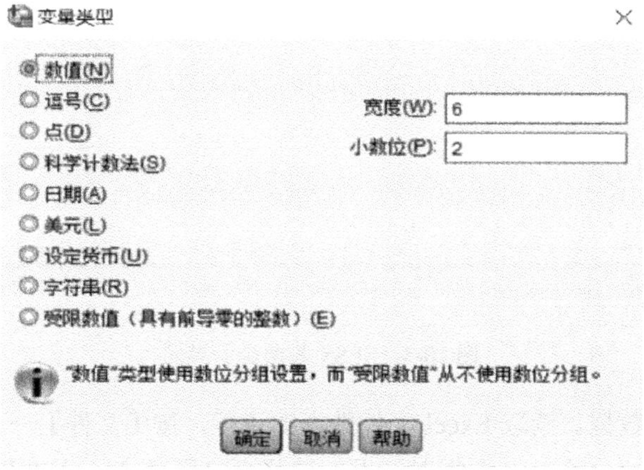

图 10-2　变量类型对话框

图 10-3　值标签设置

（2）数据文件的创建。在 SPSS 中，依次通过选择菜单栏的【文件】→【新建】→【数据】选项，新建一个数据文件，进入数据编辑窗口。窗口顶部标题为"IBM SPSS Statistics 数据编辑器"。单击左下角【变量视图】选项进入变量视图界面（图 10-4），根据要求设计定义每个变量类型。变量定义完成以后，单击【数据视图】选项进入数据视窗界面，将每个具体的变量值录入数据库单元格内。

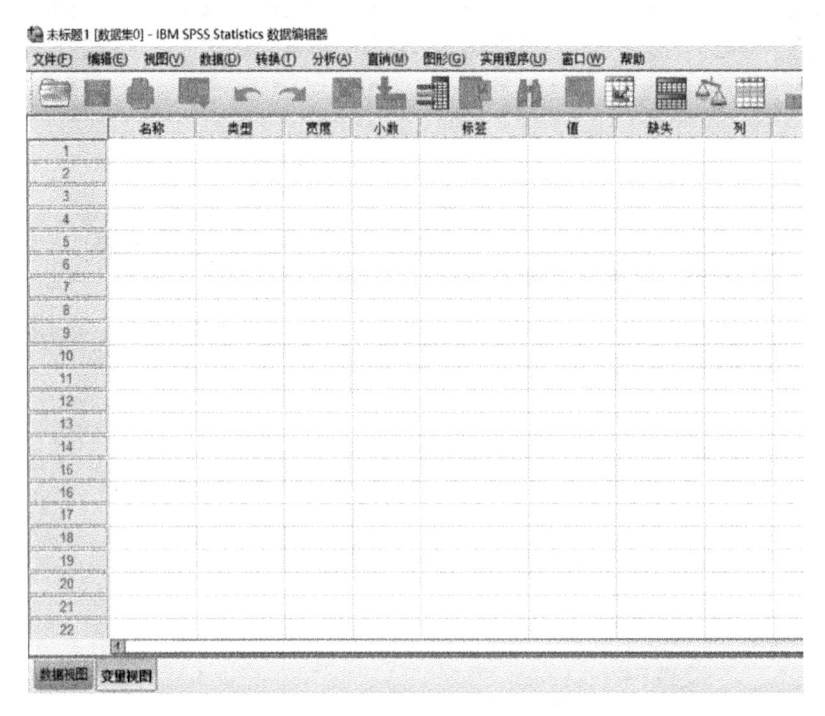

图 10-4　SPSS 数据显示界面

（3）读取外部数据。读取 Excel 文件数据的步骤，按【文件】→【打开】→【数据】的顺序，使用菜单栏命令打开数据对话框，选择要打开的 Excel 文件（图 10-5），点击确定。

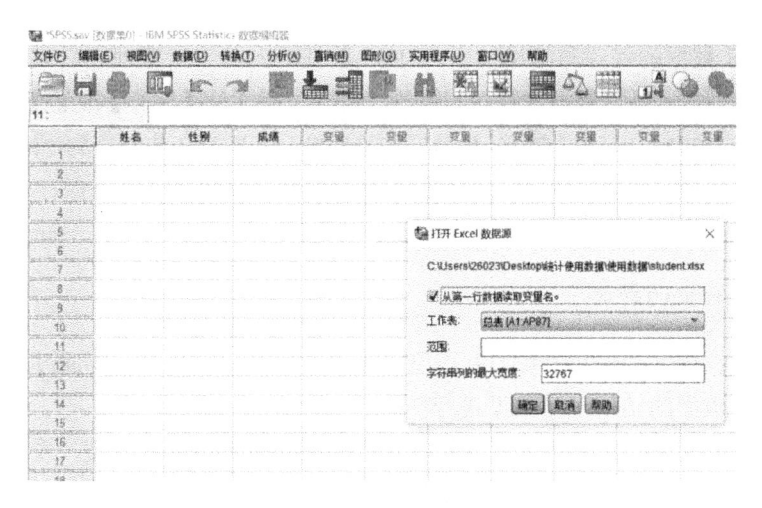

图 10-5　导入 Excel 文件

读取已经处理好的 studentks.sav 文件，步骤是点击【文件】→【打开】→【数据】的顺序，使用菜单栏命令打开数据对话框，导入 studentks.sav 文件，选择要打开的文件（图 10-6），点击打开，打开后如图 10-7 所示。

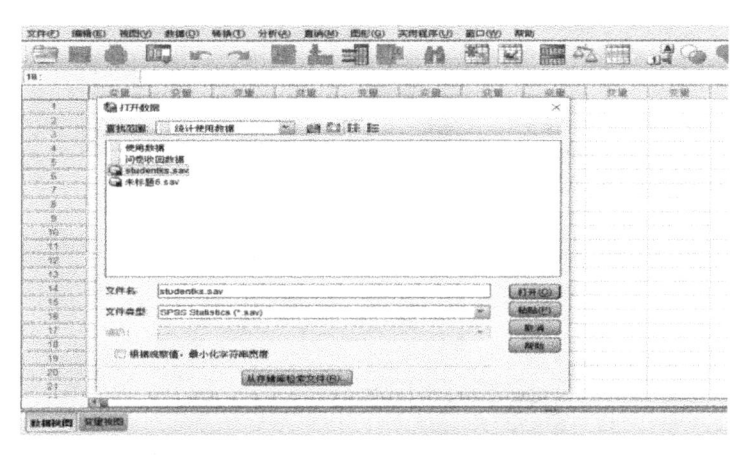

图 10-6　导入 studentks.sav 文件

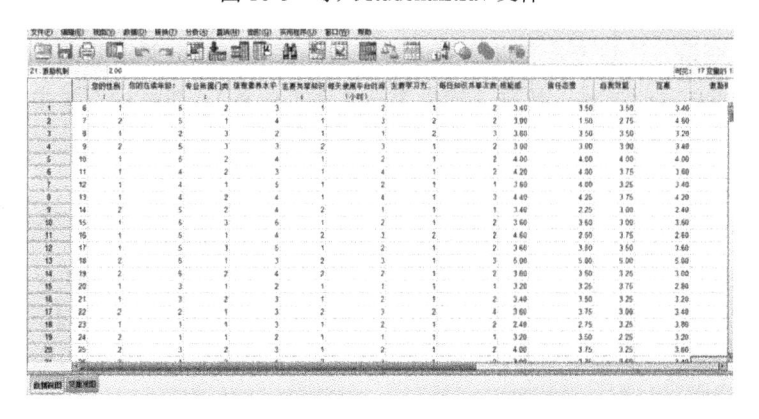

图 10-7　导入 studentks.sav 文件后显示的界面

（4）SPSS 数据的保存与结果输出。SPSS 数据录入并编辑整理完成以后，应及时保存，以防数据丢失。保存数据文件可以通过点击【文件】→【保存】或者【文件】→【另存为】的方式来执行。在数据保存对话框中，SPSS 保存的文件类型为 sav 格式。SPSS 可以对结果输出的文件进行保存，其结果可以是表格和图形的形式，保存的类型为 spv。其他还可以保存为 htm、jpg、tif、bmp、png 等。

2. SPSS 数据的转换

在原始数据录入完成后，我们并不能直接对数据做分析处理，要通过检查数据的基本特征，了解数据的结构，对数据进行转换。

（1）替换缺失值。替换缺失值就是对获得的数据中出现的缺失值，采用统计学的方法处理。打开 data01.sav 文件，点击【分析】→【描述统计】检查是否有缺失值，然后选择【转换】→【替换缺失值】，把英语分数变量移至新变量，方法选用连续平均值，连续平均值就是整个变量的均值，以此平均值补充数据的缺失（图 10-8）。

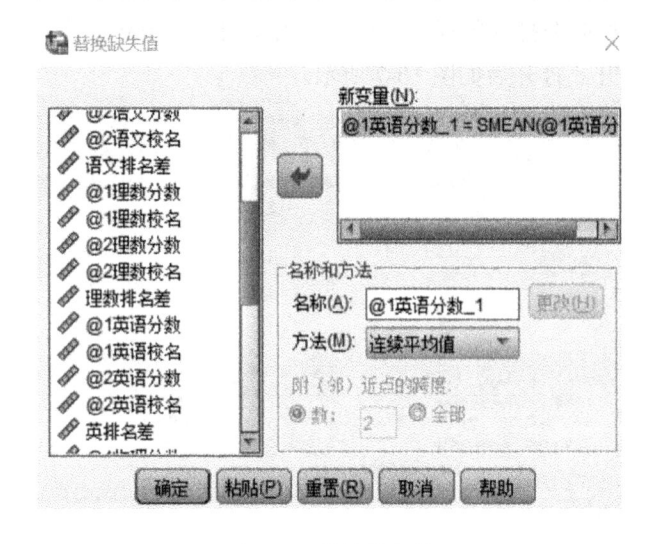

图 10-8　替换缺失值

（2）计算变量。计算变量帮助研究者进行各种逻辑运算，便于四则运算后的新变量运用。打开 data01.sav 文件，选择【转换】→【计算变量】，在目标变量中输入名称，将需要转换的变量放入数字表达式，函数组选择转换（图 10-9），点击确定，就在表中出现结果。

（3）重新编码为相同变量。对学生每天知识共享的次数进行分类，之前每天共享次数有 1、2、3、4 四个选项，若要把 1 和 2 改为 1，代表较少，3 和 4 改为 2，代表较多。打开 studentks.sav 文件，选择【转换】→【重新编码到相同的变量中】，把每日知识共享次数变量移至数字变量（图 10-10），点击【旧值和新值】选项，然后分别把需要替换的数值填入（图 10-11），点击添加，然后点击确定完成操作。

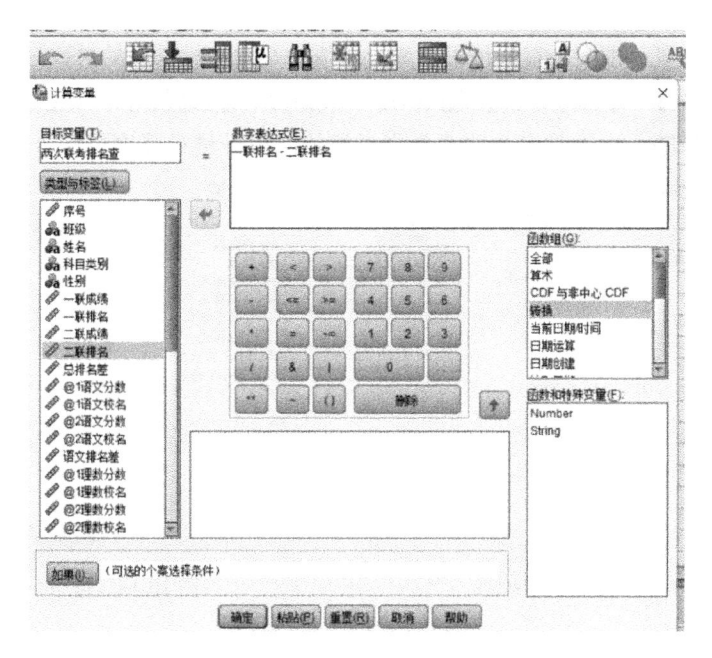

图 10-9　计算变量设置

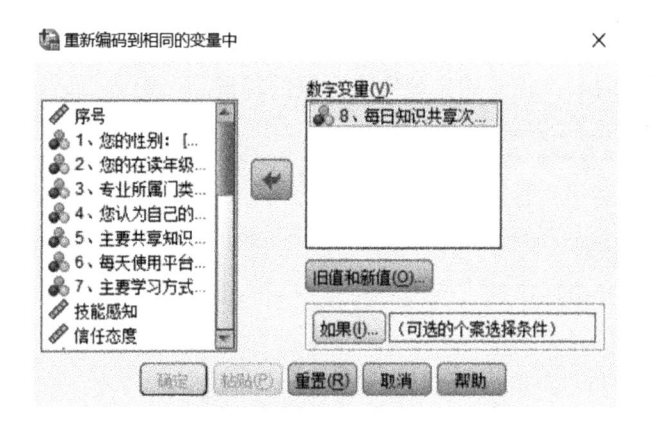

图 10-10　重新编码到相同的变量

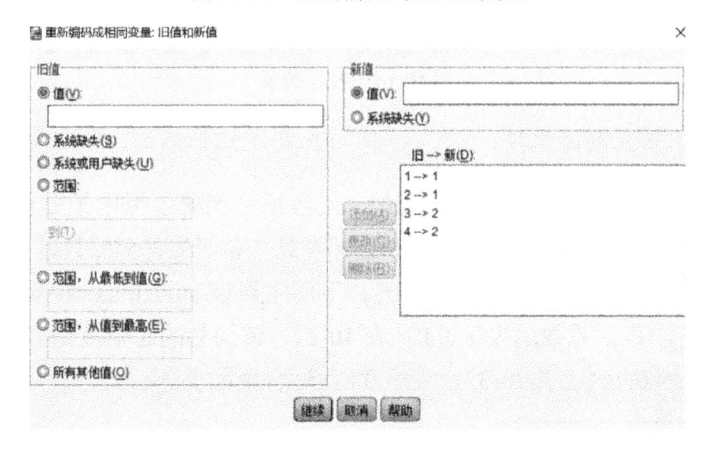

图 10-11　值替换

（4）排序个案。排序个案就是根据变量取值对个案进行排序的过程。打开 data01.sav 文件，选择【数据】→【排序个案】（图 10-12），将总排名差放置到排序依据框里（图 10-13），排列顺序选择降序，点击确定，就对学生学习位次提升进行降序排序。

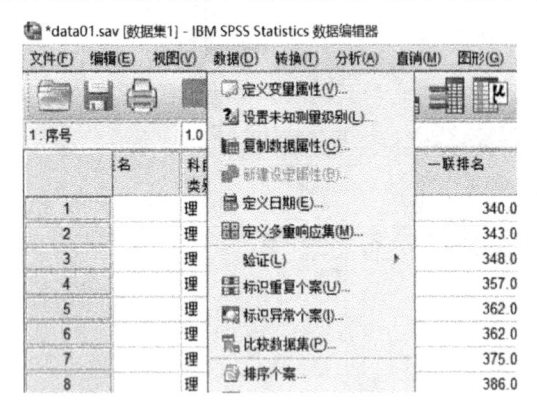

图 10-12　排序个案界面　　　　　　图 10-13　排序个案设置

（5）数据转置。经典 SPSS 数据是一行代表一条记录，一列代表一个变量。如果 5 位评委专家对 A 到 G 7 位学生面试评分，要把每位专家的评分作为变量，就需要对数据转置。打开 data03.sav 文件，选择【数据】→【转置】，将 A 到 G 移至变量，将专家 id 移至名称变量（图 10-14），点击确定就完成数据的转置。

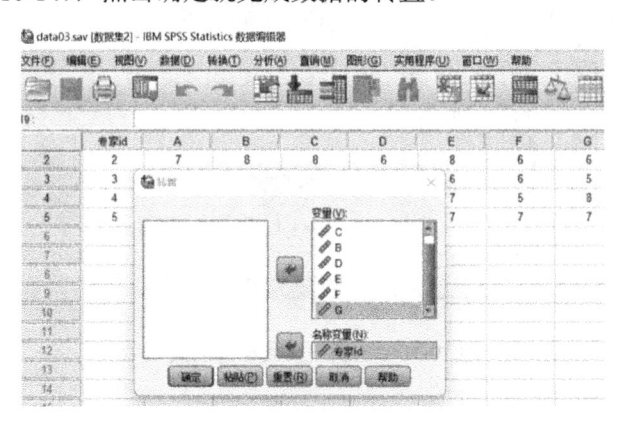

图 10-14　数据转置

（二）SPSS 案例操作方法

本章主要采用 3 个数据文件：①data01.sav 数据是调研使用电子书包促进学困生学习位次提升的研究。②data03.sav 数据是 5 位评委对 7 位学生评分的数据。③studentks.sav 数据是调研高校学生网络知识共享的研究。下面主要以 studentks.sav 数据为例，SPSS 21.0 为分析工具，其 α 系数均大于 0.8（表 10-2），该问卷的总信度是 0.953，问卷效度的检验 KMO 值为 0.944（表 10-3），大于 0.8，适合做因子分析。[①]

---

① 陈文峰. 网络学习空间学生知识共享影响因素研究——以台湾 i-learning 平台为例[D]. 开封：河南大学硕士学位论文，2017：39-50.

表 10-2　信度检验

维度	信度分析		
	样本量（N）	项数	α 系数
技术感知	372	5	0.832
信任	372	4	0.856
自我效能	372	4	0.893
评价顾忌	372	4	0.861
互惠	372	5	0.840
激励机制	372	4	0.850
知识共享意愿	372	4	0.903
知识共享行为	372	4	0.892
总体	372	34	0.953

表 10-3　效度检验

取样足够度的 Kaiser-Meyer-Olkin 度量	Bartlett 的球形检验		
	近似卡方	df	p
0.944	8.946	561	0.000

1. 描述频数分析

在 SPSS 中的频数分析步骤是选择菜单栏中的【文件】→【打开】→【数据】，在对话框中找到需要分析的数据文件 "studentks.sav"，然后选择【打开】。选择菜单栏的【分析】→【描述统计】→【频率】。将"专业所属门类"选中并移动到变量方框内，点击右侧【统计量】选择【四分位数】、【均值】、【中位数】、【众数】、【标准差】、【最小值】、【方差】（图 10-15）。

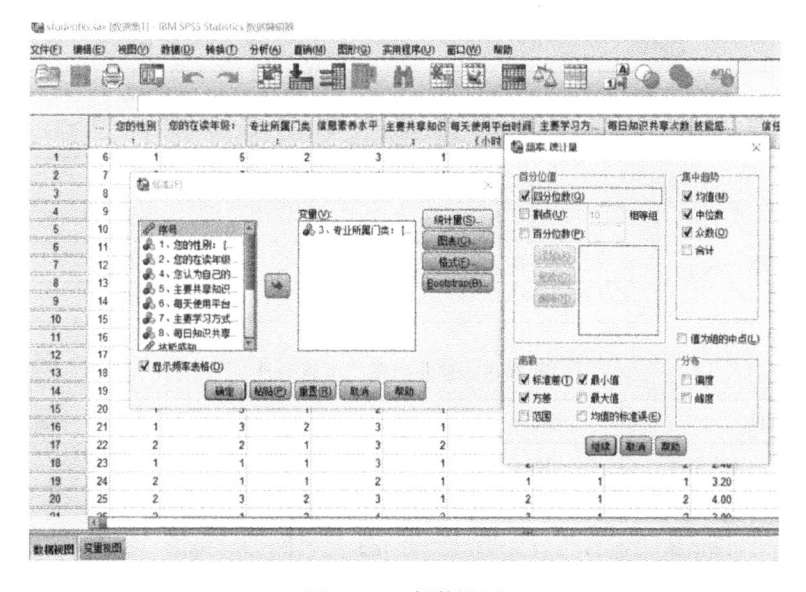

图 10-15　频数设置

在【图表】中点击条形图（图10-16），就得出标准差、方差（表10-4），频数、百分比、有效百分比（表10-5），条形图（图10-17）等信息。

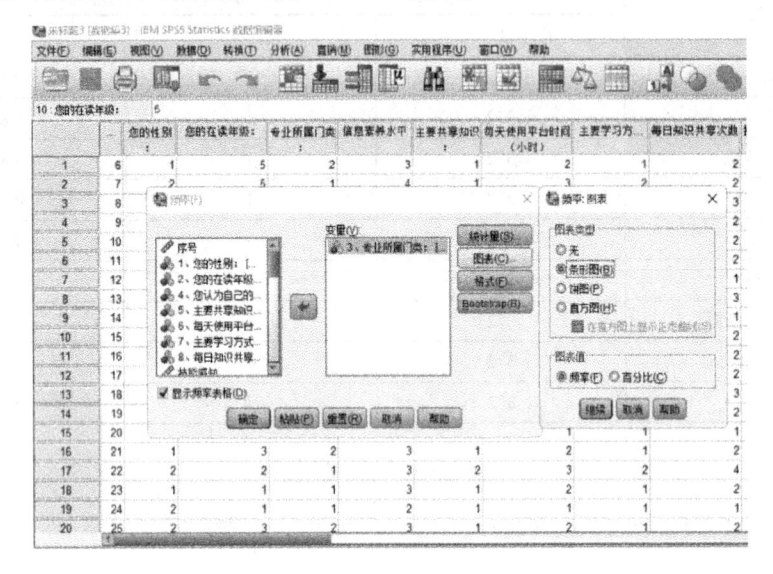

图10-16 条形图设置

表10-4 专业所属门类统计量

项目		数值
样本量	有效	372
	缺失	0
均值		1.76
中值		2.00
众数		2
标准差		0.716
方差		0.513
极小值		1
极大值		3
百分位数	25	1.00
	50	2.00
	75	2.00

表10-5 专业所属门类百分比

项目		频数/个	百分比/%	有效百分比/%	累积百分比/%
有效	人文学科	151	40.6	40.6	40.6
	社会学科	160	43.0	43.0	83.6
	自然学科	61	16.4	16.4	100.0
	合计	372	100.0	100.0	

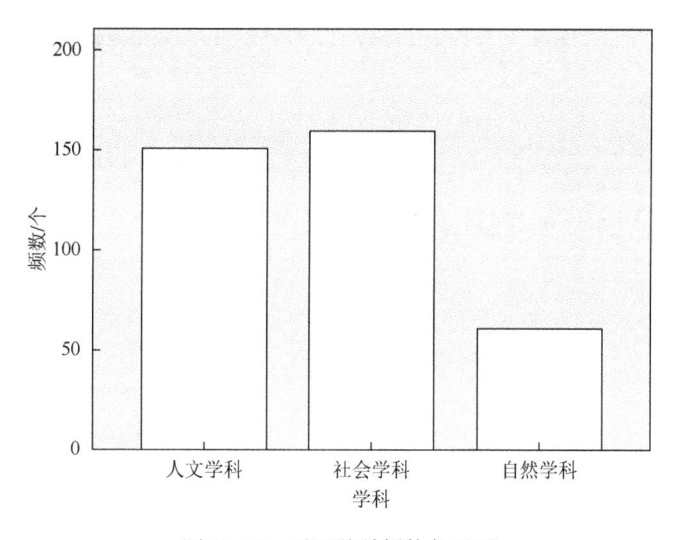

图 10-17　不同学科频数条形图

2. 描述分析

在 SPSS 分析中的描述统计实现步骤是选择菜单栏中的【文件】→【打开】→【数据】，在对话框中找到需要分析的数据文件"studentks.sav"，选择【打开】。选择菜单栏中【分析】→【描述统计】→【描述】（图 10-18）。将研究的 8 个变量移到变量列表，在【选项】中选择【均值】、【标准差】、【最小值】、【方差】、【最大值】、【峰度】后，点击【将标准化得分另存为变量】（图 10-19）。点击确定后得出结果如表 10-6 所示。

图 10-18　描述分析窗口

3. t 检验

采用平板电脑教学，对 86 位学生的一联与二联模拟考试的排名位次进行统计，分析是否具有统计学的差异。打开 data01.sav 文件，菜单栏点击【分析】→【比较均值】→【配对样本 T 检验】，将一联排名与二联排名变量移至成对变量（图 10-20），点击确定。

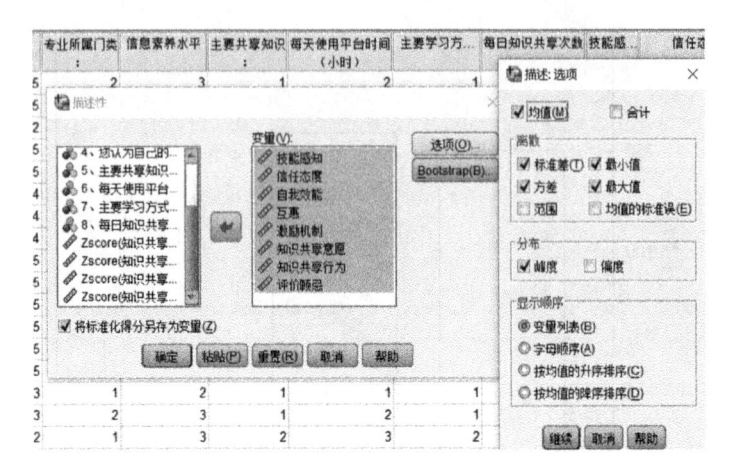

图 10-19　描述分析设置

表 10-6　描述统计量表

项目	N	极小值	极大值	均值	标准差	峰度	
	统计量	统计量	统计量	统计量	统计量	统计量	标准误
技能感知	372	1.00	5.00	3.3731	0.73725	0.012	0.252
信任态度	372	1.00	5.00	3.5128	0.75771	0.688	0.252
自我效能	372	1.00	5.00	3.2460	0.77267	0.235	0.252
互惠	372	1.00	5.00	3.4005	0.64870	0.542	0.252
激励机制	372	1.00	5.00	3.0363	0.81078	0.023	0.252
知识共享意愿	372	1.00	5.00	3.3004	0.79671	0.116	0.252
知识共享行为	372	1.00	5.00	3.0598	0.84771	0.043	0.252
评价顾忌	372	1.00	5.00	2.9516	0.81430	−0.042	0.252
有效的 N（列表状态）	372						

通过配对样本统计可以看出（表 10-7～表 10-8），使用平板电脑学习前排名均值 429.477，采用平板电脑学习后均值 382.721。$t = 3.217$，$p = 0.002 < 0.05$，因此有统计学差异，由此可以认为采用平板电脑学习具有提升学生学习成绩的效果

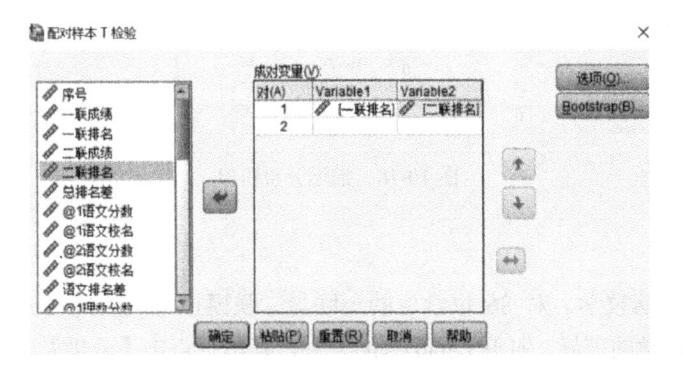

图 10-20　配对样本 t 检验设置

表 10-7 成对样本统计量

对 1	均值	N	标准差	均值的标准误
一联排名	429.477	86	119.5274	12.8890
二联排名	382.721	86	123.4333	13.3102

表 10-8 配对样本检验

对 1	成对差分 均值	标准差	均值的标准误	差分的95%置信区间 下限	差分的95%置信区间 上限	t	df	p（双侧）
一联排名-二联排名	46.7558	134.7755	14.5332	17.8599	75.6517	3.217	85	0.002

4. 单因素方差分析

对学生在读年级与知识共享行为变量的比较分析，观测各年级学生与知识共享行为变量间是否具有显著性差异，进行单因素方差分析。在方差分析中，方差分析中的检验 F 值达到显著（$p<0.05$），然后运用事后比较 LSD 法，找出哪组平均数的差异达到显著水平。在数据文件 studentks.sav 中，首先选择菜单栏的【分析】→【比较均值】→【单因素 ANOVA】（图 10-21），将年级移入因子列表框，将知识共享行为移入因变量列表框。点击【选项】，选择【描述性】【固定和随机效果】【方差同质性检验】【Welch】【均值图】（图 10-22），选择继续。

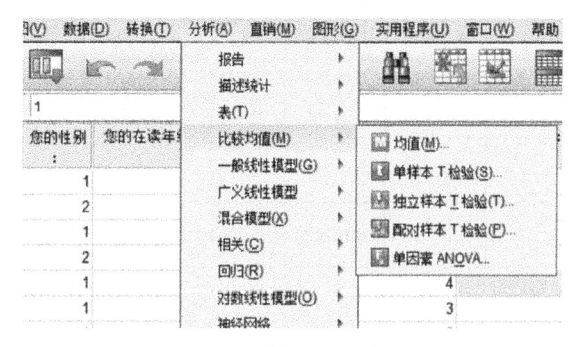

图 10-21 单因素方差分析

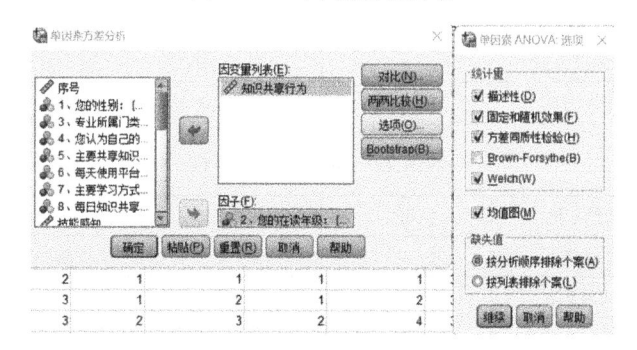

图 10-22 单因素方差分析设置

在两两比较选项中，选择【LSD】【Scheffe】【Tamhane's T2】【Dunnett's T3】选项（图10-23）。

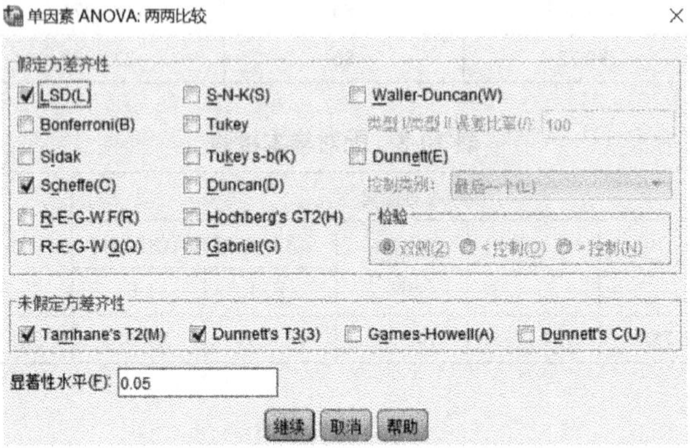

图 10-23　事后检验设置

结果如表10-9～表10-12所示。

表 10-9　描述统计结果

项目		样本数	均值	标准差	标准误	均值的95%置信区间 下限	均值的95%置信区间 上限	极小值	极大值	分量间方差
本科一年级		58	2.7888	0.99318	0.13041	2.5276	3.0499	1.00	5.00	
本科二年级		70	3.0286	0.79689	0.09525	2.8386	3.2186	1.00	5.00	
本科三年级		86	2.8808	0.82491	0.08895	2.7040	3.0577	1.00	5.00	
本科四年级		66	3.3636	0.75598	0.09305	3.1778	3.5495	2.00	5.00	
研究生		92	3.2038	0.78790	0.08214	3.0406	3.3670	1.00	5.00	
总数		372	3.0598	0.84771	0.04395	2.9734	3.1462	1.00	5.00	
模型	固定效应			0.82786	0.04292	2.9754	3.1442			
模型	随机效应				0.10218	2.7761	3.3435			0.04178

注：因变量为知识共享行为。

表 10-10　方差齐性检验

Levene 统计量	df1	df2	p
1.734	4	367	0.142

注：因变量为知识共享行为。

表 10-11　单因素方差分析

项目	平方和	df	均方	F	p
组间	15.084	4	3.771	5.502	0.000
组内	251.523	367	0.685		
总数	266.607	371			

注：因变量为知识共享行为。

表 10-12 多重比较

项目	(I) 2、您的在读年级:	(J) 2、您的在读年级:	均值差 (I−J)	标准误	p	95%置信区间 下限	95%置信区间 上限
Scheffe	本科一年级	本科二年级	−0.23978	0.14699	0.616	−0.6949	0.2153
		本科三年级	−0.09202	0.14066	0.980	−0.5275	0.3435
		本科四年级	−0.57484*	0.14900	0.006	−1.0361	−0.1135
		研究生	−0.41501	0.13880	0.065	−0.8447	0.0147
	本科二年级	本科一年级	0.23978	0.14699	0.616	−0.2153	0.6949
		本科三年级	0.14776	0.13327	0.873	−0.2648	0.5603
		本科四年级	−0.33506	0.14204	0.236	−0.7748	0.1047
		研究生	−0.17523	0.13130	0.776	−0.5817	0.2313
	本科三年级	本科一年级	0.09202	0.14066	0.980	−0.3435	0.5275
		本科二年级	−0.14776	0.13327	0.873	−0.5603	0.2648
		本科四年级	−0.48282*	0.13547	0.014	−0.9022	−0.0634
		研究生	−0.32299	0.12417	0.151	−0.7074	0.0614
	本科四年级	本科一年级	0.57484*	0.14900	0.006	0.1135	1.0361
		本科二年级	0.33506	0.14204	0.236	−0.1047	0.7748
		本科三年级	0.48282*	0.13547	0.014	0.0634	0.9022
		研究生	0.15983	0.13354	0.838	−0.2536	0.5733
	研究生	本科一年级	0.41501	0.13880	0.065	−0.0147	0.8447
		本科二年级	0.17523	0.13130	0.776	−0.2313	0.5817
		本科三年级	0.32299	0.12417	0.151	−0.0614	0.7074
		本科四年级	−0.15983	0.13354	0.838	−0.5733	0.2536
LSD	本科一年级	本科二年级	−0.23978	0.14699	0.104	−0.5288	0.0493
		本科三年级	−0.09202	0.14066	0.513	−0.3686	0.1846
		本科四年级	−0.57484*	0.14900	0.000	−0.8678	−0.2818
		研究生	−0.41501*	0.13880	0.003	−0.6880	−0.1421
	本科二年级	本科一年级	0.23978	0.14699	0.104	−0.0493	0.5288
		本科三年级	0.14776	0.13327	0.268	−0.1143	0.4098
		本科四年级	−0.33506*	0.14204	0.019	−0.6144	−0.0558
		研究生	−0.17523	0.13130	0.183	−0.4334	0.0830
	本科三年级	本科一年级	0.09202	0.14066	0.513	−0.1846	0.3686
		本科二年级	−0.14776	0.13327	0.268	−0.4098	0.1143
		本科四年级	−0.48282*	0.13547	0.000	−0.7492	−0.2164
		研究生	−0.32299*	0.12417	0.010	−0.5672	−0.0788
	本科四年级	本科一年级	0.57484*	0.14900	0.000	0.2818	0.8678
		本科二年级	0.33506*	0.14204	0.019	0.0558	0.6144

续表

项目	(I) 2、您的在读年级	(J) 2、您的在读年级	均值差（I-J）	标准误	p	95%置信区间 下限	95%置信区间 上限
LSD	本科四年级	本科三年级	0.48282*	0.13547	0.000	0.2164	0.7492
		研究生	0.15983	0.13354	0.232	−0.1028	0.4224
	研究生	本科一年级	0.41501*	0.13880	0.003	0.1421	0.6880
		本科二年级	0.17523	0.13130	0.183	−0.0830	0.4334
		本科三年级	0.32299*	0.12417	0.010	0.0788	0.5672
		本科四年级	−0.15983	0.13354	0.232	−0.4224	0.1028

注：因变量为知识共享行为。*代表在 0.05 水平上显著。

通过比较，此样本的单因素方差分析的5个水平均值为2.7888、3.0286、2.8808、3.3636、3.2038，Levene的方差同质性检验并不显著（Levene = 1.734，$p = 0.142 > 0.05$），表示这五个的离散情况并无明显差别。整体检验结果发现，不同年级的学生的知识共享行为（$F(4, 367) = 5.502$，$p < 0.05$）会因为学生在读年级的层次有差异。经事后比较LSD法发现，本科一年级与四年级（$p = 0.000$）、本科一年级与研究生（$p = 0.003$）、本科二年级与四年级（$p = 0.019$）、本科三年级与四年级（$p = 0.000$）、本科三年级与研究生间（$p = 0.010$），在知识共享行为层面具有显著的差异。

5. 相关分析

打开数据文件 studentks.sav，依次选择【分析】→【相关】→【偏相关】（图10-24），打开对话框如图10-25，将待分析的 5 个变量（技能感知、信任态度、互惠、激励机制、评价顾忌）移入右侧的变量列表框内。将自我效能、知识共享意愿、知识共享行为移入控制变量列表框内，点击右侧【选项】，点选【均值和标准差】【零阶相关系数】后，其他均可选择默认项，单击【确定】提交系统运行。

图10-24 相关分析

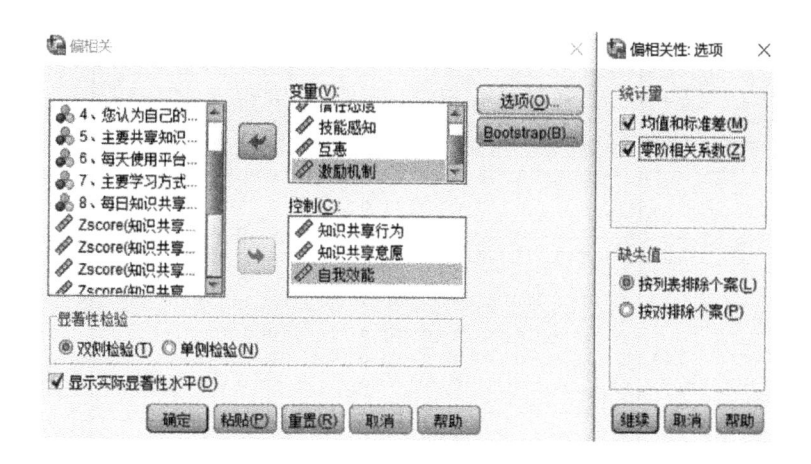

图 10-25　相关分析设置

由以下的相关分析结果（表 10-13）得出，技能感知与自我效能、知识共享意愿、知识共享行为的相关系数分别为 0.645、0.538、0.509。信任态度与自我效能、知识共享意愿、知识共享行为的相关系数分别为 0.629、0.548、0.463。互惠与自我效能、知识共享意愿、知识共享行为的相关系数分别为 0.583、0.692、0.595。激励机制与自我效能、知识共享意愿、知识共享行为的相关系数分别为 0.445、0.699、0.631。自我效能与知识共享行为、知识共享意愿与知识共享行为的显著性，小于 0.001，相关系数为 0.608、0.751。评价顾忌与自我效能、评价顾忌与知识共享意愿、评价顾忌与知识共享行为之间，因为评价顾忌采用反向计分，其显著性也小于 0.001，存在相关关系显著。

表 10-13　相关分析结果

变量	自我效能	知识共享意愿	知识共享行为
技能感知	0.645***	0.538***	0.509***
信任态度	0.629***	0.548***	0.463***
评价顾忌	−0.219***	−0.355***	−0.370***
互惠	0.583***	0.692***	0.595***
激励机制	0.445***	0.699***	0.631***
知识共享行为	0.608***	0.751***	

注：*代表在 0.05 水平上显著；**代表在 0.01 水平上显著；***代表在 0.001 水平上显著。下同。

6. 回归分析

采用回归分析研究知识共享意愿与知识共享行为的关系。打开数据文件 studentks.sav，首先绘制散点图做判断。

（1）散点图。通过菜单栏选择【图形】→【旧图形】→【散点图】。把变量知识共享意愿移入 X 轴，把知识共享行为移入 Y 轴，点击确定，由图 10-26 可知，两者呈现正相关。

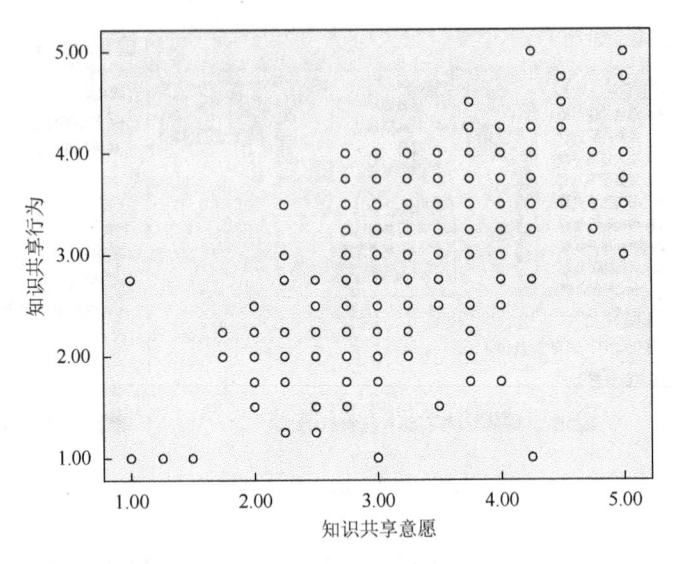

图 10-26　知识共享意愿和知识共享行为的散点图

（2）回归分析。依次点击【分析】→【回归】→【线性】，将知识共享意愿移入自变量，将知识共享行为移入因变量，在【统计量】选项中点击【估计】【模型拟合度】【Durbin-Watson】【个案诊断】选项，点击确定（图 10-27）。

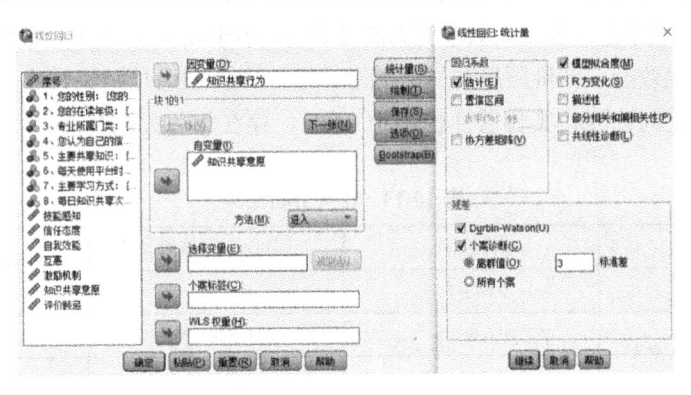

图 10-27　回归分析设置

模型汇总（表 10-14）的 R^2 是 0.564，意为知识共享意愿有 0.564 的正确性预测知识共享行为。

表 10-14　模型汇总

模型	R	R^2	调整 R^2	标准估计的误差	Durbin-Watson
1	0.751	0.564	0.563	0.56044	1.591

注：预测变量（常量）为知识共享意愿，因变量为知识共享行为。

线性回归方程的非标准化系数（表 10-15）为 0.799，常量为 0.422，知识共享意愿正向影响知识共享行为（$\beta = 0.751$，$t = 21.882$，$p < 0.001$），方程为 $Y = 0.799 + 0.422X$。知识共享意愿对知识共享行为具有正向影响作用。

表 10-15 线性回归方程系数

模型		非标准化系数		标准系数 β（试用版）	t	p
		B	标准误差			
1	（常量）	0.422	0.124		3.406	0.001
	知识共享意愿	0.799	0.037	0.751	21.882	0.000

注：因变量为知识共享行为。

7. 非参数检验

某高三随机选取 6 个理科班，每班抽取一联考试中排名后 10~15 名的共 86 位学困生，采用电子书包学习，观测男女学困生提升位次是否有统计学显著差异。我们使用非参数检验的曼-惠特尼 U 检验（Mann-Whitney U Test）两个独立样本检验。

打开 data01.sav 文件，依次点击【分析】→【非参数检验】→【旧对话框】→【2 个独立样本】（图 10-28），将总排名差移入检验变量列表，将性别移入分组变量，分组变量的定义组，组 1 后填写 1，组 2 后填写 2，选择继续（图 10-29），【选项】中点选描述性和四分位数。

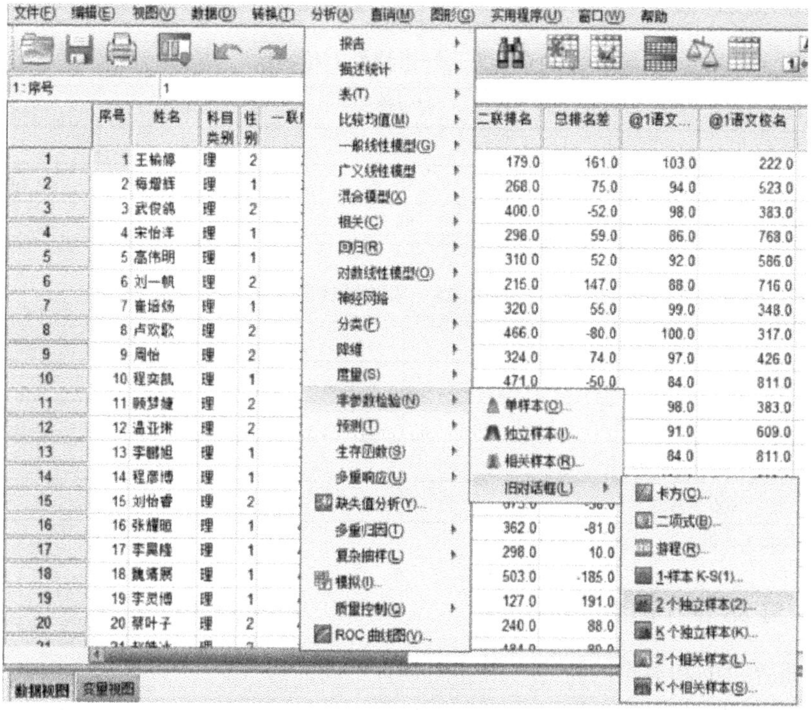

图 10-28 选项设置

通过分析可以得出（表 10-16~表 10-18），标准分数 Z 值是 −2.000，p 值是 0.045，p 小于 0.05，男同学与女同学在一联二联考试中的学习位次提升存在统计学差异。

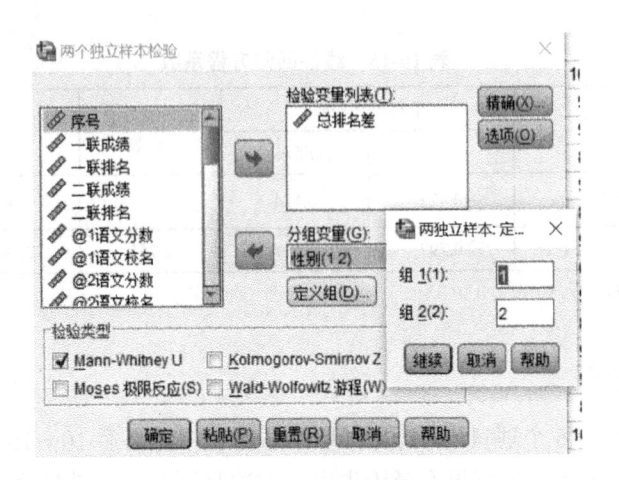

图 10-29　功能设置

表 10-16　描述性统计量

项目	样本数	均值	标准差	极小值	极大值	百分位数 第 25 个	百分位数 第 50 个（中值）	百分位数 第 75 个
总排名差	86	46.756	134.7755	−306.0	407.0	−49.250	47.000	126.250
性别	86	1.442	0.4995	1.0	2.0	1.000	1.000	2.000

表 10-17　曼-惠特尼 U 检验秩

项目	性别	样本数	秩均值	秩和
总排名差	1	48	48.29	2318.00
	2	38	37.45	1423.00
	总数	86		

表 10-18　检验统计量

项目	总排名差
曼-惠特尼 U	682.000
Wilcoxon W	1423.000
标准分数 Z	−2.000
渐近显著性（双侧）	0.045

注：分组变量为性别。

（三）SPSS 中作图的方法

根据研究目的和数据的特点，统计图具有不同的形式。

（1）条形图。条形图是用宽度相等的直条长段的比例表示事物数量关系的统计图。制作不同学科门类男女学生的知识共享次数的条形图。打开 studentks.sav 文件，依次点击【图形】→【旧对话框】→【条形图】→【复式条形图】→【个案组摘要】，选择其他统计量，将每日知识共享次数变量移至变量框，将专业所属门类移至类别轴，将性别移至定义聚类（图 10-30），点击确定得出条形图（图 10-31）。

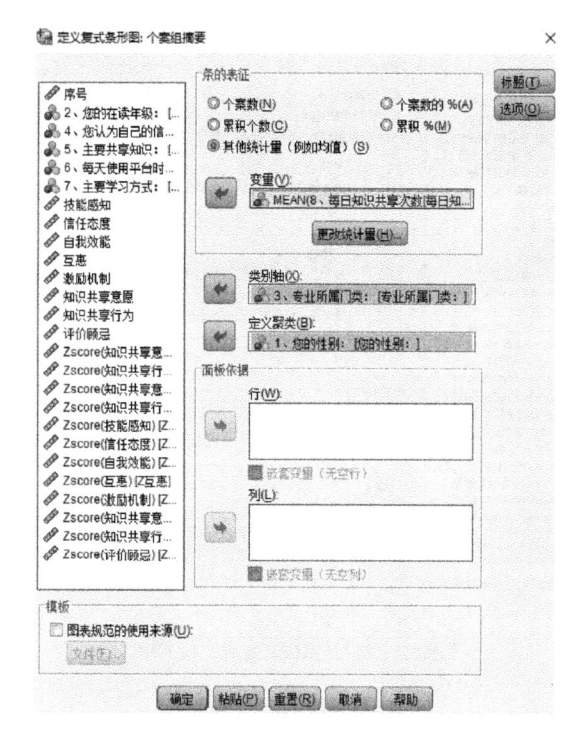

图 10-30 复式条形图设置

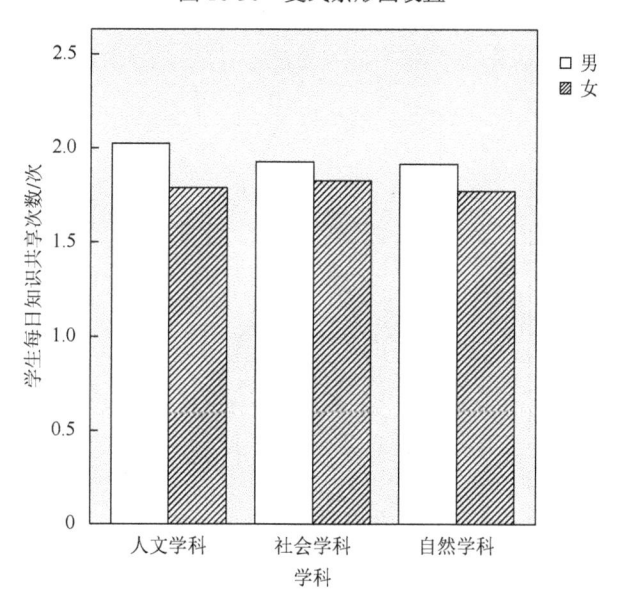

图 10-31 不同性别、不同学科学生每日知识共享次数的复式条形图

（2）面积图。面积图是用面积来表现变量间变化的关系。制作不同学科门类男女学生的信息素养水平的面积图。打开 studentks.sav 文件，依次点击【图形】→【旧对话框】→【面积图】→【堆积面积图】→【个案组摘要】，选择其他统计量，将信息素养水平变量移至变量，将专业所属门类移至类别轴，将性别移至定义面积（图 10-32），点击确定得出面积图（图 10-33）。

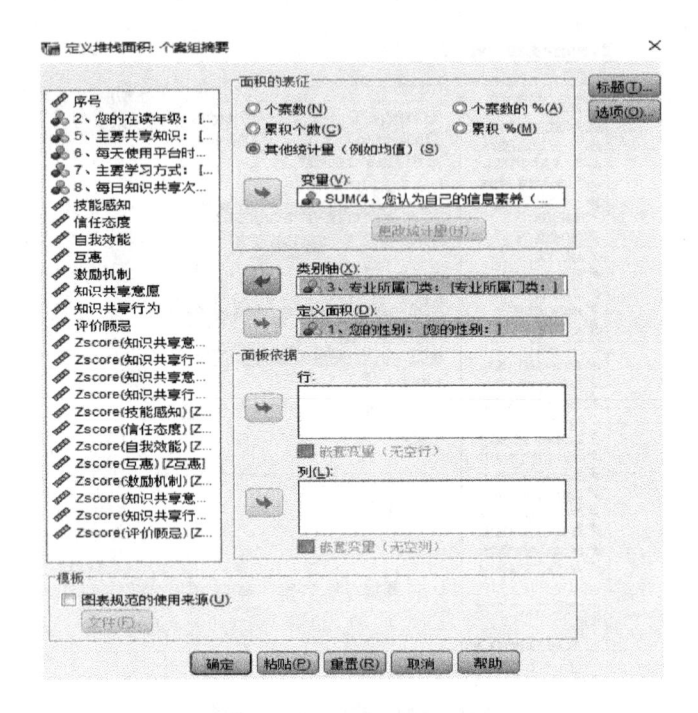

图 10-32　面积图设置

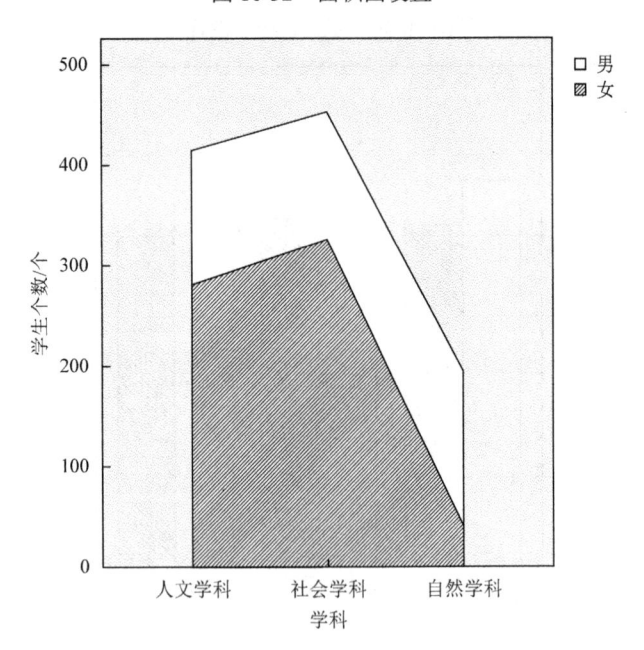

图 10-33　不同性别、不同学科学生的信息素养的面积图

（3）饼图。饼图是用来表示各个部分与总体的构成关系，整个圆的面积代表整体，各部分的大小代表其在整体中的比例。制作不同年级的饼图，打开 studentks.sav 文件，依次点击【图形】→【旧对话框】→【饼图】→【个案组摘要】，将在读年级移至定义分区（图 10-34），点击确定得出饼图（图 10-35）。

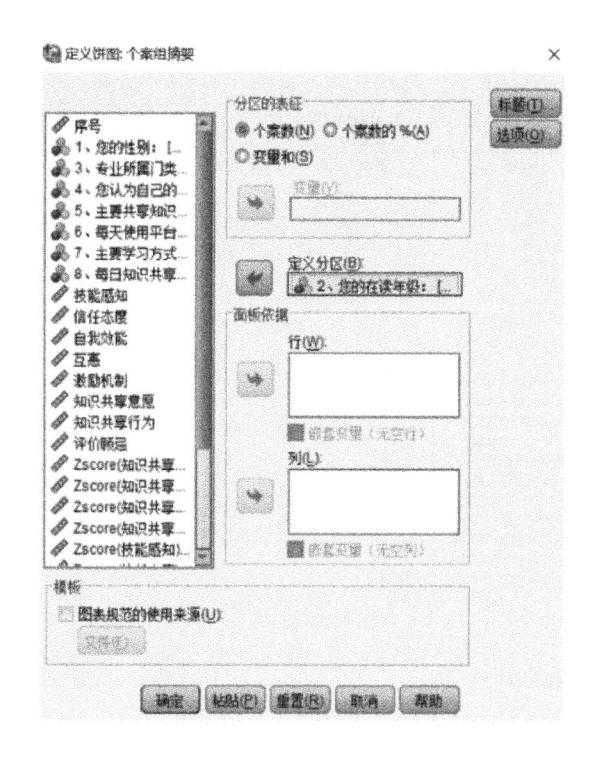

图 10-34　饼图设置

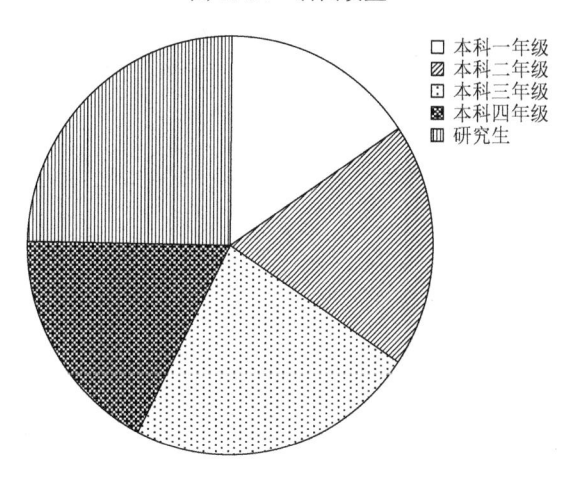

图 10-35　学生不同在读年级人数的饼图

（4）线图。线图是用线段的升降表示数值的变化，描述一个变量随另一个变量变化而变化的趋势。制作不同年级男女学生的信息素养水平的垂直线图，打开 studentks.sav 文件，依次点击【图形】→【旧对话框】→【线图】→【垂直线图】→【个案组摘要】，选择其他统计量，将信息素养移至变量，在读年级移至类别轴，性别移至定义点（图 10-36）。点击确定得出线图（图 10-37）。

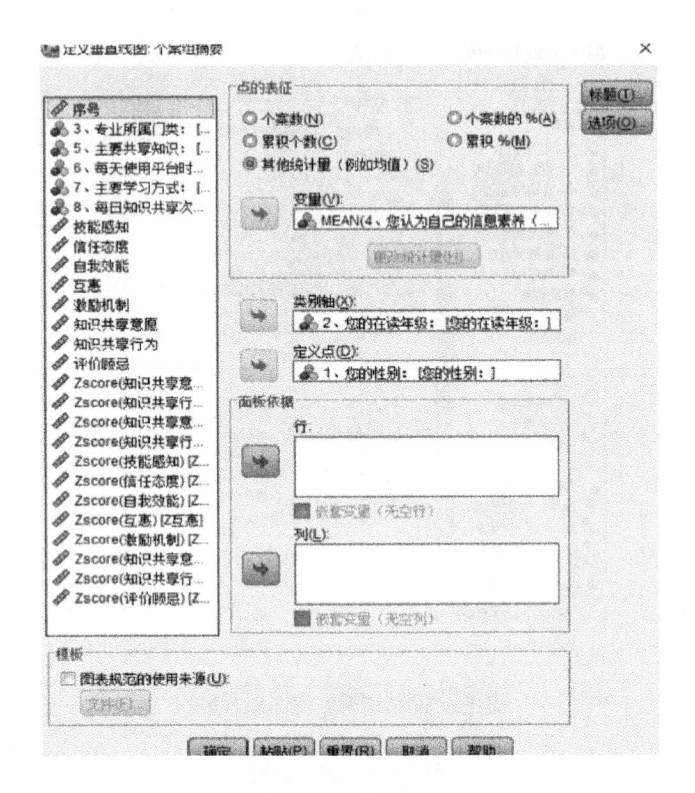

图 10-36　线图设置

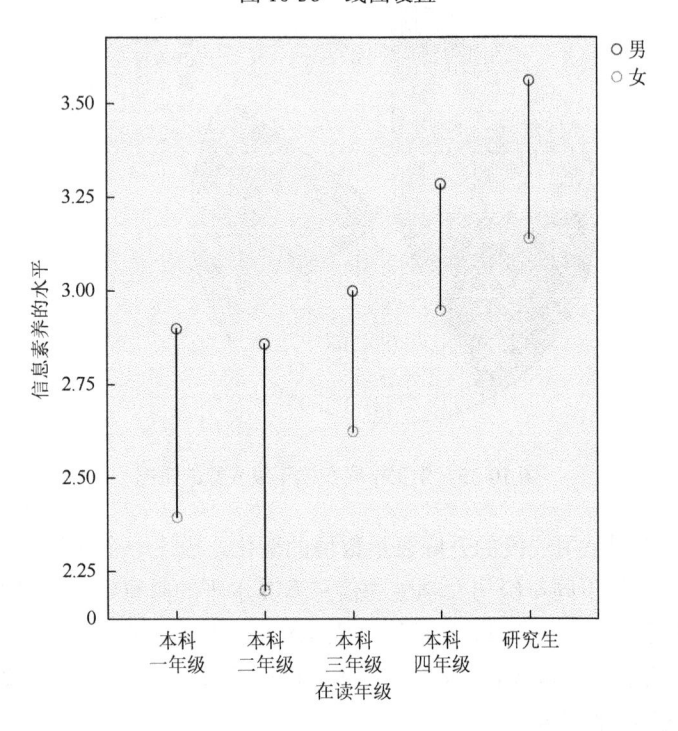

图 10-37　不同性别、不同在读年级学生信息素养的线图

第三节 教育研究资料的定性分析

一、定性分析的概念

定性分析（qualitative analysis）是对事物质的规定性的认识，它是运用逻辑推理、哲学思辨、历史求证、比较判断等思维方式，着重从质的方面分析和研究某一事物属性的分析过程。

定性分析有两个不同的层次：①没有或缺乏数量分析的纯定性研究，结论往往具有概括性和较浓的思辨色彩。②建立在定量分析基础上的、更高层次的定性研究，它是分析定量研究的结果后给出的结论。定性分析主要有以下特点。

（1）注重研究对象整体的发展分析。定性分析旨在把握事物的质的规定性。通过对研究对象的全面分析，得到研究对象的整体概括。区别于定量研究，定性分析在内容上主要关注事物发展过程及它们之间的关系，这样可以综合了解研究对象的质的特性。

（2）分析对象是质的描述性资料。在实践中以定性的方法获得的书面文字或图片资料，而不是准确的数字，会有一定的模糊性和不确定性。一般都是小的样本，而非较大面积的调研。

（3）分析的过程是弹性的。定性分析不像定量分析那样有严格的程序，教育的过程就是动态的和相互关联的，定性分析的过程是根据情况而变动的，有较大的灵活性。

（4）定性分析的方法是对所搜集资料进行归纳的逻辑分析。这是一种自下而上的分析途径。归纳分析先列出事实资料，将这些资料与事实加以归类，然后从中得到一些启发，抽象概括出概念和原理。

（5）受主观因素和环境影响。定性分析是一种价值研究，一方面很容易受到研究者和研究对象主观因素的影响，研究者较强的研究体验影响客观的分析；另一方面，研究对象的行为表现又总与情境相关联，总是对特定情境保持一种背景的敏感性。

二、定性分析的过程

进行定性分析要考虑方法的合理性，也要与定量方法结合。定性分析一般可以分为以下几个步骤：①按照研究课题的性质，确定定性分析的目标以及分析资料的范围。②对资料进行初步的检验分析。③选择适当的定性分析的方法，确定分析维度。④对资料进行归类分析。通过分类，找出资料的差异和资料间的关系，判断是否有相关或因果关系。⑤对定性分析结果的信度、效度和客观度进行评价。[1]

---

[1] 裴娣娜. 教育研究方法导论[M]. 合肥：安徽教育出版社，2013：343.

三、定性分析的主要方法

（一）因果分析

教育活动是一系列的因果关系的活动，教育研究的目的就是通过运用各种方法揭示教育内部、外部及其相互关系的规律。因果分析就是分析教育现象之间因果关系的方法。因果分析又称"穆勒五法"，有以下几种方法。

1. 求同法

求同法是在产生相同结果的不同现象中，寻找现象之间的共同性，从而确立共同性与相同结果之间存在的因果联系，也就是说，这个共性就是各个现象共有的原因。公式为

场合	先行情况	被研究现象
1	ABC	a
2	ADE	a
3	AFG	a
……		

所以 A 是 a 的原因

例如，学生都具有此共同特性，求同法认为学习毅力是优秀学生的共性。但是，产生某一现象的原因也可能是多种因素共同产生的结果，在运用的过程中，应使用其他方法验证。

2. 差异法

如果某一教育现象出现与不出现的条件之差，只有一点不同，即有这个条件下，某个教育现象出现；在没有这个条件下，这个教育现象便没有出现，那么这个条件就可能是产生某现象的原因，使用这种方法就是差异法。

场合	先行情况	被研究现象
1	ABC	a
2	-BC	-

所以 A 是 a 的原因

例如，一位班主任同时管理甲、乙两个班级的学生，刚分班时，两个班的整体成绩一样。半年后，两个班学生的成绩有差别，经分析，甲班学生利用平板电脑辅助学习提高了成绩，乙班未使用平板电脑学习。于是得出结论，平板电脑辅助学习是提高甲班成绩的原因。这个结论就是用差异法得出的。

3. 求同求异并用法

如果某被考察现象出现的各个场合（正事例组）只有一个共同因素，而这个被考察现象不出现的各个场合（负事例组）都没有这个共同因素，那么，这个共同因素就是某被考察现象的原因。公式为

场合　先行情况　被研究现象
1　　ABC　　　a
2　　ADE　　　a
3　　AFG　　　a
……
1　　-BC　　　-
2　　-DE　　　-
3　　-FG　　　-
……
所以 A 是 a 的原因

例如，研究团队为了解某种甲状腺疾病的发病原因，到这种病流行区 A 地调研，发现该地居民的生活环境和生活方式各不相同，唯一相同的是饮用的食物中缺碘。然后到不流行该病的 B 地调研，发现生活环境和生活方式各不相同，唯一相同的是饮用的食物中不缺碘。研究团队由此得出缺碘是产生甲状腺的原因。之后在对病人的治疗中补碘，治疗效果很好。这一结论就是通过求同求异并用法得出的。

4. 共变法

如果某一个教育现象发生变化时，另一个教育现象也随之发生相应的变化，两者都产生变化，则这两个教育现象之间存在因果联系，这就是共变法。公式为

场合　先行情况　被研究现象
1　　A_1BC　　a_1
2　　A_2BC　　a_2
3　　A_3BC　　a_3
……
所以 A 是 a 的原因

例如，关于压力一定的定量气体，当温度升高，气体体积就会增大；当温度降低，气体体积就会缩小。气体体积与温度之间的共变关系，说明气体温度的改变是其体积改变的原因。

5. 剩余法

如果已知前者教育现象的一部分是后者教育现象的原因，且前者一部分是后者的某一部分的原因，就认为前后两者的剩余部分有因果联系。ABC 是复杂现象 abc 的复杂原因，剩余法可用公式表示如下：

场合　被研究的现象　现象的复杂原因
1　　　a　　　　　　　A
2　　　b　　　　　　　B
所以 C 是 c 的原因

例如，小李的语、数、英三门课程的成绩提高是因为张老师、王老师、赵老师的辅

导,已知张老师的辅导让小李的语文提高了,王老师的辅导让小李的数学提高了,我们得出小李的英语成绩的提高是赵老师的辅导的结果,得出此结论的方法就是剩余法。

事物发展的因果关系是复杂的,在分析中,会有一因多果、一果多因或多因多果的现象,在具体应用中,要理清事物的本质和内在影响因素。例如,学困生学习位次的提升,可能是采用电子书包的新型教学方式,也可能是给予的特殊关怀和暗示等多方面的原因造成的。同样,一种教学方式的转变,会使学习成绩提升,也会增强学生的学习自我效能,带来多方面的改变。所以,要对教育问题进行全面、多重归因分析。

(二)归纳分析与演绎分析

归纳分析与演绎分析是定性分析常用的两种相互对立又相互联系的逻辑推理方法,有时两者不可分割,教育科学研究应注意归纳和演绎的结合,不可偏废任何一方。[①]

1. 归纳分析

归纳分析就是从同一类对象的每个事物或现象中概括出都具有某属性的一般性结论,是一种自下而上的分析途径。常用的归纳分析有简单枚举归纳法、完全归纳法、科学归纳法,此外还有"穆勒五法"、赖特的消除归纳法、逆推理方法和数学归纳法。

(1)简单枚举归纳法又称不完全归纳法,是指研究总体的部分对象具有的某些属性,进而得出总体具有某属性的一般性结论的方法。例如,某市 A 中学采用电子书包教学,学生成绩提高了,在 B 中学采用电子书包教学,也提升了学生成绩,归纳为电子书包教学法对提升学生学习成绩有效果。

(2)完全归纳法。它是在对某一类事物中每一个体观察、研究,发现都具有某一属性后,推断出该类全体都具有某属性的归纳方法。

(3)科学归纳法。它是根据观察或实验分析出某一类事物中的部分对象与某种属性有必然的联系,以此推论出该类事物所有对象都具有某种属性的归纳方法。

2. 演绎分析

演绎分析不同于归纳,演绎分析与归纳分析的逻辑是相反的,它是从一般性前提推出个别结论的方法。演绎分析种类较多,一般可分为简单判断的推理和复合判断推理。在教育研究中用得较为广泛的是复合判断推理的假言推理。

(三)比较分析

比较分析是指根据一定的标准,找出资料之间的异同点、相互关系的方法,目的是区分事物,以此来揭示不同资料所代表的教育现象之间的普遍性与特殊本质的内在联系。通过运用比较分析,了解事物的共同特征或相互差异、变化规律。

比较分析的方法有纵向比较和横向比较、同类比较和相异比较、问题比较、综合比较等。

[①] 董奇. 心理与教育研究方法[M]. 北京:北京师范大学出版社,2019:303-304.

运用比较分析还要考虑四个方面：①属性的可比性。②范围的广泛性与确定性。③要在同一关系下进行。④比较的作用是有限的。

（四）系统分析

系统分析是把要解决的问题、要分析的资料放在特定的系统加以考察，综合运用因果分析与归纳分析、比较分析，对系统内的要素和各部分进行综合分析，从而获得可信的研究结论的过程。系统分析方法来源于系统科学的系统论，主要应用在管理学和计算机科学，反映的是客观整体性发展的思维方式，从研究对象的整体与要素、整体与层次、整体与结构、整体与环境的辩证统一出发，揭示事物的整体关系与整体特征。系统整体分析的效用大于各部分之和的效用，不是部分的简单相加效应。在教育研究中可以把班级、学校等用系统分析方法分析。[①]

本章小结

定性和定量分析代表着两种不同的研究方法，定性分析是基于归纳的过程的描述性分析，即从一定情境中归纳出一般性的结论。从本质上属于自然主义的范式，要在自然情境中进行，研究所得到的意义也只适用于特定的情境和条件，注重过程的研究与影响。定量分析类似演绎法，根源于实证主义，以事实、关系和原因为研究基础。它是从一般的原理推广到特殊的情境中去，采取整体的方式解释自然情境，定量分析与定性分析相比更接近于科学的方法。

在实际教育研究中，定性分析与定量分析常配合使用。在进行定量分析之前，研究者须借助定性研究确定所要研究的事物和现象的性质；在进行定量分析的过程中，研究者又须借助定性研究确定现象发生质变的数量界限和引起质变的原因，并对研究结论进行定性描述。

教学建议

选择你身边与教育研究相关的课题，制订研究计划，搜集资料，分析资料，设计问卷，搜集问卷，对问卷进行分析，研究分析数据，撰写相关研究报告。

练习·思考

1. 教育资料整理有什么意义？
2. 定性分析的方法有哪些？
3. 描述统计在教育研究中有哪些用途？
4. 计算 80、90、50、60、70、78、91、87 的标准差。
5. 阐述描述性统计的常用量数。

---

① 全国考研教育学配套教材编委会. 高教版 2021 全国硕士研究生招生考试教育学专业基础综合考试大纲解析[M]. 北京：高等教育出版社，2020：350-351.

6. 从您的学科选择 5 篇定量研究文献，分析并评价这些研究所采用的统计分析方法。

以下为教育学专业研究生入学考试 311 综合相关真题

7. 单选题。

（1）在教育研究的数据分析中，某统计量为 -1.5，该统计量最有可能是（　　）。

A. 标准差　　　　　　　　　　B. 方差

C. 标准分数　　　　　　　　　D. 相关系数

（2）在教育研究的定量分析中，完全正相关的相关系数是（　　）。

A. 0.01　　　　B. 0.05　　　　C. 1.00　　　　D. 2.00

（3）教育研究的定量分析中最常用的反映离散趋势的差异量数是（　　）。

A. 全距　　　　　　　　　　　B. 中数和平均数

C. 标准差和方差　　　　　　　D. 差异系数

（4）归纳分析是定性分析的主要方法之一。在其他条件不变的情况下，如果某一现象（X）发生一定程度的变化，另一现象（Y）也随之发生一定程度的变化，那么前一现象 X 就可能是另一现象 Y 的原因。这种归纳分析的方法是（　　）。

A. 求同法　　　　　　　　　　B. 求异法

C. 共变法　　　　　　　　　　D. 剩余法

（5）某班期末考试语文平均成绩为 75 分，标准差为 8 分，小明得 92 分，则小明的标准分数是（　　）。

A. 1.12　　　　B. 1.37　　　　C. 2.13　　　　D. 6.52

（6）在教育定性研究中，归纳法可分为（　　）。

A. 现象归纳法、实质研究和科学研究

B. 事实归纳法、理论研究和实质研究

C. 完全归纳法、简单研究和科学研究

D. 完全归纳法、实质研究和简单研究

（7）某班一组学生在一次数学测试中的成绩是：72、80、56、87、61、94、76、92，这组数据的中位数是（　　）。

A. 76　　　　　　　　　　　　B. 78

C. 80　　　　　　　　　　　　D. 82

（8）定性研究区别于定量研究的基本特征是（　　）。

A. 研究成果更具客观性　　　　B. 研究成果更具普遍性

C. 研究更多地运用理性思维　　D. 研究更多地关注事物的性质及意义

（9）某初中三年级语文、数学、英语、物理四门学科期末考试成绩的平均数和标准差如下，其中平均数的代表性程度最高的学科是（　　）。

A. 语文 79　3　　　　　　　　B. 数学 85　2

C. 英语 90　4　　　　　　　　D. 物理 75　5

（10）研究者要检验三种教学方法对学生学习成绩的影响是否存在显著性差异，应采用的检验类型是（　　）。

A. t 检验　　　　　　　　　　B. Z 检验

C. F 检验 　　　　　　　　　　D. χ^2 检验

（11）下列相关系数值中，表明两个变量相关程度最高的数值是（　　）。
A. −0.90　　　　B. −0.10　　　　C. 0　　　　D. 0.50

（12）英语听力测试过程中突然停电 2 分钟，导致听力材料无法连续播放学生测试成绩偏低，不能反映学生的真实水平。这种测试成绩与真实水平之间的误差被称为（　　）。
A. 系统误差　　　　　　　　　　B. 随机误差
C. 抽样误差　　　　　　　　　　D. 操作误差

（13）在一次学科测验中，甲生成绩为 80 分，乙生成绩为 40 分，可以说甲生的成绩比乙生多 40 分，但不能说甲生的成绩是乙生的 2 倍，因为学科测验的测量类型是（　　）
A. 定名测量　　B. 定序测量　　C. 定距测量　　D. 比率测量

第十一章 教育研究成果的表达

学习目标

- 了解教育研究成果的类型；
- 掌握教育研究报告和学术论文的结构与撰写要求；
- 具有撰写教育研究报告和学术论文的初步能力。

知识导图

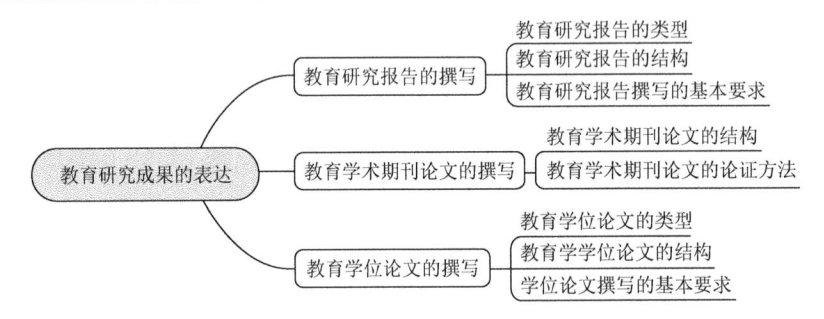

教育研究成果的表达
- 教育研究报告的撰写
  - 教育研究报告的类型
  - 教育研究报告的结构
  - 教育研究报告撰写的基本要求
- 教育学术期刊论文的撰写
  - 教育学术期刊论文的结构
  - 教育学术期刊论文的论证方法
- 教育学位论文的撰写
  - 教育学位论文的类型
  - 教育学位论文的结构
  - 学位论文撰写的基本要求

在整理和分析教育研究数据资料、产生教育研究成果之后，研究者需要发表教育研究成果让世人知晓，这是教育研究中一个重要环节。研究者表达教育研究成果的主要形式就是教育研究报告、研究专著和研究论文，本章将对教育研究报告与研究论文的撰写进行阐述。

第一节 教育研究报告的撰写

一、教育研究报告的类型

根据不同的分类标准，可以把教育研究报告分为不同的类型。按教育研究采用的方法划分，教育研究报告可以分为教育综述研究报告、教育观察研究报告、教育调查研究报告、教育测量研究报告、教育经验总结报告、教育实验研究报告、教育行动研究报告、教育叙事研究报告等。

按教育研究运用的范式划分，教育研究报告可以分为实证型教育研究报告、思辨型教育研究报告和综合型教育研究报告三大类。

（一）实证型教育研究报告

此类教育研究成果强调用事实来说明问题，是对教育研究过程和结果的概括和总结，是用具体的事实、数据来说明和解释教育问题，包括教育观察研究报告、教育测量研究报告、教育调查研究报告、教育经验总结报告和教育实验研究报告等。这类研究报告一般有比较固定的写作结构，要求材料具体、典型、有代表性，格式规范，科学、规范地呈现教育研究的过程和方法，用量化的形式解释教育研究的结果。

（二）思辨型教育研究报告

思辨型教育研究报告遵循特定的理性分析模式，运用概念、判断和推理等逻辑思维方法来证明和解释相关教育问题，以议论文的形式发表研究成果。它包括教育学术论文、教育学术专著，以及高等院校的部分学位论文。思辨型教育研究报告倾向于理论论述，将感性认知转化为理性知识，以探索普遍性和规律性的知识。与研究报告具有典型的写作结构不同，这类研究报告在写作形式上比较自由、灵活，在内容上有所发现，在观点上有所创新、有所进步，在逻辑上观点明确、论据确凿、论证严密，能清楚地展示理论观点和体系的形成过程。

（三）综合型教育研究报告

综合型教育研究报告既有对教育事实的发现和报告，也有在此基础上进行的理论性分析和论述。研究生的学位论文、教育研究专著等大多属于这类性质的研究报告。例如，某教育学著作可能既有一系列教育实验结果和教育情况调查，又包括该研究者建构的教育理论体系或者理论要点。综合型教育研究报告对教育事实和教育理论的侧重可以根据具体的教育研究情况而有所不同。有些侧重于理论，有些侧重于事实。

二、教育研究报告的结构

关于不同类型的教育研究报告，其结构有所不同。下面分别就几种常见的教育研究报告的结构进行讨论。

（一）教育调查研究报告的结构

一般来说，教育调查研究报告遵循提出问题、分析问题、解决问题的思维过程来撰写，大致由题目、前言、正文、结论与建议及附录等五个部分组成。

1. 题目

教育调查研究报告的题目就是用一句话点明教育调查的主要问题。可加副标题，对主标题进行补充，以说明在什么范围内、基于什么问题进行的调查。

2. 前言

教育调查研究报告的前言要求清楚交代该教育调查的目的、意义、任务和方法。首先，简要说明调查的问题、缘由、背景、筹备过程、主要调查内容、国内外对同一课题的研究概况以及此次调查的意义与价值。其次，说明调查的基本情况，概述调查的时间、地点、对象、范围、取样、调查方式和方法。最后，对调查的有利因素和不利因素做简单分析。

3. 正文

正文部分采用描述、图表、统计数字与相关文献资料来详细阐述调查内容，用纲目、项或篇、章、节的形式把主体内容有条理地呈现出来。

调查报告正文的写法主要有两种：①并列分述式，即将教育调查的基本情况按照种类分成并列的几个部分或方面进行叙述。例如，对某一地区教育状况的调查可以分为该地区经济发展水平、文化发展水平、学校教育发展状况等几个方面，学校教育发展状况又可以分为学校规模、教育经费、课程设置、教学设施、师资等不同项目，将有关材料分类并加以组合，对问题的论述相对集中，形成专题。②层次递进式，即将调查的基本情况按照事物发展的逻辑、演变的过程加以排列，各部分之间相互衔接，层层深入。

在材料与观点的处理上，可以先列出材料，然后分析，得出结论；也可以先提出观点，然后用调查获得的事实材料进行分析和说明。

4. 结论与建议

在对调查内容进行总体定量分析和定性分析的基础上，概括出事物的内在联系，并提出新观点、新理论和新建议。调查报告的目的主要有验证已有理论、发现新的理论、寻找解决问题的新方法、向实际工作部门提出参考意见和改革方案等，其结论都必须客观、真实。提出建议时，要谨慎、严肃，还要考虑其他社会因素的影响，以及建议的合理性和可行性，尽量不轻易下结论和提建议。

5. 附录

在必要时，要附上调查工具或部分原始材料。这样做不仅使正文内容集中，更主要的是读者可以据此分析和鉴定研究者搜集调查材料的方法是否科学、调查工具是否可靠，再者，为其他研究人员提供参考。附录包括各种调查表格、原始数据、教育研究记录以及调查结果的处理方法等。

（二）教育实验研究报告的结构

教育实验研究报告是对整个教育实验研究的全面总结，为读者全面、系统地了解该教育实验，评判和应用该教育实验研究成果提供依据。教育实验研究报告的基本结构主要包括题目、前言、方法、结果与结论、讨论、参考文献和附录等几个部分。

1. 题目

教育实验研究报告的题目常常直接采用研究课题的名称，指明该教育实验研究的主要变量，让读者对教育研究问题一目了然。题目要简洁具体。那些学术性强、理论价值大、计划发表在专业教育研究杂志的教育实验研究报告的题目应精确严谨，逻辑性强。那些实践性强、准备发表在普及性报刊上的教育实验研究报告的题目也应具体明确，能引起读者的兴趣和注意。

2. 前言

前言又称引言、导语、绪论，是教育实验研究报告的正文开头部分。其主要内容包括：教育实验问题的提出，以表明教育实验的目的；文献考察，以说明选题的依据、课题的价值和意义，目前国内外在这一方面的教育研究成果、现状、问题及趋势；该项教育研究所要解决的教育问题和研究的理论框架。

教育研究的目的可以采用平铺直叙的方式，也可以用提问揭示矛盾的方法，以引起读者的兴趣与思考。选题的意义一般从两个方面展开说明：①指出该教育实验在学术上的理论意义，以说明它能在哪些方面提供新认识；②指出该教育实验的现实意义，以说明所进行的教育实验对教育实践工作的直接或间接的指导意义。文字要简洁明了，表述要具体清楚，字数不宜过多。

3. 方法

该部分阐明教育实验研究搜集量化和质性数据所使用的研究方法，从某种意义上讲，这个部分是比较容易写的，因为只要描述研究过程中所做的事情即可。方法部分的主要目的是帮助读者理解该教育实验的设计思路，了解在什么条件和情况下，通过什么方法，依据哪些教育事实得出教育研究结果；有助于读者鉴定该教育实验过程的科学性和客观性、教育实验结果的真实性和可靠性，便于读者用一定的方法进行重复性的教育实验。

该部分的主要内容包括如下几点。

（1）界定和阐述教育实验课题中涉及的主要概念。

（2）说明该教育实验中被试的条件、数量、取样方法。这部分主要描述的内容有：研究对象是什么？研究了多少人？他们的特点是什么？样本和步骤可能存在什么问题？如果不是随机的，有没有控制组？

（3）陈述教育实验的设计、实验组与控制组的基本设置情况、自变量的实施与无关变量的控制等。这部分需要重点描述的内容有：自变量是什么？因变量是什么？控制变量是什么？

（4）教育实验的基本程序包括教育实验步骤的具体安排、研究时间的选择等。

（5）资料数据的搜集、分析和处理，教育实验结果的检验方式。

写作方法部分时，应注意的问题有如下几点。

（1）研究方法同研究结果和讨论部分对应，这样可以帮助读者追踪研究成果。不要出现研究方法的小标题与研究结果的小标题不相匹配的问题。

（2）注意区分研究方法与研究结果。"方法"部分是要描述怎么做研究；"结果"部分是要呈现发现了什么。

（3）文字表述尽量简洁。既要详尽地罗列出所有研究方法，又要保持文字的精练简洁，这确实需要研究者具备一定的写作功力。

4. 结果与结论

结果与结论部分是教育实验研究报告的主要部分。实验结果是实验获得的数据、资料等客观现象，是实验对象达到的最后状态；实验结论是对实验过程与结果进行定量、定性分析后对实验所下的最后论断，是实验获得的规律性或本质性认识。要求全面、准确、客观地呈现教育实验研究的结果，简要说明每一个教育研究结果与教育研究假设之间的关系，并得出简要的结论。基本内容包括：①教育实验研究中所搜集的原始数据、典型案例、观察资料，用统计表、统计图与文字相结合的方式进行初步整理与分析。既要对定性资料进行归纳，又要对定量资料进行统计分析。②在对资料进行整理与分析的基础上，采用统计的技术手段和严密的逻辑分析，得出教育实验的最终结论。

教育研究结果与结论部分的撰写要求有：①实事求是，真实可靠。陈述的是本人的实验结果，不要夹杂前人或他人的研究结果与观点。②定量与定性分析相结合。对数据资料运用科学的方法进行定量分析与定性分析，不是事实数据的简单罗列。③资料翔实，论证严密。结论是建立在对研究资料客观分析的基础之上的，论证要层次清晰，逻辑严密，文字准确简明。

如何简明地呈现研究的结果呢？可以使用的技巧有：①有选择。任何教育研究获得的结果都比能写进论文的内容多，所以，只需要呈现与假设或论点相关的结果。②使用图表。用文字来呈现信息有不太容易阅读的缺陷，如果使用图表来呈现会更简洁明了。使用图表要遵循：使用必要的图表；确保图表标准化；使用信息量较大的图表；设计适合；命名恰当；不重复图表信息等。③不要按发现的时间顺序呈现结果，而要围绕观点来呈现结果。除上述几点外，注意不要与研究方法相混淆、用过去时等。

5. 讨论

讨论是对教育实验研究结果与结论的意义进行分析与评价。这是最难写的一部分，也是最重要的部分之一。研究者根据教育实验研究的客观事实和结论，讨论和分析与实验结果有关的教育问题，并对当前教育理论或教育实践的发展提出自己的观点、建议和设想。研究者围绕论点所进行的讨论，会帮助读者理解作者的研究对他们的教育研究和教育研究领域所具有的意义以及需要进一步研究的问题。

讨论部分的基本内容包括：①从理论上分析和评价教育实验结果与结论。可以简要叙述教育研究结果与结论，阐明教育研究结果与结论的意义，综合分析该教育实验多次研究的结果，在与前人研究结果与结论进行比较分析中，将自己的教育实验结果与结论纳入某一理论结构中，以建立和完善相关理论。②探讨该教育实验的科学性和局限性。针对假设对论据加以评述：其相关性、矛盾、机制和解释力如何。论据的确定性如何？是否显示因果关系或相关关系？结果是否有其他解释？数据是否异常？如何解释结果的差异性？预测可能出现的质疑，指出未解的问题和可能存在的偏见。坦承那些更为重要的局限，有时可以提出不同的研究方式，但是，忌过分强调该研究的局限，或为研究的局限致歉。③提出在教育实验中发现的可供深入研究的教育问题，提出该教育实验研究过程中尚未解决的或者需要进一步解决的教育问题，提出对未来的教育研究以及如何推广该教育研究成果的建议等。虽然讨论是建立在教育研究结果的基础上的，但是仍然需要深化教育研究结果的意义，忌简单罗列。讨论是研究报告的最后部分，又不能写得太长；否则，我们就犯因讨论所有可能的意义而出现分析过度的错误。

讨论与结论的主要区别：教育研究结果和结论呈现的是教育研究中客观的教育事实以及根据事实所作出的判断，可以在相同的教育实验研究中重复出现；讨论多是研究者个人对教育研究结果与结论的主观认识和分析，但是，对教育研究结果与结论的认识"仁者见仁，智者见智"。所以，作为研究者本人，要善于提出教育问题，解释和回答教育问题，要善于从逻辑的、理论的和实践的角度，多侧面、多维度地展开分析和讨论，充分发挥研究者的洞察力和创造力。

6. 参考文献和附录

报告的末尾应注明教育实验研究报告中直接提到或引用的资料的来源，其格式可以参照国家标准《GB/T7714—2015 信息与文献参考文献著录规则》。例如，期刊文章的著录格式为：主要责任者. 析出文献题名[文献标识类型]. 连续出版物题名，年，卷（期）：页码., 如"汪基德. 中国教育技术学科几个问题的探讨[J]. 教育研究，2006（7）：56-61."；专著的著录格式为：主要责任者. 题名. 其他题名信息[文献标识类型]. 其他责任者. 版本项. 出版地. 出版者，出版年：引文页码., 如"汪基德. 中国教育技术学科的发展与反思[M]. 北京：中国社会科学出版社，2008：9."。

附录并不是每一篇教育实验研究报告必备的内容，确有必要时才编制。附录的内容有教育实验使用过的问卷、量表或者其他材料的样例，搜集到的原始数据，某些重要且不宜插入正文的旁证性文献，教育实验中采用的测评的具体标准等。

（三）教育行动研究报告的结构

教育行动研究报告是一种教师在开展教育行动研究之后递交的、最终的书面报告。一份完整的教育行动研究报告主要由如下几个部分组成。

1. 题目

题目要尽可能突出措施和问题解决之间的因果关系，避免"情感化""文学化"，如"思维导图在小学作文教学的应用研究"。这类题目一看就知道措施和问题解决之间的因果关系，值得提倡。但是，在实际的教育行动研究过程中，教师在行动开始阶段可能还不知道需要采取什么措施，就需要提出一个教育行动研究的题目，例如"××问题的成因与对策""关于××问题的个案研究""关于××问题的行动研究"等。这类题目因为没有预设任何归因倾向,体现了研究的价值中立立场。所以,在撰写研究报告的题目时,选择此类表述的报告比较多。

2. 摘要和关键词

摘要是研究报告的概括性叙述,它是读者在不通读全文的情况下,对教育行动研究的问题、归因、措施与行动、评价与反思等核心内容有一个大致的了解,从而确定是否进一步阅读。关键词是研究报告所涉及的主要概念、问题和研究领域,对建立资料库和研究报告索引有很大的帮助。

3. 正文

教育行动研究报告的正文部分主要包括问题的提出、问题的归因、措施与行动、评估与反思等四个部分。不过,教师在撰写教育行动研究报告的时候,可以根据实际情况对正文的段落和小标题做一些相应的调整。

(1) 问题的提出。问题的提出部分主要包括三个方面的内容,即问题的发现、问题的定位和问题的初始调查。研究者在撰写问题的初始调查内容时,可以将重点放在调查结果的呈现和分析,至于调查对象、问题的表现指标和具体的调查方式,只需要做简单介绍。这样做的目的是提高研究报告的连贯性和可读性。

(2) 问题的归因。问题的归因部分包括理论、经验与调查等三个过程。在理论归因方面,研究者需要介绍理论归因的来源和结果;在经验归因方面,研究者可以说明同行对问题的分析结果。在此基础上,研究者还需要对理论和经验提供的原因线索进行追溯,反复排查,以确定问题可能的重点原因,并简要说明根据重点原因进行的实证调查活动,该调查活动包括调查的对象、调查的方式、调查的时间等,最后具体呈现调查归因的结果。

(3) 措施与行动。措施与行动要与前文的归因相对应,行动的阐述可以比较抽象,但是具体措施必须有具体行动的支持。在这个部分的撰写过程中,研究者可以列举一些具体的课堂实录和教学片段。

(4) 评估与反思。评估与反思部分主要包括成效评估、现有措施的副作用分析和替代分析等三个方面。评估与反思是体现教育行动研究的实效性和一线教师的反思精神的重要指标。成效评估主要呈现前后对比的数据与材料,并对现有措施是否使问题得到了解决或改善做出分析。研究者通过对现有措施的副作用分析,发现现有措施的负面影响,这可以为今后的教育行动研究贮备问题。在这一过程中,研究者不需要进行实际调查,可以凭自己的主观判断,当然,如果有调查就更好。替代分析就是研究者对措施实施的成效不佳的部分进行初步的原因再分析,为下一轮的教育行动研究做好准备。

4. 致谢

教师在教育行动研究报告正文结束后,需要对在行动研究过程中提供建议、协助和经费支持的机构、校外专家、同行表示感谢,致谢的目的是体现教育行动研究的合作性。

对于需要感谢的人员，研究者可以根据需要给以说明。致谢不是客套，而是对他人在教育行动研究过程中付出的一种尊重、承认与感谢。

5. 参考文献

教育行动研究报告对文献的具体要求不是十分严格，但是，实事求是地列出教育行动研究的参考文献也是研究者的一种研究道德。

6. 附录

附录部分主要收集教育行动研究所涉及的一些不便于在正文中呈现的实证材料和数据，是对正文的补充和支撑，体现了教育行动研究的真实性。附录部分的内容主要包括：①问题初始调查的具体设计，包括问卷的内容、谈话记录、观察记录等；②问题归因调查的具体设计；③措施与行动部分的具体支持材料，包括教案、课堂实录等；④评估调查的具体设计。

（四）教育叙事研究报告的结构

与理论性的教育研究报告相比，教育叙事研究报告的撰写就显得灵活、丰富，不仅没有任何固定的格式，而且分析和解释资料的方式也多种多样。教育叙事研究报告的规范性相对较弱，但是教育叙事研究报告也需要用生动、简洁的语言使读者清楚了解研究是如何开展的、发现了什么、该发现有何意义等。教育叙事研究报告需要将量化研究的简洁、严谨与质性研究的细腻、深入结合起来，以增强教育叙事研究报告的严谨性和可读性。教育叙事研究报告反对事先有一个非常强势的研究框架，强调要在现实实践中抽象、概括出理论，最后再形成一个理论性的框架。一般来说，教育叙事研究报告的结构包括研究背景和问题的提出、研究的目的与意义、研究设计（研究问题、概念界定、研究抽样、研究框架、研究方法、效度处理）、研究发现、讨论、结论和建议等。

1. 研究背景和问题的提出

在教育叙事研究报告中，研究背景和问题的提出与理论研究有很多不同：第一，研究背景主要涉及现实的实践背景，对于理论背景或写得宽泛，或一带而过；第二，文献综述也比较粗略，其目的不在于提供一个研究框架，而是提供大概的理论方向或研究取向，为后文的研究和撰写张目。

2. 研究的目的与意义

教育叙事研究的目的与意义与其他研究基本相似，在此不再赘述。

3. 研究设计

在研究设计上，教育叙事研究与实验研究的不同表现为：①教育叙事研究不能有研究假设的存在，因为教育叙事研究的研究目的不在于验证已有的假设，而在于寻找符合现场的全新的理论发现；②在研究问题、概念界定上，教育叙事研究报告写得比较模糊，只是对概念进行简单的描述而不会像理论研究那样使用操作性概念，研究问题也只是大体上确定研究的范围，具体问题则需要到现场才能够确定；③在研究框架上，教育叙事研究也只是通过框架大体上描述自己的研究路径，为研究提供初步的路线图，既不具体详细，也不僵化；④教育叙事研究一般不提供信度说明，在研究效度上，不重视外在效度，只强调获取理论的内在一致性。

4. 研究发现

和实验研究一样，教育叙事研究报告的研究发现也是对数据分析的结果，不过，这里的"数据"在一般情况下是文字或者图片，而不是数字。关于教育叙事研究资料的分析方法已经在第九章中详细介绍，在此不再赘述。

5. 讨论

教育叙事研究报告对讨论的撰写存在诸多差异。关于讨论部分，有些教育叙事研究报告篇幅较长，但是，有些教育叙事研究报告不写什么讨论，研究发现部分将故事呈现出来后戛然而止。一般情况下，讨论部分主要包括研究发现中具有特别意义的地方、研究发现与已有理论相符或者相悖且需要做出解释的地方、研究中存在的疑惑及其分析、研究发现对未来研究的启示等。

6. 结论和建议

与实验研究不同，教育叙事研究报告的结论常常写在讨论之后，因为唯有如此，研究者才知道哪些研究发现是最有价值的、哪些需要重点描述。教育叙事研究报告的结论是关于研究发现和讨论的共同结论。

建议常常和结论在一起，但是也有很多教育叙事研究报告没有建议。教育叙事研究报告的建议包括对未来教育研究的建议和对教育实践的建议。对未来教育研究的建议对叙事研究来说十分重要，因为教育叙事研究深入实践中，用自己独特的视角来发现现实、构建理论，具有很强的原创性。虽然对教育实践的建议不如理论方面重要，但是教育叙事研究扎根实践，和当时、当地的文化结合得非常紧密，所以，教育叙事研究所提出的建议不仅深刻，而且有非常大的适用性。如果教育实践工作者能够细心体会，那么将会有震撼性的发现。

三、教育研究报告撰写的基本要求

作为教育研究成果的表述形式，教育研究报告的质量取决于研究者工作质量，取决于教育研究课题的理论基础、理论价值和实践价值，取决于教育研究操作的规范性和结果解释的合理性，还取决于研究者的分析综合能力、专业基础和写作能力。因此，教育研究报告的形成不是对研究过程的简单、机械的记录，而是一个复杂的理论思维过程，是从复杂的事实材料中提炼出科学观点，并以有逻辑性、有条理的文字表述出来。在此过程中，需要处理好教育研究成果表述中的各种内在关系，遵循其基本要求，否则，会因表述不当而影响教育研究成果的价值。教育研究成果的表述需要遵循如下基本要求。

（一）在科学求实的基础上创新

教育研究的目的是创新，反映出研究者在教育研究探索的过程中获得的新事实、新见解、新理论。教育研究报告阐述的内容是发现前人所没有研究过的、前人所未知的，或者是在前人研究的基础上，以新的材料、以新的视角进行探索，或者是探讨在新形势下出现的新问题，在此基础上，提出新颖独到的看法和观点。教育研究报告的创新是以科学性为基础的。其主要体现为：①在教育研究成果的论证上，使用充分、确凿的证据，借助逻辑严密的论证方式，或者使用精确可靠的教育实验观察数据，来证明教育研究成果；②教育研究报告的内容要实事求是，从实际出发，无论是立论还是分析、论断，都要恰如其分，正确反映客观事实；③理论观点表述要准确、系统和完整。不同于小说、政论文，教育研究报告是规范性的文章，必须遵循科学性和严谨性。

（二）观点和材料一致

科学研究要从客观存在的事实中得出正确的结论，必须对研究中所获得的大量材料进行整理、提炼和取舍，挑选出最有价值的、最典型的事实材料作为立论依据。如果研究者不重视事实材料，东拼西凑，妄加推断，或者简单铺陈现象，不加选择甄别，就会使论点和论据脱节、缺乏说服力。因此，写好教育研究报告的关键是处理好观点和材料之间的关系。

为了保证观点和材料的一致性，需要从材料的选择和观点的提出两个方面着手。选择材料不是按照研究者的主观意愿任意取舍，需要遵循以下要求：①围绕研究的主要问题选材，分清主次；②选取的材料要有典型性、代表性和说服力；③要鉴别材料的真伪和价值程度；④要尽可能选用新颖、生动、有时代感的材料。在选取材料的基础上，研究者才能提出实事求是的观点。提出观点时，需要做到如下几点。①言之有据。不要凭空臆想，要从已有的事实材料出发，经过逻辑论证得出观点。②尊重事实，排除偏见。不主观臆断，尊重事实，哪怕事实不符合研究者原有的预期，研究者也应该以事实为依据提出观点。③逻辑严密，概括正确。研究者在掌握了大量材料的基础上，对材料的正确、深刻和集中的分析、归纳与综合，提出观点，概括出结论。

（三）在独立思考的基础上借鉴吸收

教育研究是一项复杂的选题工程，需要在已有研究的基础上推进。因此，在教育研究报告的撰写过程中，必须正确处理借鉴吸收他人研究成果与研究者自身的独立思考之间的关系。忽视对他人研究成果的借鉴和吸收，容易导致重复研究；而全盘接受、述而不评、为引用而引用、断章取义、任意引申发挥等做法，都是无益于教育研究的。对引用的观点和文献，首先要搞清楚作者原意、文献价值，有针对性地将文献的实质与研究者当前的课题有效联结起来。其次，要善于从众多的已有教育研究成果和文献中选择最具典型性的、富有说服力的材料，简单罗列和大量堆砌只能降低文献的论证作用，使文章臃肿拖沓。

（四）书写格式符合规范，文字精练、简洁，表达准确完整

教育研究报告的撰写之所以要求严格的规范格式，是因为研究报告的目的是用其他研究者认同的形式来交流思想、提供资料，已经形成了一种惯用的形式。创造性不需要表现在教育研究报告的形式上，而是表现在教育研究报告的思想和观点中。今天，教育研究方面的出版物数量浩繁，没有也无须研究者从头到尾读完所有的教育研究报告，他们总是有选择地、快速地、有效地读完部分文献。研究报告不是小说，不需要形式上的创新，研究报告是知识的有机排列，需要遵循严格的规范。很多专门的学术刊物对稿件有专门的要求。

教育研究报告的语言文字要准确、鲜明、生动。所谓准确，是指忠实、客观、直截了当地反映现实，忌浮华夸张，忌日常生活用语代替科学术语，忌生造词语造成歧义等。鲜明，是指重要观点、重要概念或主要论据要清楚明白。生动，要求语言要讲求文采，要在忠诚、准确的基础上讲文采，以最少的文字表达更多的内容，不要生搬硬套地宣布真理。教育研究报告应当是描述和解释、说理和论证。文字上要力争做到"信、达、雅"，对研究报告要反复推敲，删芜就简，字斟句酌，论点突出，论据可靠，论证严谨，文字简洁。

除了上述规范外，还有一些语言上的规范需要遵循，如教育研究报告的文笔不应带个人色彩（教育叙事研究除外），避免使用缩写词，提及的权威人士宜省去其头衔，在正文中出现外国人名一律用中文，首次出现外国人名应附原名，同一人名的译法全书必须一致，等等。

第二节　教育学术期刊论文的撰写

教育学术期刊论文可以分为两种类型，一种类型是属于实证型的论文，这类论文的结构与研究报告的结构比较类似，这里不再介绍。另一种类型是属于思辨型或理论型的论文，这类论文是以议论文的形式，通过理性分析，使用明确概念、判断和推理等逻辑方法来证明和解释问题。它侧重理论论述，将感性认识上升为理性认识，以探索规律性的知识。下面介绍的是理论型教育期刊论文的结构与撰写方法。

一、教育学术期刊论文的结构

理论型教育期刊论文与教育研究报告的固定的写作结构不同，理论型教育期刊论文在写作表达方式上比较自由、灵活，即便是面对相同的主题、提出相同的观点，不同的作者往往有不同的表述风格。但是，理论型教育期刊论文要求在内容上要有所发现、有所发明、有所创造、有所进步，在逻辑上要论点明确、论据确凿、论证严密，清楚地展现理论与观点的形成过程。理论型教育期刊论文通常与思辨性的教育研究方法相联系，其常见的形式有经验总结、综述、述评和理论性论文等。

由于理论型教育期刊论文的议论文属性，撰写论文时，主要遵循的思路为"提出问题、分析问题、解决问题"，与之相关的说法还有"为什么、是什么、怎么办"。针对初学者，我们将从"标题""开头、正文和结尾""中英文摘要和关键词"等三个方面来讨论理论型教育期刊论文的基本结构与规范。

（一）标题

教育学术期刊论文的标题有两种：大标题和小标题。大标题就是论文的题目。教育学术期刊论文的大标题一般直接或间接呈现研究者赞成什么或者反对什么，其标题结构往往显示"从A到B"或者"A与B""A还是B""走向A"等，也可以用某个关键词作为论文的标题，如"论可能生活"等。教育学术期刊论文的小标题一般是文章的主要观点，好的小标题之间的关系是递进的或者相互排斥的。

教育学术期刊论文标题容易出现的问题主要包括：①标题不简洁，不明晰，有赘语。比如，在"……研究""……分析""……初探"的标题中，"研究""分析""初探"属于赘语，可以删除。如果确实需要突出自己的研究方法，也可以使用"……的实验研究""……的实证研究"。标题字数一般不超过20个汉字。②多余的标点符号。如逗号、引号、破折号等，如果为了强调在标题中出现的研究视角，可以使用冒号。③副标题多余。应尽量避免使用副标题，因为研究者在提交论文后，杂志、数据库、档案馆等一般默认呈现主标题，由此会导致标题残缺不全，给读者带来错误信息。如果确实需要增加副标题，最好采用冒号，这样可以避免副标题另起一行，甚至可以将副标题转化为主标题的一部分。即便如此，也要谨慎使用冒号，最好不使用任何标点符号。④以夸张的文学化手段呈现主标题。这样做产生的结果是主标题含糊不清，无法显示或提示教育研究的问题。⑤以"让""要""应该"等情态动词开头的祈使句语气的标题。⑥文不对题。标题与正文脱节，既没有显示正文的关键词，也没有表达正文的核心观点，甚至隐含了与正文相反的观点。

（二）开头、正文和结尾

1. 开头

开头类似于研究报告的引言。撰写论文的基本过程是先设想论文有哪些主要观点，然后围绕论文的主要观点以提问或假设的方式、开门见山地提出问题，这就是论文的开头或引言。提出问题的一般性思路是从前人或者他人已有的观点出发，引出要讨论的问题或者研究假设。前人或者他人已有的观点应尽可能以一种简洁、明晰的"文献综述"来呈现，如果，论文中计划安排专门的章节来呈现"文献综述"，那么，正文的开头或引言也可以直接亮明自己要讨论的问题或研究假设。

论文的开头或引言还可以直接亮出答案或主要观点。不仅论文的开头可以直接呈现论文的主要观点，而且章节的开头也可以直接提示本章或本节的主要观点。这样写的好处是读者在阅读完本章或本节的开头后，就大致了解了本章或本节要讨论的主要内容或者核心观点。

论文的开头与各个章节的开头写法大体一致，其区别在于：论文的开头与各个章节的开头虽然都有"承上启下"的作用，但是论文的开头所承接的"上"主要指前人或他人的相关教育研究，由前人或他人的相关教育研究引出该教育研究；而文章各个章节的开头主要承接上一章节的观点，引出下一章节的观点，由回顾上文引出有待进一步讨论的问题和观点。

　　除了上述论文的开头方式之外，将"本研究的意义"作为论文的开头也是一个比较普遍的写法。论文的开头看似有章可循，但是，也并非一定如此。论文的开头也可以是"寓言式开头"，先讲一个看似与论文无关的故事，却蕴含了整个文章的灵魂。

2. 正文

　　教育学术期刊论文的基本思路是"为什么、是什么、怎么办"（或者"提出问题、分析问题、解决问题"），"为什么"或"提出问题"在论文的"开头"或"引言"部分，那么，正文或"本论"的重点就是"是什么、怎么办"。在如何看待"是什么"与"怎么办"之间的关系上，哲学倾向的教育学术期刊论文关注的重点在于"是什么"，侧重教育的价值研究、本质研究，以及在此基础上的批判研究；而实践倾向的教育学术期刊论文关注的重点在于"怎么办"，侧重教育改革研究（问题解决）、经验总结，以及在此基础上的教育政策研究。哲学倾向的教育学术期刊论文在对某教育思想或者教育制度进行批判研究的同时，也可以提供相应的对策，只是重点仍在批判，并有节制地提出对策。无论哪种倾向的教育学术期刊论文在判断"怎么办"的对策是否合理时，取决于论文对是否给出了足够的"是什么"的批判与分析。

　　为了对"是什么"做出有效的解释和有说服力的论证，教育学术期刊论文可以选择两条路线：一是大量引证相关的实证研究结果；二是采用分类别、作比较、找关系的方式提供"是什么"的解释。

　　分类别既可以呈现横向的空间维度分类，也可以呈现纵向的时间维度分类；既可以显示先验的、纯概念的、演绎的分类，也可以显示经验的、事实的、归纳的分类。

　　作比较是对两个或者两个以上不同类型的概念或事物的相同与不同进行分析，是研究者对概念或事物进行分类后，进一步分析各类型之间的关系。因果关系或者对立统一关系可以被视为广义上的比较研究。

　　找关系包括表里关系、因果关系和对立统一关系（包含否定之否定关系、递进关系、主次关系、并列关系等）。

　　教育学术期刊论文的本论部分的结构安排有以下三种形式：①平列分论式，即围绕论文的中心论点设立多个分论点，分论点与中心论点之间的关系是垂直关系；各分论点之间是平行关系，从不同角度、不同侧面对中心论点展开论证。②层递推论式，本论部分划分为若干层次，分层展开，步步深入，直至最后得出结论，论文各层次之间是递进关系。③平列层递结合式，平列分论式有助于获得问题的横向拓展和全面认识，层递推论式有助于问题的纵向深入。面对错综复杂的教育事实和教育问题时，教育研究者要通过多重角度不断深入地阐述，才能揭示其本质。

3. 结尾

教育学术期刊论文的结尾可以有很多种写法，最需要关注的是，结尾与论文开头之间的相关性。结尾以对正文中所呈现的主要内容或主要观点进行梳理、归纳和概括的方式，呼应论文的开头。一般来说，教育学术期刊论文的开头常以设问、假设、研究背景、研究意义等提出问题，而论文的结尾对论文开头所提出的问题做出回应、解答、归纳、概括。但是，很多作者习惯于在论文的开头直接呈现答案，如果作者在结尾采用"相似"而不"相同"的语言来陈述相同的观点，那么，论文的开头和结尾虽然在形式上彼此重复，反而会产生首尾呼应的好效果。

（三）中英文摘要和关键词

正式发表的学术期刊论文，一般需要写出摘要或提要。实证类研究论文的摘要一般应包括研究目的（问题）、方法、结果与结论。思辨类（理论类）研究论文的摘要主要介绍教育研究的主要内容和结构，并略加评论。摘要不是整篇论文的段落大意，不要采用"第一部分写了……；第二部分写了……；第三部分写了……"的形式。摘要应该用包括研究的问题、方法、主要观点与结论的一段概括简练的文字来表述。读者通过这段概括简练的文字，了解全文的主题和主要内容，并据此判断是否值得阅读全文。

撰写教育学术期刊论文的中英文摘要需要注意的问题有：①摘要一般应包含正文中的关键词；②摘要不宜出现图、表或复杂的公式；③摘要不要出现脚注或引文；④摘要中不要包括任何需要阅读完全文才能搞清楚的陈述；⑤摘要不宜对文章进行自我评价，不要呈现类似"教育研究的意义与价值"等涉嫌自我吹嘘的文字；⑥摘要不宜太长，字数一般为200字左右。

关键词又称主题词，是对研究报告或者学术论文所研究的范围、方向等做出的标识。关键词的作用主要有：①对学术期刊论文进行学术分类，使专业读者通过关键词了解论文属于何种教育研究领域、针对何种教育研究问题；②检索需要，教育研究者根据关键词可以检索到该论文。所以，当一名教育研究者撰写论文的标题和摘要时，要想象着自己的研究成果如何被他人搜索，或者作为一名教育研究者应该搜索哪些关键词，然后将这些关键词放到自己的标题和摘要中。

撰写教育学术期刊论文的中英文关键词时，需要注意的问题有：关键词一般为3~7个，关键词太少，不便于他人检索到该文献；关键词太多，就算不上关键；关键词的来源有标题和文章的主要观点。

例如，《关于教育研究范式分类问题的探讨》一文的摘要和关键词是：

> 教育研究范式是教育学术共同体在教育研究过程中所公认的教育信念、教育价值取向以及在研究教育问题时遵循的研究程序和研究方法论等所形成的体系。目前对教育研究范式的分类与阐释众说纷纭，包括二元对立说、多元整合说、范式变迁说、范式创新说等。现有范式分类繁多且存在诸多问题。遵循教育研究范式分类的方法论原则，可将教育研究范式分为思辨研究范式、量化

研究范式、质化研究范式、混合研究范式四种。思辨研究抽象概括，量化研究客观精确，质化研究深刻具体，混合研究互补全面。这种"四分法"体现范式转型对教育学科发展的革命性影响和教育研究范式的发展趋向，避免当前我国教育研究范式转型陷入误区。

[关键词] 教育研究方法 教育研究范式 范式分类 范式转型①

这篇论文的摘要与关键词就比较符合上述关于摘要与关键词的撰写要求。

二、教育学术期刊论文的论证方法

教育学术期刊论文的主要论证方法可以分为演绎法、归纳法、类比法等三种。

（一）演绎法

所谓演绎法，就是教育研究者从先在的、一般性的基本假设出发，从中推导、引申出某些定理和法则，最后结合各类经验进行概括，发展出一套抽象层次不同的命题等级系统。这些由若干假设推导出的定理、法则或经验命题的正确性，取决于随后通过观察与实验等手段搜集而来的资料的验证。如果它们被验证为正确，那么，这些定理、法则或经验命题就得以保留，而且推导出定理、法则或经验命题的基本假设也会得以保留；如果它们被验证为错误，那么教育研究者就必须重新修正和调整基本假设。

演绎法通常是沿着从"一般"到"特殊"再到"个别"的思路来进行的，其实质就是从一些已知命题出发推论出若干未知命题。所谓已知命题主要是那些以公设或公理形式而存在的原始基本假设，所谓未知命题主要是那些从原始假定中引申、推导出的定理。公设或公理往往具有普遍性和自明性，定理是从公设或公理中推导出来的经验性命题，其是否正确，还需要运用经验事实检验。演绎法的经典范式是亚里士多德式的三段论。除此之外，教育学术期刊论文还可以采用某理论视角和分类视角的方式来进行论证。

三段论的论证形式包括三个因素：一是大前提；二是小前提；三是基于大前提和小前提推出的结论。例如，凡人总是会死的（大前提）；柏拉图是人（小前提）；所以，柏拉图是会死的（结论）。教育学术期刊论文的演绎论证大多采用亚里士多德式的三段论，当然，只能大体遵循三段论的逻辑路线，难以呈现纯粹的演绎逻辑论证；而且教育研究演绎论证的过程中，寻找经验事实作为相关证据时，不得不兼顾归纳论证。比如，①大前提：教育均衡是实现教育公平的基础和前提；②小前提：教育信息化为教育均衡发展提供了条件；③结论：教育信息化可以促进教育公平。②

在教育研究中，大前提常常显示为某个理论视角，在此前提下，演绎出教育理论和教育实践改革的方向。基于理论的演绎论证的基本思路是：①以新理论取代旧理论；②以新理论去反思、批判传统教育理论和教育实践；③建构新的理论体系，或者提出新的教育实践改革方案。而在具体的论证过程中，教育研究者很少严格按照"大前提-小前提-

---

① 汪基德，王开. 关于教育研究范式分类问题的探讨[J]. 教育研究与实验，2021，（3）：65-70.
② 汪基德，刘革. 教育信息化促进基础教育均衡发展[J]. 教育研究，2017，38，（3）：110-112.

结论"的三段论结构展开论证，比较常见的思路是：首先以归纳的方式提出教育研究问题，再以演绎的方式呈现解决问题的思路，引介或选择新的理论，最后用这个新的理论重新解释教育理论或者教育实践。

在选用演绎论证的大前提时，教育研究者还可以采用"差异与同一关系""因果关系""对立统一关系"等视角作为演绎的开端。关系视角可以理解为分类视角、比较视角。分类别、作比较、找关系几乎是所有教育研究的基本方法，而且分类别、作比较、找关系是"三位一体"的、不同侧面的、而非三种相互独立的方法。所以，关系研究的标题可以是"……的类型"（分类研究），也可以是"从……到……"或者"……对……的影响"（关系研究），还可以是"……与……的比较"（比较研究）。

（二）归纳法

在教育研究开始之前，一般来说，教育研究者没有预先存在的理论，只是从需要探索的主题或者关注的问题出发，通过实地观察与调查，获取相关原始资料，然后，教育研究者再对这些原始资料进行分析和归纳，从中提炼出相关的概念和命题，最后将这些概念和命题逐渐上升为理论。这种理论是从原始资料中形成的、使用自下而上的方式建构的。这种理论的操作步骤包括：①对原始资料进行初步的描述、分析和综合；②依据资料的特点，建立初步的理论框架；③依据初步建立的理论框架，对资料进行系统分析；④对原始资料、理论框架中的概念和命题反复进行比较和对照；⑤建立一个具有内在联系的理论体系，或者一套比较系统的理论假设。在上述操作步骤中，最关键、最重要、最有效的是运用归纳法。

归纳法主要表现为：首先，确定某类事物的主要特点；其次，对这些特点进行抽象，建立一个初步的假设；再次，验证假设，根据验证结果修正假设或重新提出新假设；最后，将这些假设组成一个互相关联、互相支持的理论系统。归纳法又称经验论证，常用的论证工具有例证、引证和对比论证。归纳法的关键技术是为某个结论或假设寻找相关证据或者原因，使各种证据汇聚成一个"证据链"，"证据链"一旦形成，结论即自动生成。经典的归纳法是"穆勒五法"。在《逻辑体系》中，穆勒讨论了实验研究的五种方法，即求同法、求异法、求同求异法、剩余法、共变法等五种归纳的方法。其后的逻辑学书籍将其称为"穆勒五法"，但是，穆勒本人认为"求同求异法"并非独立的方法，所以，"穆勒五法"也被称为实验四法。

演绎法是先验论证，归纳法是经验论证。演绎法的理论假设（大前提）是全称判断，而且推论的结果具有必然性；归纳法的理论假设是概率论，故推论的结果表现为可能性（或然性）。理论研究追求普遍性、一般性、必然性、规律性，故多采用先验的演绎推理；实证研究多采用"例证"的论证方式，其结果往往表现为可能性、特殊性、或然性、差异性等特点。

但是，理论研究也可以采用归纳论证。在使用归纳法来论证因果关系时，理论研究与实证研究差别不大；理论研究采用归纳论证与实证研究的不同之处在于：①理论研究采用归纳论证时所举的事例往往来自他人的研究资料和结论，但是，实证研究采用的证据必须来自教育研究者本人的取证。②语言表述差异。理论研究论文往往借用大量的、多角度的证据（二手资料），因此，理论研究论文重视类似"大量证据表明……"或者"大量事实表明……"的表达形式；而实证研究论文则强调教育研究者以实验研究或调查研究收集"一个"实验研究证据或"一项"调查研究的资料。

与演绎论证类似，理论研究中的归纳论证的主要技术也是分类别、作比较、找关系，也可以采用异同关系、因果关系、对立统一关系等分类，但是二者之间的区别主要在于：演绎论证更重视教育概念或者教育观念之间的关系及其比较，归纳论证则更重视具体的教育事实之间的关系及其比较。在进行异同关系，或因果关系，或对立统一关系的比较时，演绎论证也可以列举相关的事例，但其重点一般只在于概念之间的辨析而不是论证本身，在形式上表现为大量的概括和概括出来的结论提供详细的解释；而归纳论证则会更多地呈现事实与材料，在形式上表现为从事实和材料中归纳出相应的结果和在对结果讨论的基础上形成结论。演绎论证可以围绕一份证据反复说明或解释，而归纳论证则强调用很多证据只为说明或解释一句话。演绎论证时概念或观念先行，"以论带史"，由概念或观念附带引出相关的例证，例证只是起到辅助证明的价值；而归纳论证的重点不在于概念辨析，而在于陈述教育事实来考察各种教育事实之间的关系以及相关的数据和结论，实证研究是事实先行，"论从史出"，从事实中归纳出结论。

在使用归纳法进行论证时，应先收集和排列教育事实，后对教育事实进行概括。归纳论证关注的重点是经验事实本身，而演绎论证则先确认思维形式，再进行概念或观念之间的分类和比较。

使用归纳法的最大好处是，可以不断发现新的教育事实与知识，理论不会脱离那些能很好证明其真理性的经验性陈述。由于归纳法形成的理论的抽象层次和概括水平是比较低的，它通常只适合解释某些特定的社会现象，这使得归纳法成为一种独特的、无以替代的理论建构方式。在我国现有的教育研究中，许多教育研究者试图运用演绎法建构一种普遍有效的、全面系统的教育理论体系的渴望非常强烈，他们也取得了很多成绩，但是，似乎离成功还很遥远。当前，要促进我国教育理论的建构与发展，应走经验实证的道路，通过大量专题型、问题型的实证研究，通过归纳推理构建既具有一定的抽象程度，又能用经验事实检验的理论，这应该是一种比较合乎实际的选择。

（三）类比法

如果说演绎论证的核心论证技术是三段论，归纳论证的核心论证技术是以例证为基础的概率论，那么，类比论证的基础就是以喻证为基础的相似论。在研究中，教育研究者常常根据事物之间的相似性，运用类比推理，将观察和研究其他事物得出的结论应用到自己的研究对象。类比论证也称"喻证"，其关注的是不同类别之间的同源性或者相似性。使用类比方法来构建理论，就是把已知的关于某类事物的知识和结论，推广到研究对象，从而形成相同或相似的理论。应用类比推理的基本方式是：假如 A 类对象具有 a、b、c、d 属性，B 类对象具有 a′、b′、c′属性，并且 a′、b′、c′与 a、b、c 相同或相似；那么，就可以得出 B 类对象也具有 d 属性或与 d 相似的属性这一结论。

类比是一种诗性思维，是一种原始逻辑，可以被视为直觉的方法、原型启发。类比论证的关键是为了某个事件寻找相似或者类似的其他事件，而且，教育研究者越能从看似"毫不相干"的事件中找到相似，类比所产生的效果就越强烈。在教育研究领域一直或隐或现地存在一条类比研究的传统。例如，荀子的"青，取之于蓝，而青于蓝；冰，水为之，而寒于水"、龚自珍的《病梅馆记》中所体现的中国教育家的观点；洛克的"白板说"、杜威的"教育即生长"等西方学者的论述；"教师是蜡烛""教师是园丁"等流行的说法，都以"人"与"自然"的相似性来暗示和解释教育的本质。16世纪，捷克教育家夸美纽斯成功地运用类比法进行了理论构建，他将自己观察自然界所发现的"规律"和"法则"应用到人类的教学活动领域，并借此建立了他的"大教学论"，这是一个运用类比法建构教育理论的典范。

但是，教育研究者要慎用类比法建构教育理论。一般来说，类比法对教育研究者提出新课题、新假设、新思路是有益的，但是，教育研究者如果将类比法作为一种教育理论构建的主要方式却需要慎重。使用类比法可能会出现这样的结果：将不相同或不相似的属性说成是相同或相似的属性，将不相同或不相似的教育事实说成是相同或相似的教育事实。究其原因，有些表面上具有共性的教育事实却蕴藏着实质性的差别；有些表面上看好像是风马牛不相及的教育事实却存在某种深层次的内在一致性。所以，要运用好类比法在教育理论构建中的作用，教育研究者就必须对教育事实之间的相似之处与不同之处具有敏锐的观察力和判断力，既不为教育事实表面的相似现象所迷惑，也不被教育事实表面的差异所迷惑，而要能在相似的教育事实中看出不同的所在，在不同的教育事实中看到相同之处，这两种能力对成功运用类比推理建构教育理论是同等重要的。

类比论证既不能提供理论研究过程中的逻辑思辨，也不能提供实证研究过程中的因果关系证明，因此，现代学术研究很少采用类比法来构建教育理论体系。在现代的学术生产体系下，类比法只能被视为论证的一种辅助手段。不过，当现代学术研究遇到现有的概念体系无法解释的现象和道理时，人们往往会借助类比法。因此，类比被视为现代学术的解毒剂。

第三节　教育学位论文的撰写

学位获得者需要具有相应的研究能力，而学位论文是学习者研究能力的重要载体，也是学习者获取学位的必要条件。《中华人民共和国高等教育法》明确规定，高等学历教育应当符合下列学业标准："（二）本科教育应当使学生比较系统地掌握本学科、专业必需的基础理论、基本知识，掌握本专业必要的基本技能、方法和相关知识，具有从事本专业实际工作和研究工作的初步能力；（三）硕士研究生教育应当使学生掌握本学科坚实的基础理论、系统的专业知识，掌握相应的技能、方法和相关知识，具有从事本专业实际工作和科学研究工作的能力。博士研究生教育应当使学生掌握本学科坚实宽广的基础理论、系统深入的专业知识、相应的技能和方法，具有独立从事本学科创造性科学研究工作和实际工作的能力。"在此基础上,《中华人民共和国学位法草案(征求意见稿)》对被授予学位者需要具有撰写研究性论文的能力进行了规范和要求,指出:所有被授予学位者需要遵守学术道德和学术规范;被授予学士学位者需要通过学位论文(毕业设计或者其他毕业实践环节)审查,被授予硕士学位者需要通过学位论文答辩或者实践成果认定,被授予博士学位者需要通过学位论文答辩。学位论文是获取学位的必要条件,教育学学位论文是教育学专业毕业生被授予学位的必要条件。

一、教育学位论文的类型

教育学位论文是规范的学术论文,一般包括教育学学士学位论文、教育学硕士(或教育硕士)学位论文、教育学博士(或教育博士)学位论文三种。

教育学学士学位论文:论文表明毕业生确已较好地掌握了本门学科的基础理论、专门知识和基本技能,并且有从事科学研究工作或担负专门技术工作的初步能力。教育学学士学位论文是高等学校对学业期满的教育学类本科生进行考核,以测试学生的学业水平的一次总结性独立作业。其目的在于总结教育学类本科生在校学习期间所开展教育研究的结果,以培养学生具有综合性、创造性地运用所学的全部专业知识和技能去解决较为复杂的教育问题的能力,培养学生的教育科研意识,帮助学生掌握学术论文写作的程序、规范和方法,使学生受到教育科学研究的基本训练。教育学学士学位论文的撰写,具有基础性的特征,要求学生综合运用所学的专业知识和专业理论,系统地阐述某方面具有一定的理论意义和实践意义的具体教育问题。论文的学术性和创造性不作过高的要求,但是论文的论点要鲜明,论据要充分,结构要完整,并有自己独到的见解。

教育学研究生学位论文是教育学类研究生在结束自己研究生阶段的学习生活、在导师指导下独立完成的总结性作业,包括硕士学位论文和博士学位论文两类。要求选题具有较高的理论价值和实践价值,论文所涉及的问题应具有坚实宽广的基础理论和系统深入的专门知识。教育学研究生学位论文的撰写过程实际上是教育学类研究生在导师的指导下进行系统化的科学研究的过程。

教育学硕士学位论文:教育学硕士研究生对所研究的课题应有一定的学术见解,论文表明作者具有从事教育科学研究工作或者独立担负专门技术工作的能力。硕士阶段主要进行的专题研究、专著研究、教育实验研究、教育调查研究、论文和读书报告的撰写等方面的训练,具有专业研究的属性,其目的在于学会教育研究,重在教育研究方法的选择与规范。与教育学学士学位论文相比较,教育学硕士学位论文的篇幅更长一些,讨论也更深入一些。《中华人民共和国学位法草案(征求意见稿)》规定,授予硕士学位的要求为:"(一)在本门学科或者专业领域掌握坚实的基础理论和系统的专门知识;(二)学术学位获得者须具有从事科学研究工作的能力,专业学位获得者须具有承担专业工作的能力。"

教育学博士学位论文:教育学博士研究生对所研究的课题做出比较全面、透彻和系统的分析,论文表明作者掌握了坚实宽广的基础理论和系统深入的专门知识,还表明作者具有了独立从事教育科学研究工作的能力，并在教育科学或专门技术的某个领域做出了创造性的成果。博士阶段是博士生在学有专长、有权威的教授指导下，进行难度很大的专题性教育学术课题研究阶段。与教育学硕士学位论文相比，教育学博士学位论文的范围更广泛、更专业、更精深。《中华人民共和国学位法草案（征求意见稿）》规定，被授予博士学位者需要遵守学术道德和学术规范，通过学位论文答辩；学术学位获得者须具有独立从事科学研究工作的能力，专业学位获得者须具有独立承担专业工作的能力；学术学位获得者须在科学研究方面取得创新性成果，专业学位获得者须在专业领域取得创新性成果。

二、教育学学位论文的结构

教育学学位论文是教育科学研究成果的直接表达，具有较高的学术价值。教育学学位论文的结构一般包括标题、中英文摘要和关键词、绪论、本论（教育理论分析或教育实验成果）、结论（结果的讨论）、参考文献等。

（一）标题

论文的标题犹如高速公路上的广告牌，是一些驾车急驶者简单一瞥看到的唯一内容。因此，作者需要尽可能把读者吸引过来。好的论文标题直达主题，其他教育研究者能通过标题迅速在数据库中搜索到你的论文；好的论文标题明确创新点，避免晦涩开篇；好的论文标题彰显论文的论点，表达内在诉求。为了拟定一个有吸引力的标题，教育研究者需要做到：①避免出现含混不清的字眼。②最好能定义论文的研究对象。比如"我国家校共育的问题及对策"[1]。③尽可能在标题中表明论点。比如"论乡村振兴战略中乡村教师的新乡贤角色"[2]。④在标题中包含易被检索到的关键词。比如"父母陪伴与儿童的人力资本发展"[3]。该标题包含三个关键词：父母陪伴、儿童发展、人力资本。⑤避免过于冗长的标题。⑥如果可行，在标题中添加一个动词。比如"跨入新全球化——新时期我国教育对外开放的挑战与对策"[4]。

（二）中英文摘要和关键词

学位论文的中英文摘要和关键词的写作规范与要求，与期刊学术论文的写作规范和要求基本相同，只是由于学位论文的篇幅一般较长，摘要的字数可以比期刊论文更多一些，在此不再赘述。

（三）绪论

如果作者已经写好了一个强有力的标题和结构完整的摘要，就据此认为，绪论的写作不需要花费太多的心思，那可就大错特错了。与论文的其他部分相比，绪论部分值得

---

[1] 朱永新. 我国家校共育的问题及对策[J]. 教育研究，2021，(1)：15.
[2] 肖正德. 论乡村振兴战略中乡村教师的新乡贤角色[J]. 教育研究，2020，(11)：135.
[3] 王春超，林俊杰. 父母陪伴与儿童的人力资本发展[J]. 教育研究，2021，(1)：104.
[4] 徐小洲，阚阅. 跨入新全球化——新时期我国教育对外开放的挑战与对策[J]. 教育研究，2021，(1)：129.

作者投入更多的精力来写作和修改。因为，绪论的主要目的是为读者提供足够多的信息来理解论文的论点以及作者将如何进行论证，以引起读者的兴趣。绪论主要涉及的内容包括：①提出要研究的问题；②明确论文的中心论点；③概述研究的目的和意义；④界定主要概念；⑤述评前人的研究成果等。

绪论的写法可以是：提出问题，引起读者兴趣；开门见山，提出论文的核心观点；叙述谬误，进行批驳；概括总体，交代研究缘起，提示写作目的等。需要注意的是，篇幅不宜太长，否则会给人头重脚轻的感觉。

（四）本论

本论部分是学位论文的核心和主体，是作者分析教育事实、证明论点、呈现教育研究成果的部分。本论部分的写作将决定学位论文的质量优劣、价值大小、水平高低。一般来说，在篇幅结构的安排上，本论部分应占论文全文的三分之二以上。

本论写作的基本要素包括如下几点。

（1）论点。论点是作者对所论述的问题，以判断的形式提出自己的观点、看法、主张和态度。如果一篇论文没有论点或者没能及时、清晰地表达出论点，那么会让人产生文章原创性不足、研究意义不大、组织混乱、缺乏严密的分析等认识，给人的感觉是文章读起来像是学生作文。如何才能提出一个论点呢？①如果假设是"A 会影响 B"，论点就是"当出现 C 时，A 影响到 B"。②一个论点就是作者通过一系列连贯的表述引导读者从确定性的前提出发，直到得出最终的结论。也就是说，论点的提出是一个提供论据进行论证的过程。③辨别一个陈述是论点的有效方法，就是你能用"我同意""我赞同"或者"我不同意""我不赞同"来回答。④在生活中，我们可以看到一个现象：两个人争论不休，谁也说服不了对方，谁也不愿意放弃自己的主张。在教育研究过程中，一个好的论点不需要彻底否定学术上的对手来确保自己观点的正确。⑤尽量避免把主题当论点。在学位论文的写作过程中，不要围绕一个主题而不是一个论点来论述。

（2）论据。论据是用来证明论点的依据，说明论点的理由和材料。在学位论文写作的过程中，有了论点，并不意味着任务结束。在田野研究和文本分析研究时，教育研究者很容易写出论据驱动式文章，论据看起来比分析更真实。但是，文章必须通过论据来证明论点，论据处于从属的位置。

（3）论证。论证是用论据来证明论点的过程与方法，呈现论点与论据之间的必然联系，揭示论据到论点的必然性。如何有效呈现论点与论据之间的关系呢？有学者建议：从已知到未知，即从读者熟悉的地方谈起；从简单到复杂，即在解释难点前，先给读者一些简单的信息；从共识到争议，当读者接受了作者的前一个观点后，会比较容易接受下一个观点；从普通到特殊，即先描述全局，再聚焦细节；从过去到现在，这是一种通用的结构；按照空间结构依次介绍相关事物，如同一位向导。

（五）结论

结论是学位论文中问题得以最终解决的部分，是作者分析、综合、抽象、概括全部研究内容之后进行的全面总结，是论点得到充分证明后得出的结果，是针对教育研究问题做出的答案。

结论部分的主要内容有：对教育研究做出的总体性判断和总结性的观点；提出切实可行的、解决教育问题的策略和措施；指出尚待解决的教育问题和该教育研究的局限；提出未来进一步研究的途径和方法。

学位论文结论部分的写作要求内容简洁、措辞严谨、逻辑严密、符合规范。

（六）参考文献

参考文献是进行学位论文写作中所参考的各种资料的总目录。由于不同学校对学位论文参考文献的格式要求不同，在编制参考文献时，本科生、研究生必须严格遵循本校或者本学院制订的相关格式规范。

学位论文是高等学校（学位授予单位）给学习者授予学位的重要依据，不同高校（学位授予单位）对不同层次的学位论文都有结构上和规范上的具体要求，下面附上河南大学对本科生毕业论文的内容要求。

河南大学本科毕业论文（设计、创作）工作管理办法（2018年，节选）

第二十一条　毕业论文（设计、创作）内容及要求。

本科毕业论文（设计、创作）字数原则上不少于8000字，各学院（部）可根据专业特点作具体规定。本科毕业论文（设计、创作）主要内容及要求包括以下几个方面：

（一）题目（topic）：用最恰当、最简明的词语准确精练地反映论文（设计、创作）所研究的特定内容及范围深度，使人一目了然。

（二）摘要（abstract）：一般不超过500字，说明毕业论文（设计、创作）的意义，完成了哪些工作，获得了什么结论，有何独到见解，所得结论、理论和技术水平、应用前景等。同时撰写与中文对应的外文摘要。

（三）关键词（keywords）：3～8个为宜，从毕业论文（设计、创作）中挑选出最能表达文章核心内容的关键词语。

（四）正文（mainbody）：要求真实、客观、全面地反映论文研究内容、研究过程、论点论据和具体成果，做到论点鲜明，论据充分，论证严谨，内容充实，层次分明，详略得当。

（五）结论（conclusion）：经过分析论证与归纳综合，得出正确的学术观点作为结论，必须准确、完整、真实。

（六）参考文献（reference）：将毕业论文（设计、创作）中参考引用过的主要文献依次列出，以示学生对参考文献作者的尊重，同时也便于读者明晰作品中的观点、成果及其与前人工作的界限。参考文献数量及种类视具体情况而定，一般应不少于10个。

三、学位论文撰写的基本要求

（一）学位论文的质量标准

一般来说，一篇高质量的学位论文，应具有以下几个基本特征。

1. 理论建构的完备性

不同类型的教育研究成果最终表现为建构新的理论体系，完备性是衡量教育研究成果的一项重要指标。完备性体现为对增加教育科学知识的贡献、理论和方法运用的深广度、理论观点的创新性、研究方法的突破、学术空白的填补、成果对其他学科领域的借鉴和启迪等。

2. 对实践的指导作用

教育研究成果对教育实践的指导，形式多样，具体表现为：教育理论对教育实践的指导可以是直接的，也可以是间接的；可以是内容对实践发挥指导作用，也可以是理论通过增进教育实践者对教育实践活动的理解力、判断力与反思力等来影响教育实践；既可以是观念层面的指导，也可以是技术操作层面的指导。教育研究成果对教育实践的指导作用体现为解决教育实践中的问题、反映优秀的教育教学经验、有效提高教育教学质量、推动教育改革。

3. 鲜明的创新性

教育研究是一种创造性活动，研究成果要反映该教育研究的新颖性和创新性，体现对人类知识所做出的贡献。创新性主要体现在教育研究成果是否具有先进性、是否填补了理论空白、是否修正了前人的观点、是否有独到的教育见解。

4. 切合实际，针对性强

论文应是真实可靠的，应经得起科学检验和重复检验，能反映教育实际，所用资料和数据准确无误，研究的思路和观点体现先进的教育理论，体现国家的教育方针和培养目标。

5. 研究方法的使用科学规范

教育研究所面对的教育现象是复杂的，不同研究范式的赞同者对教育研究能在多大程度上有效反映教育事实存在不同看法，为了最大限度保证教育研究的结果反映研究对象的真实情况，教育研究必须遵循一定的规范。例如，为了保证研究所涉及人员的权利，必须遵循一些伦理规范；为了保证进行有效的学术对话和交流，必须遵循一些基本的操作规范等。

6. 对教育研究结果的解释合理

从发生学的角度，描述教育事实的产生、形成与发展的全部过程，解释教育事实产生和发展过程中展现的规律,以及教育事实内部各变量之间的内在联系,这是教育理论的基础性功能。从更广泛的意义上说,教育理论的这种解释功能也是一种认识功能,它能帮助人们更好地认识和理解教育。

7. 结构完整、严谨,论证深刻、有力

当文章的每一个部分都顺理成章地进入下一个部分时,文章就有了连贯的结构,好文章的结构就如同人有了一副好骨骼。社会科学论文包括量化研究、质性研究和说明性论文三类,它们遵循着不同的结构,其中,量化研究论文在文章结构上要求最严格。

8. 文字精练、简洁、流畅,具有可读性

可读性是衡量学位论文表达水平的指标。学位论文应力求文字简练,结构严谨,层次清楚,浅显易懂,这有助于读者理解论文的观点和结论。

需要说明的是,教育学学位论文作为教育研究成果表述的一种形式,其质量高低固然取决于教育研究的质量,取决于教育研究课题的价值、理论基础的科学性、研究过程的规范性、结果解释的合理性,但是,也取决于教育研究者本人(学生)的分析综合能力、专业知识水平和写作能力。其原因在于教育学学位论文的形成过程本身是一个非常复杂的理论思维过程。如何从复杂的教育事实和材料中抽取出科学观点,如何将论点和论据形成具有内在逻辑的学位论文体系,如何以抽象的、可读性的文字符号表达出来,教育研究者需要正确处理学位论文完成过程中的一系列内在关系,遵循若干基本要求。否则,一个很好的教育研究成果也会因为得不到充分总结而影响教育研究的效益,甚至会因低劣的学位论文而歪曲了研究的实质。

(二)学位论文撰写过程中的不规范行为

在学术研究漫长的探索过程中,学术界逐步形成了共识,需要共同遵守学术规范。但是,由于各方面的原因,学术研究领域不时会出现一些"学术失范"或者"学术不端"的行为。在教育研究领域,特别是教育学学位论文的撰写过程中,"学术失范"或者"学术不端"行为也时常出现,为了使学生养成良好的学术研究习惯,下面我们将介绍"学术失范"或者"学术不端"行为在学位论文撰写过程中的具体表现。

1. 学术失范

广义上,学术失范应包括学术不端。这里的学术失范是指因违背学术规范而出现的不准确、不恰当的引用、数据和注释。

(1)引用过度。具体表现在三个方面:①引用他人的文字超过作者的论证;②连续引用某个单一文献;③在尚未理解原文的基础上大量引用他人的话语,歪曲引文含义。这类不规范现象在引用外文文献或者古代文献时比较容易发生。此外,如果教育研究者引用特定人物的话语,并将其作为定论,该行为也应被视为引用过度。例如:为讨好、迎合某"重要他人"(如自己的导师或某政治人物)而引用他的话语作为定论;为炫耀而不恰当的"自引"等行为。在所有的学术失范行为中,过度引用的危害最大,其危害性在于形式上似乎有明确的注释，好像没有抄袭，实则打着"有注释"的旗号公然抄袭。

（2）引用残缺或引用不足。与过度引用相反，引用残缺或引用不足是断章取义、捕风捉影的引用。

（3）未经同意而引用尚未公开发表的文献。

（4）对引文评价过度。表现为批评过于苛刻，或赞扬过于溢美。公正的学术批评原本是学术进步的助推器，其特点是实事求是、以理服人、学术争鸣。但是，在学术批评过程中，也存在公报私仇、因门户之见而对他人实施学术压制和学术报复的现象，该类学术失范行为严重打击他人进行学术研究的积极性，应该禁止。

（5）引用不符合学术规范或公认品质低下的文献。例如，引用粗糙的编译本而不去引用权威的全译本。初始的教育研究者受认知能力和水平的限制比较容易出现该类学术不规范行为。

（6）参考文献或注释的要素不全或者不准确。例如，在参考文献或注释中，弄错或遗漏作者、译者、出版机构、出版时间、版本、页码等内容，或出现错别字。

（7）在参考文献中大量列举自己根本没有阅读、没有参考过的中文文献和外文文献。

2. 学术不端

日常生活中，经常会见到欺骗、造假行为被诉诸报端，人们将这类人痛斥为诈骗犯、骗子。在教育研究和论文领域中，也经常听说有人在教育研究中存在造假行为，给人的感觉与前者稍显不同。但是，性质恶劣程度上，两者没有区别。教育研究中的造假行为是对科学的亵渎，歪曲了教育研究成果发表的本意，妨碍了学术的正常交流，会从根本上动摇人们对科学的信任。所以，学术界、教育界、研究机构、管理机构正在行动，采取严厉的态度对待学术不端。

学术不端是指违背公认的学术准则、损害学术公正的行为。学术不端行为的主要表现有：①抄袭、剽窃、侵吞他人学术成果；②篡改他人学术成果；③伪造或者篡改数据、文献，捏造事实；④伪造注释；⑤没有参加创作，在他人学术成果上署名；⑥未经他人许可，不当使用他人署名；⑦违反正当程序或者放弃学术标准，进行不当学术评价；⑧对学术批评者进行压制、打击或者报复。[①]在上述行为中，比较严重的学术不端行为是抄袭和剽窃。

案例 11-1：教育行动研究报告案例

在小学作文教学应用思维导图的行动研究[②]

1. 选题的由来与研究的假设

我之所以在我的语文教学中实施有关"思维导图"的行动研究，最初来自

---

① 王宁. 高校人文社会科学学术规范指南[M]. 北京：高等教育出版社，2009：38-39.

② 转引自：陈向明. 教育研究方法[M]. 北京：教育科学出版社，2013，353-355. 这份研究报告由江伟英老师口述，刘良华老师整理，题目为编者所加。

华南师范大学教育信息技术学院况姗芸教授的建议。况姗芸教授的孩子和我的孩子是小学同班同学。我们聊天的时候，况姗芸教授提到了"思维导图"。

我当时对"思维导图"没有太大的兴趣。但后来，我遇到一个具体的困难：我的女儿比较害怕写作文。

为了解决女儿害怕写作文的难题，我开始考虑况姗芸教授的建议。我尝试让女儿使用"思维导图"的办法：围绕某个主题，牵引出相关的线条，逐步把要写的内容画出来，那些线条带出作文重点交代的时间、地点、人物、事件等。然后，把要写的内容编排好顺序。排序之后，再用文字把思维导图所记录的内容有序地写出来。

2. 研究的过程与方法

最初，我只是让女儿随意地尝试，对"思维导图"并没有太大的信心。可是，令我吃惊的是，6岁的女儿尝试了"思维导图"之后，写作兴趣很快获得了提升。在"思维导图"的帮助下，女儿几乎在游戏的开心状态中就完成了写作。后来我还发现，女儿只把故事读一遍，就可以按照读故事过程中画下来的"思维导图"，把故事整个儿复述出来，甚至故事中提到的16种食物，也一种没有说漏，连个数也记得一清二楚。

"思维导图"在女儿那里获得的成功，让我开始了查找和学习有关"思维导图"的文献，希望获得更多对"思维导图"的理解，以便在自己的课堂教学中推广这个办法。

我搜索了大量有关"思维导图"的理论文献和研究报告，发现国内不少研究者将"思维导图"与"概念图"混为一谈。人们对"思维导图"的理解存在不少争议。国内有研究者将"思维导图"与"概念导图"交替使用，这是一个误解。我所理解的"思维导图"与"概念导图"是完全不同的概念。那段时间，"思维导图"成为我工作和生活的主题。

思考并确认了"思维导图"的真实意义和具体画法之后，我开始在课堂教学中引导我的学生利用"思维导图"进行阅读和写作。我给每个学生提供一个图画本，让学生在语文课堂上学会"画图"解读文本。于是，我的语文课有时看起来有点像"美术作品鉴赏"课。

3. 结果与讨论

最初，部分学生和家长对"思维导图"不太热心，但我并不急于说服他们加入。我让这些学生先旁观别的同学如何画思维导图，然后自己再作出选择。

后来，我发现，通过画"思维导图"不仅推进了学生的阅读和写作，而且，学生在画"思维导图"时，顺带收获了两个意外的效果：

第一，不少学生画出来的"思维导图"很漂亮，而且第一次画出来的"思维导图"往往最漂亮。为了整理和改善学生画的"思维导图"，我曾经尝试着让学生把它们重新画出来，但重新画出来的思维导图的漂亮程度总是不及第一次画出来的思维导图。

第二，学生学会了画"思维导图"之后，更加主动地投入阅读思考之中。学生在语文课堂上自说自画、相互比较、主动汇报，教师所做的事情只是倾听和点拨。

这正是我所愿意看到的教学状态。我听过大量的公开课，有些教师的讲解确实很精彩，甚至让在场的学生和听课的教师感动得流泪；有些教师的讲解如此精彩，以至于老师宣布下课之后，学生依然呆呆地坐在那里，不愿意结束，不愿意离开老师。我的想法是，教师的讲解能够让学生依依不舍，这的确让人羡慕。但是，我更愿意看到的教学效应是：学生离开教师的讲解之后，依然能够自主学习。

案例 11-2：教育叙事研究报告案例

在"亲历"中成长——一位幼儿教师个人教育观念的叙事研究[①]

一

教师个人教育观念是指教师在一定的历史文化背景下，在日常生活、教育教学实践与专业理论学习中，基于对学生发展特征和教育活动规律的主观性认识而形成的有关教育的个体性看法，主要包括教育观、儿童观、教师观、师生观和自我效能感等。

教育叙事研究使这种对意义的寻求成为可能。教育叙事研究就是"以叙事的方式回归教育时空中各种具体的人物、机构及事件，揭示各种教育存在方式或行为关系以及当事人在此行为关系中的处境和感受"。

在本文中，我们通过对一位幼儿教师的个人教育观念的形成历程的叙事研究，呈现出她个人教育观念的现状、形成过程以及影响因素，并进行简单的分析。当然，本文的目的决不仅仅是为了向读者叙述一个故事，更期望通过"重述和重写那些能够导致觉醒和变迁的教师的故事，以引起教师实践的变革"，并借助于叙事方式所蕴含的对教育经验的重构意义，促进教师的专业发展与教育实践的不断进步。

二

高寒是一位有18年教龄的幼儿教师，自从18岁毕业于北京幼师开始，她就一直耕耘在幼教一线。多年的实践经验与理论学习使高寒在面临许多教育问题时都有自己独特的看法，可以认为高寒已经形成了较为稳定的个人教育观念。

[①] 易凌云，庞丽娟. 在"亲历"中成长——一位幼儿教师个人教育观念的叙事研究[J]. 学前教育研究，2005，（2）：40-43. 根据作者的原文进行了删减，并保持了作品的原貌。

（一）高寒的个人教育观念及其形成过程

1. 教育观——"我相信教育的作用。"（除特殊说明外，引号内的文字均为笔者对高寒的访谈原文。）

2. 教师角色观——"老师是一个鼓动人的人。"

"我读书的时候特别怕老师。我自己没有和老师沟通的感觉，所以我觉得老师就是管学生的。后来的认识是不一样的，刚工作时有点优越感，觉得自己也可以管一班人了；后来慢慢地我感觉老师是手把手地教孩子东西的人，这是我在工作十几年后还有的想法；直到续本①以后（1993年），我才觉得老师是一个鼓动的人，不是教，而是在底下煽风点火的人，让学生冲到前面去，他是在后边做工作的人。"

当谈到这些看法的变化过程与原因时，高寒说："这些变化主要受学习的影响。比如说皮革马利翁效应，老师讲这个的时候，给我震惊特别大。当时我就在思考：教育应该干什么？我又该怎么去做？慢慢地这个认识就在调整之中。后来对新《纲要》②的学习也有作用。"

基本上，在她所组织的教育活动中，幼儿的参与程度都较高，师生双方都非常投入，在观察的过程中，我曾经惊诧于高寒的那种真实的投入，对这一点，她做出了自己的解释："我认为吸引幼儿到你的活动中来最好的方法是用你的兴趣和情绪去带动他的兴趣与情绪，所以我会对所有的活动都表现出强烈的兴趣和情绪，作为一个老师你必须这样。要是你老师对这个活动都不感兴趣，无精打采的，小孩他会喜欢这个活动吗？我觉得自己擅长的也是调动孩子的情绪与兴趣。"这可以看成是高寒从另一个方面对"教师是鼓动者"这种个人观念的一种实践行为体现吧。

3. 师生关系观——"我们是朋友。"
4. 常规观——"我吃过亏，我现在特别强调这个！"
5. 自我效能感——"我现在会对自己有一个清楚的认识了！"
6. 对自身成长方式的看法——"我觉得自己的经验是最重要的。"

（二）成长历程及其对个人教育观念的影响自述

1. 主要生活历程及其影响

略。

2. 主要工作经历及其影响

基本上，我们可以将高寒的工作经历分为三个阶段，这三个阶段在时空上又对应于她在三个不同的幼儿园的工作时间。

上幼师是一种无意的选择。"我们那个年代是成绩中等的上中专，好的考

---

① 编者注：续本是指专科毕业后通过继续教育取得本科学历。
② 编者注：《纲要》指《幼儿园教育指导纲要》。

大学，差的读技校。我属于那种中等的，选择上幼师一是因为可以不交学费，二是因为以后有个工作，可以留在北京。我喜欢孩子，所以也没有特别反感上幼师。幼师也就是那么学着、玩着过来了，我不属于那种好学生。"

前9年基本处于应付工作的状态。"在A园工作的9年基本就是一种应付工作的状态，那个时候幼师毕业的人是足够应付工作的了，而且外界也没有很高的要求，所以也不会有什么大的压力。可以说，在工作的头十年，我对教育理论没有什么感觉。因为不知道怎样把这些理论和自己的工作结合起来。刚工作时其实就是面临一个怎样管孩子的问题，这个时候土法子会比较管用，但是这些土法子主要是向老教师学，还有就是从自己的经验中摸索总结。"

专业迅速成长的9年。"调到B园后对我来说是一个成长和积累的过程。B园给老师的环境和氛围比较宽松，这个适合我。只要领导认可我，我就知道怎么去做。比如我学习比较教育，接受了一些国外的东西，然后我就按照我自己的思路去做主题活动，非常好。我觉得这个宽松的环境对我太重要了。"

"B园的领导还会给老师一种危机感，这种危机感会促使老师不断努力，这其实给了我们一个学习的动力。我们园的老师出去到上海、香港、深圳观摩学习，请专家到园里来看课评课，参加课题研究，这些对我的帮助都很大。我觉得在B园的过程，基本上也是我个人的成长过程。在B园我的很多教育能力得到明显的提高，比如家长工作能力等。"

"B园园长个人的领导风格对我有影响，她属于那种宽松的领导，特别包容，还能够针对个人用不同的工作方法。她总是看到每个教师的长处并且让你充分发挥你的长处，这一点对我的帮助特别大，影响也特别大。这样她就不会因为你的缺点打击你的积极性。她对我总是用一种等待的态度，等我成长。我觉得我的成长跟她的等待有关系。"

出班做管理工作，面临新的挑战。"我调到现在C园做业务管理方面的工作，我觉得面临很多的困难。其实我一直觉得我在和人打交道方面有点问题，所以可能不是很适合做管理工作。尽管我对这些困难是有预料的，但是现在还是觉得比我想象得严重。我对幼儿园管理的了解，其实都来自于在B园看到的，但是C园和B园不一样。我知道一些问题有我这方面的原因，但是我觉得现在很难得到老师的理解，和园长的关系，和教师的关系都是需要进一步努力的。"

3. 专业学习经历及其影响

略。

三

对高寒的叙述当然不应仅仅是为了呈现一个纯粹的个人故事，我们更期望能够从这个叙述中获得某些启示。在此，我们尝试对高寒的个人教育观念及其形成过程、影响因素等进行简单的分析。对诸多的教育问题与教育现象，高寒都形成了个人较为稳定与独特的看法。高寒的个人教育观念体现了一种现实主义的价值取向，这是多年一线教学实践的磨炼与长期的教育理论熏陶共同影响的结果。

（一）个人教育观念的形成是一个理论与实践相互作用的过程

任何个人教育观念的形成都是在理论-实践之间不断循环的过程。高寒的个人教育观念作为一种个体性的理论，在形成之初可能只是一些模糊意识与初步理解的浅层教育观念。随着教育实践的深入，高寒可能将这些浅层教育观念付诸自己的教育实践中，实践的过程与效果都可以促使高寒去反思她先前形成的浅层教育观念。高寒主要是根据亲身实践的效果来判断、接受、坚持或者放弃某种教育理论或教育思想，她的常规观的变化过程充分体现了这种扬弃，而她的自我效能感的游移则完全受到这种实践效果的直接影响。实践的正向反馈使高寒形成某种相对稳定的个人教育观念。这些个人教育观念可能是操作形态的，如高寒朴素的教育价值观；也可能是理论形态的，如高寒对教师角色的深刻理解与形象描述。

当然，高寒的个人教育观念必将随着她实践经验的进一步积累与教育理论的学习而不断发生变化，但这种变化将永远在理论与实践的交织中盘旋。个人教育观念的形成不是一个简单的线性过程，而是一个永远不会有终点的螺旋式上升的循环过程。

（二）个人教育观念的形成是多重因素共同影响的结果

高寒在表述自己的个人教育观念和叙述自己的成长历程时，谈到了各种因素对她形成现有的个人教育观念的影响。我们可以将其中重要的因素及其作用加以概括分析，具体如下：

1. 个人经验。
2. 重要他人。
3. 社会倡导教育理论。
4. 园所文化。

本章小结

到目前为止，诸位已经认识到撰写教育研究成果的重要性和基本规范，或许产生了一种冲动，跃跃欲试。简单来说，教育论文就是将自己关于教育的观点和想法用逻辑的方式总结出来的文章。在这里，"自己的"和"创新性"是最重要的两点，世界上没有两篇论文是完全相同的。我们或许已经阅读过许多论文，也曾参考论文的形式、结构等模仿写作，但是，论文的内容绝对不可以模仿的。因为内容，即创新的研究成果，是论文的价值所在。在教育研究过程中，研究者发现全新的教育理论、教育现象，毫无疑问是新成果；用新方法对已有教育观念、教育现象进行了说明，也是新成果；提出的新教育理论有效地解释了某种教育现象，是了不起的成果；用已有的教育理论解释了新的教育事实，一样是好的教育研究成果。具备了好的内容，还需要配以恰当的写法，才能算是高质量的教育研究成果。本章详细地梳理了教育研究报告和学术论文的撰写规范和基本要求，细心品味，反复实践，你一定会成为一名合格的研究者，也许是一名出色的研究者。

教学建议

组织学生依据有关教育研究成果的要求，分析某篇期刊论文或者学位论文的问题，并提出相应的改进建议。

练习·思考

1. 高质量的教育研究成果应具有哪几个方面的基本特征？
2. 教育研究报告和学术论文撰写需要遵循的基本要求有哪些？

以下为教育学专业研究生入学考试 311 综合相关真题

3. 单选题。

（1）在教育研究报告中，研究中使用的调查问卷一般放在（　　）。

A. 前言部分　　　　　　　　B. 正文部分
C. 结论和建议部分　　　　　D. 附录部分

（2）撰写学术论文时，把论点分为若干层次，论证时逐步展开，直到最后得出结论的方法是（　　）。

A. 平列分论式　　　　　　　B. 平列层递式
C. 层递推论式　　　　　　　D. 层递平列式

第十二章

教育研究成果评价

学习目标

- 明确教育研究成果评价的基本概念和内容；
- 了解教育研究成果评价的功能、主体、标准与原则；
- 理解教育研究成果评价的方法；
- 掌握教育研究成果评价的结果呈现方式。

知识导图

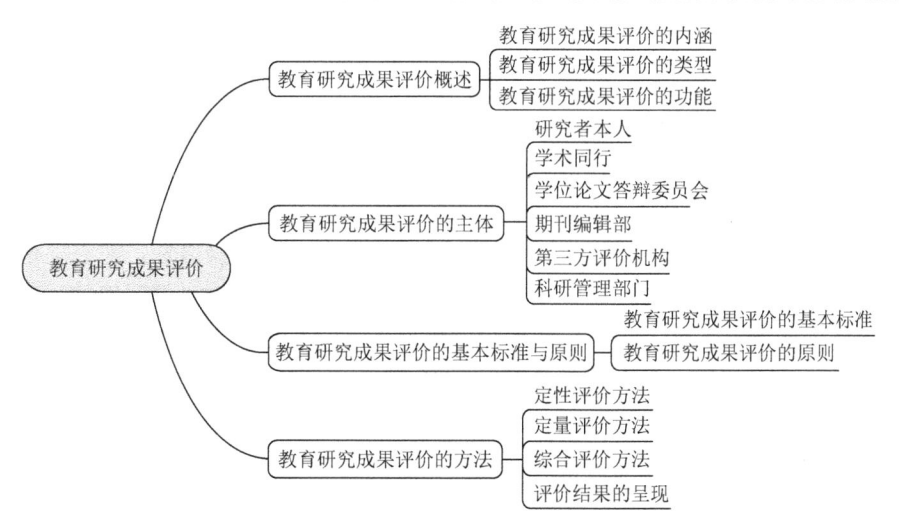

教育研究成果评价
- 教育研究成果评价概述
  - 教育研究成果评价的内涵
  - 教育研究成果评价的类型
  - 教育研究成果评价的功能
- 教育研究成果评价的主体
  - 研究者本人
  - 学术同行
  - 学位论文答辩委员会
  - 期刊编辑部
  - 第三方评价机构
  - 科研管理部门
- 教育研究成果评价的基本标准与原则
  - 教育研究成果评价的基本标准
  - 教育研究成果评价的原则
- 教育研究成果评价的方法
  - 定性评价方法
  - 定量评价方法
  - 综合评价方法
  - 评价结果的呈现

教育研究是一个系统的研究过程，对教育研究成果进行评价是教育研究的最后一个环节。教育研究成果评价的目的在于衡量教育研究成果的科学性、价值性以及可推广性等，改进和完善教育研究的不足，发现和推广优秀的教育研究成果，彰显其学术价值与社会价值。因此,教育研究成果评价的重要性不言而喻。然而,在众多教育研究方法教材之中,教育研究成果评价往往与教育研究成果的表述一同呈现,仅占教育研究方法教材篇目的一小部分,这与教育研究成果评价的重要地位不相称。2020 年,中共中央国务院印发了《深化新时代教育评价改革总体方案》,这是新中国第一个关于教育评价系统性改革的文件。文件在谈到改进高校教师科研评价时,指出:"突出质量导向,重点评价学术贡献、社会贡献以及支撑人才培养情况……根据不同学科、不同岗位特点,坚持分类评价,推行代表性成果评价,探索长周期评价,完善同行专家评议机制,注重个人评价与团队评价相结合。"在新时代教育评价改革的大背景下,教育研究成果评价也成为学者们所关注的热点话题。什么是教育研究成果评价,为什么要开展教育研究成果评价,谁来进行评价,如何进行评价,评价依据是什么,以及评价结果如何呈现与使用等问题便亟待澄清。因此,本书将教育研究成果评价单列一章,对教育研究成果评价的内涵、类型、功能进行阐述,继而对评价主体、评价标准与原则、评价方法以及结果的呈现与使用进行详细论述,旨在使大家掌握教育研究成果评价的相关内容,为开展评价工作奠定基础。

第一节　教育研究成果评价概述

无论是对于自然科学研究而言,还是对于人文社会科学研究而言,评价都是整个研究的最后一环,是对整个活动做出的价值判断,教育研究成果评价也是如此。对于教育研究成果评价而言,首先需要明确教育研究成果评价的内涵、类型和功能,因此,本节重点对教育研究成果的内涵、类型和功能进行介绍,有助于我们形成对教育研究成果评价的一般性认识。

一、教育研究成果评价的内涵

教育研究是依据科学的理论和方法,按照严格的步骤展开的教育研究活动,所取得的教育研究成果具有科学性、创新性等特点,同时具有一定的价值性,能够促进教育理论和实践的发展,最终促进教育事业的全面发展。作为人文社会科学研究的一部分,教育研究具有很强的目标性、计划性和不确定性,其目的在于创新教育理论、提出新的教育方法、解决教育实践中所遇到的问题,并为教育实践活动提供理论支撑,所以,高质量的教育研究成果对现实的教育活动具有很强的指导意义。那么,如何衡量高质量的教育研究成果则是教育研究成果评价要解决的主要问题。一般认为,评价是以人的需要为尺度,对评价对象进行价值判断的一种活动。因此,教育研究成果评价指评价主体依据教育目的及一定的教育评价标准,系统、全面地搜集教育研究成果的质量属性方面的信息,对已经取得的教育研究成果及研究问题、研究过程的科学性和质量作出的综合判断。教育研究成果评价的目的在于衡量教育研究成果的科学性、价值性以及可推广性等,改进和完善教育研究的不足，发现和推广优秀的教育研究成果，彰显其学术价值与社会价值。教育研究成果评价具有科学性、客观性、公正性和有效性的特点。教育研究成果评价是基于评价主体进行的价值判断，但是评价主体也要基于严谨的评价程序、客观的评价标准进行，因此，教育研究成果评价具有科学性、客观性的特点；教育研究成果评价的功能在于诊断和筛选教育研究成果，从而完善教育研究成果以及推广优秀教育研究成果，引领教育研究成果的科学化等，诊断以及筛选优秀教育研究成果的功能要求教育研究成果评价要客观公正，以保证其示范引领作用；对教育研究成果进行评价最终需要呈现评价的结果以便后续使用，因此，教育研究成果评价还具有有效性。

教育研究过程是一个多因素、多层面、多维度的系统过程，一般包括选题的确定、研究思路的厘定、研究过程的开展以及研究结果的呈现等。而教育研究成果评价的内容取决于对教育研究活动过程的系统分析。根据教育研究的构成要素，教育研究成果评价的内容可以分为如下四个方面：教育研究的目标评价、教育研究的过程评价、教育研究的成果评价、教育研究的条件评价。[①]教育研究的目标评价是指在教育研究正式开展之前对教育研究的整体思路的评价，通过目标评定，使研究的目标更加合理、科学。教育研究的过程评价是指在研究过程中或研究结束后，考查研究课题确定的符合程度、研究设计的合理性、资料数据采集和处理的有效性、研究结论形成的正确性等。教育研究的成果评价是指对教育研究所取得的总体效益的评定。教育研究的条件评价是指包括人力、物力、财力等方面研究条件的评价。条件评价的目的在于客观评价教育的收益，正确衡量研究的价值。

二、教育研究成果评价的类型

根据不同的分类标准，可以将教育研究成果评价分为不同的类型。下面分别按照评价的成果类型、是否借助外部指标开展评价等，对教育研究成果评价进行分类。无论是什么评价类型，都必须遵循一定的标准和框架，科学地实施评价，扬长避短，突出不同评价类型的优势。

（一）按照评价的成果类型划分

按照评价的成果类型，可以将教育研究成果评价分为学术著作的评价、期刊论文的评价、研究报告的评价和学位论文的评价。学术著作是指内容涉及某学科或某专业领域，具有一定创新性，对专业学习、研究具有价值的图书。学术著作的评价主要是借助同行评价法和文献计量法，从图书形式、出版内容、出版效用三个方面对学术图书的质量进行评价。[②]具体而言，图书形式包括资源形式和影响形式，出版内容包括创新力、准确力和解释力，出版效用包括理论效用和实践效用。通常意义上，学术共同体对学术著作的评价更注重对著作内容和效用的评价。

---

① 刘志军. 教育研究方法基础[M]. 北京：人民教育出版社，2006：296-297.
② 叶继元. 中文人文社会科学学术图书质量评价体系再探讨[J]. 现代出版，2020，（5）：42-43.

期刊论文的评价主要是指期刊编辑部根据一定的标准和程序，对投稿的论文进行的评价，评价结果通常包括"退稿""刊用""修改"。

研究报告的评价主要是指评价者对调查报告、实验报告等研究成果的评价。研究报告是对研究成果的目的、过程、方法、结果的全面呈现。对研究报告进行评价时，评价者本身也要具有较高的学术水准，因为评价者需要根据已有的知识和经验，才能正确认识研究报告的科学性和客观性，从而作出客观的价值判断。

学位论文的评价是指评价者对拟授予学位的学习者的学位论文进行的评价。学位论文的评价包括学位论文评阅人的评价与学位论文答辩委员会的评价。为了保证论文评阅的客观性，以国内某"双一流"建设高校为例，本科学位论文一般为校内 1 人评阅；硕士研究生学位论文一般要求 3 人评阅，评阅人应是具有副教授、教授或相当职称的同行专家；博士研究生学位论文要求 5～7 人评阅，评阅专家应是同研究领域或相关学科的教授或相当职称的专家，其中博士生导师与校外专家均不得少于 3～4 名。学位论文的评价一般从论文选题质量、文献资料应用能力、研究方法的运用能力、语言表达能力、科研创新能力以及科学研究态度等方面进行定性和定量的评价。学位论文答辩委员会对学位论文的评价以学位论文答辩为主要参考，以答辩成绩与答辩评语表征评价结果。

（二）按照是否借助外部指标开展评价划分

按照是否借助外部指标开展评价，可以将教育研究成果评价的类型分为直接评价、间接评价和综合评价。教育研究成果的直接评价是对研究成果本身直接实施的评价。评价者基于对教育研究的目标、方法、过程、结果等的了解，对研究成果作出价值判断。直接评价主要是判定研究成果本身对教育科学知识体系的丰富、完善和发展程度，具体包括教育研究的选题是否具有新颖性、研究过程是否科学、研究思路逻辑是否清晰以及最终的教育研究成果是否可读等。

教育研究成果的间接评价主要对研究成果的影响进行评价，是借助于外部指标来反映研究成果的水平，如图书发行量、期刊影响因子、论文被引次数等。发行量是指书籍、期刊、报纸通过发行渠道发送给读者的份数，发行量是衡量书籍、期刊、报纸的社会影响大小及范围的重要参数，因此，将图书发行量作为评价学术图书的一个外部指标。将评价期刊质量的影响因子引入成果评价中是指利用期刊质量的高低来认定研究成果质量的高低。一般来说，成果论文发表期刊的影响因子越高，成果水平也就越高，越受到行业和社会的认可。被引次数越多、范围越广，研究成果对教育科学发展的贡献就越大，相应地其价值性就越高。[①]教育研究成果的综合评价指同时使用直接评价和间接评价来对教育研究成果进行评价。直接评价和间接评价在实践过程中各有优势，但也存在缺点，如果能将二者综合起来运用到教育研究成果评价中，则会更好地发挥两种评价的优点，弥补彼此的缺点，以实现评价结果的客观性。如评价一篇期刊论文时不仅可以采取同行专家评议，也可以结合其发表的期刊的影响因子以及被引次数作出评价。

---

① 孟渠成，胡隆菊，王国华. 基础性科研成果评价方法初探[J]. 引进与咨询，2002，（3）：6-7.

三、教育研究成果评价的功能

教育研究成果评价是评价主体依据教育目的及一定的评价标准，系统、全面地搜集教育研究成果的质量属性方面的信息，对已经取得的教育研究成果及研究问题、研究过程的科学性和质量作出综合判断。教育研究成果评价旨在通过对教育科学研究的成果进行客观、科学的评价，进而繁荣和推动教育科学研究事业的发展，既是导向仪，又是检验器，还是动力机。[①]教育研究成果评价的功能主要体现在以下四个方面：确立评价标准，引导教育研究科学发展；鉴定教育研究成果，筛选优秀研究成果；诊断教育研究成果，改进教育研究的不足；调控教育研究活动，促进教育研究深化。

（一）确立评价标准，引导教育研究科学发展

任何评价都需要依据一定的标准进行评价，若未确立科学合理的评价标准，评价活动的开展则会毫无依据、十分混乱，评价的效果就难以保证，也就难以促进教育科学研究的发展。因此，教育研究成果评价也离不开一定的评价标准来保证评价活动的科学性和规范化。对于不同的教育研究成果评价活动来说，评价的标准也有所不同。因此，通过开展教育研究成果评价，确立一套比较科学可行的评价标准，以促进后续评价活动的顺利进行，从而提高教育研究工作的质量和水平。此外，评价在教育实践活动及科学研究中始终发挥着指挥棒作用，教育研究成果评价的标准既是评价所遵循的标准，也为教育研究提供一定的参照，使得教育研究有科学的目标导向。

教育研究成果评价是教育研究实践活动的风向标，对教育科学研究事业的发展起着至关重要的作用。教育研究成果评价标准的确立能够及时引导教育科学研究实践活动的发展方向，推动教育研究朝着正确的方向不断深化发展。2021年5月底，习近平总书记在两院院士大会、中国科协第十次全国代表大会上针对科学研究成果评价机制及其标准的确立做出重要指示。总书记强调，要重点抓好完善评价制度改革，坚持以质量、绩效、贡献为核心和标准的评价导向，全面准确反映成果创新水平、转化应用绩效和对经济社会发展的实际贡献。[②]科研成果评价是科学研究实践活动的指挥棒，指挥棒往哪儿指，科学研究人才和资源通常就往哪儿聚集。不合理的科研评价标准会极大地影响创新效能、削弱科学研究的创新活力。近年来，特别是十八大以来，党中央围绕科学研究成果评价提出了一系列改革措施，努力建构科学、规范、高效、诚信的科研成果评价标准及评价体系，这在一定程度上为教育研究成果评价标准的建立提供了参照系，为教育研究实践提供了指南针。

一般来说，学术标准和价值标准是教育研究成果评价的两个重要取向，也是教育研究成果评价标准确立的基本遵循。基础理论研究成果更多地表现为学术标准。学术标准主要指成果在学术上对教育科学知识的贡献，表现为理论和方法应用的深度

---

① 陈金赞，吴靖. 浅论教育科研成果评价[J]. 教育科学研究，1991，(4)：31-34.
② 本报评论员. 用好评价指挥棒 树好创新风向标[N]. 科技日报，2021-06-15 (1).

和广度、理论观点上的创新、研究方法上的突破、学术空白的填补以及成果对其他学科领域的借鉴和启迪意义等。应用型研究成果也有一定的学术标准，但它们主要遵循一定的价值标准。价值标准是指成果对教育发展和精神文明建设所发挥的现实作用，包括为政府、教育行政部门和学校提供认识某一教育问题的理论观点，或为解决某些教育实际问题提出建议、方案和方法，并在实践中取得了一定的社会效益或经济效益。

教育研究成果评价标准的确定为教育研究的开展提供了一定的参照，在一定程度上可以提高教育研究工作的质量和水平。依据评价标准开展教育研究要求研究人员具有一定的专业基础知识，遵循教育研究的基本原则，掌握教育研究的方法，并且能按照教育研究的基本要求进行科学研究。教育研究成果评价标准为研究者提供了可操作的教育研究评价模式，从而确立了教育研究的科学标准和规范要求。只有通过教育研究成果评价建立一个符合我国国情的教育研究方法论体系，才能逐步提高我国教育研究工作的质量及其水平。

（二）鉴定教育研究成果，筛选优秀研究成果

评价是一种价值判断的活动，是对客体满足主体需要程度的判断。因此，鉴定功能是评价的应有之义，而鉴定客体是否满足主体需要及其满足程度使得评价自然而然具有筛选的功能。教育研究成果评价的基本内容是对已经取得的教育研究成果及其研究问题、研究过程和质量做出综合判断，并通过评价筛选优秀研究成果，进而宣传优秀成果，推动优秀成果的推广应用，发挥优秀成果的引领辐射作用。因此，教育研究成果评价的基本功能就是鉴定研究成果、筛选优秀研究成果。鉴定功能是教育评价的基本功能。"鉴定"首先是"鉴"，即仔细审查评价的对象，然后才是"定"结论。如何科学地鉴定教育研究成果，是目前教育科学研究中非常重要的问题。它既是实现教育科研宏观控制的一种重要手段，也是教育科研管理的一个重要环节。科学的鉴定应该在对事实判断清楚之后再作出价值判断。由于教育研究成果评价是依据一定的标准进行的，这就决定了教育研究成果评价具有对评价对象鉴定优劣、区分等级、排列名次、评选先进、资格审查等鉴定功能。

教育研究成果评价的鉴定功能，首先要鉴定一项研究成果是否属于创新性的教育研究成果。教育研究成果应该是"教育科学知识和方法的创新"，具体可从是否揭示新的教育规律、特点和原则，提出新的教育理论或新见解；是否提供新的研究内容或者方法；是否对原有教育理论提出了新的例证、补充或修正等方面进行评定。[1] 其次，要对教育研究本身所产生的影响和效益进行鉴定。对教育研究成果评价一般从理论价值和应用价值两方面进行判断。理论价值就是考察其所处的学术地位，应用价值主要是指教育研究成果在教育实践过程中的推广、使用价值以及适用范围和可行性等。

教育研究成果的鉴定是指由具备一定水平的专家、学者以及经验丰富的教育工作者

---

[1] 陈金赞，吴靖. 浅论教育科研成果评价[J]. 教育科学研究，1991，（4）：31-34.

组成评审小组，对教育研究成果的价值进行评议审定。与自然科学研究有着明确的客观评价标准不同，教育科学研究具有复杂的人文属性。自然科学的研究成果可以用严格的控制实验来重复验证，并根据成果的实际影响较为客观地给出相应的评定。教育科学研究很难通过重复实验得到验证，教育研究的主体和对象始终是现实的人、具体的学生的发展，研究具有不可逆性。很多教育研究在短期内不可能得到验证，需要经过一段时间甚至相当长的时期才能逐渐得到验证。因此，对教育科学研究成果的鉴定不能像自然科学那样量化，而应以定性为主要的鉴定、筛选手段和标准。教育研究成果评价不仅要对教育研究成果的价值进行审定，还要依据价值判断对教育研究成果区分等级、排列名次、评选先进等。对教育研究成果区分等级、排列名次、评选先进的目的在于筛选出优秀的教育研究成果，树立优秀标杆，鼓励优秀的教育研究者并为其他研究者指明努力的方向。同时，经过鉴定的优秀教育研究成果可以进行推广，有利于学术交流，实现优势互补和资源共享，提高和发展人类的整体认识，促进教育事业的可持续发展。教育研究的推广可通过报告会、经验交流会、现场观摩会，以报告、专著、论文、成果汇编等方式呈现。教育研究成果通过推广和应用可以进一步检验成果的科学性、实用性、普适性，同时也可以在实践过程中检验理论依据，改进工作结果与过程。

筛选和发展是教育评价的两大重要功能，同样地，筛选、鉴定与促进、发展构成了教育研究成果评价的两大重要功能。20世纪90年代以来，我国教育界围绕教育评价的基本功能展开了广泛的讨论，逐渐实现了走向发展性教育评价的功能转向。[①]当然，发展性教育评价的功能转向并非意味着摒弃教育评价的其他功能。尤其是对于教育研究成果评价来讲，筛选、鉴定作为教育研究成果评价的基本功能，是构建科学的教育研究成果评价体系的基础，是激励教育研究主体不断深化研究的重要动力。因而，如何坚持和发展教育研究成果评价的基本功能，不断深化教育研究成果评价体系改革，实现教育研究成果评价的筛选、鉴定与发展功能的统一，是新时代构建和完善教育研究成果评价体系的重大课题。

（三）诊断教育研究成果，改进教育研究不足

教育研究成果评价的诊断功能是指对教育研究成果的成效、问题和不足作出判断的功效和能力，进而实现以评促改、以评促优、以评促发展。教育研究成果评价是通过对研究问题、研究过程及其教育研究成果进行全面细致的分析，获取教育研究活动的实际状态，对教育研究活动进行整理、分析，发现评价对象的哪些方面存在不足或偏离目标的要求，使评价对象能够发扬成绩、改进不足。任何教育研究实践活动首先是一种有目的的活动，为了达到预定的目的，我们必须对教育研究主体及参与者进行有效的指导。[②]正确有效的指导来自准确的诊断，教育研究成果评价能够以第三方的视角，或者从宏观上站在教育研究活动之外审视其实践的发展过程，帮助主体找出问题的关键所在。发挥

---

① 刘志军. 走向理解的课程评价——发展性课程评价理论探索[M]. 北京：中国社会科学出版社，2004：57.
② 刘本国. 教育评价学概论[M]. 长春：东北师范大学出版社，1988：8.

教育研究成果评价的诊断功能，要求评价者既要熟悉教育研究实践活动，又要能够摆脱经验的框架把评价作为寻找新问题的途径，充分了解和掌握教育研究实践活动的各种信息，并具体分析，科学梳理，进而对具体的教育研究活动做出全面的、切合实际的诊断。

对教育研究成果进行诊断至关重要。一般来说，诊断功能可以使研究者发现教育研究成果本身存在的不足和问题，进而能够改进不足和解决问题。教育研究成果评价的过程如同看病就医一样，只有经过科学的诊断才能"对症下药"。对教育研究成果进行诊断需要根据评价标准作出价值判断，分析出或者说出教育研究活动中哪些部分或环节做得好，加以保持和提高，同时也能指出哪些地方存在问题，找出原因，再针对这些原因提出改进途径和措施。教育评价的这一作用使其在提高教育工作质量上具有特殊重要的地位。诊断功能的发挥使研究者发现了教育研究过程的问题和不足，并找到原因所在。那么，下一步便是要改进问题和不足，使教育研究朝着既定目标前进。

教育研究成果评价的目的不仅在于诊断，即分析问题、找出原因，更重要的是提出改进建议，以全面提高教育研究成果的质量。教育研究成果的改进是指教育研究成果评价促使研究者为实现期望目标不断改进和完善自我的行为。与诊断相比，改进着重于提供关于进步的建议和对教育研究成果的促进作用；与鉴定相比，改进要求对成果本身的合理性进行判断并改善。[①]发挥教育研究成果评价的改进功能，要求评价者认真、严肃、负责地组织教育研究成果评价活动，使评价科学、客观、公正、合理，信息反馈要及时、灵活、有效。同时，要求评价者深入教育研究过程，与评价对象相互沟通，针对出现的问题不断协商讨论，共同研究改进提高的途径和方法。

（四）调控教育研究活动，促进教育研究深化

开展教育研究成果评价时，研究者会根据一定的评价标准，对教育研究的目的、过程、方法、条件、结果等进行全面评价。在这一过程中，研究者再次对教育研究进行全方位的回顾，从而发现自己在研究过程中的问题，促使研究的深化。如果将教育研究活动看成是一个系统的话，那么，信息的反馈与调控是教育研究活动发展过程中一个不可缺少的环节。系统在不同环节进行信息反馈是系统整体平衡与发展、不断调整自身活动的必要条件。评价在一定程度上就是教育研究活动系统的监视器，通过评价及信息的反馈，实现教育研究活动的全面调控和深化发展。

一般来说，教育研究过程是漫长的、复杂的，需要研究者通过自己的努力付出时间和精力，从而对整个研究过程有一个整体的把握，形成一定的结论。假如研究者只是把这些内容成果放在脑海里而没有形成文字，那么这些结论就是肤浅的、零碎的、不系统的。用文字将自己思考的问题、研究的过程和结论以及在研究过程中的体验和认识进行加工、整理和提炼，形成可视化的材料，则有利于系统地反思整个研究过程，总结研究

---

① 刘志军. 教育评价[M]. 北京：北京师范大学出版社，2018：72.

过程中的成败得失，考量研究结论的科学性和合理性。当评价主体对教育研究成果进行评价时，会对研究的过程及结果等方面进行评价，评价的过程以及最终的结果会使研究者回顾并反思自己的教育研究过程。同时，这也有利于进一步发现新的问题和事实，使自己的创造性思维层层展开，步步深入，深化、推进自己的研究，从而推动整个研究的科学化。[1]

此外，教育研究是制订和实现教育发展战略的科学依据和重要条件，而评价本身是一种基于事实的价值判断，通过评价能够有效地将教育研究的成果转化为指导教育实践发展和教育改革的必不可少的力量。甚至，从价值论角度来讲，评价是人类的一种认识实践活动，通过评价能够揭示世界包括个人、社会、自然的价值，并建构价值世界的认识活动。[2]教育研究成果评价有利于教育行政部门加强对本地区、本单位教育研究的宏观管理和指导。通过教育研究成果评价活动的实施，教育行政部门可以从中获得大量的资料信息。这对于教育行政部门整理和制订教育规划和课题指南、实施对教育研究的管理和指导很有意义。大至国家教育研究战略规划的出台，小到学校的研究工作计划的制订，都离不开对已有教育研究成果的评定。教育科学研究通常会得到教育行政机构、部门的资助。一项研究在结项或成果验收时，相关科研管理部门通常会组织有关专家对研究成果进行鉴定和评审，判断该研究是否达到预期目标，用来决定是否对该领域继续给予资助等。只有在教育研究选题的计划性、实施过程和方法及效果检验的科学性等方面给予有效评价和指导，才能避免盲目进行教育研究。因此，教育行政部门应合理地运用评价手段，客观、公正、合理地对整个研究作出判断，对整个教育研究活动进行宏观调控和指导。[3]唯有如此，方能促进教育研究活动的可持续发展。

第二节 教育研究成果评价的主体

评价是由评价主体依据特定的评价标准对评价对象进行价值判断的过程。因此，评价主体在评价活动过程中起着决定性作用，决定着评价的标准、评价的方法以及结果的呈现方式。教育研究成果评价的主体是指参与教育研究成果评价的组织与实施，按照一定的标准对评价对象进行价值判断的团体或个人。评价主体参与教育评价活动的组织与实施，在评价中控制活动的方向与进程，对确定评价内容、选择评价方法、使用评价结果起决定性的作用。因此，合理确定评价主体并有效发挥其功能，是教育研究成果评价取得成功的根本保证。教育研究成果的表述形式主要有专著、论文、研究报告、规划方案、咨询报告以及工作建议等。因此，根据教育研究成果产生的流程和影响范围，可以将相关评价主体归类为研究者本人、学术同行、学位论文答辩委员会、期刊编辑部、第三方评价机构以及科研管理部门。

---

[1] 魏薇，王红艳，路书红. 教育研究方法[M]. 济南：山东人民出版社，2012：164.
[2] 李雁冰. 课程评价论[M]. 上海：上海教育出版社，2002：30.
[3] 刘志军. 教育研究方法基础[M]. 北京：人民教育出版社，2006：295.

一、研究者本人

研究者本人最熟悉和了解自身所从事研究的全部流程和进展，当一项研究活动结束后，研究者本人可根据评价标准和指标体系对自己的教育研究活动进行判断，发现研究存在的不足以便下一步调整和改进。这就是我们通常所说的研究者自我评价。研究者自我评价是研究者本人基于已有的评价标准及指标体系，对自身的教育研究过程以及教育研究成果进行对照和反思，发现自身的问题与不足，明确后续的改进方向。研究者自我评价是教育研究成果评价的基础。[①]

研究者自我评价的内容和范围比较灵活，基于不同的评价目的，研究者可以选择不同的内容进行评价。如一篇学位论文或期刊论文定稿后，研究者对研究实施前确立的研究目标是否达成、所建构的理论体系是否完善、论文的组织结构和逻辑表达是否清晰流畅等多个方面进行自我的分析与判断，属于研究者进行的自我评价，这时的评价一般以非文字形式呈现，多是口头表述或进行实际的修改行动。再如，一项科研项目在立项时，研究者会阐述本人已有的研究基础以及开展此项研究的可行性，这也属于研究者自我评价，特殊之处在于此时的自我评价是研究者本人对个人已有研究成果和成就的分析与整理，最后呈现出来的文本材料就是评价的结果。如《全国教育科学规划课题申请书》中研究的可行性这一部分内容，研究者往往结合个人或团队已有的研究基础、研究条件进行说明，这就是研究者自我评价。再如，某省教师教育课程改革立项申报书涉及教学改革基础这一部分内容，其中与本项目有关的教学改革工作积累和已取得的教学改革工作成绩就是研究者个人自我评价的反映。

研究者自我评价不仅能够促进个人自我反思与进步，也能够为其他人对研究成果的评价提供重要的参考。但自我评价也有局限性，这主要是思维定式和行为习惯将研究者囿于自己的研究活动之中，难以多角度、多层面地审视自己的研究活动，进而影响对自身研究活动的价值判断，难免出现偏颇。所以，科学的教育研究成果评价活动不仅要基于研究者自我评价，更为重要的是要结合其他评价主体的评价结果。

二、学术同行

学术同行既包括作为个体的广大学界同行，也包括作为群体的由同行专家组成的学术共同体。[②]"学术的评价、学术的标准、学术上的分歧，所有学术上的问题只有依靠学术共同体才有可能得到解决。"[③]学术共同体是由各领域学术价值观相近、认同或接受了共同的学术规范的专家组成的，由学术共同体对教育研究成果进行评议已成为一种公认且有效的评价方式。学术共同体主要在项目鉴定、学位论文评阅、期刊论文的审稿等

---

① 刘志军. 教育研究方法基础[M]. 北京：人民教育出版社，2006：299.
② 任全娥. 人文社会科学研究成果评价主体研究[J]. 社会科学管理与评论，2009，(2)：44.
③ 韩启德. 学术共同体当承担学术评价重任[N]. 光明日报，2009-10-12（10）.

成果评价活动中履行着评价主体的职能，广大学界同行的评价职能还可以以成果引用、文献述评、书评等评价方式表现出来。

同行评议的一般机制是，多名同行专家组成的学术共同体受科研管理机构或者学术评价机构的委托，依据自身的专业学识等对教育研究成果进行考查、审议，最后将评价结果反馈给委托单位。科研项目鉴定这一成果评价活动的同行评议主要是指科研管理部门，如全国教育科学规划领导小组办公室与中华人民共和国教育部社会科学司、地方哲学社会科学办公室以及各高校、科研院所人文社科管理机构等，邀请相关领域专家组成学术共同体，开展科研项目的申报立项以及成果鉴定验收工作。以全国教育科学规划课题的申报立项为例，了解专家评审的评审程序以及评审意见的内容要求。《2021年度全国教育科学规划课题申报公告》中提及，所有申报课题将通过资格审查和专家匿名评审等程序。专家评审采用"活页"匿名方式，课题评审坚持公平、公正原则、保证质量、宁缺毋滥，具体内容如表12-1所示。学位论文评审中的同行评议是指学校聘请校外专家组成学术共同体对学位论文的质量进行评价。以某"双一流"建设高校硕士研究生学位论文专家评审为例，展示研究生学位论文专家评审的相关要求。某"双一流"建设高校硕士研究生学位论文评审规定，每篇硕士学位论文需聘请3位"双一流"建设或"省部共建"高校的校外专家，以及国家级科研机构具有高级职称的相关学科研究生导师评审；专业学位硕士论文评审专家中要包含1名行业高级职称专家。评审专家须同时做出分项评价和总体评价，并给出结论性评价，具体内容如表12-2所示。期刊论文评审中的同行评议是指通过编辑初审后的稿件由同行专家进行复审。复审是指编辑部邀请同行专家对相关论文进行评价。

表12-1　全国教育科学规划课题评审意见表（2021年）

评价指标	权重	指标说明	专家评分								
选题	3	主要考察选题的学术价值或应用价值，对国内外研究状况的总体把握程度	10分	9分	8分	7分	6分	5分	4分	3分
论证	5	主要考察研究内容、基本观点、研究思路、研究方法、创新之处	10分	9分	8分	7分	6分	5分	4分	3分
研究基础	2	主要考察课题负责人的研究积累和成果	10分	9分	8分	7分	6分	5分	4分	3分
综合评价		是否建议入围	A. 建议入围　　B. 不建议入围								
备注											
评审专家（签章）：											

表12-2　某"双一流"建设高校专业硕士学位论文专家评阅意见书

评阅项目	评阅要素	单项最高分	评阅意见（打分）
选题	研究问题来源于实践，体现应用性、职业性	20	
知识运用与研究方法	能够综合运用相关的理论知识，选择合适的研究方法	20	
研究内容	研究资料翔实，资料运用合理、得当，论证充分，符合专业特点，研究工作深入，工作量饱满	30	

续表

评阅项目	评阅要素	单项最高分	评阅意见（打分）
应用性及价值	研究成果具有应用价值，对策或建议对实践有指导意义	30	
总体评分	A档（总分≥85）、B档（85＞总分≥70）、C档（70＞总分≥60）、D档（总分＜60）	100	
专家对本论文研究内容熟悉程度（请在相应方框打"√"）			非常熟悉□、熟悉□、一般□
专家评阅意见：			

2014年国务院学位委员会、教育部印发《国务院学位委员会 教育部关于加强学位与研究生教育质量保证和监督体系建设的意见》，之后研究生学位论文的质量控制一般由学校自主进行的内部管理与外部评价监督相结合。

广大学界同行的评价模式是一种"公开发表、自由评议"的大同行评议制度，即广大学界同行在自然状态下，独立进行研究成果的评价制度。这种评价模式可以具体概述为：从事科学研究的科学工作者，可以自由在公开发行的刊物上公开发表自己的研究成果，其他科学家可以自由发表评论意见，进行学术讨论和争鸣，或否定、修正，或肯定、引用，最后依据广大学界同行对研究成果的反响程度判断其学术水平高低和科学意义大小。[①]而学界同行的反响程度有多种判断形式与评价依据，常用的指标有下载量、被引用频次、文献述评、书评等。通过这些量化指标可以判断广大学界同行对所发表的论文质量的评价，而通过对一些论文做出讨论和回应的学术争鸣、文献述评、书评等定性评价也可以反映学术成果的质量水准。

三、学位论文答辩委员会

学位论文是本科生、研究生教育的重要组成部分，其质量高低不仅反映了学位申请者本人的科研能力和学术水平，也是本科生、研究生教育质量的集中体现。学位论文的评阅与答辩是对论文质量进行把关的重要环节，主要由学位论文答辩委员会负责。为了保证论文评阅的客观性，以国内某"双一流"建设高校为例，本科学位论文一般为校内评阅；硕士学位论文一般要求2人评阅，评阅人应是具有副教授、教授或相当职称的同行专家；博士学位论文要求5~7人评阅，评阅专家应是同研究领域或相关学科的教授或相当职称的专家，其中博士生导师与校外专家均不得少于3~4名。论文通过评阅以后即进入答辩程序，论文答辩是对学生综合素质的检验，是保证学位授予质量的关键环节。学位论文答辩委员会对学位论文的评价以学位论文答辩为主要参考，以答辩成绩表征评价结果。之后，答辩委员会根据答辩情况就是否授予学位作出决议。以某"双一流"建设高校本科生学位论文的相关要求为例，该校本科生毕业论文综合成绩满分100分，构成方式为指导教师评分（30%）+评阅教师评分（20%）+答辩成绩（50%），综合成绩对应四个等级：优秀（90~100分）、良好（76~89分）、中等（60~75分）、不及格（0~

---

① 任全娥. 人文社会科学研究成果评价主体研究[J]. 社会科学管理与评论，2009，（2）：45.

59分）。因此，该校学位论文评价需要指导教师、评阅教师以及答辩委员会专家进行定性以及定量评价，最终得出综合成绩，具体评价表如表12-3~表12-5所示。

表12-3 指导教师评价表

	序号	评分项目	评分参考		得分
			评阅指标（优秀标准）	满分（100分）	
指导教师评分	1	选题质量	符合专业培养目标；有实际意义和推广价值	20	
	2	文献资料应用能力	能独立查阅文献，具有收集、加工各种信息及获取新知识的能力	10	
	3	调查研究能力	能独立查阅文献，具有收集、加工各种信息及获取新知识的能力	30	
	4	论文（设计、创作）质量	格式、图表（或图纸）规范，符合要求；结构严谨，逻辑性强；内容翔实，表达准确流畅；学术价值或实用价值高	20	
	5	创新能力	观点独到，方法新颖，角度新颖	10	
	6	工作量及态度	工作量饱满；能圆满完成任务书规定的各项工作	10	
			总得分		
	参照上述评价标准及学生论文（设计、创作）完成情况，做出具体评价：				

表12-4 评阅教师评价表

	序号	评分项目	评分参考		得分
			评阅指标（优秀标准）	满分（100分）	
评阅教师评分	1	选题质量	符合专业培养目标；有实际意义和推广价值	20	
	2	文献资料应用能力	能独立查阅文献，具有收集、加工各种信息及获取新知识的能力	10	
	3	调查研究能力	能独立查阅文献，具有收集、加工各种信息及获取新知识的能力	30	
	4	论文（设计、创作）质量	格式、图表（或图纸）规范，符合要求；结构严谨，逻辑性强；内容翔实，表达准确流畅；学术价值或实用价值高	30	
	5	创新能力	观点独到，方法新颖，角度新颖	10	
			总得分		
	参照上述评价标准及学生论文（设计、创作）内容，做出具体评价：				

表12-5 答辩成绩表

	评分项目及分值	答辩委员会（组）专家评分				合计（100分）
		答辩情况		论文质量		
		内容表达情况（15分）	回答问题情况（25分）	规范要求与文字表达（20分）	论文（设计、创作）质量和创新意识（40分）	
答辩委员会（组）评分及评定结论	得分					
	答辩委员会（组）评定结论	答辩委员会（组）签字： 年　月　日				

四、期刊编辑部

当前，期刊评价与论文评价越来越被密切地联系在一起。因此，各期刊均十分重视稿件质量，都希望将优秀的研究成果筛选并发表出来，都会建立起较为严格、规范的论文评审机制，保障其所发表论文的高质量，保障期刊的良性发展和可持续发展。论文评审就是期刊编辑部根据一定的标准，对稿件进行认识、评价、遴选和取舍的过程，通过评审筛选出有价值的论文，并经由作者的修改和编辑的加工，使得论文定稿并发行。学术期刊评审多采用"三审制"，即编辑初审、专家复审和主编终审制度。[①]论文能否通过编辑初审而顺利进入匿名专家评审以及主编终审，是决定论文得以公开发表并接受后续评价的第一关，因此期刊编辑部也是投稿论文评价的重要主体之一。[②]

期刊编辑在进行初审时主要从以下几个方面着手审查来稿：是否符合本刊的刊载范围、主要读者对象以及办刊宗旨，查看来稿是否有创新性，对来稿质量和发表价值做出初步评价。同时，期刊编辑也要考虑期刊的社会效益，如论文发表之后是否会有很高的被引次数。通过初审之后会进入专家匿名审稿阶段。专家复审是指编辑部邀请同行专家对相关论文进行评价。专家审稿是保证学术期刊学术质量的必要手段，是"三审制"的核心环节，承担着对稿件进行分析、判断、鉴别、筛选的职能，是保证期刊学术质量的重要措施。专家审稿主要是审查稿件选题的新颖性、论证的充分性、结构的合理性、行文的规范性等，双向匿名审稿、公开审稿、网络审稿是实现专家审稿的主要途径。终审一般由编辑部具有正、副编审职称的主编或副主编负责。终审者主要审查稿件的政治导向与思想倾向，审视稿件是否违反法律法规与有关的方针政策、是否违背社会主义精神文明建设的宗旨和社会道德规范、是否具有学术价值、是否会产生一定的社会价值和经济效益等。通过主编终审的文章一般需要经过修订后最终定稿，进而安排刊期和版面。

五、第三方评价机构

第三方教育评价通常简称为"第三方评价"。第三方评价，也称体制外评估或外部评价，是指独立于教育行政系统之外，介于政府、学校和社会三者之间的专业组织的评价。[③]因此，相较于研究者自评、同行专家评价、科研管理机构评价，第三方评价指的是由第三方机构或非当事方组织（无利益关系）进行的教育研究成果评价活动。第三方评价机构按照公正原则和科学程序独立开展工作并对结果负责。目前，我国教育研究成果的第三方评价主体主要是三大文摘主办方和中国人民大学书报资料中心。

我国各种文摘类刊物众多，影响最大的是《新华文摘》《中国社会科学文摘》《高等学校文科学术文摘》，通常称之为三大文摘类刊物，而中国人民大学书报资料中心编辑的一百多个系列复印转载期刊也是十分重要的转载类刊物。《新华文摘》是大型的综合

[①] 张洁，王倩，董应才，等. 学术期刊行业审稿体系探讨[J]. 编辑学报，2003，(6)：414-415.
[②] 任全娥. 人文社会科学研究成果评价主体研究[J]. 社会科学管理与评论，2009，(2)：44.
[③] 靳玉乐，李阳莉. 在中小学综合素质评价中引入第三方评价的探讨[J]. 当代教育科学，2014，(8)：13.

性、学术性、资料性文摘,设有政治、法律、哲学、社会、教育、论点摘编等栏目,在突出理论性、思想性的基础上还很注重大众可读性与信息资料性,选取的文章既方便读者阅读也适于做资料收藏,"宣传普及性"与"大众文化性"是《新华文摘》办刊的一贯主张,体现出"资政育人"的功能。《中国社会科学文摘》是择优推介人文社会科学重要研究成果的文摘类期刊,强调学术品位,突出问题意识,倡导理论创新,兼及新知趣味,转载期刊发表的重要论文,并设有新书评介、学术动态等栏目。《高等学校文科学术文摘》是哲学社会科学综合性大型文摘刊物,运用单篇摘编、观念综述、学术动态、学术卡片、专题论文库、学报专辑专栏等多种形式,从全国上千种高校文科学报、专业学术期刊以及社会学术报刊上介绍具有新观点、新材料、新研究方法的文章以及近期高校较重大的学术活动。中国人民大学复印报刊资料库收录了历年来由专家学者精选、分类加工整理的学术文献,汇集成以专业性、学术性为代表的百余种系列刊物,其信息资源涵盖了人文科学和社会科学领域国内公开出版的3000多种核心期刊和报纸。

随着学术成果的不断增加以及各种网络学术检索工具的不断出现,这些二次检索类刊物在信息检索功能的基础上,逐渐演变出筛选与甄别、内容挖掘与精练、推荐报道和社会传播等功能。[1]尤其在信息时代,面对大量的学术资源以及在线的传播方式,学术文摘与转载类刊物都将向学术界以及社会各界推介有价值的学术信息作为重要发展路径,由此衍生出了学术评价功能。三大文摘和人大复印报刊资料作为当前我国最有影响的社科文摘与转载类刊物,其学术影响力和公信力已经得到了绝大多数学者和科研机构的认可。因此,许多高校和科研机构将被上述刊物转摘或转载的学术成果作为职称评定和科研奖励等评价的重要指标。

六、科研管理部门

我国的人文社会科学科研管理部门主要是全国哲学社会科学工作办公室和中华人民共和国教育部社会科学司。全国哲学社会科学工作办公室负责管理国家社会科学基金,组织基金项目评审和成果转化应用等工作,教育学、艺术学、军事学在国家社会科学基金中单列。设在中国教育科学研究院的全国教育科学规划领导小组办公室,是全国哲学社会科学规划单列学科教育学的管理部门。全国哲学社会科学工作办公室制订了《国家社会科学基金项目管理办法》,对国家人文社会科学研究基金项目的申报、评审、进展质量与经费管理、鉴定与奖励等过程进行了全面规范。《教育部人文社会科学研究项目管理办法》规定,教育部社会科学司负责全国高等学校社科研究项目的组织和管理工作,主要包括:组织制订和发布全国高等学校社科研究中长期规划、课题指南;组织和指导教育部社科研究项目的申报、评审、立项资助、中期检查及成果验收;管理教育部社科研究项目经费等。全国性的科研管理机构如全国教育科学规划领导小组办公室与教育部社会科学司、地方哲学社会科学办公室以及各高校、科研院所人文社科管理机构

---

[1] 刘海峰,刘亮,程伟.高校对社科文摘与转载类刊物的定级及其影响[J].华中师范大学学报(人文社会科学版),2017,(6):154.

等负责科研项目的申报立项、中期检查以及成果验收等工作。但由于这些科研管理机构偏向于日常行政事务管理，为了保障科研成果评价的专业性，往往通过邀请相关领域同行专家协同进行项目立项与成果验收等工作。科研管理机构对项目申报、立项、成果验收就是一种评价活动，是为了确定相关科研项目是否具有一定的科学性、创新性及学术性等。

第三节 教育研究成果评价的基本标准与原则

教育研究成果评价需要评价主体依据一定的评价标准，遵循一定的评价原则对教育研究成果进行评价。教育研究成果评价的标准是评价教育研究成果的基本依据，评价标准的确立能够使评价有据可依。教育研究成果评价的原则是保障评价本身的科学性，这是开展评价应遵循的基本准则。教育研究成果评价标准和原则的确立是为了保证评价内在的合理性和外在的科学性，避免评价陷入随意化、主观化的泥沼。

一、教育研究成果评价的基本标准

为了增进教育研究成果评价的科学性、客观性和专业性，充分发挥教育研究成果评价的导向、鉴定、筛选、诊断、激励、调控等多重功能，确保教育研究成果能够坚持正确方向、服务实践需求、具有创新性及赓续优良学风，我们需要明确教育研究成果评价的基本标准。事实上，不同类型的教育研究成果，其价值贡献迥异，对其进行评价也应遵循不同的标准。一般而言，教育研究成果分为理论（基础）研究成果、应用研究成果和发展（开发）研究成果三种基本类型。理论研究成果更为关注学术价值，即研究成果对丰富、创新相关理论的作用；应用研究成果更为关注应用（社会）价值，即研究成果在教育实践中的应用和提高教育质量、效益上的作用；发展研究成果侧重于运用新知识解决如何做的问题，发展研究比应用研究更具体、更实际，更重视可操作性。[1]虽然教育研究成果有不同的类型，每种类型各有侧重，但对教育研究成果评价需遵循几个基本标准，即政治性标准、学术性标准和价值性标准。

（一）政治性标准

所谓政治性标准，是指在对教育研究成果进行评价时，要有正确的政治立场、政治观点和政治态度，坚持正确的政治方向，严格遵循国家的相关法律法规、政策方针等。习近平总书记在哲学社会科学工作座谈会上谈道："在我国，不坚持以马克思主义为指导，哲学社会科学就会失去灵魂、迷失方向，最终也不能发挥应有作用……我国广大哲学社会科学工作者要自觉坚持以马克思主义为指导，自觉把中国特色社会主义理论体系贯穿研究和教学全过程，转化为清醒的理论自觉、坚定的政治信念、科学的思维

---

[1] 陈时见. 教育研究方法[M]. 北京：高等教育出版社，2016：222.

方法。"①这就为教育研究成果评价指明了方向且提供了参照标准。可以说，政治性标准是教育研究成果评价的首要标准，政治性错误会导致研究成果被"一票否决"。实际上，教育研究成果评价的政治性标准可具体化为正确的政治方向和正确的研究导向两个层面。

1. 正确的政治方向

正确的政治方向是一项研究开展的根本性前提条件，也是评价教育研究成果的根本遵循。若一项教育研究成果政治方向不正确，就不具备后续评价的意义与价值。教育研究成果评价的政治方向正确主要是指，在对教育研究成果进行评价时，要"坚持党对教育科研工作的全面领导，坚持马克思主义指导地位，坚持以人民为中心，牢牢把握意识形态的领导权和主导权"，②教育研究成果应始终探索学校教育如何坚持社会主义办学方向，全面贯彻党的教育方针，落实立德树人的根本任务，遵循教育基本规律，培养德智体美劳全面发展的社会主义建设者和接班人等重大问题。

2. 正确的研究导向

"教育科学研究是教育事业的重要组成部分，对教育改革发展具有重要的支撑、驱动和引领作用。"③而正确的研究导向是教育科学研究得以开展的基本前提，关系着教育科学研究的走向和教育科学研究成果的价值。因此，在开展教育研究成果评价时，需要坚持正确的研究导向，即将"坚持扎根中国大地做研究，以国家重大战略需求和人民群众关心的热点难点问题为主攻方向；坚持立足国际视野，加强国际比较研究和对外开放，主动讲好中国教育故事；坚持弘扬科学家精神，着力打造高素质创新型科研人才队伍；坚持范式和方法创新，努力实现教育科研提质增效、教育学科跨越式发展"④作为评估教育研究成果价值的基本标准，推动教育研究成果为社会主义现代化建设服务，为人民服务，与经济社会发展相适应。

（二）学术性标准

教育研究成果评价的学术性标准主要是指评价者对教育研究成果是否遵循研究伦理、是否契合学术规范、是否具有创新性、研究过程与结果是否科学、研究思路是否符合逻辑、研究成果是否具有价值等进行全方位的评估。学术性标准是教育研究成果评价需要遵循的基本标准之一，为教育科学研究的开展提供了方向指引。虽然不同类型的教育研究成果的侧重点各有差异，但在教育研究成果评价要遵循基本的学术性

---

① 习近平. 在哲学社会科学工作座谈会上的讲话[EB/OL]. http://www.xinhuanet.com/politics/2016-05/18/c_1118891128.htm. [2021-11-21].

② 教育部. 教育部关于加强新时代教育科学研究工作的意见[EB/OL]. . http://www.moe.gov.cn/srcsite/A02/s7049/201911/t20191107_407332.html. [2021-11-21].

③ 教育部. 教育部关于加强新时代教育科学研究工作的意见[EB/OL]. http://www.moe.gov.cn/srcsite/A02/s7049/201911/t20191107_407332.html. [2021-11-21].

④ 田学军. 充分发挥教育科研的支撑、驱动和引领作用 奋力推进新时代教育强国建设[J]. 教育研究，2020，(10)：4-10.

标准上具有一致性，即都要从科学性、创新性、逻辑性、规范性和可读性等方面进行考量。

1. 科学性

科学性是指反映客观事物真实、准确、深刻的程度。[①]科学性是教育研究成果评价的可靠性指标，反映的是事物之间规律性的联系。科学性要求教育研究成果评价要建立在对客观事实进行全面考证的基础之上，遵循教育基本规律和人的发展规律，"大胆假设，小心求证"，力争最大限度地确保教育研究过程和教育研究成果的真实性、可靠性。具体而言，教育研究成果评价的科学性标准主要体现在问题是否真实、研究方法是否适用、研究程序是否规范、研究结论是否经得起检验四方面。

2. 创新性

教育科学研究的创新性主要是指研究者在对既有相关研究进行借鉴、批判的基础上，从新的角度或用新的方式、研究范式、研究工具、数据材料等，发现或发明不同于前人的研究成果。可以说，创新性是教育科学研究的生命，也是教育科学研究评价需要遵循的基本标准之一。创新是多层次的，可分为直接创新和间接创新。直接创新代表着提出了新理论、新见解，或是对原有理论或观点的完善；间接创新表现为开辟了新的研究领域、运用了新的方法等，其意义在于能推动和带来直接创新。[②]一般认为，教育研究成果评价的创新性标准主要包括三方面：研究对象是否具有创新性、研究方法是否具有创新性及研究结论是否具有创新性。研究对象是否具有创新性，主要是指研究领域的创新以及研究材料的创新，即是否开辟了全新的教育研究领域，是否运用了前人不曾使用过的新材料。研究方法是否创新，指认识事物的指导思想的创新、运用前人未运用过的方法或视角来研究事物的发展规律、运用跨学科的方法来研究教育领域的理论与实践问题等。研究结论是否具有创新性，指始于研究角度的创新，是教育研究创新中的最后一环，主要是看研究所得的结论是否是前人未曾提出的。

3. 逻辑性

逻辑性主要用于评价人文社会科学理论的内部结构和关系，是表征思维项目、思维可行性的一般性特征。教育研究成果的逻辑性包含两层含义：一是逻辑的自洽性，二是逻辑的简明性。[③]逻辑的自洽性是任何理论成立的必备条件，是指在建构理论的过程中，观点和结论之间是相容的，不相互矛盾，逻辑推理正确无误，结构严谨，能够自圆其说。逻辑的简明性在学术性标准中主要是指逻辑的简单性，即教育研究成果理论基础结构的简单性。评价主体在评价教育研究成果是否具有逻辑性时，可以从研究问题是否清晰、简明、概括性强，资料搜集是否紧扣研究问题与目的，组织是否有序，方法是否恰当，阐述是否清楚、易于理解等方面进行评价。

---

① 王春林. 科技编辑大辞典[Z]. 上海：第二军医大学出版社，2001.
② 刘明诗，龚耘. 哲学社会科学成果评价标准探析[J]. 南京政治学院学报，2014，(4)：38.
③ 丁军强，吴桂鸿. 试论社会科学研究成果的评价标准[J]. 科技管理研究，2007，(6)：92.

4. 规范性

规范性是指教育研究成果要符合学术道德和学术规范，这是最基本的要求。学术道德是指研究者在做学术研究时需要遵循的基本准则或规范。学术规范是指学术共同体根据学术发展规律参与制订的有关各方共同遵守的有利于学术积累和创新的各种准则和要求，是整个学术共同体在长期学术活动中的经验总结和概括。[1]教育部社会科学委员会在 2004 年 8 月制订并颁布了《高等学校哲学社会科学研究学术规范（试行）》，提出了有关哲学社会科学研究的引文、成果、评价、批评的底线要求。结合教育研究成果的研究过程，将教育研究成果的规范性划分为研究程序规范、写作规范、道德规范三个层次。[2]研究程序规范主要是研究目的、研究方法规范等，写作规范主要是语言文字、署名、结构、注释、引文、图表、数据和致谢等方面的内容规范，道德层面的规范主要包括成果原创、不剽窃他人成果及作品、无知识产权方面的争议等。此外，2016 年教育部颁布的《高等学校预防与处理学术不端行为办法》以及 2018 年中共中央办公厅、国务院办公厅发布的《关于进一步加强科研诚信建设的若干意见》均对加强学术规范做出了相应要求。

5. 可读性

可读性是反映教育研究成果表述水平的基本指标，主要是从读者角度出发判断研究成果是否可理解、可接受。教育研究成果评价的可读性标准主要有：主题旗帜鲜明、语言准确生动、表述严谨规范。主题鲜明是教育研究成果可读性的前提，能够使读者明晰文章所表达的中心思想及结构脉络；语言是思想的外衣，教育研究成果的表述不求辞藻华丽，重要的是要准确地将思想表达出来，将抽象的理论话语通俗易懂地表述清楚，这是教育研究成果具有可读性的关键；严谨规范是指教育研究成果表述要有一定的思辨性，且遵守论文的基本规范。

（三）价值性标准

价值性标准是指评价主体按照一定的规则对教育研究成果所具有的功用、效能做出判定时所应遵循的基本准则。教育科学研究的主要目的在于探索教育规律，解决重要的教育理论和教育实践问题。基于此，不同的教育研究成果评价遵循不同的价值性标准。通常而言，教育研究成果评价的价值性标准分为理论性价值标准和应用性价值标准。

理论性价值标准关注教育研究成果在理论层面的创新与发展，即该项教育研究成果是否对既有相关理论进行了深化、拓展，是否提出了新的理论。应用性价值标准侧重于教育研究成果的应用价值，即教育研究成果在解决教育实践中的问题的功用，主要考察教育研究成果是否对教育教学具有指导或推动作用，是否有助于相关政府部门或学校解决教育实践中的问题，能否产生一定的社会效益或经济效益等。需要注意的是，"十年

---

[1] 叶继元. 学术期刊与学术规范[J]. 学术界，2005，(4)：64.
[2] 卢文辉，叶继元. 对学术规范内容体系的再思考[J]. 高校图书馆工作，2019，(1)：21-26.

树木，百年树人"，教育研究成果在转化为生产力的过程中具有一定的滞后性，因此，在教育研究成果评价中，需用动态的、长远的、全面的眼光看待教育研究成果的理论价值或应用价值。

二、教育研究成果评价的原则

教育研究成果评价的原则是指评价主体在总结教育研究成果评价经验的基础上，依据教育研究的目标、价值和功能，遵循教育研究成果评价的规律而制订的具有一定指导意义的基本评价规范和要求。教育研究成果评价涉及诸多因素，其功能的发挥，离不开科学、有效的评价原则。需要指出的是，如果说教育研究成果评价的标准是教育研究开展的内在要求，那么，教育研究成果评价的原则是教育研究成果评价的内在要求。二者虽然具有一定的联系性，但是在对象指向上是明显不同的。

（一）方向性原则

我国是社会主义国家，教育研究成果评价必须坚持社会主义方向，符合新时代对教育研究工作提出的新要求。在评价教育研究成果时，要明确其研究方向、研究思路、所提观点及研究结论的先进性，要符合我国的教育方针和培养目标。方向性原则在教育研究成果评价的诸原则中占主导地位，坚持方向性原则有助于发挥其对教育研究成果的导向作用，引导教育研究向正确的方向发展。

首先，教育科学研究成果的评价必须坚持马克思列宁主义、毛泽东思想、邓小平理论、"三个代表"重要思想、科学发展观，全面贯彻新时代中国特色社会主义思想为指导思想[①]，注重研究成果的先导性与前瞻性。其次，在评价教育研究成果的过程中，评价主体应端正评价思想，明确评价目标，确定研究活动及其成果符合社会主义方向、有利于培养德智体美劳全面发展的社会主义事业的建设者和接班人，要保证教育研究目的与我国的教育目的和培养目标相符合。最后，研究过程与方法要符合法律规范与伦理要求，研究方向要具有先进性，发挥对研究成果评价的导向作用。

（二）真实性原则

科学研究重在事实判断，即揭示事物的客观规律，评价重在价值判断，即揭示事物的价值、意义。教育研究成果评价的本质是对教育研究成果的价值作出判断，这一判断需以对教育研究过程的事实判断为基础，否则，对教育研究成果的价值判断将会成为缺失依据的主观臆断。教育研究成果评价必须在充分获得教育研究过程和结果信息的基础上进行价值判断，才能真实、准确地认识教育研究过程，彰显教育研究成果评价的价值，实现评价的本源性目标。

贯彻真实性原则应做到全面搜集成果评价的相关资料与信息。收集成果评价的相关

[①] 习近平. 中国共产党第二十次全国代表大会上的报告：高举中国特色社会主义伟大旗帜 为全面建设社会主义现代化国家而团结奋斗//习近平著作选读（第一卷）[M]. 北京：人民出版社，2023：5.

资料是开展成果评价的基础性工作，评价信息是进行评价的客观依据，也是做出科学结论的必要条件，在很大程度上，所收集信息的质量决定了成果评价活动的质量。因此，搜集的评价信息要全面反映教育研究成果的全貌和全过程，以便评价主体作出准确客观的价值判断。具体而言，可从研究问题、研究方法、研究程序、研究结论等方面搜集教育研究过程及成果的真实情况。如项目结项所需的结项报告主要内容包括研究背景、研究目标、研究思路、研究各阶段的工作以及研究成果等，评价主体通过结项报告以全面了解研究情况，进而判断是否予以结项。

（三）客观性原则

对教育研究成果的评判蕴含一定的价值判断，由于教育研究成果评价主体是有价值倾向的认识主体，个人的情感、兴趣、爱好、倾向等，会强烈地影响对教育研究成果的价值判断，这是价值观的主体性的必然反映。由于评价主体的价值标准不同、需要不同，其评价过程和结果都可能不同。评价主体对客观事物作价值判断时，一方面要以事实为基础；另一方面又受评价主体价值观的影响，可以说，价值判断是客观性与主观性高度统一的一种活动。

教育研究成果的评判并非按照主观意愿随意而行，而是蕴含着客观的评判标准。为此，评价主体应遵循客观的评判标准与规范的评判过程，应遵循科学性和规范化的程序，以此确保评价的公平性。在具体实施时，应遵循以下准则：①在方向性原则的前提下，不应因学术观点的不同而对研究结果作出否定性的评价结论，成果评价应该秉持兼容并包的态度，依据客观事实，从实际出发，持公正、合理的评价观念，以激发学术探究的热情和活力。②不因个人恩怨而对研究成果作出不符合实际情况的评价结论，不因个人价值偏好作出主观猜测，应该尊重教育研究成果的类型差异，就教育研究成果本身进行实事求是的评价。③不因个人私利或他人利益而对研究结果作出不符合实际情况的评价结论，而应该深入教育科学研究的实际情况，多方搜集相关研究信息，站在学术研究的立场来进行评价。

（四）科学性原则

科学性原则是指评价主体以符合科学要求的程序或步骤开展教育研究成果评价，它是教育研究成果评价应遵循的重要原则，也是教育研究成果评价功能发挥的重要前提。科学性原则与其他原则紧密相关，如若缺失科学性原则，其他原则将会失去效力。

贯彻科学性原则应做到如下三点：①确保评价程序的规范性。在教育研究结果的评价过程中，要制订科学规范的评价程序，评价主体需严格遵照科学的评价程序，来保证评价的逻辑性、客观性和公正性。②建立科学的评价指标体系。科学合理的教育研究结果评价指标体系是由不同级别的评价指标按照评价对象本身逻辑结构形成的有机整体。在保证评价指标全面性的同时，还要注意评价对象的差异性。此外，不同的研究方向有不同的特点、定位和逻辑体系，评价主体要充分考虑其不同特点，在保证科学性的基础上灵活制订评价指标体系。③保证评价方法的科学性。当前，教育研究成果评价方法主要有两大类，即定性评价方法和定量评价方法。前者是依靠专家的智慧和经验，运用专业的理论知识，对评价对象作出科学的定性分析，具体形式为同行评议。后者是以有关研究成果的大量事实性资料为基础，从部分到整体，对教育研究成果进行评价。这两种不同的评定方法适用于不同的评定对象，在进行成果评价时，应注意将二者有机地结合起来，对研究结果进行科学、正确的判断。

（五）发展性原则

教育研究成果评价的主要功能在于促进教育研究的科学发展，进而促进教育研究工作者的科学研究素养不断提升。我们在看待教育研究成果评价时不能仅仅将目光盯在鉴别和筛选教育研究成果上，应始终将促进教育研究的科学发展作为着眼点和落脚点。因此，教育研究成果评价要始终遵循发展性原则。

发展性原则的贯彻离不开以下三点：①树立正确的评价理念。评价主体应从奖惩性的评价观转向发展的评价观，将发展作为教育研究成果评价的核心理念，并将其贯穿于评价的全过程。②发挥形成性评价的作用。形成性评价是对教育研究成果形成过程的评价，有利于促进教育研究者诊断教育研究中的短板，提高教育科学研究的成效。③发挥评价的导向功能。评价在某种程度上发挥着指挥棒的作用，在教育科学研究中发挥预测、调控和激励的功能。因此，在教育研究成果评价中，应注重评价结果的反馈，以便发挥教育研究成果评价的改进和调控功能，促进教育科研良性发展。

第四节　教育研究成果评价的方法

教育研究成果评价的方法是多种多样的，一般来说，教育研究成果评价方法可以分为三种类型：定性评价方法、定量评价方法与综合评价方法。每种方法都有其自身的优点和不足，有着不同的适用范围。因此，不存在一种普适性的教育研究成果评价方法，我们在开展教育研究成果评价时需要根据评价目的与评价对象合理性地选择评价方法，甚至要综合使用多种评价方法进行评价。

一、定性评价方法

由于教育研究成果对社会的发展具有长期且深远的影响，它难以像自然科学成果那样经过精确的计算以及反复的实验来加以验证，因此，目前教育研究成果评价大多采用定性评价方法。定性评价的首要前提在于把握事物的质的规定性，立足于对研究成果的整体分析，获得对研究成果的整体透视。定性评价方法不仅关注研究成果本身，而且关注研究方法、研究过程等，从哲学、心理学、历史学、社会学等理论视角进行综合评价，系统地评价教育研究成果。定性评价是对教育研究成果作"质"的分析，运用分析与综合、比较与分类、归纳与演绎等方法，对教育研究成果资料进行思维加工，是高阶的思维活动。定性评价结果是反映研究成果质的规定性的描述性资料，这些资料通常是以书面文字形式呈现，而非有关研究成果精确数值的形式，评价的步骤和方法具有灵活性。例如，学位论文的评审意见就是教育研究成果定性评价的一种呈现形式，属于文本性的描述资料。定性评价的主体一般是教育领域内的专业人士，如大学教授、特级教师等。定性评价方法在教育研究成果评价中的具体实践形式有同行评议法、公众评价法、文摘法等。

（一）同行评议法

同行评议、专家评议、同行评估、同行审查等，国内外统称为同行评议。同行评议是某一或若干领域的专家采用同一种评价标准，共同对涉及相关领域的某一事项进行评价的活动，因此，同行评议是以专家定性判断为主的方法。[1]教育研究成果评价中同行评议的本质是针对教育领域的学术研究成果，由教育领域内不同方向的专家遵循特定的评价准则，进行科学性、规范性、创新性、价值性等的评判的活动。

同行评议在教育研究成果评价中具有不可替代的主体地位。目前，国内外科研管理部门在项目立项与验收、期刊编辑部进行评审、学位论文评定委员会评定学位论文时，普遍应用的就是同行评议的方法。同行评议一般有两个环节，一是建立评审专家库，二是抽取专家进行评审。建立评审专家库的做法在我国已实行多年，如我国国家社科基金项目实行同行专家评审制，分学科设立学科规划评审组，由政治素质高、学术造诣深、社会责任感强的专家组成。学科规划评审组的职责是：定期开展哲学社会科学学科发展状况调查，对制订国家哲学社会科学研究规划和国家社科基金项目选题规划提出建议；评审国家社科基金项目申请，提出国家社科基金项目资助建议；协助全国社科规划办对国家社科基金项目的实施进行监督、检查，提出评估意见和改进建议；对重要课题的研究成果进行鉴定、审核和评介等。[2]《高等学校科学研究优秀成果奖（人文社会科学）奖励办法》中提到，高等学校科学研究优秀成果奖（人文社会科学）奖励委员会负责审定评奖方案、聘请评审委员会专家等，评审委员会专家依据本办法规定的评审标准，独立对申请材料进行定性评价和定量评价，提出获奖人选和奖励等级的建议。奖励委员会办公室对评审委员会作出的获奖人选和奖励等级的建议进行复核。[3]

同行评议方法具体包括专家组会议评议、通讯评议、通讯评议与专家组会议评议相结合等形式。专家组会议评议是指评定组织者聘请有关专家召开会议，或者听取被评价人员的汇报，进行面对面的质询与问答，或者根据相关研究成果的汇总材料作出评价结论。通讯评议是以信函或邮件等形式将相关成果资料呈现给专家，由专家给出评定意见。通讯评议往往是以相对公正客观的"双盲"形式进行的评审。同行评议法通过专家填写评审表进行评价，专家依据评价指标的内涵按评定程度赋分，然后标明等级并给出总结性评价。

同行评议有三大显著优点：一是同一学术领域的专家比较了解自身学科的研究现

---

[1] 刘大椿. 人文社会科学研究成果评价体系研究[M]. 北京：经济科学出版社，2009：111.
[2] 全国哲学社会科学工作工作室. 国家社会科学基金管理办法（2013年5月修订）[EB/OL]. http://www.nopss.gov.cn/n/2013/0520/c219644-21542088.html. [2021-11-21].
[3] 教育部. 教育部关于印发《高等学校科学研究优秀成果奖（人文社会科学）奖励办法》的通知[EB/OL]. http://www.moe.gov.cn/srcsite/A13/moe_2557/s3103/200903/t20090312_80449.html. [2021-11-21].

状，能够客观地评价成果的创新之处与存在的问题；二是对于那些缺少相关参考文献的研究成果，专家可以依据个人经验和智慧开展评价，避免因资料缺少而带来的问题；三是允许本领域的专家交流想法、意见、建议和反馈信息，这种交流促进学科进步，并保持交流渠道的畅通。同行评议也有两大明显的缺点：一是由于人类行为本身存在固有的弱点和偏见，并反映到同行评议之中造成各种问题；二是由于同行评议方法本身的特点，给予评议者非凡的权力，同时又需要维持评价过程保密，这两者相结合也会产生一些问题。[①]

（二）公众评价法

公众评价法是对同行评议法的补充，是社会公众对公开发表的学术论文做出的整体性判断。公众评价一般是以调查问卷的形式进行信息采集，然后将收集到的资料进行归纳与整理，以作为定性分析方法的补充，同时用来弥补同行评议法的不足之处。[②] 公开发表或出版的教育研究成果能广泛影响广大公众群体的思想意识与价值观，受众对教育研究成果的价值最具有发言权，公众评价的主体主要是普通社会公众。教育研究成果既有学术价值，也有社会价值，科研工作者并不是为了评价而进行教育研究，而是为了得到同行和社会的认可，从而实现研究成果的学术价值和社会价值。因此，对教育研究成果进行评价时加入公众评价的内容，可以促进学者们在理论研究上下功夫，从而提升教育研究成果的学术价值和社会价值。

（三）文摘法

"文摘标识是以社会科学领域著名的、带有权威性的转录刊物、文摘和题录刊物收录情况作为衡量社会科学研究成果价值和质量的一个重要标识。"[③]我国社会科学界比较重要的学术类转载刊物包括《新华文摘》《中国社会科学文摘》《高等学校文科学术文摘》和中国人民大学复印报刊资料。

文摘法评价的机制是依据是否被转载以及是否被全文转载作为重要标识。三大文摘和人大复印报刊资料编辑部的相关专家、学者根据研究话题的社会热度、研究成果的理论深度以及研究结果的可推广度等对优秀研究成果进行筛选，并以全文转载或部分转载的方式表征评价结果。这是专家、学者基于刊物定位和个人专业学识作出的价值判断，属于定性评价方法。因此，虽然三大文摘和人大复印报刊资料并非专门从事教育研究成果评价活动的组织，但由于其学术影响力大、公信力足，学者的学术成果被上述刊物全文或部分转载在很大程度上代表着该学术成果的价值。

二、定量评价方法

为了使教育研究成果评价的结论尽可能符合客观性，减少人为因素的影响，许多教

---

① 刘大椿. 人文社会科学研究成果评价体系研究[M]. 北京：经济科学出版社，2009：111.
② 岳一凡. 哲学社会科学研究成果评价方法研究[J]. 当代经济，2009，（5）：148.
③ 张慧颖，张卫滨，张颖春. 哲学社会科学学术成果评价方法的比较研究[J]. 理论与现代化，2007，（1）：110.

育管理部门和研究机构开始探索借助科学计量分析指标来评价教育研究成果，因此，定量评价方法在教育研究成果评价中逐渐被使用。定量评价是借助计量法或统计法，以关于研究成果的大量事实性资料为基础，从部分到整体，通过抽取一定的样本，根据样本的特征去推断总体的特征，进而对教育研究成果进行评价。它是通过把复杂现象简化为指标或相关数据，并对科研活动中指标或相关数据的数值进行统计，借助数值的比较对评价对象做出定量结果的价值判断。在定量评价过程中，会使用数学方法做出量的刻画，用数学语言表示事物的状态、关系和过程，在此基础上加以推导、演算分析，形成对研究成果的价值判断。因此，定量评价方法具有较强的逻辑性和可靠性，评价的结果更加直观，具有客观化、标准化等特点，在一定程度上满足了以鉴定、筛选为主要目的的评价需求。用于教育研究成果定量评价的主要有文献的被引次数、期刊影响因子以及著作的发行量等。

（一）被引次数

在文献计量学中，文献的被引次数是学术文献发表后，衡量其影响力最重要的指标，也是判断研究者的科研成果是否被相关个人或团体认可的重要指标。被引次数是一种量化的评价方法。被引次数越多、范围越广，表示研究成果对教育科学发展的贡献就越大，其价值越高。[1]以被引次数作为判断教育研究成果质量的标准，受个人主观意志和其他非科学因素的影响较少，可以弥补同行评议的不足和缺陷，以此规范评价行为。因此，它相对而言具有较强的科学性和客观性，有利于提高成果评价的可靠性和公信力。然而，仅仅依据被引次数对教育研究成果进行评价也有一定的缺陷。首先，成果的学术价值体现具有滞后性，新发表的论文虽有一定的学术价值和社会价值，但由于时间等原因可能引用频次未能准确反映研究成果的质量。其次，涉及研究热点的文献可能因其"热"而具有较高的被引次数，但是其实际水平可能不是很高。最后，参考文献中"引而不用""用而不引"的现象掩盖了真实的引用次数。[2]

（二）影响因子

影响因子是表征期刊影响大小的一项计量指标。期刊影响因子是某期刊最近两年发表的学术论文在报告年份中被引用总次数除以这个期刊在这两年内发表的论文总数，是国际上通行的期刊评价指标。期刊影响因子在发展的过程中形成了两个指标：复合影响因子和综合影响因子。其中，复合影响因子是以期刊、硕博学位论文、会议论文为源文献复合统计源文献计算，综合影响因子是指以文科、理科综合，即科技类期刊与人文社会科学类期刊综合统计源文献计算。这种期刊评价方式的优点在于标准明确、简洁实用。将评价期刊质量的影响因子引入成果评价中是利用期刊质量的高低来认定研究成果质量的高低。一般来说，成果论文发表期刊的影响因子越高，其成果水平也就越高，越受

---

[1] 孟渠成，胡隆菊，王国华. 基础性科研成果评价方法初探[J]. 引进与咨询，2002，(3)：6-7.
[2] 王婷，崔旭. 中国人文社会科学成果评价方法的现状与趋势[J]. 太原师范学院学报(社会科学版)，2009，(2)：35-37.

到行业和社会的认可，即"以刊定级"。①依据期刊影响因子评价研究成果的质量是一种比较科学客观的方法，但在使用过程中，部分机构或人员往往将其简单化，即仅由期刊的影响因子来判定学术论文的质量，特别是应用于职称评审以及奖项评选等情况，这与我国当前教育科研评价改革的趋势是相悖的。虽然影响因子可以在一定程度上表征期刊整体学术质量的优劣，但并不意味着发表在高影响因子期刊上的论文质量就一定高于发表在低影响因子期刊上的论文，因为论文的发表和期刊影响因子的形成都是受多重复杂因素的影响。我们应该基于学术论文本身的质量，参考期刊影响因子对成果作出综合评价。

（三）发行量

发行量是指书籍、期刊、报纸通过发行渠道发送给读者的份数，发行量是衡量书籍、期刊、报纸的社会影响大小的重要参数。其中，书籍是教育科学成果的重要表征形式，按其内容的新颖程度和著述方式不同，教育科学出版物有专著、编著、工具书、译著等多种形式。对于著作类教育研究成果评价来说，发行量可以反映研究成果的质量和水平。一般来说，一年累计发行5万册左右的是畅销的著作，20万册以上的是比较畅销的著作，50万册或100万册是超级畅销著作。例如，1979年由著名教育学家刘佛年主编的《教育学》在1979—1981年两年间累计发行50万册，这本著作对当时教育理论体系的建构具有启蒙作用，具有极高的学术价值和社会价值。著作的发行量受三方面因素的影响：一是社会经济的发展水平；二是出版物的市场价格和变化情况；三是消费者的个人实际收入。需要说明的是，用发行量去评价一项教育研究成果时，要分析影响发行量的多方面因素，不能仅根据著作的发行量简单地评价研究成果的价值，应结合其他方法进行综合评价。

三、综合评价方法

综合评价是以定量为目标，将定性因素融入评价指标体系当中，按一定的方法和程序计算出定量的结果，将定性评价方法与定量评价方法结合应用于教育研究成果评价之中。②综合评价的具体形式是指标体系评价法。指标体系评价法一般都采用对指标进行量化处理的方法，减少评价的主观性，增强客观性。指标体系评价一般以同行评议法为基础，为同行专家提供一个可参照的标准体系，这利于专家根据统一的标准作出评价。学位论文评审采用的方法就是综合评价法，如某"双一流"建设高校学位论文专家评阅意见书分为三部分，一是根据各项评价指标评分，二是汇总总分后进行赋等，三是依据四个评价要素写出综合性评价意见。

指标体系评价法通常有三部分内容，即指标体系、指标的等级划分及量化表征、数学模型，其核心是针对评价的领域和对象建立一系列评价指标和评价标准。③指标体系可以根据指标与评价对象的内在表现和外在表现分为直接指标和间接指标。直接指标是对教育研究成果本身进行评价的指标，主要包括教育研究成果理论和方法的科学性、创

---

① 叶青，彭辉. 人文社科领域学术成果认定与评价方法的研究进展[J]. 社会科学，2013，(3)：101.
② 黄亚明，何钦玲. 科技成果评估中的常用方法[J]. 中华医学科研管理杂志，2004，(1)：12.
③ 周晓雁. 科学评价的方法与工具研究[J]. 情报科学，2009，(1)：104.

新性、可靠性、有效性、系统性、逻辑性，研究过程的难度和复杂程度，成果的学术价值和社会价值等，如表 12-6 所示。间接指标是通过期刊载体间接评价的指标，主要包括被报刊转载的情况、他人研究的引用率、获奖情况、课题来源、发表报刊的权威性等，如表 12-7 所示。而每一类指标又可能分为若干小项，对每一项给出不同的权重和不同等级的评分，然后汇总各个指标的分值，最后再根据这些不同等级的评分，得到一系列量化指标，通过综合性的评语呈现，最终对教育研究成果进行综合评价。

表 12-6　直接指标[①]

指标	内容
一级指标	内蕴指标
二级指标	选题指标
	科学性指标
	创新性指标
三级指标	前沿性、针对性、适中性
	结构的严谨性和连贯性、方法的科学性和可行性
	创新点的数量和质量

表 12-7　间接指标[②]

指标	内容
一级指标	外现指标
二级指标	出版指标
	著者指标
	项目指标
三级指标	成果载体（图书、期刊等）编辑者、出版者、发行者水平
	著者的学历、职称、工作机构、学术兼职等
	成果是否是科研项目研究成果、项目的含金量等

由此可见，指标体系评价法是一个比较复杂的过程，既有定性的特征也有定量的特征。要确保教育研究成果评价的客观性、科学性、有效性和公正性，在评价过程中，需在遵循科研管理界普遍认同的评价原则这一基础上进行综合性评价，综合性评价方法包括直接指标和间接指标相结合、主观评价与客观评价相结合、学术价值和社会效益相结合、科学性和可操作性相结合、重点评价和一般评价相结合、专家评价和科研管理部门评价相结合。

四、评价结果的呈现

教育研究成果评价的最后环节是评价结果的呈现。教育研究成果评价的结果主要有

[①] 王素荣，朱红，朱敬. 基础理论研究成果评价方法探讨[J]. 教育理论与实践，2007，（1）：4-6.
[②] 王素荣，朱红，朱敬. 基础理论研究成果评价方法探讨[J]. 教育理论与实践，2007，（1）：4-6.

两个功能指向：一是促进研究者个人进行反思与改进，二是筛选出优秀教育研究成果，发挥其示范引领作用。评价结果能否全面、系统地反映教育研究成果的真实情况，关乎教育研究成果评价的功效。科学、客观地呈现评价结果可以帮助研究者找到自身的优势与不足，促进自身科研水平的提高，发挥教育研究成果评价的价值导向。教育研究成果评价的结果表征方式有定性和定量两种，定性的评价结果表征方式有写评语或综合性意见等，量化的评价结果表征方式有百分制、标准分数和百分等级等。

定性的评价结果表征方式主要是写评语，描述教育研究成果的价值及不足之处。评语是用简明的评定性语言叙述评定的结果。评语无固定的模式，但要做到针对性强，客观、全面地描述研究成果的真实情况，语言力求简明扼要、清晰易懂，避免模糊性评价语言的随意使用。评语可以充分肯定研究成果的创新之处，指出研究成果具有哪些方面的价值、研究尚存在的不足之处。评语的优点在于可以清楚地反馈研究成果的可取之处，也可以反馈研究需要改进之处。

量化的评价结果表征方式主要有评分、赋等。评分主要是在一定的参照标准下，根据各项评价指标及其分值进行打分，最后汇总得出精确的量化数值。等级是在一定理论框架下，对照某一标准分析后对结果作进一步解释，通常以字母、数字或具有等级意义的文字表征，如 A 级、B 级、C 级、D 级，优秀、良好、合格、不合格等，每一个等级指标对应着一个评价标准。量化的评价结果具有简洁直观、概括性强的特点。其优点在于容易记录，反馈的结果简单，可以明显区别研究结果的水平，也可以将研究结果进行纵向评比；其缺点在于不能很好反映研究成果存在的优缺点与改进方向。

定性与定量的评价结果表征方式各有其优缺点。因此，随着教育研究成果评价的科学化发展，教育研究成果评价在实践过程中往往会结合两类评价结果表征方式进行。以某"双一流"建设高校硕士学位论文评阅意见书为例，其论文质量评价分为三部分：一是对各项评价指标评分，二是汇总总分后进行赋等，三是依据四个评价要素写出综合性评价意见。学位论文各项评价指标满分为 100 分，其中，"选题"满分 20 分，"知识运用与研究方法"满分 20 分，"研究内容"满分 30 分，"应用性及价值"满分 30 分。学位论文评审专家依据学位论文的实际情况打分赋等并给出综合性评阅意见。

教育研究成果评价结果的使用主要有两个目的，一是促进研究者个人进行反思与改进，二是筛选出优秀教育研究成果，发挥其示范引领作用。无论是评语还是分数都能够使研究者对于研究成果的水平有清晰的认识，进而对研究进行系统反思，如研究目标或者问题是否具有较高的研究价值，研究过程是否科学，研究结果的呈现是否全面、方式是否正确，哪些研究条件需要优化等。通过反思可以帮助研究者明确未来研究努力的方向，有利于促进研究者和同行研究水平的提高。此外，评价者使用评语和分数对教育研究成果进行评估，对研究成果做出优、良、中、差的等级评定，高质量的研究成果也因此而凸显出来。高质量的研究成果所体现的思想、方法、作用和功能等在本研究领域起着价值引领的作用，能为科研工作提供研究参考，也有助于提升教育研究者开展科研的动力。

本章小结

对于人文社会科学研究而言，评价是整个研究环节的最后一步，是对整个活动作出的价值判断。教育研究作为一个系统的研究过程，对教育研究成果进行评价是教育研究的最后一个环节。本章对教育研究成果评价进行概述，对教育研究成果评价的内涵、类型及功能进行了系统介绍。我们知道，对任何一项活动进行价值判断，都需要明确为什么要评，谁来评价，如何进行评价，评价的依据是什么以及评价结果如何使用等问题。因而，本章具体阐述了教育研究成果评价的主体、标准与原则、方法以及结果的呈现和使用。

教学建议

1. 教育研究成果评价是教育研究的最后一个环节。本章是本书的最后一章，因此教师在组织教学时可以适当回顾教育研究开展的流程，使学生对教育研究成果如何形成具有清晰的了解，同时也能够从教育研究成果的形成过程中清楚地了解教育研究成果评价的目的，谁来评价，如何评价等内容。

2. 教育研究成果评价这一章的重点为评价主体、评价标准和评价方法。要使学生掌握这些内容，教师可以结合具体教育研究成果评价的实例，如期刊编辑部评审、学位论文评审以及科研项目的立项和成果验收等。这对学生未来发展也大有裨益，不仅可以使学生真实生动地了解教育研究成果评价的过程，了解教育研究成果评价的核心步骤，而且也能够拓宽学生的学术视野，从而为未来学生开展教育研究提供重要参考。

练习·思考

1. 如何认识教育研究成果评价在教育研究中的意义？
2. 教育研究成果评价的功能有哪些？
3. 教育研究成果评价的主体有哪些？能否举例说明？
4. 教育研究成果评价的方法有哪些？请结合实例谈一谈。

参考文献

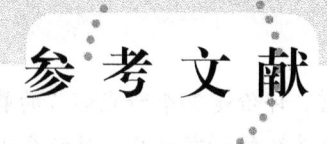

艾米娅·利布里奇,里弗卡·图沃-玛沙奇,塔玛·奇尔波. 叙事研究:阅读、分析和诠释[M]. 王红艳译. 重庆:重庆大学出版社, 2008:11.

陈桂生. 到中小学去研究教育——教师行动研究的探索[M]. 3版. 上海:华东师范大学出版社, 2016.

陈时见. 教育研究方法[M]. 北京:高等教育出版社, 2016.

陈向明. 教育研究方法[M]. 北京:教育科学出版社, 2013.

陈向明. 王小刚为什么不上学了——一位辍学生的个案调查[J]. 教育研究与实验, 1996,(1):35-45.

陈向明. 质的研究方法与社会科学研究[M]. 北京:教育科学出版社, 2000.

董轩. 参与观察——质性研究中的"看"与"不看"[M]. 上海:华东师范大学出版社, 2020.

风笑天. 社会研究方法[M]. 北京:高等教育出版社, 2018.

和新学,徐文彬. 教育研究方法[M]. 北京:北京师范大学出版社, 2015.

侯怀银. 教育研究方法[M]. 北京:高等教育出版社, 2009.

刘大椿. 人文社会科学研究成果评价体系研究[M]. 北京:经济科学出版社, 2009.

刘良华. 教育研究方法[M]. 2版. 上海:华东师范大学出版社, 2014.

刘良华. 教育研究方法专题与案例[M]. 上海:华东师范大学出版社, 2008.

刘志军. 教育研究方法基础[M]. 北京:人民教育出版社, 2006.

迈克尔·康纳利,琼·克兰迪宁. 教师成为课程研究者——经验叙事[M]. 刘良华,邝红军,等译. 杭州:浙江教育出版社, 2004.

梅瑞迪斯·高尔,乔伊斯·高尔,沃尔特·博格. 教育研究方法[M]. 6版. 徐文彬,侯定凯,范皑皑,等译. 北京:北京大学出版社, 2016.

莫雷,温忠麟,陈彩琦. 心理学研究方法[M]. 广州:广东高等教育出版社, 2007.

尼尔·J. 萨尔金德. 心理学研究方法:第9版[M]. 童定译. 北京:中国人民大学出版社, 2019.

宁虹. 教育研究导论[M]. 北京:北京师范大学出版社, 2018.

裴娣娜. 教育研究方法导论[M]. 合肥:安徽教育出版社, 1995.

邱皓政. 量化研究与统计分析——SPSS(PASW)数据分析范例解析[M]. 重庆:重庆大学出版社, 2013.

汪基德,寇琼洁. 走向行动研究的教育实验[J]. 中国教育学刊, 2006,(6):61-63.

汪基德，王开. 关于教育研究范式分类问题的探讨[J]. 教育研究与实验，2021，（3）：65-70.

汪基德，席琴. 论人本主义教育思潮对当代教育实验的影响[J]. 教育研究与实验，2002，（3）：62-65.

王汉澜. 教育实验学[M]. 开封：河南大学出版社，1992.

王枬，等. 教师印迹：课堂生活的叙事研究[M]. 北京：教育科学出版社，2008.

温迪·劳拉·贝尔彻. 学术期刊论文写作必修课[M]. 孙众，温冶顺，等译. 北京：教育科学出版社，2014.

吴明隆. 问卷统计分析实务——SPSS操作与应用[M]. 重庆：重庆大学出版社，2010.

杨小微. 教育研究的原理与方法[M]. 2版. 上海：华东师范大学出版社，2010.

叶澜. 教育研究方法论初探[M]. 上海：上海教育出版社，2014.

约翰·W. 克雷斯威尔. 混合方法研究导论[M]. 李敏谊译. 上海：格致出版社；上海人民出版社，2015.

曾天山. 新中国教育科研通论[M]. 北京：人民教育出版社，2015.

郑金洲，陶保平，孔企平. 学校教育研究方法[M]. 北京：教育科学出版社，2003.

朱德全，李姗泽. 教育研究方法[M]. 重庆：西南师范大学出版社，2011.

Kaplan R M，Saccuzzo D P. 心理测验：原理、应用及问题[M]. 5版. 赵国祥，等译. 西安：陕西师范大学出版社，2005.